英美教育目的——分析傳統

Educational Aims in Britain and America: Analytic Tradition

簡成熙　著

五南圖書出版公司 印行

自序

臺灣五年級生的教育學術情懷

個人自 1982 年進入高雄師院（今高雄師範大學前身）教育系念書時，依稀受師長啟蒙，或許更受那個還能傳承五四時代，強調近代中國現代化的臺灣復興中華文化使命的影響。引領五四風潮的前中研院院長胡適，國學大師錢穆、歷史學者余英時、新儒家牟宗三等，還有林毓生、張灝等治思想學者，以及社會學者金耀基，更有常在《中國論壇》為文的張春興、楊國樞等心理學者，都是我們這一代大學求學時重要的精神食糧。今天思之，仍然覺得彌足珍貴。教育系本亦若是，當也同樣肩負文化、思想的傳承。但是，教育系特有的實踐性格，幾乎除了教育哲史課程以外，其他教育行政，乃至教育心理學，旁及諮商輔導，大概都以「社會科學」的專業自居，大多數教育學者並沒有直接涉入思想文化。所幸，1980 年代的臺灣政治社會生態已逐步開放，教育系學生已經能夠從教育社會學、課程理論等科目初步領略一度是禁忌的左派馬克思的思路。其他各種學術思潮，也豐富個人碩士、博士階段的學習。有時覺得個人何其有幸，上一個世代父母遭逢戰亂的苦難，我們沒有經歷；而幼年成長階段是在臺灣經濟起飛中，青年學術養成更得以脫離政治意識形態的桎梏；壯年謀職階段，又是臺灣處於華人世界相對競爭的優勢。放眼歷史軌跡，我至今仍然覺得，1960 年代前後在臺灣成長的我們，實是百年來華人世界最幸運的一代。

個人在教育學術博士取得過程，即定位在教育哲學領域，原先希望承繼大學時期初生之犢的野心，致力於中華思想文化的傳承。如今已接近耳順之年，我的「野心」雖受制於個人資質，沒有實現。不過，很開心的是，學習教育哲學的因緣，我接觸分析的教育哲學，也陪伴我學術生涯 30 年。歐陽教老師當年赴笈英倫，師從 R. S. Peters、P. H. Hirst 等大師，與 J. White 夫婦同窗問學，是臺灣那個年代接軌世界教育哲學學術，最可貴的資源之一。任教大學殿堂逾 30 年，雖然也因服務單位之需，開設很多課程，但我一直堅定教育哲學立場，自得其樂。即便今日已幾乎開不成課了，依然執守教育哲學園地。在教育哲學學術領域中，女性主義對分析教育哲學有許多針砭，後現代主義、馬克思傳統、多元文化主義，乃至後結構主義等也都對「理性」或西方霸權有深入反思。1960 年代睥睨於英美世界的教育分析哲學，也面臨左支右絀的窘境。雖則如此，從分析的教育哲學出發，個人悠遊於分析學者相互之間的論辯及其他學派學者的挑戰質疑，不敢說深造自得，但個人學術心靈的滿足，自是不在話下。個人自得其樂之餘，總是期待能在大學課堂、碩博班中，對年輕 E 世代以及重視「實務」的學校資深行政主管，激起他（她）們幾乎對哲思不太有感的漣漪。今天呈現的這本專著，是個人第五本教育哲學論述，倒不是特別有什麼學術留存的價值，毋寧只是我對教育哲學的赤子之心。

有關本書的原委，在第一章中已經有很翔實的說明。教育哲學是對教育本質、目的之終極思考。但是臺灣自戰後 70 年以降，幾乎沒有一本教育目的之專著。當然，在一般教育類教科書都會有教育目的之討論或從學派演繹，或從思想人物引申之綜論。分析傳統則認為這種敘述，過於空泛。當然學術之間，不同的典範有不同的重點。當年分析哲學以雷霆萬鈞之勢，令傳統哲學不支倒地，或許也是另一種獨斷，筆者希望能執兩用中，早萌生寫作計畫。無奈，服務學校學術行政纏身，一直未能如願。正式提交的「英美教育目的論析專書寫作計畫」（MOST 107-2410-H-153-009-MY2），初稿是在 2017 年 7 月，當時正值屏大教務長卸任，全家 8 月即將訪美一年的前夕，匆匆寫就。同年底在美聖誕節期間定稿，我的兒子琮庭替我上傳科技部，仍歷歷在目。原計畫三年分成四篇：分別是第一篇「傳統教育目的論：人物與學派」、第二篇是「分析的傳統」、第三篇「時代的反思」、第四篇「教育目的之程序爭議」。計畫被刪減為二年，且審查意見也建議濃縮。因此，本計畫正式執行時，筆者集中在後三篇，特別是以第二、四篇為核心，仍聚焦於分析傳統，乃定為現在的書名。分別針對英美分析傳統最核心的概念：教育內在目的、自主性、批判思考、愛國、宗教、科技等，加以耙梳。熟悉英美分析傳統的同道，都能體會，前述概念，都有許多的爭議。筆者幾乎每一個概念也都發展成數篇論文。R. S. Peters 晚年曾經慨嘆，倫敦路線的概念分析，長於單篇論文論證，他鼓勵同道應以專書更完整地呈現主題。筆者在成本書之時，也不免猶豫。筆者曾經一度想放棄論文體例，直接以更完整、友善讀者行文鋪陳，讓全書有一體感。例如：教育內在性、個人性（自主、批判思考）、社會性（愛國、宗教情懷）、程序性等等。不過，本書各章在期刊論文發表時，都有很明確的問題意識。分析式論文，也重視概念的澄清與論證。若基於市場考量，執著於一般較完整的教科書體例，反而無法展現分析學者們相互論辯的「較真」精神。本書既名為《英美教育目的—分析傳統》，筆者大致仍保留原論文的旨趣，就沒有再做教科書結構的設計。筆者不敢滿意這種安排，但相信各章之間，已經大致交代了這些教育目的核心概念的原委，而不會像傳統教育哲學僅作規範性之目的條列。分析學者彼此之間，和而不同，論辯固然繁瑣，其實展現的是他們更細緻「做哲學」的樂趣。各章之間，也都可獨立閱讀。筆者保留原論文一些論證爭議的細節，正是希望能夠鼓勵年輕一代，傳承歐陽老師在 1970 年以降念茲在茲的呼籲——強化臺灣教育哲學的論證精神。對於國外人名，直接以其原文呈現，不中譯，但對於像蘇格拉底、柏拉圖等，有時也會以中文呈現，本書就不盡求格式的一致。

2018 年從美國休假返臺後，原擬在擔任學務長、教務長之後，可以心無旁騖在退休前專心致力於學術工作，可是仍然無法完全擺脱行政的責任，擔任服務學校教育學院院長。學術行政之餘，筆者幾乎是以拼命三郎的方式，珍惜此一專書寫作機會。感謝國科會對專書寫作的支持，感謝各文在海峽兩岸發表時，刊物的接納、審查人的費心，以及同道讀者們的問學與鼓勵。感謝五南圖書出版公司，願意在紙本書讀者不斷流失的今天，仍然慷慨出版這本沒有教科書、檢定考試確切銷路保證的專著。願把這份學術專著，獻給我辭世的雙親，教過我的所有師長，修過我課的學生，也獻給我的家人。

國立屏東大學 簡成熙
癸卯年前夕寒假於屏東寓所

目錄

第一章

緒論——英美教育目的專書寫作計畫

第一節 專書寫作背景、動機

臺灣在 1990 年代的教改，當時提出之口號是「鬆綁」、「廣設高中大學」……，至今已近三十年，成敗自是見仁見智。之後的九年一貫課程，也消解了傳統以學科爲本位之訴求，「統整」成爲課程口號。曾幾何時，能力、素養又先後取代了知識，成爲新的時尚教育語彙。隨著 108 年新課綱之推動，「考招連動」，又帶動了高中端課程的翻轉與革新。不過，現今社會各界對學校教育之批評，與 1990 年代教改人士對教育之批評似乎也無二致。另一方面，由於社會脫序、犯罪日增，也有些人士大聲疾呼教育應該反璞歸眞，重振學生良善品格或德行云云。當然，更常聽到的批評是來自企業界人士，他們頻頻指責，學校教育未能培養職場所需人才，不僅是個人虛擲，也嚴重影響產業升級、國家競爭力。筆者近年擔任大學行政主管，幾乎以實務爲導向之課程分流、學用合一、產官學合一已成爲大學辦學的新語言，甚至是唯一指標。「高教技職化」到底是學用合一的進步理念，抑或大學喪失主體性，淪爲社會的服務站，似乎已愈來愈引不起深刻之討論。英國的後結構主義教育哲學家 P. Standish 曾嘲諷歐盟在 1996 年的「教育與訓練」白皮書，該書竟然直白地指出，有關教育目的之討論已經沒有必要——因爲教育服務經濟即可（Standish, 2003, p.221）。

教育服務經濟之主張並不新穎，十九世紀末的 H. Spencer 以降，即以教育之實利取向、生活預備說見長。臺灣近年來社會大衆對教育目的之主流看法，與 1996 年的歐盟白皮書，也不遑多讓。身爲臺灣的教育哲學工作者，筆者也一如 P. Standish 的憂心忡忡，我們固然不能本位主義式地堅持哲學是教育目的、理想、未來走向的唯一愛智之途，事實上，心理學、社會學、經濟學、未來學……，甚至於來自廣大社會、家長之期許，都可爲教育提供積極建言。然不諱言，教育哲學最主要之功能仍是整合歷代大儒慧見，運用哲學的嚴謹論證，梳理教育的應然方向。西方教育學術界中，教育哲學一直肩負著教育走向的重責大任，傑出的教育哲學者也以其深邃的視野，提出教育願景。J. Dewey、R. Hutchins、T. Brameld、J. Maritain、I. Scheffler、R. S. Peters、M. Greene、J. R. Martin、N. Noddings 等等，不僅在教育哲學學術上引領風騷，也都曾帶動教育改革方向。特別是1960 年代，英美教育分析哲學以犀利的論證風格，將自由主義的理性傳統，發揮至極，不僅樹立其正統地位，更激起不同陣營火花，豐富了教育目的之深刻討論。然西方世界 2000 年後較之二、三十年前，教育目的之學術著作，也不多見。英美自 Marples（1999）、Seymour（2004）主編之合集後，似未有新作；至於臺灣，則仍沒有以教育目的爲名之代表性著作。

處於目前知識經濟、數位科技一日千里的時代，由之也帶動各式教育翻轉現象。我們當然不能故步自封，但此時此刻更需要學理的深層思考。臺灣教育學門蓬勃發展，各式研究出版，種類繁多，獨缺教育目的之嚴謹哲學論述，實爲教育學術憾事。研究者忝爲臺灣教育哲學工作者，擬透過本計畫之專書寫作，爲教育目的理論與實踐之探討，略盡一己之力。

第二節　專書寫作目的

循前述背景、動機之說明，研究者趁 2017-2018 年休假赴美之便，準備研究計畫，向科技部（國科會）提出三年期計畫，原擬具體達成下列目的：

(一) 整理英美學界對教育目的之界定與方法論的相關論述，提供吾人思考教育目的之多元完整架構。

(二) 針對美國戰後重要傳統教育哲學之成果，包括古典哲學家、重要教育家及教育理論學派，整理其教育目的觀。

(三) 針對 1960 年代以降英美分析的教育哲學對涉及教育目的之相關概念之澄清，並集中在個人理性自主（autonomy）的相關論證，重構其新義。

(四) 詮釋 1990 年代後英美最新的教育目的觀，並與傳統教育哲學、分析取向教育目的相對照。

(五) 撰寫專書，整理英美教育目的論述及其證成，提供臺灣未來教育目的學理探討及政策方向之參考。

蒙科技部（國科會）核可兩年，由於資料繁多，也蒙審查人的聚焦建議，前述目的二，大致見諸教育哲學教科書，故刪除之。原目的四，雖然有時代的趨勢意義，但受限於時間，將集中在與目的三分析傳統的後續發展，暫時不納入其他新的議題。正式執行時，修正為「英美教育目的－分析傳統」。

第三節 文獻探討

一、傳統文獻

(一) 教科書與專著

教育目的是教育哲學界重要探討之主題，幾乎教育概論或教育哲學教科書都會應景鋪陳。大體上是以哲學或教育哲學派別來演繹，筆者無法在此一一贅述。筆者僅象徵性地援引一、二加以說明其特色。哈佛大學二十世紀前、中葉之知名德裔教授 Ulich（1961, p.3）曾從生物學、社會學和倫理學三個面向，指出教育目的涉及 (1) 有關生理之有機體；(2) 有關社群生活；以及 (3) 蘊含於文化中的倫理等三方面。同一時期西方學者論述，率多此類。陳迺臣（1990, pp.251-265）則認為影響教育目的有三個因素：(1) 形而上的信念；(2) 完美人格的定義；以及 (3) 理想人生的定義。就教育之功能性目的而言，主要有三項功能：(1) 發展個體潛能，達成自我實現；(2) 促進個體社會化及群體之進步；(3) 文化的傳遞和創新。簡成熙（2004）在其書中第三章，則將目的界定成內在性 vs. 外在性、工具性 vs. 非工具性、普遍性 vs. 特殊性等。在實質教育目的方面，簡成熙界定兩類，集體主義的教育目的：文化傳承、社會效率及國家意識；個性主義的教育目的：自主性及批判思考。或許受限於篇幅或初學者，一般教科書無法多加論證，但教科書對於各學派之教育目的論，仍可為我們提供一方便之法門。本書重點在 1960 年代英美在歷「分析」洗禮後對相關教育目的之討論，但筆者仍盡力閱覽當時傳統教育哲學的重要大師論述如後。

二十世紀中葉，美國傳統教育哲學的慧見，諸如 J. Brubacher（1898-1988）、T. Brameld（1904-1987）、R. Ulich（1890-1977）、H. Broudy（1905-1998）、P. H. Phenix（1915-2002）、W. K. Frankena（1908-1994）等。這些 5、60 年代的美國重要教育哲學學者之專著及教科書，部分已見諸民國五、六十年代臺灣學者之著作，但受限於當時臺灣的學術人力及客觀資源，並不全面。Brameld（1950a）之著作確立了美國進步主義、精粹主義、永恆主義及 Brameld 自身提出之重建主義的教育理論派別分類。Ulich（1961）、Phenix（1958）與 Broudy（1961）的教育哲學著作，都是 1960 年代美國最具代表性的傳統教育哲學精品。而 Ulich（1965）〔1951〕與 Brameld（1965）的著作，更是實際運用哲學反思當時美國時代背景的諤諤之言，前者是當時的「傳統」，後者是當時的「基進」（radical），Brameld 請 Ulich 作序，饒富生趣。Ulich（1950）〔1945〕與 Price（1962）教育思想人物著作，大致代表了美國當時對西洋哲學或教育史上重要人物的研究成果。民國五十年代師大的研究生們紛紛以西洋教育史諸人物完成碩士論文，也奠定了臺灣對西洋教育史人物的基本觀點。Frankena（1965）曾以亞里斯多德（Aristotle）、康德（Kant）、杜威（J. Dewey）三家作爲教育哲學的代表性觀點，加以探究，分析精要。以「學派」爲特色之書寫，是美國教育哲學的特色，也影響臺灣 1970 年代後臺灣教育哲學書寫體例。前美國教育哲學會主席 R. Pratte（1971）以學派方式鋪陳自 Brameld 以降所架構的教育理論，添補了許多新的論述，其把進步主義再細分成 Rousseau 自然主義及 Dewey 實驗主義，各自敘明其教育觀。Pratte 之著作可算是當時最精要的美國教育哲學縮型，臺灣較少人注意，值得有心者正視。

此外，有許多著作如 Illich（1971）、Bereiter（1973）則以較基進的立場提出否定學校教育之主張，其路線近如批判教育者 Apple（2013）之《教育能改變社會嗎？》等，臺灣研究已多。基於學術分工，研究者雖不能盡覽，但也希望能成爲本專書的支援意識。

雖然受限於時間，前述文獻沒有正式納入本書章節，然筆者仍願意在此推薦這些文獻，不僅將作爲筆者個人的支援意識，更希望能爲同道或可畏後生提供基礎的文獻，共同致力於開拓古典哲學家、教育家、各教育理論學派曾有對教育目的之探索智慧。

㈡教育哲學手冊之探討

Standish（2003）在 R. Curren 主編的《教育哲學手冊》中，既不同意 Peters 當年反對教育目的作爲高層次引導教育之功能，也認爲純以經濟爲訴求過於庸俗。他特別提醒吾人要重視博雅教育與職業教育、博雅教育與進步主義教育之差異。Standish 在此之博雅教育，係指 1960 年代 Peters 分析傳統強調理性，內在價值、知識追求的主張。Standish 更援引 J. F. Lyotard 在 1979 年之《後現代狀況：關於知識的報告》中的預言，提醒吾人注意資訊、通訊技術之革命所帶來的影響。最後並以 S. Cavell、R. Emerson 等訴諸宗教之完美主義（perfectionism），鼓勵人們聆聽個人內在聲音，提升對理想之追尋。

H. Siegel爲牛津主編之《教育哲學手冊》，除了收錄Robertson（2009）教育的知識目標外，更收錄了 Brighouse（2009）教育的道德和政治目標。就道德目標而言，有自主（autonomy）、效能（contributory effectiveness）、蓬勃發展（flourishing）、民主素養（democratic competence）、合作能力（corporative capacity）。關於教育之政治目標則涉及各式分配（distributive goals）的方式與合理性；也涉及一些限制，父母對兒女之教育權限、兒童中心下子女之自主權利等，這些限制，也都會形成教育的作爲，是教育目的形塑過程中，不能不探討的議題。Peters 當年批評傳統教育目的過於空泛，而提出教育目的其實聯繫著程序原則。不過，Peters 之程序原則，係指「證成」各種教育主張所必須設定之根本原則，如尊重人、平等、自由等等，且是運用先驗式論證（transcendental argument），並未有太多實質的主張。H. Brighouse 更提供了一個很好之政治哲學分析教育目的之架構。

㈢ 教育目的專著

1. 英美世界

英美以「教育目的」之專論，近年確實不多。下列爲少數以教育目的爲訴求之作：

(1) Whitehead 之《教育目的及其他論文集》

Whitehead（1967）〔1929〕之專著是以教育目的爲名，其教育節奏：浪漫、精確、原則期，或許是最廣爲人知之作品，書中展現了一代大儒之智慧。但本書論教育目的只是其中之一章，嚴格說來，並非專著，且分析派大師 R. S. Peters 肯定其慧見之餘，也認爲這種建立在大思想家之觀念取向的探究，並不嚴謹，觀乎 Whitehead 著作，對於通識教育與職業教育之間，也未能提供當今具體之指引。Peters 希望能夠強化概念分析與論證，以建構教育哲學之學術性。筆者同意 Peters 觀點，在本專書中，大體上不依靠類似之著作。

(2) T. H. B. Hollins 主編《教育目的：哲學之探究》

這是 Hollins 1964 年服務英國 Manchester 大學時召開的系列哲學家論教育之講座，所集結的文集。受當時 Peters 的影響，也展現分析的精神。收錄 A. MacIntyre、J. Wilson、R. M. Hare、R. S. Peters、T. H. B. Hollins、Most Rev. George Andrew Beck 等六位作者鴻文，分別從反效益論、灌輸、青少年與成人、心智健康、Dewey、Neo-Thomism 等觀點討論涉及之教育目的。

(3) R. S. Peters 之《教育家文集》

衆所皆知，Peters 當年反對「大教育家」論述，本書（Peters, 1981）是其最後出版的文集，除收錄其個人〈民主價值與教育目的〉鴻文外，更從分析角度探討 Plato、Rousseau、Spencer、Dewey、Oakeshott、Kohlberg 等大師對教育的慧見。

(4) R. Straughan 和 J. Wilson（1987）主編《哲學家論教育》

本合集可以與前述二本對照，分成三篇：「教育目的及成就之邏輯」、「理性、理解與教育」、「理性在宗教、道德之地位」等 10 篇鴻文。其時，R. Rorty 經典《哲學與自然之鏡》已出版，G. H. R. Parkinson 既吸納又反駁 Rorty，並重構人文教育，也大致說明，即使到 1980 年代，倫敦路線仍以理性回應或吸納 Rorty 等外界挑戰。M. Hollis 之 *Education as a positional good*（教育即地位之善）更是 R. S. Peters 以內在價值來證成教育目的後，最具代表性的從外在價值的角度證成教育目的之佳作。

(5) J. White 之《再論教育目的》

White（1982）之專著，可能是西方世界英美分析取向最具代表性論證教育目的之專著，White 不滿意其業師 Peters 以先驗式論證及以「內在價值」來論述教育人之理想，乃另闢蹊徑，他首先提出強迫性課程之必要性，但有別於 Peters 之論述（White, 1973），在 1982 年書中，先集中在對學生「益趣」（interest）之各式考量，如進步主義、快樂主義、欲望滿足之反省、自我創造、學生為中心等等之論述，一一加以考查，再以社會為導向之教育目的，如社會經濟、普遍道德、社會需求等如何與學生個人利益調合，加以論證。最後也提出教育目的實現的一些條件。這本專著，是本專書重要的取材依據。之後，White（1991）從英國當時訂定國定課程欠缺哲學思考出發，重述教育應以培養學生自主以獲致未來美好生活為目的。White 孜孜不倦承襲分析哲學的犀利立場，持續分析教育目的重要概念，是本專書寫作方法論上重要的依循參考。本書第三章，即以 White 作品為分析依據。

(6) C. Wringe 之《理解教育目的》

Wringe（1988）之專著，亦是倫敦路線的代表性著作，他先對幸福、生長、需求、益趣作初步之討論，並對個人自主、學生未來進入職場加以著墨。作為倫敦路線以兒童權聞名的政治哲學學者，Wringe 較 White 更著重相關法律、命令、平等、正義、種族、性別在教育目的之意義。最後，對於所謂博雅教育、合價值性活動之內在價值與 Peters 教育三大規準中的認知通觀，Wringe 也重新予以肯定。White、Wringe 的教育目的專著，大體上修正了 Peters 的論證方式，但捍衛了其業師之理想。

(7) R. Marples 主編《教育目的》

Marples（1999）主編的教育目的專著中，有 P. Hirst 老驥伏櫪，吸納亞里斯多德之看法，而重構其早年過於重視知識型式之立場，重述教育目的之本質，更有 K. Harris、R. Barrow、P. Gilroy、P. Standish 四位學者重新省思「教育目的」哲學思考的分析架構。也大致反映了不能只從概念分析的角度去審視教育目的，應從更大的社會、文化、權力觀點，去界定及討論教育目的，這也代表著倫敦路線方法論上的修正。不過，在實質教育目的之討論上，仍然承繼著當年倫敦路線自由傳統、博雅概念下之公民身分（citizenship）、利益（interest）、自主性、批判思考（critical thinking）、自我抉擇（self-determination）、福祉（well-being）等概念，又增添了 P. Enslin 之國族認同（national identity）等等，也是本專書重要的取材來源。

(8) M. Seymour 主編《人性教育：重新反思教育目的》

Seymour（2004）主編的文集，是筆者蒐集到以教育目的（purpose of education）爲名最新的著作。分別以自我、社群、地球、靈性（spirit）爲向度，各自討論其教育重點，企求整合教育整體風貌的佳作。本書不同於前面分析取向的合集，有回歸傳統教育哲學取向的風格，融入了當代生態、多元文化的反思。

2. 華人世界

(1) 臺灣

雖然臺灣各教科書不乏教育目的之討論，但似沒有教育目的之專著。前述西方文獻中，自英美分析哲學以降，歐陽教已開啟了先鋒。簡成熙已譯出了 Peters（2017）經典《倫理學與教育》、Soltis（1995）之《教育概念分析導論》。簡成熙之前也譯出了美國羅馬天主教代表 J. Maritain（1996）之《十字路口的教育》，2018 年訪學美國之際，也完成美學者 G. R. Knight（2018）之《哲學與教育：基督教觀點》（*Philosophy and Education: A Christian Approach*）之譯本，該書是美國重要的基督取向教育哲學專著（Knight, 2018）。林逢祺、洪仁進（2005）帶領臺灣同道共同研讀的 P. Hirst 與 P. White 合編的分析傳統四巨冊，其中的一冊《教育與人類發展：

教育哲學述評（二）》，對當年倫敦路線曾探索過之概念，均已蒐錄。林建福（2006）對於「情緒」的相關討論，更可補當年倫敦路線過於重視理性自主之不足。林逢祺、洪仁進（2011）的《教育哲學：新興議題研究》，也引介了 W. Kohli（1995）書中的 A. Neiman、J. R. Martin、P. W. Bennett 等對教育目的之慧見，代表 90 年代美國學者的初步反思。

(2) 中國大陸

研究者未能盡覽大陸學界對教育目的之實質討論，扈中平、劉朝暉（1995），扈中平（2004）等，都有專著。瞿葆奎（1998）、馮建軍（2012）的《教育基本理論》手冊，共同選錄涵蓋 1978-2010 年間重要的成果。從中也可看出大陸學界對教育目的界定之論述風格。以後本手冊而言，如教育目的之內涵（涵義、結構）、教育目的價值取向（傳統觀點、新觀點、終極性問題）、教育目的之歷史研究（西方、中國、中西比較）、教育目的基礎研究（認識論、方法論）、中國教育目的問題研究（馬克思主義全面發展、問題反省、教育目的轉型、教育目的與素質教育）、研究反思（轉型之趨勢、轉型待突破問題、政治情結之困惑），從該手冊教育目的之架構，仍可看出大陸學者對教育目的之重視，及其整合中西，不囿於政治現實的嘗試性努力。研究者將透過交流，將大陸成果納入本專書之思考範疇中。惟本專書以英美學界爲主，暫無篇幅納入大陸學者的研究成果。

二、理性的個人自主、批判思考及其挑戰

英美世界在二十世紀二次戰後以自由、民主爲基底，開創了自啟蒙以降現代主義的教育思潮，復受到 1960 年代英美教育分析哲學學者的鼓吹。理性的個人自主（personal autonomy），幾乎成爲英美教育哲學最主流的核心教育目標。Peters（1966）已見端倪，繼之，又完整的提出其「自由人」之看法（Peters, 1974, pp.336-359）。約在 1970 年代以後，倫敦路線的學者已經開始系統性地去證成「自主性」與教育目的之關聯，美國學者則發展理性與批判思考作爲教育目的之探討，以 I. Scheffler、H. Siegel

為代表。

約自 1990 年代以後，西方世界之後現代主義、女性主義紛紛對分析的教育哲學展開批判，在政治哲學上，社群主義（communitarianism）對自由主義個人式的自我觀，也展開嚴厲的抨擊。影響所及，也開始質疑自主性、批判思考作為教育目的之合理性。倫敦路線諸儒已修正了業師 R. S. Peters 過於重視教育內在價值的觀點，整體而言，倫敦路線後期（筆者界定在 1980 年代以後）已不侷限於概念分析，部分學者從政治哲學出發，對教育目的貫徹過程中的爭議，如父母、國家、宗教之間的相互權限，都有深入討論，如 Wringe（1981）、Brighouse（2006a）、Tooley（2000）等都是代表作品。大體上，他們仍是在自主性的架構下，加以論述，如 Brighouse（2006a）從四項兒童利益觀，析論教育目的，他提出教育要能增進兒童的自我判斷各類價值的能力、提供學生未來成人基本自足經濟條件的能力、培養多樣化活動經驗豐富個人生活、培養公共生活所需的正義感等。又如愛國（patriotism）、宗教延伸的許多涉及公民教育的討論，都是學者熱衷議題。

以上文獻提供作者基本的視野，更構成本專書自主性、批判思考各章的主要參考來源。

三、後分析時代的反思

英美教育哲學，在 1980 年代以後，早已不獨尊分析。英國的 W. Carr（1995）從亞里斯多德、批判教育學中重構教育概念，而北美批判教育學眾多學者師法 P. Freire，更形成批判的風潮，臺灣對此相關之討論，已不陌生。Blake、Smeyers、Smith 和 Standish（1998, 2000）等後結構主義傾向之教育哲學作品正式的告別分析的文風，企圖翻轉分析的理性傳統。P. Smeyers、R. Smith 和 P. Standish（2007）並以「治療（療育）」（therapy）來析論教育。美國的 M. Greene（1995）在 90 年代後，高舉「想像力」等藝術教育的價值，對課程（美學）有相當影響。美國的 J. R. Martin、N. Noddings 也在 80 年代，以女性主義翻轉分析的教育傳統。90 年代以後，除繼續深化外，各有融合多元、批判反思及全球視野之著作。如 Martin（2002, 2011），Noddings（2006）之新作。Martin 並曾以「教育即邂逅」（Education as encounter）來說明教育在個人與文化擺盪間的各自重構開展（reconfigured），科技發展也使教育更脫離學校教育範疇。亦有 Berman 等人（1991）之「教育即旅程」（journey）之論述。M. Peters、N. C. Burbules、P. Smeyers（2008）詮釋 Wittgenstein 的教學觀。G. J. J. Biesta（2006, 2010, 2016, 2017）系列著作，援引 M. Foucault、J. Derrida、E. Levinas、H. Arendt 等歐陸大師，提出「教育之弱」（weak of education）對比傳統「強的教育」（strong of education），分別檢討西方建立在績效、評量之教育觀，可能腐蝕民主傳統之不當等，教育正歷經一場美麗的冒險，算是近年來英美學者詮釋歐陸思潮具體成形的重要教育理念。英美學者更不斷重溫傳統歐陸教育之「陶養（冶）」（Bildung）觀，不少學者也賦予「陶冶」（也譯爲教化、修養）新意。*Journal of Philosophy of Education*, 2002, 36(3) 及 *Educational Philosophy and Theory*, 2003, 35(2) 期，是 Bildung 之專號，有多位英美知名學者熱烈討論。其中，前本專號，已集結成專書出版（Løvlie, Mortensen, & Nordenbo, 2003）。

美國重要分析取向學者 Pratte（1992）之作《教育哲學：兩個傳統》，分別濃縮「傳統取向」與「分析取向」的精要。不只是教科書的浮面介紹，Pratte 已經把 1980 年代以降多元主義、女性主義、後現代的教育訴求與分析教育哲學探討之議題，具體加以分析整合，也算是美國學界 90 年代初步吸納「後分析」之佳作。

近二十年來英美世界翻轉建立在自由主義分析傳統下的教育主張，筆者有如下的體會，其一，他們大體上是反理性或修正理性的傳統；其二，大體上修正傳統自由主義或新自由主義可能產生對性別、族群之教育不公，如後現代主義反對的主流霸權、女性主義反對男性之宰制、批判教育學以社會民主取代資本主義之民主，即使較珍視傳統的社群主義也質疑西方自由傳統所重視的個人自主；其三，重新賦予文化新的意義，但這種對文化的省察，又有別於傳統哲學之思想大論述，融入許多實質文化議題，如生態、環保、族群等的討論。即便是分析教育哲學重視博雅教育的文化傳統，在近年後結構等學者看來，還是認爲其並非全然中立，代表的是西方啟蒙以降的理性文化。分析前、分析及分析後之教育文化觀對教育目的之啟發，值得吾人用宏觀的視野，加以重新檢視。由於當年分析的傳統過於急切地反對歐陸思潮，這一波歐陸思潮的復甦，又使得教育論述，變得些許曖昧不明，「旅程」、「療育」、「邂逅」都有待進一步之澄清。雖有當年分析所批評的缺點，但也對教育提出了許多有趣的討論，自不能以辭害義。筆者認爲，這些文獻都可強化教育目的之深層思考。臺灣未能完全引介，殊爲可惜。筆者甫執行完成的「G. J. J. Biesta 的教育美麗冒險：啟蒙傳統與後分析的教育邂逅」之計畫，雖未能收入本書，但也希望能夠提供更廣博的支援意識。

本專書受限於時間，未能涵蓋上述內容。不過，筆者均已初步閱覽，希望能吸納前述文獻，兼顧來自傳統、分析視野外的教育慧見，聚焦於分析傳統對教育目的之性質、程序及實質主張，提供充分的哲學證成與理據，同時達到厚實教育學術以及政策指引的雙重目的。

第四節　研究方法與全書架構

一、研究方法

(一)「啟示」與「澄清、論證」

傳統教育哲學大體上是從哲學派別與人物中演繹出教育哲學慧見，筆者稱之爲「啟示」（implication）的方法論（簡成熙，2005b，頁 3-25）。Dewey 與 Peters 已經指出其中可能存在的問題，但我們不能否認傳統人物或學派取向的教育哲學「啟示」，仍能提供教育慧見。1990 年代以後，英語世界，如美國 Noddings、J. R. Martin，英國 P. Standish、G. J. J. Biesta 等的視野，已不獨尊「分析」，但筆者認爲，他們的著作，只不過企圖從多元文化、性別、反西方中心等企圖超越理性的限制，仍然著重論證的問題意識。

分析學者雖然批評傳統教育哲學過於空泛，不過，筆者檢視文獻時，也發現美國60年代分析前的學者，並不是沒有這種自覺。像重建主義學者Brameld（1950b）就很重視教育目的與手段之間的關係。Phenix（1958）在界定教育目的時，更提醒吾人，要重視目的與目標，手段與結果，立即、中程、終極目的，相對與絕對，變動與恆常，歷程之內（immanent）與超驗（transcendent）、內隱（implicit）與外顯（explicit）等的區分，仍值得重溫。

一言以蔽之，筆者雖運用分析方法，澄清、論證教育目的，但不以此爲限，將盡可能同情理解傳統教育哲學與後分析之時代慧見。

(二) J. Dewey 與 R. S Peters 之方法論

Dewey與Peters是上個世紀美英最具代表性的教育學者。衆所皆知，Peters的分析傳統，不一定接受Dewey或進步主義兒童中心之訴求。相形之下，Peters代表的理性傳統反而較接近永恆主義學者R. Hutchins等的主張。不過，Dewey與Peters對於目的本身的性質，確有異曲同工之效，但他們的論述方式不同，值得先在此一敘。

Dewey在其《民主與教育》第八章專論教育目的之性質時，先以風吹沙及蜜蜂釀蜜爲例，風吹沙動，是一種結果（result），不是「終結」（end）。蜜蜂採蜜，我們或可稱爲終結（ends），並不是因爲蜜蜂設計規劃或有意識的結果，而是眞正的終止或完成。我們要關注的是每一個要素短暫空間和次序的意義，前事件引發的後事件，逐步達到終點的歷程。Dewey提醒人們，不要把所謂「預見的終結」（foreseen end），孤懸成一個靜態的結果。預知的積極意義在於能審愼觀察現狀，能掌握達到成果的有效手段、能提供有效方法的先後順序、能有助於選擇恰當的方法等。我們不只是一個旁觀者，更是參與者。Dewey強調，有目的之行動就是有智慧的行動，預知行動結果能使我們掌握種種事實及其相互關係，運用心智解決事件進行中產生的困難，隨時相互參照，隨時停、看、聽。Dewey也提醒我們，「一般人所認為不同的目標（objects）其實是指導活動的各種方法」（Dewey, 1966, p.105）。某人瞄準兔子射擊，他希望命中目標，可能是想吃兔肉，或作為善射的證據——他想要有一些作為。是這些作為，而不是孤立的事件，才終結其活動。目的、終結、目標，Dewey 審慎運用這些詞彙，是想表明人們不需強行由外再加入一靜止的活動，這會導致目的與手段的分離，若能由活動衍生出作為活動方向的目的，此一目的本身也是手段，當活動朝著未來方向，就暫稱為目的，若是指向我們正進行的方向，就稱為手段。Dewey 的教育無目的，雖然訪華時一度引起誤解，他歸結的一句話，如今讀來，仍然鏗鏘有力：

> 我們必須提醒自己，教育如前所述，本身沒有目的，只有人們、父母、師長等才有目的，而他們的目的還不是像教育這樣一個抽象概念。結果是人們的意圖（purpose）多樣，隨著不同的兒童、兒童成長的變化以及期間涉及的經驗成長而有不同變化。即使是最好的目的，用文字表達起來，也是弊多於利，除非我們能體認到這些目的不是目的，而是建議教育人員如何觀察、如何預判、如何加以選擇，以便教育人員在他們面對的具體情境中，能自由、導引其作為。（Dewey, 1966, p.107）

簡言之，Dewey 認為良好之目的要有三個標準，其一是所設定之目的必須在已進行之事件上自然發展；其二是目的是試驗性質，要有彈性，配合情境，並以行動檢測其價值；其三是目的是要使活動能順利進行（Dewey, 1966, pp.101-102）。Dewey 認為教育本身是一種生長歷程，只有人們才有自己的意圖。所以，Dewey 並不會像 Ulich 等學者提出很多教育目的之主張。但我們不宜曲解 Dewey 原意，認為 Dewey 不主張教育有目的性，可以隨性、放任而為。Dewey 反對的是人為的僵化、固定的外在目的。

Peters 在其經典《倫理學與教育》第一章討論目的性質時，沒有引證

Dewey，但他的很多用詞，很明顯是針對 Dewey。相同的是，Peters 也認爲過去大而無當的教育目的，涉及的是程式之爭，前引 Dewey 觀點，也有類似的看法，但二人重點不同。Dewey 是要強調目的手段的連續性，Peters 則是要賦予目的手段的合理性（不過筆者認爲他們二人都無法充分證成教育目的只是程序原則）。相同的是，他們都不主張要孤懸一個外在的目的，也都認可目的會有助於人們專心致志。Peters 最鮮明反外在目的證成方式，是他認爲教育目的內建於教育概念之中。簡成熙（2019a）已經有非常翔實的討論。簡單說來，Peters 認爲人們日常用語中會載負著共通的期許，教育所涉及知識廣度、通觀認知、爲知而知等，容或受不同歷史文化的影響而有差異，不全然是邏輯概念的必然，但如果把日常用語所載負的深層精神，視爲一種理想，透過概念分析，也可以找出教育本然的意義，Peters 稱之爲教育的內在目的。反之，如果委由經濟學家、社會學家根據社會需求來擬定教育目的，他稱之爲外在目的。不能說 Peters 一定反對外在目的，他也不否認訓練、技能在教育上的價值。但絕不能說教育在概念上等同於訓練。同樣的推論，教育的內建意義應該成爲教育目的，而不能像射箭一樣，樹立一個外在的標靶。用亞里斯多德的話來說，教育是指向目的的實踐，不是要獲致具體成品的技藝。Peters 用一個近乎玩笑的例子，醫藥有其本有目的，不是爲了製藥工人有工作好做。值得我們注意的是 Dewey 的實用主義很務實，一般人常會將實用主義顧名思義，將之與功利主義連在一起（中文用功利主義來指稱 utilitarianism 也對之不公，筆者認爲譯爲效益主義較恰當）。從 Dewey 對 H. Spenser 生活預備說的批評，他絕不主張教育要狹義地爲未來職業教育作技術準備（簡成熙，2016），細節見本書第十五章。

筆者將在第二章針對 Peters 的內在教育目的做完整的說明。Dewey 與 Peters 都根據其哲學觀，提出思考教育目的的態度與方法，共同的立場是不能只因爲外在環境的需要，就直接援引之。這也警惕吾人不能過度用時髦的因素來看待教育目的。

㈢H. Siegel的哲學證成

美國教育分析學者 H. Siegel 對於教育目的證成之看法，更提出所謂的哲學證成。他認爲大多數的人都會用時代趨勢、時代需求的角度來看待教育目的，他稱之爲「實用式論證」（pragmatic justification），Siegel 不否認實用式論證，也能賦予教育目的合理性。他在論證批判思考時特別指出，他不用所謂時代需要等「實用」性的原因，而用哲學證成一詞：

> 我是在尋求一個哲學證成，而不是實用式的證成。我並不是認爲後者不重要。恰恰相反，我相信如果讓學生致力於成爲批判思維者，關注實用式的考量是重要的，理應成爲大家共同關注的焦點。然而，如果我們眞要尋求證成，哲學的考量更爲根本，因爲哲學考量可能爲實用式活動想要實現的教育願景的承諾提供基礎。所以，實用式之考量，如批判思考有助於學生免於被欺騙、免於被似是而非說法所迷惑等，無論在其他情境中多重要，不是我在本書要處理的重點。本書要提供的是哲學證成。（Siegel, 1988, p.52）

Dewey 與 Peters 對目的的經典式解說以及 Siegel 標榜哲學證成，相互之間其實都有關聯，他們都不直接訴求傳統那種高遠、空泛的教育理想，而著重在概念及概念間的相互論證。本專書也當盡力取法於此哲學論證之精神。Peters 的證成方式，無論是其「程式原則」，或是教育的「內在價值」，更成爲分析傳統下的重要學術爭議。相信讀者已能體會所謂哲學證成與傳統訴諸口號、理想或實際效用的論證差異。本專書即期許以此精神論證教育目的。

二、本書架構

綜合前述說明，本書以分析方法的概念與論證，集中在英美上個世紀二次大戰後最核心教育目的之概念以及其間所涉及的爭議。第二章首先探討 Peters 的**內在教育目的**。第三章則是 Peters 的弟子 J. White 修正業師主張的專著。第四、五、六三章分別是以英美「**自主性**」作爲教育目的的相關討論。第四章是 Peters 同僚弟子開創的倫敦路線及其 1980 年代後的爭議。第五章則集中在後現代思想家 M. Foucault 對自主性的可能修正。第六章則從中西恥感概念重構自主性。筆者暫時的立場是自主性概念無須放棄。第七章到第十章，則集中在「**批判思考**」的相關討論。自主性與批判思考都算是西方戰後最主流的以理性爲主導的教育目的。自主性所受到的批評，也同樣反映在批判思考的議題。第七章，探討批判思考學者的內部爭議，到底批判思考是普遍的共通能力，還是隨不同的學科、內容領域而有不同？第八章，論述西方學者對於批判思考作爲教育目的之證成，並兼及近年多元文化等反思批判思考是否適用自由主義國度內的少屬族群。第九章則論述女性主義所質疑批判思考是否有性別偏見，並討論建構式思考的可能。第十章則探討來自批判教育學的批判與批判思考的不同取向。筆者的立場與自主性一樣，諸多對於批判思考的批評，適足以證明批判思考的價値，當可重構、擴大批判思考的概念，而無須放棄批判思考作爲教育目的。第十一、十二則集中在表現群性最爲鮮明的**愛國主義**。第十一章先述西方知名的兩位哲學家 A. MacIntyre 與 M. Nussbaum 的對立觀點。第十二章則討論 J. White 等數位英國教育哲學家對於愛國或民族性作爲公民教育目的合理性的相互論辯。第十三章則探討**宗教教育**，筆者集中在父母對子女宗教教育權利的討論，分別探討英國幾位知名教育哲學學者的相互論辯。第十四章則是討論數位時代**科技**作爲教育目的之合理性，筆者從哲學立場，分別探討 M. Heidegger 對科技的擔憂、法蘭克福學派 M. Horkheimer 與 T. Adorno 對工具理性的反思，以及女性主義生物學家賦予賽博格（Cyborg）的積極意義。第十五章，則藉著 Dewey 經典《民主與教育》百年，以及 Peters《倫理學與教育》出版逾五十年，分別探討其中涉及的「**民主**」與「**職業教育**」的相關主張。

本書並未全面有系統地對於西方教育目的提出鉅細靡遺的完整架構，分析教育哲學的書寫也不擅於此，但筆者已經盡力在有限的兩年執行期間，集中探討英美教育目的之核心概念。分別代表個性的自主性、批判思考，以及群性的愛國、宗教等，兼及最反映「時代需求」的數位科技、職業教育。筆者不敢滿意全書安排，受限於學養與時間，還有很多其他重要概念，如幸福（happiness）、蓬勃發展（flourishing），情緒、人格面向的概念，甚至於筆者仍待完成的自主性與本眞（authenticity）、陶冶（Bildung）的概念耙梳。學海無涯，豈能無愧？希能引起同道、學子進一步探求的動機，是爲所盼。

第二章

內在教育目的——Peters 之論證

導言

Peters 在 1960 年代開創英美教育分析哲學的新頁，他從概念分析的立場認為教育目的內建於教育概念中，而提出教育的本有內在目的，以抗拒外在目的可能對教育的不當指引，並提醒吾人發掘教育目的之程序原則。Peters 對教育目的的分析，帶動了倫敦路線以理性自主或個人自主作為教育目的之鮮明立場。本章將檢視 Peters 在各個年代對教育目的之論證及其相關二手評論，彰顯分析方法之精神，並還原其主張之適切性，並援引 Woods、Dray 等學者與 Peters 的辯論。至於 Peters 的弟子 Dearden、White、Barrow 等對 Peters 立場的修正，見諸接下來各章。Peters 後期對於民主教育價值的重溫，以及他最鮮明的抗拒外在目的可能喧賓奪主教育內在目的之想法，讀者可以對照本書最末一章，對當今大學教育完全強調職場技能、證照等外在產出的教育走向，仍深具反思意義。

*本章是以簡成熙（2019a）〈彼得斯對教育內在性目的之論證及其相關評析〉（《教育學術月刊》，1 期，3-17）的基礎上修正改寫。

緒論

教育哲學無論是學派或人物的探討主題中，教育目的或理想的形塑，一直是核心重點。不過 1960 年代英美的教育分析哲學在方法論上，認爲傳統教育學者提出教育目的之主張過於空泛，在概念及論證上都失之粗疏。這當然也會引起誤解，像 Peters 在 50 年代末以「教育工作者必須要有教育目的嗎？」之提問（Peters, 1959, pp.83-95），會讓人乍以爲分析學者認爲毋需教育目的。當然，Peters 最鮮明的特色是提出教育目的之內在性，認爲教育目的是內建於教育概念中。他在 1966 年的《倫理學與教育》及 1965 年加拿大安大略教育研究院召開之學術會議上發表的論文《教育目的——一個概念探究》，都持此鮮明立場，並引來 J. Woods 與 W. H. Dray 兩位學者之深度評論，收錄在牛津哲學論叢之《教育哲學》專書中，影響深遠（Peters, 1973a, pp.11-57）。有關教育目的內在性之討論，即使是倫敦路線陣營 Peters 弟子 J. White 與 R. Barrow，都認爲在方法論上業師不一定站得住腳，紛紛提出修正意見，希望能放寬對內在教育目的論證之堅持，另闢蹊徑來捍衛業師期許的理想。當然，Peters 對於自由人之概念，也讓弟子 R. F. Dearden 確立以「自主性」（autonomy）爲教育目的，算是倫敦路線的鮮明教育立場。Peters 自己更在 1979 年重新論述其民主價值之教育目的，收於他最後的一部文集《論教育家》，也似乎默認教育概念會隨著社會機制之變遷而轉變，不堅持概念分析立場，轉而從民主價值中來演繹教育目的（Peters, 1981, pp.32-50）。本章即擬環繞在 Peters 各個年代的前述一手文章對教育目的之論證及其相關二手評論爲出發，彰顯分析方法之精神，並還原其主張之適切性。筆者企圖在本章論證 Peters 當年的相關討論，仍可提供吾人今日從事教育哲學方法論上之參考，而其主張抗拒外在目的可能喧賓奪主教育內在目的之想法，對今日之教育走向，也深具反思意義。

第一節 Peters 對教育目的之證成

一、〈教育工作者必須要有教育目的嗎？〉一文旨趣

Peters 在 1956-59 年間於英國 BBC 做了系列演講，同步刊行於《聽衆》（*The Listener*）雜誌，其中的〈教育工作者必須要有教育目的嗎？〉後收於 1959 年《權威、責任與教育》專書中，其時有名的教育三大規準的就職演說尚未正式提出，該文雖未正式分析教育概念，但已經暗示著教育是代表可欲的心靈狀態，也說明大多數的人並沒有深刻體認這種可欲的心靈狀態，卻常把教育成果視爲目的手段之關係，進而把目的孤懸在手段之外，形成外在目的，這不僅有害我們對教育目的之理解，也會曲解了手段與目的之關係。說有害目的之理解，是指未能正視教育概念本有之價值，只以社會其他需求，如政治、經濟利益來界定教育目的；說此曲解了手段目的之關係，是指本應重視的教育程序原則（principles of procedure），轉而把教育視爲其他外在教育目的之工具價值。該文中，Peters 主要集中在教育目的涉及**程序原則**之辨析。

Peters 認爲許多教育目的之爭論，一方面是錯置了外在於教育本有之價值，另一方面，更有許多看似對立教育目的之爭，並不是眞正的目的之爭，而是涉及獲致其價值之程序之爭。有關目的與程序原則之差異，例如一個信仰平等的人，可能極端地想消除社會階級與財富、用後天教養來消除天生差異；另一位改革者，也許沒有懷抱上述平等的美麗圖像，卻也同意任何社會改革，對人都不應該有不平等的待遇。前者固將平等作爲一種目的，但其方法是較激烈的；後者雖沒高呼平等，卻也同時將平等作爲社會改革之程序原則。這個例子雖點出程序原則之旨趣，似乎無法完全說明，前述平等之爭只是程序之爭。

Peters 接著指出，雖然很多古典教育之爭，如 P. Nunn 認爲教育字源上是 educere，爲「**引出**」（lead out）之義，教育目的在於個人潛能之發展或實現。J. Adams 則堅持，教育字源是 educare，是依照特定的想法加以

訓練或**形塑**（mould），如培養成文質彬彬的基督徒。進步主義者則震懾於怎麼可以如此將學生視為藝術材料加以形塑成特定的產品，Rousseau 也反對將兒童置入成人的模型來加以塑造。Dewey 與 W. Kilpatrick 又提供另一圖像於教育歷程中，他們重視兒童，認為兒童應在互助的情境中，而非由專家來訓練有用的習慣與技能。進步主義者認為訴諸權威的程序原則，不但不是傳授知識技能的有效方式，而且是對兒童不道德的行為。Peters 要我們留意，人們區分 Nunn 或 Adams 等之教育目的差異，常認為是其教育目的南轅北轍，其實更是程序之爭的極端系譜。一端是教育程序中權威的應用，利用教師教誨或施以夏楚，就像是藝術的陶塑，企圖獲致可欲的成果或範型；另一端則是強調兒童自己的規劃與意圖。

當然，眾所皆知，Peters 等倫敦路線當年的立場接納進步主義的方法之餘，並不同意他們對傳統學科內容的否定，在前文引申 Nunn、Adams 教育目的段落中，Peters 可能也知道，二者其實不只是程序差異，也有一些實質上教育看法上之差異，但他接著仍以傳統師徒制為例，說明教育過程，跟隨一個比我們知識、技能更高的人學習是不爭的事實，師傅固然無須打罵威嚇、命令，但他擁有權威，能有技巧地加以講授、教誨，實無須像極端進步主義者全盤否認教師的積極教學方式，更不可否認學科之內容。引一段 Peters 原典，或許有助於讀者理解，他如何堅持教育目的仍是程序原則之爭，下引文說明 Peters 肯定進步主義教學方法之餘，並不否認傳統講述之價值：

> 我相信教育中多數重要的是以舉例和講解的方式，加以傳授。一種態度、一種技能，被習得了。感受性、批判之心靈、尊重人與事實等都有賴教者清晰、睿智的講解。然而，目的手段之模式也並沒有遠離教育的實際運作。價值，當然是包含在實際運作之中，否則，就無法以「教育」稱之了。然而，價值也者，並不是最後的產品，也不是教育歷程之終點。價值存在於被傳遞的技能和文化傳統裡，也同時存在傳遞價值的程序中。（Peters, 1959, p.92）

Peters 不否認，偏好某一種程序，也會選擇最適合其程序之範例，並擁護傳遞最合乎他們所喜愛模式之事物。例如：贊成權威、訓練之程序原則，最心儀拉丁文與算術，這些學科有明確的對錯規則，且早期階段的學習用不上理性的講解與經驗；進步主義則情鍾藝術、戲劇與環境有關之學科，因為其教材設計不會太人為；信仰理性教學的教師，則專注於科學、歷史、幾何等學科。睿智的教師不管教授何種學科，都知道一開始要能吸引學生興趣。嚴格說來，Peters 在〈教育工作者必須要有教育目的嗎？〉一文中，並不能完全說明教育無需空泛、高遠、普遍之教育目的。美國分析學者 J. F. Soltis 即據該文說明 Peters 反對籠統、空泛、終極之教育目的，並不是要反對教育有目的（Soltis, 1995, pp.14-17）。

Peters 娓娓分析指出，人們所追求的理想，往往被提升為生活目標或政治活動的夸夸之言。自我實現、幸福、平等社會等都是顯例。這些較為空泛的目的，若淪為口號，雖無傷大雅，但會阻礙我們進一步思考其程序原則涉及的道德問題，也會執著於名相而無謂的堅持。反之，若從前述程序原則來思考該目的，反而可以更加釐清該目的之價值與精神，避免紛爭，也更能看出所謂不同教育目的之優點與限制。如果從程序原則來看待進步主義主張的自我實現，就能體會這些訴求在教育方法上的價值，但孤懸自我實現為教育理想，就會衍生許多不必要的爭議，如人的特質是否需完全實現、完全否認學科教學等等。總之，在 Peters 尚未完全呈現其日後教育規準及教育人（educated man）的理想時，他在方法論上已先指出了釐清程序原則，更能看出各式教育目的之價值與精神。

之後，有關 Peters 對教育三大規準的說明及其就職演說「教育即引領入門」（Education as initiation）完整載入《倫理學與教育》一書中。歐陽教自 1969 年師從 Peters 等返臺後，已多次介紹。有關其「教育人」之理念，除了筆者在《理性、分析、教育人》的引介外（簡成熙，1996），近年來也吸引大陸年輕學者的重溫（程亮，2012），茲不在此重述。以下筆者集中在 1965 年加拿大安大略教育研究院召開之學術會議上發表的論文《教育目的——一個概念探究》，包含 Woods 與 Dray 兩位學者之深度評論，加以分析。

二、《教育目的——一個概念探究》內涵與討論

(一)教育目的、理想內建於教育概念中：教育內在目的

Peters 認為 Dewey 並沒有嚴格區分「**目的**」（aim）與「**意圖**」（purpose），後者涉及「**意向**」（intention）與「**動機**」（motive）。當人們展開行動或活動時，例如舉起手，這可能指投票行為、暗示訊息，或測試風向，當我們不確定他在特定情境之作為，而詢問其舉手幹啥時，我們其實是在問他的意圖，而不是追問他舉手之目的。就概念上來說，目的（或中文概念上的目標）是與「射擊」（shooting）與「投擲」（throwing）接近，是專心致志於某一項特定的目標，也代表著會出差錯，可能無法達成之意。就此而言，我們探詢其目的時，其實也就是詢問他正在努力從事（trying to do）的事。我們有時會用同樣的句型，但以較負面、指責之語氣探詢，如「你到底在幹嘛？」這有指責當事人沒有明確目的、一團混亂、無法協調一致、無法指向實踐之意。雖則如此，Peters 提醒我們，不要將此一專心致志之「鵠的」，抽離出教育之外，成為外在目的。另有人喜歡用「理想」（ideals）一詞，這比較涉及「願望」（wishes）。理想在概念定義上，是指無法實現之目的，若拉近理想的現實性，理想也就可望成為目的或鵠的。當我們用意圖一詞，則沒有這層意思。目的在人們日常用語上可執行其社會功能。不過，我們探詢某人做某事之目的時，通常不是指太立即性、太結構化之明確活動。我們之所以詢問當事人目的，不在於要他說明其活動，毋寧是要他更精進其活動、課以明確責任之意。Peters 最後歸納教育脈絡中，目的之特性，其一，期許人們專心致志之意；其二，是邁向非立即性之活動；其三，目的意味著失敗性。我們說去教學吧，沒有太大爭議，但大呼去教育吧，有些古怪，因為教育與感化（reform）一樣，不限於特定的活動，直接稱某一活動為教育（相對於教學），違反日常語用習慣。但吾人可以為教育活動樹立一些規準，看看活動有沒有教育

性。教育概念本身具有規範性，蘊含著善、合價值性。教育與感化都是G. Ryle所界定的成就動詞，如贏、發現、記得、學到等字眼，不同的是，前述活動只是帶有該活動之成果，不涉及價值。不過，當探討教育價值時，大部分的人都從教育概念之外，提供許多外在價值，加諸教育之上，並視其爲教育目的。例如：工程學知識可在學校教授，但工程教學不成爲教育人本身的範行。同理，政治學或經濟學者當然可以要求教育系統培養其認可社會所需之人才，但嚴格說來，這些工具性之目的，類似於前面討論的意圖，本身不成爲教育目的。教育與感化之概念，規範內建於其中，從中即可得出值得致力的教育活動，不需外求。但此一規範卻因眾說紛紜而很難定奪。教育目的之要求正是要透過概念分析具體界定此一規範。雖然眾說紛紜，但我們仍可從日常語用的脈絡中，找到人們使用教育一詞時之基本想法，也可從所謂「受教育」之分析著手，藉著人們口中所心儀的「教育人」範型，找出教育之內建意義，此即爲教育的本有價值或內在目的之所在。

教育人的第一個特質是能追求特定的活動，如科學、烹飪等，是因爲**活動本身**，而不是活動帶來的結果，亦即不是爲了工具性之理由而追求，**爲求知而求知**是也，但這只是必要條件，芭蕾舞者或陶匠都符合此條件，但我們不會以教育人稱之，教育人涉及**知識與理解**，他必須擁有相當的知識體與概念基模去整合許多訊息，也必須知其所以然。我們會說斯巴達人有嚴格的道德或軍事訓練，但不會以教育稱之。教育人之理解，不能只是狹隘專家式之訓練，他必須是個**全人**。教育當可涵蓋訓練，但不能只是訓練。教育人必須發展多方的覺知模式，如科學、歷史、倫理學、美學、宗教等。如果某人只是知識豐富，沒有**通觀**的視野，我們仍不會冠以教育人之名號。教育並不只是要培養人樂觀迎向未來工作之準備，而是帶著精確、熱情與品味去從事手邊合價值性的工作。也許，教育之合價值性之概念或是像感化使人變好等概念真理，並無助於教育內各細部目標優先性之定奪，但若社會完全以外在、職業需求來看待教育時，揭示教育之內在價值而引出之教育目的，仍然值得呼籲。

㈡教育目的隱含著程序原則

Peters 在此仍重溫他之前強調的程序原則。他也承認，說教育是引領學生進入合價值性之生活形式，有點套套邏輯。但若用程序原則來思考，也可反思許多新意。例如：論及教育是促進個人生長或是自我實現時，通常是更傾向於個人主義之思考，把重點放在個人應追求其自身之性向。這種教育目的對比於由國家統一塑造，或根據職業需求來培養，就會有明顯不同的教育強調，也就是教育程序會有很明顯的不同。自我實現論者強調在可欲性範圍內，學生自主性、自我導向之重要，學習過程重視自我發現、允許錯誤。這種論述更重視在心理學理及道德原則下，如何尊重學生之自由等攸關教育方法的程序原則。兒童中心論者、自我實現者，或如心理學家 D. Ausubel 等都把傳統教育內容，鄙稱為接受式學習，甚至於不認為那是教育，而強調教育的「引出」程序。Dewey 認為訴諸個人經驗、發現，或個人對課程之選擇，應優先於來自於國家的科學家、技術者之要求，或是由上而下之教條。自我實現論者重視學生個別差異及尊重學生權益之倫理原則，這些主張當然用意良善，不過這並不是放任學生學習毫無價值之教材。自我實現論者的程序，仍得建立在老式受認可、符合可欲性之教育內容上，也就是根據學生性向等之選擇仍得適度根據價值之可欲性與否加以剪裁。1960 年代的英國深受進步主義、兒童中心的影響，Peters 等倫敦路線學者，很明確地希望藉著中性、客觀的分析方法，彰顯這些主張的程序原則之餘，直指其概念、口號限制之所在。當然，有時不同學理，也會有相同的程序主張。例如：那些關切國家資源分配效率的功能論者，或是重視學生個人權益的平等論者，都可能會高喊教育是個人能力之發展，強調教育要重視個別差異，不要太齊一，應順應學生的能力與性向等程序原則。筆者認為，這兩種理論要落實都涉及資源分配，很難只根據 Peters 的程序原則，欲定奪具體分配細節仍有賴其他實質主張。

教育目的之程序原則並不是一種目的手段的關係，將方法、內容分離。教育程序與受教育者之範型、目的同時內在於教育概念中，也就是教育之程序也與教育知識相伴，成為教育之內容。這有兩層意思。其一，教學過程中公平對待學生、尊重學生自由等固是重要的程序方法，但這些原則也是道德教育之內涵。再者，程序原則也預設了科學、歷史等合價值性活動之學習內涵。尊重證據、願意承認錯誤，不恣意干涉、不人身攻擊、不以人卑而輕其言等，都應成為學科知識或科學教育之內涵。學習科學，不只是學科學事實或理解理論，也涉及學習這些構成公共生活形式程序原則的運用。長時間以來，很多人誤將教育由上而下地藉由知識塑造所謂高級心靈，最近則從消費導向的觀點，利用生物學的生長、潛能、興趣等隱喻，強調開展個人私領域生活形式。二者都各有所偏，即忽略了教育在本質上是經由共享的語言、概念系統、主導人們意向目的之互動規則等，來引領學生進入公共之世界。由知識、理解所界定之教育人範型，無法與人們所習得架構公共生活情境之程序原則二元分立。知識教育，如果只是獲得知識，沒有同步習得獨立性與探索之態度，那只是死的（inert）知識。

筆者認為，晚近很強調**素養**（competence，應為**能力**之意）導向之師資培育與課程教學，無論我們用什麼術語，實也離不開相對應之程序原則。**課程論者或可不必汲汲於對素養等概念下眾說紛紜之約定性定義，集中探究涉及程序原則之差異，或許更能使教育工作者掌握此番素養導向課程教學改革之精神**。

㈢先驗式論證

無論是教育人的理想，或是涉及教育內在價值的理論性活動，如果不滿意前述 Peters 的論述，要進一步追問理由，Peters 則訴諸其有名也引起爭議的先驗性論證（transcendental argument）。筆者綜合皮氏在《倫理學與教育》中對理論性活動的「先驗式論證」型態，大致可歸納如下：

1. 當人們詢問「為何選擇 A 棄 B」時，為了要能回答此一問題，他必然得致力於探索該問題的性質（否則，他就不要問此問題了）。若某人很嚴肅地提問此一問題，卻完全不想獲得任何答案，這在邏輯上，也會令人覺得古怪。所以，當提問者嚴肅提問問題時，他已經默許理論性活動的探索價值了。

2. 當人們嚴肅詢問「爲何選 A 棄 B」時，提問者必定關切、在乎該問題答案的眞假，適切與否。提問者不僅預設了該問題的重要，也預設了問題答案標準的適切與否。假若某位老師提問學生問題，他說：「你們不用回答，我不關心你們的答案……」，這也說不通。也許老師沒有預設特定的答案，也許老師鼓勵學生多元發展，但老師一定會嚴肅正視學生各種多元答案的可能。若師生之間都以此認眞態度，他們當然就已邁入知識、眞理探索之方向。

3. 當詢問者探詢「爲何要從事理論性之活動時？」他自己已經在從事理論性活動了。質疑、批評、反思本身正是理論性活動的特徵。

與 Peters 齊名的倫敦路線另一大師 P. Hirst，論證博雅教育的七種知識型式時，也同樣運用先驗式的論證（Hirst, 1965）。美國哈佛 I. Scheffler 高足 H. Siegel，在企圖證成批判思考、理性等概念時，也曾運用先驗式論證（Siegel, 1997）。是以先驗式論證或有其可取之處。不過，許多學者認爲這只不過是轉移了問題焦點，不少學者指出，「先驗式論證」有點類似訴諸人身（*ad hominem*），它只對問此問題的人有用，難道無人提問，致無從產生問題的預設，我們就無法探究理論性問題了嗎？（Downie, Loudfoot, & Telfer, 1974, p.46; Wilson, 1979, p.137）Kleinig（1982, pp.86-87）認爲 Peters 回答理論性課程之所以有教育價值，是因爲符合了提問者的預設，這未免太避重就輕，我們眞正要探究的答案是爲什麼這些理論性活動有價值的實質理由。

㈣小結

Peters 最後在文內仍不厭其詳地條列其重點，筆者綜合歸納如下：（Peters, 1973a, pp.27-29）

1. 經由對教育、目的之概念分析，Peters 得到與 Dewey 類似的結論，一些外在的目的不一定適合作爲教育目的。

2. 概念分析不只是得到一個套套邏輯之教育目的，教育的概念至少涉及兩個明確之特色。其一，所謂教育人也者，代表教育之範型，透過概念分析，可帶出多面向之教育方向，例如：全人、原則之理解等，就可引出深度廣度整合之相關議題，進而更精進教育探索。其二，目的隱含著程序原則，如自由、自我導向等，這些都與教育人之理念相伴而生，同時引領教育之方法，也成就教育之內涵。

3. 許多人認爲哲學的概念分析，無法提供實質教育內容。其實，從受教者的分析著手來審視教育目的，可進一步發掘探索重點，如思想和行爲合價值性之模式爲何，或者是如理解的深度與廣度，就能對課程目標有所啟發，又如效益主義論詢問爲何詩比釘圖釘（一種當時流行英國的遊戲）更有價值，也可從倫理學觀點進一步深究。樹立「教育人」之規準，當可帶領我們進一步探討其證成問題。再者，我們雖很容易看出程序的效率性，例如：發現式教學，非常耗時，沒有效率，但卻對程序原則本身習而不查，殊不知教育目的涉及的原則，如自由、尊重人，是內建於教育程序之中，可進一步深究此程序之證成。若要堅持進步主義的發現式教學，無視於其耗時與花費，就必須對進步主義涉及的倫理原則進一步加以證成。若此，也能解決許多爭議的教育議題。

4. Peters 樂觀地認爲透過倫理基礎之探詢，對於何種內容較有價值、何種程序最適宜處理孩童問題，可以得到解答。但他也指出，不能高漲分析的價值，至少，要證明文學比科學還有價值，循前述之分析就很難加以證成。對一般教育目的論證是一回事，具體應用是另一回事。哲學思考有助於實踐智慧，但無法取代其他學理或實務。

第二節 Woods、Dray 與 Peters 的相互論辯

J. Woods 首先從語言分析的立場，質疑 Peters 對於目的、教育等概念之分析是否即爲他認爲的概念眞理。Woods 舉「王老五」（bachelor）爲例，王老五就是沒有結婚的男人，這是王老五的概念意義，但若某地區王老五需要繳未婚稅，此一未婚稅不能視爲王老五本身內建之概念。言下之

意，Woods 認為 Peters 對教育的分析，不能等同於「王老五就是沒有結婚的男人」。語言分析的功能固然在於界定意義，但並不是規範性的活動，不能限定字詞的應然意義。Woods 歸納 Peters 界定「目的」之三個特性，其一，期許人們專心致志之意；其二，是邁向非立即性之活動；其三，目的意味著失敗的可能性，一一舉例加以反駁，認為違反這三個特性，也不妨礙人們對目的一詞之掌握。若堅持 Peters 之意，反而會陷入教育無目的之窘境。教育概念亦然，所謂為知而知、理解合價值性活動之原則、不窄化這些活動等等，美則美矣，但若沒有達到這些理想，就不配冠以教育之名，未免過於嚴苛。Woods 並不是反對教育人的理想，而是認為不能經由概念界定，強行將這些規範性之意義劃入教育之內；再者，若認眞以 Peters 教育之規準來審視，也會有完全符合其規準但不被 Peters 視為受過教育之人，如某位沒有學科能力，但能通權達變的工人，他具有多方自發興趣，且能深造自得，自己之技能也能有深度掌握。事實上，原始社會之人，對其狩獵、箭術、巫術、藥學等的理解，說不定也能符合 Peters 之標準（Peters, 1973a, pp.29-34）。Peters 則回應 Woods 並沒有正視後期維根斯坦之精神，Peters 並沒有要嚴格地找出教育概念之充分和必要條件，但在日常用語脈絡中，教育的認知性強調與訓練的技能性強調之差異，縱使沒有嚴格到邏輯之充分或必要條件，也應符合大多數人之認可。人們認可「性教育」的價值與無須在課堂進行「性訓練」，這之間的差異，應該大多數人可以辨清。但在另一方面，Woods 又認為 Peters 對目的之界定，失之過嚴，Peters 籲請人們注意校長與外科醫生在執行任務時所下達之命令之差異，他認為自己對目的性質之界定，會有助於釐清不同目的論述之差異，並非主觀之認定。概念分析若採 Woods 嚴格之界定，如王老五即是沒結婚之男人，其他不若此嚴格定義下的概念，就沒有必然的概念意義，都有可能讓倫理學、知識論、政治哲學、美學、宗教哲學，也包括教育哲學在內的探究止步，不免令人遺憾（Peters, 1973a, pp.43-49）。

W. H. Dray 對於 Peters 內建教育目的之用心，雖了然於心，他能理解 Peters 這種套套邏輯之教育界定，是讓人能重拾教育理想，具有擺脫外在社會目的之功能。不過，他仍然反對從語言分析的立場，可以得到 Peters 的結論。他指出，「打棒球的目的是揮棒擊出投出來的球」，這是打棒球之概念眞理。但若說，「棒球的目的是揮棒擊出投出來的球」，則令人怪異。Dray 提醒吾人，概念眞理（套套邏輯）與實質的經驗意義或規範用法，不可混淆。Peters 等於是利用分析哲學高漲了他個人心儀教育之規範意義。對於「教育是引領學生進入合價值性生活形式之追求」，「我兒已受教育，但沒有變得更好」，並不會陷入 Peters 所指出之概念矛盾。Peters 強調，若教師自己或沒有培養學生自發性之動機，只是由於外在目的使然而讀書，也不能將其學生稱之爲「受過教育」（cannot not be educated），Dray 認爲 Peters 充其量只能說教育不應該一味追隨經濟學家等外在教育目的之訴求，不能說這些不是教育目的。易言之，Peters 想用概念分析界定教育本有目的，並以此捍衛內在目的，抗拒教育外在目的之企圖，在方法證成上，並不成功。後現代、後結構之論述動輒以誰的教育、誰的理性等提問，質疑既定觀點背後的權力運作。Dray 雖不涉及權力之質疑，但也用類似之字眼質疑 Peters 的概念分析，反映的只是他個人或某一些人之教育想法（Peters, 1973a, pp.34-39）。

Peters 重申，教育分析哲學家不應該自限於分析哲學之嚴格立場，Dray 似乎否定套套邏輯或概念眞理之價值，等於是否定哲學家適切地運用邏輯或概念來規範教育。教育合價值性所載負的價值意義，不必因爲現實沒達成，就予以否定（有點類似孟子性善之說，不必因爲經驗上的壞人存在，而否定善端之意義）。最後，Peters 重申，他賦予教育、目的的意義，不是將道德加諸之上，仍然是一種中性概念分析。此一內建概念之意義，容或不一定具有普遍性或嚴格的邏輯充分必要條件性，但仍具有相當程度日常語用的共識。雖然人們也會不精確地使用教育概念，有違他的分析，這正是教育哲學家可以著力之處。人們泛泛地說，教育是爲了生活，意圖賦予教育追求外在價值之意義，或者是有些人主張，要重視教育，不要只是訓練，才更可以在工業社會中，不被淘汰。這些說法都不能解釋成教育是爲了滿足外在生產之目的。中性的概念分析應該也能夠處理、規範處於當今技術訓練高漲的教育爭議（Peters, 1973a, pp.39-43）。我們是要謹守分析哲學的嚴格立場，不染教育紅塵，或是利用中性之概念分析，回歸教育本有之價值，Peters 所引領的倫敦路線傳統，毋寧是以後者自許。

J. Gribble 歸納 Peters 等論辯的核心在於兩個問題，其一是 Peters 所謂的教育、合價值性其概念上的關聯問題，其二是，Peters 的教育概念是否是其個人或特定（fabricating）的自認爲有利於學校之看法？無論如何，Gribble 勉勵所有教育學者重視此一論辯與分析。教育目的之分析有助於教育社會學者不致混淆了教育之功能，能進一步釐清社會化與合價值性之關係；教育心理學家論述心理健康、自我實現、需求滿足、生長等概念時，能從教育的概念分析中，反思教育與前述概念之意義。教育史家也都可以運用概念分析的方法，重拾過往教育人物之智慧（Gribble, 1969, pp.12-14）。Gribble 言下之意，縱使我們不堅持 Peters 的教育想法，但分析的教育哲學仍然可以爲各教育學術提供更深邃的探索之途。

第三節 Peters 的最後主張：民主價值與教育目的

歷經倫敦路線外學者對概念分析也只是反映某種教育立場的批評，過度堅持分析的結果，會讓教育陷入本質主義之狹隘，傑出弟子對先驗式論證之批評等，都讓 Peters 在教育概念分析外，重新省思教育目的之意義。他在 1979 年的〈民主價值與教育目的〉，已不用先驗式論證或拘泥概念分析，放鬆了對內在教育目的之術語堅持。不過該文對程序原則並未放棄，對於空泛之教育目的仍有微詞，但從他在該文對「幸福」作爲教育目的之討論，措辭已較 50 年代末〈教育工作者必須要有教育目的嗎？〉略微和緩。取教育概念代之的是民主價值，也就是 Peters 認爲概念分析不能脫離所處時空，從民主的氛圍中，析論其價值對教育的蘊義，以補之前概念分析之不足。但 Peters 仍然提出分析教育目的之三個形式要件，其一，關切點仍然是可欲的價值；其二，仍得合理地揀選特定目標作爲鵠的，因爲教育者常欠缺將理想通則化的能力；其三，理想就意味著未能實現，如眞理、幸福、無階級等，既設定爲教育目的，就要假定能透過學習，達成如個人自主、關心他人等部分的成果，他早年的堅持，仍長存心中（Peters, 1981, p.35）。

Peters 同意教育的概念分析，確然會窄化對教育功能之理解，他首先從「人類處境」（human condition）揭示人類必須面對三個層面的處境。其一是自然世界，這涉及四季變化、風雨雷電，也包括人類生老病死等；其二是人倫世界，愛恨交織、獨立依賴、友誼與孤獨等等；其三是政治、經濟、社會世界，包括富裕與貧窮、權威與暴力、犯罪與懲罰、共識與歧見等等。無論其從事何種行業，都有賴教育關切人們如何生活與回應前述人類處境的種種信念、態度、慾望、情緒等（Peters, 1981, p.34）。

經由前述三類人類處境，Peters 進一步分析民主社會之生活方式，他仍認爲在《倫理學與教育》透過先驗式論證所發展出的自由、誠實、公平、尊重人等理性的程序原則是民主生活的基礎，在此進一步分四點說明。其一是人倫道德，其二是個人福祉（person good），其三是追求眞理，其四是宗教美藝（Peters, 1981, pp.38-42）。若從 Peters 教育三大規準及教育人的理想來看，可看出 Peters 在民主價值下，企圖超越他早年過於主智、認知取向之限制。人倫道德除了不傷害他人、信守承諾、尊重私有財產、愛惜公物外，也要注意個人利益與他人利益的協調，國家也要確保個人最低限度之生活需求。就個人福祉而言，Peters 分別援引 J. S. Mill、Dewey 等之觀點，說明個人自我實現的重要，且個人追求快樂，不能淪爲享樂主義，自由是在社會共享的脈絡中，培養自主，藉理性以運用知識，實現自己的人生價值。在追求眞理方面，Peters 重申理性的個人自主在教育目的所扮演的角色。追求眞理不僅能夠解決工作、休閒生活遭遇的問題，也能因此增進生活樂趣。人們不必像科學家以專心致志爲職志，也不必像蘇格拉底堅持反省的人生，只要能以批判的態度使個人之信念、態度、期望，不致淪爲妄念、偏見或迷信，結合理智與想像，適時轉換對世界、他人、體制之看法，並發展諸如清晰、精確等理智德行（intellectual virtues），即已足矣。至於宗教美藝在民主社會之價值，民主社會貴在自由與容忍，當以此態度對待不同宗教。而宗教的超越思考，也能開拓知識科學求眞、倫理道德致善的世俗視野，賦予人類處境新義。美藝豐富人類生活，自不待言。不過，Peters 也指出，宗教美藝固然對人類處境而言，有其重要的教育價值，但畢竟非直接關乎民主生活方式本身，且宗教本身也是一複雜議題，並不是民主價值之必然。Peters 接著綜合前述民主價值，再整合或修正他早年三大規準及教育人範型，具體提出四類民主價值下的教育目的（洪仁進，1999，頁 226-231；歐陽教，1988，頁 24-29；Peters, 1981, pp.42-48）。

㈠ 發展人倫道德

Peters 在此仍重申其尊重人、公平等程序原則之重要，他也特別從 L. Kohlberg、J. Pieget 等道德心理學家之觀點，重申自主性的教育理想。不過，教育是引領學生進入社會之中，從他律到自律，不能操之過及，要循序漸進，化解這種他律、自律可能之弔詭。此外，Peters 更指出有別於 Kohlberg 的額外兩點，其一，理性之餘，情感（compassion）與關心他人（concern for others）同等重要；其二，在道德循規階段，要更強調意志之德（virtues of the will），如堅毅、正直、勇敢等，這些德行有助於將道德原則落實於實踐中[1]。Peters 並沒有引當時已經逐漸受人重視的關懷倫理學與德行倫理學之名，但從他對 Kohlberg 等的修正，我們仍可看出 Peters 晚期企求從早期較爲堅定理性、認知的教育或德育中走出。

㈡ 充實人類處境的知識

Peters 在民主的生活需求中，重新詮釋其教育的認知規準及教育人的通觀認知的深度與廣度之知識意義。其一，必須認識自然世界 ，包括各

1　一般說來，Peters 自由與自主性概念，深受康德影響，這也是倫敦路線的傳統。此部分 Peters 界定意志之德，前節對自由人的分析，也同樣指出自主性涉及意志強度，這可以用康德的概念解釋，但也可以運用亞里斯多德的概念，爲 Peters 教育理念過於重視理性而忽略品格塑造來翻案，值得進一步之研究。蘇永明（2021）有深入的討論。

種生活所需之自然事理、工業社會所需之基本數字算計，以及身體保健、體育休閒之智能。其二，也包括人際互動和諧所需的理解形式，了解彼此所應善盡的社會角色、體察個人內在動機履行社會期待時，可能面臨的衝突，稍一不慎，就可能引起心理疾病，而人際道德預設了道德判斷涉及動機、意向的評估，這也是一般教育較為忽略的情緒教育之重點。其三，公民必須善盡社會責任，要能初步掌握政治體制、社會和經濟條件，關心時事，善盡手中一票選賢舉能，並熱心參與地方事務。以上的知識或理解算是很務實的，也代表 Peters 對早年批評者對其教育人主張過於菁英或曲高和寡之修正。但 Peters 仍諄諄告誡，不能把認知、理解侷限於實務問題的解決，哥白尼主張或進化論等知識，不只是客觀的科學知識，它們更帶動了人們認知的情緒想像，S. Freud（佛洛依德）的潛意識也開拓許多視野，許多看似無用或無法解決立即實務問題的知識，都能引出探索人類處境的新問題。此外，Peters 一本其宗教情懷，勉勵吾人知識非萬能，人生有時不免陷於困境、生死無常，無法盡如人意，需同時培養勇於承擔、盡其在我、樂天知命之態度。最後，Peters 仍然期待人們能體察知識的內在價值，勿完全以成效定奪其價值。

(三)促進個人自我實現

Peters 在〈教育工作者必須要有教育目的嗎？〉，曾以自我實現為例，說明程序原則可形塑教育概念之不同重點，在此雖未提程序原則之名，他仍舉人本論者 C. Rogers 為例，Rogers 自我實現的重點在於強調布置情境、眞誠、使當事人接納自我、開放他人、自我導向等，另一些人則重視在不違反道德下，應鼓勵學生培養自主能力以促成自我實現。這些都很重要，但要愼防兩點，其一，自我實現很容易流為自我中心；其二，可能有礙社群人際友誼的培養。Dewey 特別強調經驗共享，Rogers 也重視人際關係之維繫，這都說明將自我實現作為教育目的，重點是為所有學生提供共同參與活動之機會，能課以學生認同的學習責任，學生樂於將其各類之學習彼此分享，如此學生的學習就不至於發生疏離現象，更可發展出教育最忽視的自尊（self-respect），不僅具有強化其學習動機之效果，更能發展出專心、專注等意志德行的品格。觀乎 Peters 在本文接納自我實現之餘（相較於他早年對此之批評），仍然是期待賦予自我實現概念之新意，也與早年強調程序原則形塑教育概念之精神相通。

㈣為職業工作而準備？

眾所皆知，Peters 早年透過教育與訓練之概念分析，雖然不會全然反對教育過程中施予職業訓練，但至少仍堅持教育概念不蘊含著職業準備，也大致把職業準備視為國家產業需求加諸教育之外在目的。這種較嚴肅之立場，弟子們如 R. Pring 認為最多能從職業教育中強化博雅通識之意義，無法迴避職業需求之挑戰（Pring, 1993, 1995）。A. O'Hear[2] 更直指教育目的當然應該涵蓋職業教育（O'Hear, 1981, p.48）。有趣的是，Peters 在此把職業準備仍列為民主價值下不可或缺之教育目的，但原文卻加了一個問號，顯見 Peters 仍然希望保留早年他堅持的精神。他仍然呼籲職業準備不能太早分化、不能淪為職業訓練。值得我們注意的是，Peters 在此援引了 H. Arendt **勞動**（labour）與**工作**（work）的分野[3]，Peters 傾向於把勞動視為

---

2 O'Hear（1981）在《教育、社會與人類本性》一書中歸納從當代社會（包括都市鄉村）期待學生在學校學到什麼之立場，提出三點：(1) 能夠讓自己生活，對應的是謀生的能力；(2) 能夠有充分的資訊，讓自己面對生涯、宗教、政治、生活方式等選擇的一般態度與能力，對應的是提供對人本質、所處世界合理理解之態度之一般教育；(3) 能夠抉擇道德是非能力，對應的是道德教育。O'Hear 認為即使有人堅持過傳統生活，他也得了解其選擇之所在。資深學者歐陽教（1988，頁 13）曾在文章中點評 A. O'Hear 教育哲學思想「極為深到」，他更有科學哲學及宗教哲學之專著，或值得有志者發掘。

3 H. Arendt 在《人類的條件》一書中，提出行動生活（*vita activa*）對比希臘理論的沉思生活。行動生活有三類，勞動、工作與行動。勞動是人類面對大自然求生存的一切作為，人在此是一物種，每天得為活而食，日益重複，也使得勞動沒有創新性。工作則使人類異於其他動物，創設了許多人造之物，體現人的非自然性。人在工作中，會發展出目的手段的工具式態度，也會使製造之物盡可能耐久，成就客觀性。行動則是在人際間，體現了人存在之精神，每個人都是獨特誕生（natality）。Arendt 期待人們能更珍視行動之意義。Peters 在此之用語不一定指涉 Arendt 的意思，但也可看出其晚期

初階、勞力之訓練，易發生馬克思所謂的疏離或異化（alienation）現象。工作雖也是來自於外在的酬勞，當事人較能樂在其中。大多數人所稱的工作或職業準備，其實是指勞動。政府、雇主或教育應該特別強化對勞動條件之改善、休閒之提升，增加員工工時彈性及允許員工安排其工作日，也就是將勞動往工作邁進。若此，所謂的職業準備或工作準備，才不違教育之意義與民主生活之價值。

結語

從後現代、後結構之觀點，不認爲語言有其確切之概念眞理，也反對全以理性、論證的方式書寫教育哲學，Peters 當年的分析傳統，確實受到很大的質疑與挑戰，筆者只能說衆聲喧嘩下，分析傳統在多元哲學範式中仍應有一席之地，若是後結構、後現代論述完全否定分析傳統，那正代表後結構論述本身的排他與霸權，這也當非其一貫主張之精神。對華人世界而言，我們與西方學圈不同的是，西方從分析到後結構，已面臨 T. Kuhn 所謂典範（範式）的變遷，我們仍未經分析的洗禮，分析哲學在方法論上，並不是我們的主流傳統，即使領受後現代解構之洗禮，相信也無人會完全否定理性、論辯、澄清在哲學方法上之價值。若是僅將西方學術派別視爲學術櫥窗，將無法眞正學得其精髓，華人世界治西學者，有責任完整深入地進入西方學術思想堂奧，教育分析哲學，亦如是。儒家爲本的中華文化雖不以知識論擅其場，不一定看重概念分析的方法論（但也有「正名」之傳統），但君子不器、君子喻於義、小人喻於利、孟子義利之辯等，儒家山高水長的君子之風（德），應該也能心靈契合 Peters 之內在教育目的。筆者認爲，英美當年以理性爲主導的分析教育哲學傳統，其所沉澱的教育理想，與儒家傳統仍有相通之處。當今之世，外在目的淩駕內

也一直緊追歐陸最新趨勢。許多人認爲分析學者不接觸歐陸思潮，這是誤解，他們只是對歐陸思潮文風不精確其概念之不耐而已。

在目的之上，其勢尤甚於 Peters 所處的 1960 年代，我們固然無須完全堅持傳統儒家的重義輕利，過度貶抑所謂外在目的，但筆者相信，Peters 當年的主張，也會成爲世世代代中西有志之士的振鐸之聲，也當可在當世速食、急功近利的流風中，覓得一中道之教育休憩地。

內外在教育目的之重述——Barrow與White

導言

前章已經詳細析論 Peters 以概念分析的方法界定了教育內建的意義，並提出程序原則，一方面，凸顯教育歷程中目的之意義，避開傳統教育目的空泛的缺失，另外也藉著教育的內建意義，彰顯內在教育目的之價值，以抗拒來自教育外勢力，如政治、經濟等對教育的過度影響。Peters 所運用的概念分析及其先驗式論證，當然也引起其他學者的質疑，他的傑出弟子 Barrow 企圖以效益主義的立場來證成教育目的，White 則嘗試修正 Peters 之方法論，企圖以反省後欲求的滿足為實質的教育福祉，以此論證個人自主符合學生個人善（利益），並運用道德自主聯繫個人善與社會善（利益）。本章主要以 White《重述教育目的》一書為文本，詳加討論。White 希望能同時兼顧進步主義所重視的個人善與所謂外在目的論所重視的社會善。White 對 Peters 方法論的修正，一方面擴大了 Peters 教育目的之內涵，從原先知識、理解、認知的通觀到道德自主；另一方面實也藉著理性自主之反思，捍衛了 Peters 教育人重視認知的特性，更對道德教育的德行面向與公民教育提出較周延的說明，與 Peters 後期民主價值的教育目的呼應，對今日臺灣的教育仍具有反思的價值。

---

*本節主要改寫自簡成熙翻譯 Peters（2017）《倫理學與教育》之導讀（聯經出版社，頁 15-61）。以及簡成熙（2019b）。J. White 對 Peters 內在教育目的修正及其重述，**教育學刊**，**52**，1-33。

緒論

英國當年 R. S. Peters 所主導的倫敦路線傳統，不僅是以方法論擅其長，藉著「**你的意思是？**」「**你如何知道？**」的提問，澄清了許多教育概念、論證了許多教育命題。分析學者將自由主義的理性傳統，發揮至極，不僅樹立其正統地位，更激起不同陣營火花，豐富了教育目的之深刻討論。Peters 企圖藉其自認的中立、客觀的分析，呈顯所謂「內在教育目的」，希望抗拒日益功利傾向「外在」目的對教育之不當影響。臺灣得天獨厚，歐陽教親炙於 Peters、P. Hirst 等倫敦路線大儒，同窗於 J. & P. White 夫婦，使臺灣教育哲學視野得以同步於西方。但受制於學術人力，歐陽教（1988，頁 42）也曾慨嘆，即便是臺灣對 Peters 教育三大規準等耳熟能詳，也無法對 Peters 各個階段教育目的做完整、系統的引介，更遑論對門下弟子 R. F. Dearden、J. White、R. Barrow 等的深入探討。歐陽教（1988，頁 29-30）在深入綜論觀念分析學派時，曾云：

> 另一倫敦學派的哲學家懷特，在其《重論教育目的》一書，對教育的內外在目的、學生中心的目的、社會利益的目的（經濟、道德及政治層次），也更深刻的交錯評析。在此限於篇幅不評介。

筆者打算塡補此一缺憾，以教育目的而言，White 對業師堅持概念分析、內在價值、先驗式論證等都有修正，充分展現「吾愛吾師，吾更愛眞理」之西方問學精神，更有系列專書（White, 1973, 1982, 1991, 2011），《重述教育目的》最爲膾炙人口。本文主要以《重述教育目的》爲主要文本（以下引注以 AE 稱之）。

第一節 重溫 Peters 對教育目的之論述及 Barrow 的修正

一、Peters 對教育目的之證成

前章已經詳盡析論 Peters 從 1950 年代末到 1980 年代榮退前夕，從方法論上對教育目的之立場及具體主張。而 Peters 三大教育規準所形成的教育範型——教育人——更彰顯教育的理想。Peters 更曾經對於爲何要進行教育，加以證成。爲了對照 Barrow、White 的修正，筆者仍先歸納如後。

(一) 內在教育目的、先驗式論證

1. Peters 認爲透過對教育概念的分析，可以匯聚時人在語言用法上共享的教育價值，這也代表著人們心中懸念的教育理想。縱使人們因爲其他之理由否認，或者是部分人認爲這仍只是某一類人的教育看法，但這不妨礙透過概念分析，可以尋覓教育之概念眞理，此即爲教育的內在價值。吾人雖可從其他外在方式，加諸教育之功能，但不能因此取代教育之本有價值。Peters 希望藉此勉勵時人勇於抗拒來自政治、經濟或社會需求之功利性之外在目的。時至今日，當年傑出弟子現也已榮退的 Barrow（1999），仍然肯定概念分析在教育目的探索之價值。

2. Peters 早年堅持程序原則與教育概念共伴而生，人們對於教育看似南轅北轍，相當大的原因是其間涉及程序原則之差異，而不是目的上的明顯差異。透過概念分析及程序原則的檢查，當更能體察該教育主張之精神，方不至於迷失在口號、理想的語言修辭中。當年倫敦路線基本上肯定兒童中心論者的部分程序，如尊重學生等及發展出如發現式教學等方法，但不能漫無節制完全否定認知性的傳統學習內容。

3. 教育人之核心特質是以理性、知識、通觀認知爲主導，並以此爲知而知成就其價值性，倫理上的程序原則除了可規範教育方法外，本身也構成知識或道德教育之一環。理性、通觀之認知，或倫理上之程序原則，則可透過先驗式之論證加以證成。

4. 教育分析雖不主動提出教育主張，但透過概念分析或教育目的程序原則的檢查，可以引出更多的教育議題，進一步論證相關教育概念或主張。

5. Peters 早年區分概念眞理與經驗事實，認爲前者才是教育哲學著力之處。晚年不堅持從教育概念中演繹，轉而在民主氛圍中掌握教育目的，是以略微鬆動了概念分析。不過，仍然重視教育目的或主張，必須經過合理的證成。

二、教育的證成

Peters 在《倫理學與教育》以及其在 1970 年代發展之〈教育及教育人〉（education and the educated man）一文（Peters, 1977a），已完整說明了「教育人」（educated man）的內涵，也或多或少說明了一些理由，但大致仍屬於概念分析的層次，到底我們爲什麼要接受教育呢？這是教育的「證成」（justification）問題，也有完整的說明（Peters, 1973b, pp.239-267）。在該文中，Peters 首先歸納其多次指出之「教育人」之範型：(1) 教育人不是只有專門的技能，不只有技能之知，更要理解其知識體系，對事物要知其所以然；(2) 教育人對知識的理解不是狹隘式，他不只擁有知識之廣度，還能具有通觀的認知能力，能從這些不同的廣度中詮釋其生活價值；(3) 教育人能自發性地追求其活動，專門的訓練雖可獲得實質之利益，教育人卻不會僅逐利而行，他能從事物本身中覓得樂趣；(4) 整個教育之過程，不能視爲一種手段目的之因果關係，「教育人」也不是教育過程之「產品」，而是每一教育過程的累積。整個教育過程，如果符合教育規準的話，就陶融著「教育人」的價值。

Peters 分別從「**工具性**」（instrumental）及「**非工具性**」（non-instrumental）兩項理由來證成教育所形塑「教育人」理想之價值所在。

(一)工具性之證成

1. 知識與理解

Peters 從知識的眞理條件及證據條件指出，人際間的溝通，必須靠眞的信念及證據來肯定所言所思。理解則能有助於我們利用普遍原則來有效預測各事件。知識與理解能使我們更有效面對及控制世界，掌握運用資源，舉凡醫學、農業等領域。教育必須傳授專門的知識及培養人們深入理解之能力，才能應付生活的挑戰。

2. 理解的廣博

深入的理解固可使人面對快速變化的工業社會專業需求，但在現代化多元社會中，也不能只從自己專業的角度去理解一切，還必須有廣泛的理解。舉凡公共利益、美學、休閒等多元的理解，都會有助於受教者聯繫其專門知識，也能使工業社會更人性化。Peters 指出，理解的廣博，可以有助於我們建構更可欲的社會生活方式，不只是汲汲於物質的進步。

3. 非工具性的態度

此一觀點初看之下，有點令人費解，Peters 要用「工具性」的方式來證成教育，如何又扯出非工具性態度呢？Peters 的意思是諸如關心、尊重、愛等態度，使人從事某項活動，不只是爲了獲得其外在利益，而且，各種活動也有賴人們靈活、一致、清晰地掌握其程序原則。人們若是以尊重、關心、樂在工作的自發性態度來從事活動，對整個社會的發展將有莫大助益。就好像教師若只是爲了餬口而教書，將不可與熱愛教學同日而語。非工具性態度有助於工具性之價值，確實值得現代社會省思。

(二)非工具性之證成

所謂非工具性之理由是指探詢教育活動之內在價值是否值得（worth-while）之問題。我們固可用工具性的外在方式審視其價值，一如前面的說明，但Peters在此另起爐灶，提出個人接受教育是否「値得」的內在回應。

1. 教育活動能帶給人降低枯燥的感覺（absence of boredom）

首先，一個有知識的人可以將其知識的深度與廣度表現在言行、情緒上，可以培養廣泛的興趣及專注的精神，從而使個人生活降低枯燥、充滿樂趣。再者，知識與理解有助於個人規劃自己的人生，體會自行規劃人生、當家作主的感覺。第三，一些行之經年的活動，有其內在的卓越標準，會吸引人不斷地投入尋求其眞理，達成及改善這些標準，這都會帶給人們追求過程中無限的樂趣與滿足。

2. 理由的價值（value of reason）

Peters 也深知，知識的追求，不必然會帶給人類快樂，有時甚至會帶來痛苦，知識是否能增進個人生活的滿足感呢？Peters 指出三點。首先，教育的規準即在於認知性。我們成長受教過程中，不斷在尋求事物的原因、理由及證據。再者，知識的理解與廣度，可以培養人們具有不同的知識推理形式，可以從不同的觀點視野去評估人生。「教育人」即在於培養其對知識證據理由之追尋。最後，Peters 也運用其「先驗式論證」，人們詢問各種知識的德行（virtues）時，如追求眞理、重視證據、邏輯的一致等時，他自己已在知識探索之途了。他們的提問已預設了追求理由在教育及人生的價值了。有關「先驗式論證」是 Peters 重頭大戲，下節將更仔細加以敘明。

也有其他學者不滿意 Peters 之證成，如 Hollis（1987）利用經濟學之概念，提出教育具有社會地位之利益（positional good）（也就是教育有助於個人社會地位之獲得）。甚至於有學者利用後期維根斯坦之觀點，認爲我們無法確切對教育提供證成理由（郭實渝，2001；Brandon, 1995）。値得我們注意的是，Peters「工具性理由」中的非工具性態度，以及「非工具性理由」的降低枯燥的說法，都會讓讀者乍看之下，不解其意，當我們說教育可以降低枯燥帶來樂趣，有時也會視爲是追求快樂的工具性論證。不過，從 Peters 反覆敘明追求知識、理論性活動的內在價値，讀者應可體會他念茲在茲的捍衛追求眞理的教育內在價值之精神了。

三、Barrow 以效益主義之立場詮釋 Peters 的理念

Peters 以教育目的內建於教育概念，提醒吾人擺脫教育外在目的或工具價值之不當追逐；理解教育目的之程序原則將更能體現該教育目的之精神。P. H. Hirst 以知識的型式來架構課程，企圖規劃教育人的具體課程。教育概念、教育目的、教育內容之合理關係，也就成為進一步論述的重點。R. Downie 等三氏也同意教育與知識之概念連結，進一步說明教育與知識理解、技能之知、藝術鑑賞之關聯（Downie, Loudfoot, & Telfer, 1974）。R. Dearden 更是發展「自主性」（autonomy）作為教育目的，成為倫敦路線的基本立場。下面幾章，會有更深入討論，本節先簡述 Barrow 對業師教育目的相關論證之修正意見。

Barrow 獨樹一幟的是首先以**效益主義**詮釋 Plato 理念，企圖從效益主義之觀點詮釋或修正 Peters 的教育主張（Barrow, 1975a），並提出具體課程主張（Barrow, 1976）。在 Barrow 看來，個人自主本身不是目的，個人自主仍是為了幸福（happiness）、愉悅（pleasure）或福祉（well-being），反省後慾望之滿足，也是對幸福的一種界定，White 後期，也頻頻分析「福祉」（White, 2011）。Barrow 心儀的效益主義不是像一般人想的「有用」（useful），如為勞工提供讀寫算能力，或必備的職業技能（雖然在不精確的用字上，效益主義也有這層意思），Barrow 之重點，不必然在實踐上得出前述「有用」之教育作法。效益主義也不等於那些鼓吹人們應盡情享樂的主張，當然也不會主張兒童在學校就是要快樂學習。他列出一般人對效益主義之九點誤解，一一加以駁斥（Barrow, 1975b, pp.98-108）。

簡而言之，效益主義之理想是設定社會中的每一個人都能獲得快樂或幸福的極大化，讓痛苦、挫折等不快的因子極小化。Barrow 甚至於認為，Peters 的程序原則，如尊敬人、自由、公正等都可以在效益主義之概念中，得到證成。當我們嚴肅討論「何者應為？」或「我們應該如何對待他人？」時，邏輯上要先有「苦難」（suffer）之概念，也必須把人遭逢苦難，當一回事，否則，我們對於應如何對待他人之問題，根本沒眞

正在乎。各派道德重點不同，但若不重視苦難，很難說它是道德理論。Barrow 在此以實質上對苦樂之看法，取代業師 Peters 的先驗式論證，具體來審視不同類的人，如病人 vs. 健康人、兒童 vs. 成人、窮人 vs. 富人、肢體殘障 vs. 四肢健全等等，要如何以後者的條件公平對待前者，確保前者能被公平對待。大多數之人贊成行差別待遇，其適切理由，都假定經此差別待遇，能夠降低前者的苦難或增益其福祉。所以公平原則必須以更根本的降低苦難或增益其福祉爲前提。用同樣的方式來看自由，當我們要限制別人自由時，通常的理由也與幸福、苦樂有關，限制別人是爲了增進被限制者（當然會給被限制者帶來痛苦）福祉，或至少是爲其他人福祉。我們會禁止殺人，但不會禁止打賓果遊戲，其理亦然，後者雖不好，但無傷大雅。都是希冀達到最大化幸福、最小化痛苦，這些常是道德律令之理由。我們雖無法確切證明幸福是最根本之原則，但已充分顯示了，許多的道德論述，其實隱含著幸福之假定，把幸福當成是確切或最根本的原則，實屬合理。

Barrow 認爲人們常把內在價值視爲本有價值，不是其他價值的手段。在日常語用上，也確實有可能賦予某些概念內在價值之意義。不過，Barrow 反對語言概念有其客觀、定於一的意義，更不能以此來代替論證。許多語言使用上，被視爲是內在價值的活動，並不容易與其活動產生的效果或後果分開，效益主義因此認爲愉快本身才是唯一的內在價值，以幸福爲依歸最爲合理。其他價值若也能產生愉快，效益論將不反對這些活動冠上內在價值之名。也因此，Barrow 在界定教育目的或課程論證時，認爲效益主義不會排斥工具性之目的，亦即某項活動之所以有價值，是可以帶來更大之價值。Barrow 並不是要爲 Peters 反對的外在目的辯護，以文學爲例，Barrow 不先認定文學有所謂內在價值，也不採取 J. S. Mill 認定有些活動的「質」較高，其之所以較賓果遊戲有價值，不僅因爲文學可帶來較持久之樂趣，且文學有助於社會成員情感的相互理解，愛好文學的社會較之愛好賓果遊戲之社會，更能使成員獲得幸福，使社會蒙受其益。他與 White 一樣，也是用較實質性之立場部分辯護了 Peters、Hirst 等教育理想與課程之主張。Barrow 從效益主義之觀點提出兩種知識型式（科學與哲學）思考、兩種詮釋人生態度（宗教與科學）、至少四種覺知情感（道德、美學、宗教、科學），以之建構課程，也令人耳目一新。[1]

雖然，Barrow 較之 Peters，並不堅持概念的確定性意義，他認為概念及人們對概念使用的語詞都是適然，而非必然的。但他在後期討論教育目的之文，仍然肯定概念分析在教育目的上的價值。Barrow 指出，分析學者致力於：(1) 釐清目的與目標；(2) 教育目的內在於教育目的本身。就前者而言，這種分析，如目的代表普遍性，目標代表較短程、特定的事物。有些人更把特定目標視為行為目標，特定目標絕不能等同於行為目標。因此，Barrow 不同意 (1) 之立場。但對於 (2) 之觀點，也就是 Peters 當年堅持教育之內在目的，仍然認可其價值。今日教育者不耐作概念分析，只關心手段，不論目的，企圖用技術解決所有問題，更容易直接將教育視為達成經濟之目的。Peters 當年念茲在茲，透過概念分析，掌握教育之本質，論證特定教育目的，仍然有時代的意義。不過很多人認為這種分析徒勞無功，只是代表分析者有限的經驗與背景，其他人可以有不同概念，結果是眾說紛紜，莫衷一是。概念分析這種哲學的抽象活動，無法像政治等其他更實用取向之活動，直接處理實際議題。針對上述一人一義，概念分析失之主觀的批評，Barrow 認為，概念深植於悠久歷史傳統，人們是根據事實、循相當之規則而建立。我們仍可透過與其他信念不斷的澄清、貫通、一致等規則的考驗，再加上許多經驗的事實，而獲得共通的語彙。雖然，我們其他信念是否確實，所使用的規則邏輯是否一致，不無疑問，除非我們在心理或邏輯上故意作晦澀狀，吾人的概念運作的試驗性或歧異性，

---

1 詮釋 Barrow（1976）之課程規劃，非本章目的，但值得在此一提。初階應涵蓋健康訓練與體育、道德訓練、計算與識字；續階應涵蓋自然科學、數學、宗教、美術、歷史、文學等。第三階段可帶入職業導向課程、社會科及選修（包括學科領域如地理、經濟學、心理學、社會學、拉丁文、法文、烹飪、木工、打字等，以及休閒活動領域，如攝影、垂釣、舞蹈、登山等，無法窮究），第四階應導入哲學之思考。

並不妨礙其客觀的可能。教育人的理想也許沒有實際出現，這不是其理念虛幻不實，若作為一內在價值，仍可以在實務上期許學生懷抱一雖力有未逮，心嚮往之的求真求善之道。Barrow 的結論是透過概念分析掌握的教育目的，並不是主觀、相對的活動。分析的成果，也具有不證自明的價值，也就能決定我們的教育實踐，並能運用其概念評估其成效。我們不如此，等於把教育拱手讓別種可能根本無關乎教育的力量介入教育（Barrow, 1999, pp.14-22）。

White 與 Barrow 榮退之時，各有門生故友編輯文集紀念，White 是以「福祉」（Suissa, Winstanley, & Marples, 2015），Barrow 是以「共善」（common good）之名（Gingell, 2014），也大致可看出倫敦路線弟子捍衛 Peters 主張外，進一步論證實質教育目的之企圖與成就。我們接著審視另一傑出弟子 White 更全面對業師的修正意見。

第二節 White 對 Peters 方法及進步主義之批評

一、內在教育目的、先驗式論證

White（1973）的第一本著作，對業師的內在價值、先驗性論證就已提出批評。他指出，分析學認為只要澄清教育概念涉及的邏輯關聯，就能進一步界定及證成教育目的，這難脫其個人注入之價值。Peters 當年認為強調「程序原則」——教師必須尊重理性、要慈愛、寬容學生、公平等，才能將過於空泛、抽象之目的——如像生長、幸福、社會利益等，引導入實踐。White 認為這種看法，雖有見地，但並無法否認教育應該有其普遍性、實質之教育目的。

Peters 心儀內在目的，除了透過概念分析的內建意義，認為培養學生掌握知識、理解——所謂教育人的理想——本身就是有價值之事。另也透過先驗式論證，即當懷疑者質疑為何要為知而知識時，懷疑者已經在致力於追求他懷疑、企圖論證之知識了，也就是他已經為知而知了。但 White

認為，懷疑者只不過想找一個具體答案，這與追求歷史、科學等知識不同。某人問現在幾點，他只是想知道時間，並不是在追求歷史、科學之知識。而且，提問該問題，雖涉及認知，也沒有說明為什麼應該為求知而求知，我們無法保證提問者是否因其他外在目的而提問。就算此提問具有求知之內在性，也沒有理由說明教育為什麼要以此為知而知為目的。主張為知而知的人，心儀的可能是學生應該為學習本身而學，不是為了外在的獎勵，但無須冠以教育的內在目的之名。White 最後指出，我們期待孩子在學習中，自行找到本有樂趣，這很合乎理想，但卻不自覺地等同於學習的終極教育理由一定要是為了本有的學習樂趣。此二種主張是截然不同的（AE, pp.10-11）。

此外，堅持內在教育目的，為知而知，表現在學校教育上，就是著重學術科目，這其實已涉及菁英教育（如英國的公學）及選擇的合理性。純粹從階級立場看待學生應接受的教育，已不符合現在平等之理念。且為何他們就必須接受為知而知，而不是職業導向之活動？另有些人，從卓越的角度出發，也容易將為知而知的追求智性活動，強化了菁英的選拔機制——提供少數卓越之士追求內在目的。White 要我們反思，將優秀學生集中起來，加強培養，對這些學生一定是好事嗎？父母成人可能如是觀，但是部分學生卻不願意被如此定性。如果要進一步論證教育目的，就不是在論證所謂內在價值，而是在討論何種觀點符合學生之利益，原先為求知而求知的論證，成為對學生利益、善或福祉（well-being）的討論了。從個人層面，推而廣之，教育要符合社會之利益、善或集體福祉，也應是有意義的討論，似不能像 Peters 一樣，逕視為外在目而加以貶抑（AE, pp.17-22）。

二、對進步主義之評析

White 在論述進步主義涉及的內在善前，另討論兩種立場來對照。進步主義教育觀常以邁向終極發展或成長過程中學生的個性培養、自我實現、潛能充分發展為重點。這種生物模式在過去 50 年來特別流行幼兒園、小學，也為進步主義或兒童中心的極端形式提供理論基礎。第二種是來自對前者的批評，反對藉著觀察人性來決定福祉，學習不像花兒綻放，是社會性，而非自然性，教育應視為社會事業（social undertaking），不應完全順其自然。教師是兒童、社會的中介，將學生引入公共認可的規則中。他們也都同意教育在介入之餘，個人自主、獨立思考、自行規劃人生藍圖、不盲從他人等，理應成為核心教育目的。第三種觀點指出，教師們所傳遞的概念架構，也是某種社會既定之標準，教師要慎防傳遞中產階級價值於勞工階級兒童之上。這些學者因而主張要為勞工階級學生提供相應的價值，但這樣一來，又助長了原先他們要批評的教育灌輸與再製。因此，很多支持第三立場的人乾脆主張從一切社會勢力之中解放出來，回歸自然，繞了一圈，又回到第一立場。左派馬克思者確實與極端進步主義教育方式有類似旨趣。不過，以上三種看法，都可從強調學生福祉的教育目標，加以辯護（AE, pp.25-27）。讀者應可想見，White代表的是第二立場。

學生福祉，當然包括基本善，除起碼的食物、飲水、住房、衣著、醫療等生理需求外，也需要一些基本的精神善，如免於恐懼之自由、自尊等。若沒有自尊，如同缺乏食物、住房，人們很難追求其他有價值的目的。基本善如食物等，爭議不大，但基本善若轉到個人普遍性福祉的界定，就不容易。古老的神學認為上帝決定人的幸福，上帝相信 X 對人是好的，所以，X 對人是好的。進步主義論者或兒童中心論者也都以一種不容置疑的人類福祉假定觀——不受束縛的自然發展——來施教。White認為，這些推論都太跳躍了。極端以自然為師的進步主義立場，心儀的其實是培養個人有別於他人的獨特個性及充分發展的個人潛能，他細部分析如後（AE, pp.27-37）。

所謂人應充分（the fullest extent）發展潛能。若從字面上來看，意味著教育者可以掌握每個人天賦的極限（ceilings），縱使如此，為何教育目的要發展至極限？是要盡可能（as far as possible）發展學生各領域有用的能力，還是發展成特定領域的專家？教育本來就涉及一些標準，就充分發揮潛能而言，其實是鼓勵孩子在學校認眞學習，不要敷衍了事。所謂將能力發揮到極限，語言修辭的意義大於實質意義。鼓勵學生認眞學習與達到其極限二者不可同日而語。

就獨特性而言，父母們贊成的理由常常是不證自明的，但爲何不培養共通性呢？所有學生難道不應該講實話嗎？表面上，人們重視個別差異之理由來自於生物學上的意義，即人們有不同的自然稟賦。就算如此，還可追問爲什麼這些天賦，如攻擊性，一定得加以培養？若從 P. Nunn 的觀點，不訴諸生物學的立場，社會具有個人多樣化的活動與興趣，這個多采多姿的社會必然勝過單一的死氣沉沉社會。但就算如此，是否能導出教育者必須發展學生不同的天賦與能力？不必然如此，如提供所有學生相同的廣泛教育，使每個學生都能熟悉各類不同的活動和生活方式，然後讓學生選擇，每個人的選擇不同，整個社會也會是多樣化的社會。此外，若我們堅持在學生充分了解各類活動之前，先培養特定的所謂天賦才能，爲何父母師長有權做此選擇，爲何不應該尊重學生之選擇？父母當然可以培養子女一些能力，但不必是建立在發展特殊稟賦的說法，父母只是單純地希望子女樂在其中，就可爲該主張辯護。其實，父母師長所謂的尊重個性差異，現實的理由是考量子女社會地位的獲得，在人生的跑道上，強化其適者生存的競爭力而已。White 認爲，之所以支持每個人的獨特性，將此視爲教育目的，並不在於每個人有不同的能力等特性，更不應只爲了出人頭地，而在於每個人都有不同的意識，鼓勵他們認識自己獨特意識，自我抉擇生活，就是理由之所在。人若不能體認自我獨特意識的重要，就無法自主地抉擇自己的生活規劃。至此，將自主性融入教育目的，成爲人類福祉的另一圖像，已經是 White 呼之欲出的教育目的了。

第三節 White 對個人善、社會善的檢討與證成

一、以個人善（利益、福祉、幸福）為教育目的

㈠反省後欲求的滿足

人的福祉、幸福是何意義？White 根據 A. L. Huxley 在《美麗新世界》（*Brave New World*）的故事，提出兩種意義。所謂幸福的快樂生活，其一是感官的愉悅（pleasurable sensations），書中描述透過藥物或機械裝置，都能帶來感官的愉悅。其二是盡可能滿足人的欲求（desires），忍受痛苦奪標的舉重選手，或在小鎮無私奉獻一生的醫生，都算是成就其欲求，也可以幸福稱之。大多數的哲學家、教育家不會支持教育目的侷限於感官的愉悅，為何又高舉幸福呢？一個較牽強的說法是人們做任何事，終極的理由都是為了獲得愉悅，這種看法甚至於說我們每個人都是自利者，醫生可能在利他奉獻的過程中，也經歷到不同的情感滿足，甚至包括各式感官的愉悅。不過，醫生行醫奉獻，獲得愉悅滿足是行為結果，不是為了滿足感官愉悅才行醫奉獻，實不宜把所有利他的理由都說成是為了利己。當我說為了愉悅（快樂）而做某事，一般意義下，愉悅本身即是其自身的理由，不是因為其他如名利等外在目標。White 認為要以愉悅的理由行事，界定與幸福的關係，不應是感官愉悅，而應是欲求的滿足。此一滿足，不應單是孩提時代（暗諷進步主義），也不是成人時代，時間上應該涉及整個人生。在《美麗新世界》寓言中，人們是被制約成不斷享受著快樂，他們沒有抉擇自己生活的自主性。反之，若個人在他所能的抉擇欲求中，充分理解反思後，抉擇其欲求，而加以滿足，即為個人善之所在。教育目的即在於充分讓學生理解各種不同的目標本身，培養學生反思及自主抉擇的特質。不仰賴神、不靠其他權威之人，不強加價值判斷於學生上，讓學生成為自身善的最後仲裁者（AE, pp.37-42）。

㈡四項反對理由及 White 的辯護

1. 反駁一：我想做荒謬的事

若反思出很荒謬之欲念（如某人深思熟慮後，他最想要計算公園裡草的數目），怎麼辦？Rawls 自己引 Aristotle 的看法，人會去追求複雜、挑戰之事物，他稱之爲亞里斯多德原則。Aristotle 對人性看法是否正確，不是重點，而是他從人性來討論。White 拉回對人性的討論，大多數的人會滿足較複雜而有挑戰性工作，一成不變不會帶來愉悅與創造的欲求。簡單說來，人有各種欲求，同受生理與後天文化之形塑，人們對不同欲求，給予的重視也不同，但不至於只選擇一種，完全不顧其他。數草當然很奇怪，但也許對當事人而言，可以帶來安全感、吸引別人注意，或抑制性幻想等，類似數草背後的原因，也算是他偏好的欲求了。也就是說，數草本身不是一種欲求，而是多種欲求的匯集，也算是反思後的欲求。White 要說的是，也許基於宗教或特殊的心理需求，人們表現出有異於常人的荒謬行爲，但我們不能以此否定反思後欲求滿足說法的合理性。

2. 反駁二：你不能強迫我自主

自主性本身也是強加，並未充分證成。學生若以此質疑教師，「你說不強加某種特定理想，但你已讓我成爲一個自我抉擇者，我本來可以像美麗新世界的奴隸或僵屍，無憂無慮，快樂生活，若我的福祉是欲求的最大滿足，你或我又怎麼知道，若沒成爲自主者，說不定更能達到此目標？你難道沒有強加自主於我身上了嗎？」教師該如何回答？White 首先根據前述對人性欲求衝突的事實，說明人在面臨這些衝突時，必須將不同欲求思考排序，強化學生自主性，也就是鼓勵他們反思這些欲求。否則，他們會不斷處在衝突之中，無所適從，或者是乾脆盲從權威，這都非學生之福。自主必須經由學習，也許兒童年幼時，也需要權威，也許有些（成）人比別人更能深思熟慮，但沒有人能在當事人選擇時，斬釘截鐵地說一定應該如何。心儀美麗新世界的人會說，奴隸、僵屍才眞正幸福，如果從前述人性之立場，這說不通，他有這種想法無非是在無所適從時的便宜行事，或是羨慕那些可隨遇而安的人，若此，他需要的是更多對反思的練習，而非放棄。不過，White（1991, p.98）後來也循 J. Raz 的看法，同意自主性也必須在一個支持自主的民主社會中才能充分證成。

3. 反駁三：沒有具體引導如何自主

強調自主性並沒有眞正引導學生如何選擇。反思後欲求滿足的理論有其他的實際困難點，學生在受教過程，要如何自主性地追求其目的，如何權衡其欲求滿足的不同方向？這些實務問題，自主理論沒有回答。很多教師認爲，若沒能運用在眞實世界，那只是空論。White 認爲這是作法的問題，不是證成的問題。我們仍可透過相關課程的選擇來達成，且千百年來，人類共同的經驗與成果，文學及其他表現等等，都能爲我們所用，這正是規劃教育之重點，所以，這項反駁也不成立。

4. 反駁四：自主後的欲求滿足是幸福嗎？

人類之福祉與反思後欲求的滿足在邏輯上不等同，若將善、福祉、幸福等概念等同於反省後欲求的滿足，是否會犯了類似自然主義之謬誤，將善等同於任何事物？White 同意這種鴻溝。欲求滿足是經驗概念，也有哲學家將人類福祉概念與自然事物脫勾，喜歡強調超越或創造等。在歷史上，無論是神本或人本，都反對把人類福祉等同於動物性之滿足。White 認爲先不要對欲求滿足懷抱成見，人的確是一種欲求衝突之生物，語言、道德、政府、科學及其他複雜的生活形式與結構，都是從自然的欲求中產生。人同時有自然生理的欲求（慾望），也有後天文化教養的欲求。若將人類整個生活看成是這些不同欲求衝突反思後的整體，追求善也就無法不處理這些欲求或慾望。將抽象的善，視爲人類依著福祉概念而規劃的人生，沒有理由不從人類自然欲求滿足出發。事實上，欲求滿足之探索與自我創造等想法，也並不衝突。後者可以提醒前者更多元之思考，前者可視爲後者之基礎，否則，要如何務實地去探索發掘自我呢？人生經驗中，我們反思的欲求也會不斷改變，教育的重點要培養日後改變的可能，但就算改變，生活是一個整體，仍不脫反思後欲求滿足之原則。當然，還有人會質疑，反思之欲求即使實現後，眞的是我們的福祉嗎？White 的回答是，沒有人可以保證一種絕對的幸福觀，只要我們終其一生盡力去規劃完整的人生，福祉即表現在其歷程的抉擇中，懷疑可以促進反思，但無須抱持終極懷疑的態度（EA, pp.39-42, 47-57）。

White 綜合上述觀點，再綜合四個質疑視福祉爲反省後欲求滿足之說法。他重新一一駁斥，企圖證成善或福祉是反思後欲求之滿足，應以此作爲教育目的，他稱之爲積極論點。

㈢以學生善為中心的兩項任務

以學生爲中心，若不拘泥口號，就是致力於追求、確保學生之善（福祉、幸福、利益），有兩項重點（EA, pp.58-60）。其一是涉及學生相關之理解，其二是學生反思欲求所需之氣質。整體說來，也就是學生必須掌握其福祉之概念與條件。一方面是擴展性的，自然慾望、後天形成之文化欲求，以及交織的各類新欲求等；另一方面是限制性的，他並不是任意選擇，他必須明瞭自然欲求，如愛、安全等恆常性需求，並予以統整。學生必須發展恆常的氣質，將各種需求的衝突，自主地加以平衡。這些作爲最終意義上的學生福祉，除了知識性外，還包括相應的美德，如勇敢、堅毅、智慧等，這擴大了 Peters 的認知強調。此外，追求終極善時，理解將面對的阻礙，包括心理上的障礙，也很重要。知識的理解與氣質的培養是密不可分的，若從兒童中心目的觀來看，氣質尤重於知識理解，但知識理解本身雖然不是目的，但若缺乏，無法培養必要的氣質，White 從欲求滿足所需的理性反思，捍衛了業師知性的主張。

二、以社會善為教育目的：經濟、道德與學生中心之關聯

很多人認爲教育要同時兼顧社會善，如藉著培訓各個領域所需訓練有素的工人，以促成國家經濟之提升，這如何與學生中心所重視的個人善相調和？Peters 等分析學者把教育定義在內在性，經濟目的無涉於教育，但沒眞正解決問題。大多數的人可能採取一種兼容並蓄的妥協（compromise），如把個人及社會善視爲依連續體的兩端，可以有不同的側重。

有些人認爲在中等教育階段，導入專業化與考試證照制度，以確保「好工作」，以改善收入與地位，其實也就整合了兩種目的。White 認爲，這仍是偏向社會善，狹隘地以收入來界定個人善，只是掩蓋了衝突。而且，這只是針對優秀的學生，大部分的平凡學生，並沒有因教育而蒙受其益。White 企圖透過道德教育調和學生中心的個人善與經濟目的涉及社會善的相關哲學論證，他先舉出下列說法，一一指出其論證之缺失。

(一)兒童中心論與倫敦路線的限制

學生中心教育觀並沒有特別賦予道德教育一席之地，德育何能成爲個人發展的一部分，既滿足個人善之可欲性，也兼顧對他人的責任？進步主義論者提出個人善是整個社會善的一部分，認爲二者沒有衝突，企圖消解此一問題。Nunn（1920, p.244）就曾說，當學生加深其道德視野，他就能體認，道德活動的結果總是與其個人善有關，但此善唯有等同於普遍之善，個人善才能實現。此種看法不特別強調德育目的，因爲德育已包含在個性養成的目的中。傳統立場及倫敦路線著重知識及理解形式的獲致，雖將道德發展視爲人發展的一部分，也不能說不重視德育，但仍然沒有賦予德育主體的地位，遑論證成其社會善。Hirst（1965）的**博雅教育**理念，只涉及知識之理解，將道德視爲理解的一種**知識型式**，但道德另外涉及品格與美德。博雅教育之士，只能保證他能理解道德知識型式，無法確保能發展相應的美德或道德氣質。Dearden（1968）在其書第八章，雖然沒有忽略道德氣質的培養，但其核心的教育目的，重點是個人自主，也同樣把重點放在道德的知識理解，沒有深究德育目的。也就是從博雅教育及個人自主的教育主張，都無法充分證成道德教育。Downie、Loudfoot 和 Telfer（1974）等三人將教育界定爲知識的獲得（略不同於 Hirst 知識的型式），雖涵蓋道德教育，但對於德育與知識成就之衝突，道德與學生中心之目的之優先性問題，也沒能正視。整體來說，兒童中心及倫敦路線的上述立場，都沒能賦予道德教育核心地位，也沒能充分說明個人善與社會共善之關聯（EA, pp.68-72）。

(二) 共通善理由的缺陷

許多人直覺認爲，個人善與集體善可相互擴展，因爲謀求自身利益與整體利益是一致的。英國十九世紀末觀念論傳統、宗教傳統，還有以個性著稱的 Nunn 教育觀，都有類似之旨趣。共善論的另一項說法是，共善即是整個群體的福祉，此一福祉不是超越個人之上，而是個別福祉之總和。如家人間相互關心，所有家庭個別成員之利益可相互擴展。White 指出，個人間或團體間之利益衝突，比比皆是，兩個落難人在一船上求生存，或北半球之人享受資源，讓南半球大部分人在貧窮線生活以下，很難說有共同利益。個人利益不一定能等同於團體可分享之利益。從教育的角度，我們無法看出，純粹追求學生中心目的，必然會提升社會整體福祉。另有些人從人的社會本性使然，聯繫個人與社群。個人並不是原子式地存在於社會，人是社會性的存在。人們共同生活一定得經由社會相互理解的認可標準，既然他是社會生物，其利益也應超越其自身界線，從而包含與他有關之其他人之福祉。但現在討論的重點是從人的社會本性出發，能否證成個人福祉必定與社會福祉一致，White 認爲未必。許多人認爲因爲加諸個人對社會普遍福祉之反思，而體認到身爲道德行動者，他不能只想到自己，還有責任考量到整體的利益。但這其實已經把個人利益與集體利益區分開來了，而非共善。當然，宗教論者還是會把個人利益放在整個上帝所創造出的神聖福祉，但這樣只不過是培養學生忠誠而已，很難充分說明個人利益與社會利益一致（EA, pp.72-77）。

(三) 不宜以最低限度道德作為聯繫個人、社會利益之理由

最低限度道德之主張是當代最主流的政治理論觀，也符合多數人生活方式的看法，它基本上以個人利益之確保爲出發，務實而不唱高調，不主張個人要耗很多時間去履行對他人之義務，維持起碼的社會利益之餘，不致影響個人理想的追求。最低限度道德，不等於唯我論者，只爲自己而活。它不特別要求人們的慈善義務。乍看之下，很能調和學生中心的訴求

與兼顧社會善之需求，但能禁得起嚴格論證嗎？

核心的爭議點在於如何看待道德，其外延或最低之標準建立的原則，是否有可能與個人利益相牴觸？有時最低之標準與個人利益有牴觸，有時最低道德標準不是來自個人利益之最大考量；最低標準與主動促進他人福祉之區分，在實際上，也有混淆之處。例如：要求我們直接面對瀕臨餓死之人，提供一個麵包，大多數人認爲符合最低要求。但我們不會被要求對非洲飢民一定得解囊，面對面與遠方飢民，爲什麼有不同之道德要求？爲何見死不救在家門前的飢民，較忽視遠方飢民，會使人更難脫道德譴責？最低限度道德論者也許會同意適度地將慈善道德（或考量他人利益）視爲義務，不認爲富裕國家應將其基本生活標準以外的錢，全數捐助貧窮國家人民，但他們不反對捐一些錢或支持政府捐助。理由是個人出一點點的錢，不會影響個人實質利益，那他現在的思考理由就是慎思算計（prudential），而不是道德義務之理由了。當事人仍然擺盪於將自身利益置於中心，要多少程度接受利他主義？他若傾向於利他多些，要如何提出最低限度是對的，又要如何界定最低之臨界點？此外，如果守承諾是最低道德，當守承諾違反其利益，他爲何需要信守承諾？若說這是最低限度道德，我們實無理由不要求對遠方飢民的道德義務，卻又說信守承諾是最低道德。

如果最低限度道德涵蓋信守承諾、不傷害他人、量力而爲的慈善他人，先不說前面論證的問題，還可以用道德動機來質疑。爲何當事人要做個最低限度道德的人？最低論者可能會說，如果社會支持每個人最大範圍之自由去做其想做的事，社會就需要前述這些最低限度之道德標準。但一個懷抱最低限度道德的人，也可能不遵守。他想著部分人隨心所欲，並不會破壞整個社會秩序，那他爲何不做個隨心所欲或全然自利者，讓大多數之人履行最低限度道德，其坐享其成？假定他遵守一項承諾，自己會吃虧，根據自利原則，他可以不遵守。但假如，在絕對安全下，他可以竄改資料而逃稅，White 認爲最低限度道德的支持者，將不會有動機堅持不欺騙。若他仍願意堅持其最低限度原則，他可能是因爲小時候受了最低限度道德之強加，那這種堅持也不是經由反省，而是非理性因素成就了其最低限度道德。到頭來，最低限度道德者不是成爲非理性的最低限度規則崇拜者，就是成爲我行我素的唯我論者。White 以晚近許多人逃稅，不僅不以爲錯，還與別人分享經驗，洋洋自得，而慨嘆唯我論者，愈來愈多。他認爲與最低道德限度論的普遍有關。

最低限度道德假定，對每個人而言，其福祉是生命中最重要的核心，而最低限度道德規則能有助於其最終實現此一目的。我們可以追問，爲什麼應把個人福祉看得這麼重要。以公平原則爲例，不應該因爲人的不同而有差別待遇，公平原則是否能適用在最低道德原則？憑什麼把自己列爲最優先是正當的？有些人會說，自己與衆不同，充分發揮己長，有助於社會。或是如果每個人都自我提升其福祉，就會提升整個共通福祉。但以上兩種說法，都可用共通福祉，而不是個人自我爲立論重點。若訴諸天性，我會以自己爲優先，而不會先考量他人，也就是人不爲己，天誅地滅。但從經驗上來看，利他者也很多。利己也不一定完全符合人經驗的本性，最低論者可能會再修正，他沒說人一定自私，而是說明善行有限制。所謂同情心有限制，是也。我們同樣也沒有經驗上的證據，證明人的同情心無法超越家庭、親朋以外。White 在此是想指出，倡議最低道德標準，很容易導入自私自利的唯我論者，他不希望最低限度道德成爲未來教育之主流，故提醒教育工作者，若想將兒童中心理想與道德教育結合，應該另闢蹊徑（EA, pp.78-88）。不過，筆者認爲，從嚴格之證成來看，最低限度之道德標準，仍可經由道德原則之普遍化來證成，不必一定是以自利原則作爲理由。那最低限度道德者仍可經由理性來支持其主張，不一定會矛盾。至於，人們可能希望別人有道德，但不差他一個人，這種我行我素、知行不合一的現象，支持康德義務論者，也會發生，不能責以最低道德限度者。

㈣ 道德普遍主義與具體主義的盲點

公平原則或基督教之愛人也許可以說明道德普遍主義，但睽諸實際，普遍主義不容易落實，卻可能在口惠上成爲學校之主流，其最大之困難在於普遍主義力求全體人蒙受其益，會造成爲了大我，而犧牲小我之福祉，任何特定個人都無足道哉，很難說道德普遍主義或完全利他主義能調和個人利益與社會利益。普遍主義到頭來只是 J. L. Mackie 這位最低限度道德主張者所稱的「空想倫理」（ethics of fantasy）。

有些人想維繫集體道德無私性的優點，又想修正其利他的無限性，將道德限縮在個人所屬社群範圍內，個人在其社群範圍內，彼此福祉相同，個人不僅能追求自身之利益，也能領受他人努力帶來的利益。這種集體的自利主義應如何看待社群外的人，社群內的人爲何特別？家庭、社區、部落或國家能只爲自己人謀福祉嗎？如果我們把具體道德主義界定成，人們應該先履行自身最小社群範圍內之義務，再推而廣之，但這是否意味著，團體內的利益大於團體外，因而具有優先性？難道歐洲人要先確保每個家庭成員都獲得最大之福利，才照顧其他洲人，這不啻是以其他地區之貧窮爲代價？此外，具體道德主義將社群團體間之道德關係看成是俄羅斯娃娃般的，內外層次井然，脫下一層娃娃，還有一層。事實上，各團體並非由內而外，截然分明，一個牛津慈善協會的人，不必透過英國，可以直接隸屬羅馬天主教會。我們不僅很難設定小團體內之具體道德，也無法像具體道德主義理想化的設定從家庭到國家等之教育目的（EA, pp.88-92）。

㈤ White 解決之道：將道德自主引入個人自主

White 已論述反省欲求的滿足，也就是理性自主在生活上的價值，他認爲也同樣適用在道德自主，並論證道德自主與學生中心、社會利益教育目的之關聯（EA, pp.92-103）。民主之生活，人在考量自己生活方式時，必然會面臨道德之衝突，道德與學生中心教育目的也就產生關聯。根據前面的說法，當事人在抉擇生活時，若面臨價值衝突，他可以採取前面完全自利、最低限度道德、普遍利他或具體道德主義，但都會面臨到理據不足或心理之衝突（如透過壓抑之防衛機轉，讓自己良心過得去），無論他怎麼自圓其說，如限縮道德內容或降低道德衝突情境，似乎都無法避免必須擴展其生活計畫以協調可能的個人偏好與道德衝突。也就是要調和個人利益與他人利益衝突，又不會妨礙個人心理的統整，似乎只有一種方式，即他認知到，他的生活計畫不可能純然完美，也不能只考量自己（或家庭福祉），或不從更廣泛的道德考量中看待自家活動（hived off from wider moral considerations）。如此一來，也就擴大了生活計畫，將個人喜好與道德衝突整合起來，也就是擴大了他對福祉之概念。他原先建立在個人喜好上的需求、利益，由於融入了道德之考量，也能與他人需求平衡。循此擴展後之福祉概念，所謂學生中心之教育目的與道德教育目的也就可以整合。當我們說教育目的在於學生能自主地追求其福祉，此福祉是擴展後的意義。個人自主、自我實現、幸福，與道德善、社會善之間就比較能夠共伴而生。雖則如此，這種整合說法也不是完全明確，特別是當學生權衡其自身與他人時，人們還是會追問，所謂主要的教育目的——追求合乎道德的德行生活（the life of moral virtue）——是什麼意思？White 在此，再度強調，「追求合乎道德的德行生活」決不是完全的利他主義，決不是不要自我關心。自我關心涉及基本需求、獲致基本需求之手段，以及追求自身目的，自我關心也不完全涉及個人福祉與他人福祉之權衡（不管我是要完成自給自足的鋼琴演奏，或是花時間在公共會議，我都得滿足基本需求）。當我們說自主教育目的在於追求合乎道德的德行生活，這本身就是目的，也會涉及與自我相關的其他目的。與自我相關之目的如何與利他行爲權衡，各家道德主張重點不同，道德自主就是要讓學生理解這些主張之衝突，而不是強加一種主張在學生身上。這種開放心靈的育成方式，是要學生不要僅憑個人好惡來權衡，學生要能理解公平看待每個人利益之重要，某一利益置於另一利益之上，學生能對其中之平衡理由，嚴肅以對。更具體的教育建議是，提醒學生，不必誇大純粹利他，道德教育之重要性在於增進人們福祉，而每個人對自身福祉都有與生俱來的興趣，教育目的之實現，即在於爲每個人提供充分的空間去追求自己的目的，這對於學生選擇職業之意義重大。White 還指出，強調自主規劃的教育目的，雖可能會造成個人不能同時滿足所有的生活方式而遺憾，那我們也更應鼓勵每人追求自己生活方式，而認同、識別他人的選擇，也有助於我們降低自己無法實現的可能性，俾過更完整的生活。幫助別人，就是幫助自己。最後，

White 以 J. Butler 的說法，仁慈的人會比自利者更能獲得自己的福祉，強調追求自己福祉與他人福祉的相關性。先慈是一位虔誠的佛教信徒，她曾經說過，眞布施不怕假和尙，也大致可與 Butler 的觀點相對照。

筆者不認爲 White 眞正解決了涉及的倫理爭議，他從教育的觀點，檢討各式倫理主張，將道德自主融於理性的生活自主中，也不可能不面臨他批評各派的窘境。雖則如此，至少 White 明確地論證教育目的中個人善與社會善的邏輯關聯，也擴大了 Peters 教育三大規準或教育人過於強調認知的面向，也算是一家之言。

第四節　公民教育目的：道德自主與經濟、國家之關聯

當充分論述了個人欲求滿足後個人之利益與整個社會之關聯後，White 以具體企業員工爲例，企圖說明道德自主、學生中心與經濟目的之關聯，重申經濟必須服從道德目的，且進一步說明道德自主與政治關聯，也就是培養公民素養的內涵。

一、道德目的反思企業需求

White 認爲要調和經濟與道德兩類教育目的，不能單方面要員工妥協，而應該以一種批判之方式，反思經濟工業發展現狀，引導學生挑戰現狀。資本主義社會，政府雖然會對產銷、廣告控管，立法者當然是因爲道德理由，但業界不是這種態度，他們仍循愼思算計（prudential）之理由，遊走法律邊緣，究其因公司是以逐利、賺錢爲目的。企業界所期許的道德德行是員工要誠實、守時、勤奮、服從等，其實是單方面道德訓練。員工們可能是經過愼思算計後，加以服從，如不被開除或希望獲得升遷，而遵守規範（聽話），這之間並沒有道德之意涵。White 堅持道德自主的養成，學生離開學校進入公司後，以此質疑工廠生產的一切，無可避免會與企業目的發生衝突。但透過強力要求工作場域的民主機制來鼓勵員工道德自主，將可同時監督雇主與工會。家庭、學校，乃至工廠都應該共同致力此

一目標，從而使所有人蒙受其益。這看似高調，但政府、學校及整個社會若眞心以待，就能帶動企業良性發展（EA, pp.104-107）。Peters 並沒有特別著墨社會批判（歐陽教，1988，頁 38），White 雖興趣也不在此，但可看出其從自由主義的立場也吸納了左派的部分訴求。

二、展望公民教育

公民教育為何應成為教育目的？White 在此先排除集權國家的術語，那只是要人民盲目服從統治菁英的說詞，也排除對國家（不限於集權國家）的沙文主義情感。雖然各集體性的社群間，個人道德義務的具體運作，不一定透過國家的中介機構（如教會透過援助機構），但仍不能否認，國家在此所扮演積極的角色（如有道德自主的工人在公司內無法解決，有賴更高一層的國家介入）。許多社福、法律命令、教育等事務，國家是很好的中介。我們能否證成透過教育強化國家之福祉？西方許多學者擔心把教育設定在為國家或愛國，會走上極權主義之老路。要教學生相信，他必須奉獻一個不存在的超個人實體，此一國家（State，S 大寫）利益即為其個人利益，為國家犧牲個人，在所不惜。今日，常把國家（state）視為政府機器，國家當然不等於現在的政府，因為政府會輪替、國家毋寧代表著政府所控管的各部門文官，如國家銀行、國有單位等政府控制的公僕們。就此定義，教育目的當然不是為國家，教育怎麼會是為政府文官體系服務呢？

既不是黑格爾式的國家（黑格爾的國家觀，是聯繫人與上帝或絕對精神），也不是晚近的文官體系，White 提出「國家共同體」的概念，國家是共同體的一種形式，像家庭等其他社群一樣，成員間互有關聯、福祉休戚與共。個人之於家庭是直接的，於國家是間接的，透過家庭、工作單位等中介。國家得以協調，透過國家管理機制、制訂法律規章，促進共同目的之達成。因此，公民資質的教育，可以看成是為國家這個共同體所有成員的教育。

重溫生活自主及道德自主之概念，教育目的是讓學生體會到，他自己是國家的一員，能以友愛之情與其他成員共享目的。這種想法應優於把國家視爲超個人的實體、政府機器或一元的共同體。不過，White 也提醒，不要因此美化國家的角色，把國家層次看得比其他社群層次更高。因爲不是所有道德生活都必須仰賴國家做中介，過於理想的看法，會掩飾國家也不一定能解決衝突之爭議。學生也不應被灌輸成，只有公民生活，才能完全成就道德的自我實現。公民教育應該發展民族情懷或愛國意識嗎？如相同的居住地、共同記憶、傳統、風俗習慣、共同的語言、文學表現的情感與思想方式等因素當然可以促成國家共同體的凝聚，這無須漠視，但也不是要助長非我族類民族主義之排他性（White, 2005, pp.181-195）。有關 White 對國族主義之論點，見第十二章。

民主社會，當然不應師法 Plato，只爲統治菁英提供博雅教育，大家都應該接受綜合式的教育（synoptic education），這不是每個小孩都上一樣的內容，但其差異性不能太大。要實施普遍性的共通教育，意味社區要落實民主治理。民主信念的基礎之一是人人平等，都有參與決策的權利與機會。但也唯有他們能認清此道德責任之所在，而不是因爲人云亦云，才能說他們體現參與的義務。爲了確保最大參與，必須設計尊重道德自主與公民責任的機制，如反對黨、出版自由、定期選舉、保障少數等等。這種民主參與適用於各個層級的社群生活。民主的政治教育有廣狹義。廣義就如同 Plato、Aristotle 的主張，讓學生在國家中適應最佳的政治或社群生活形式。就狹義而言，教育內容應該包含一些政治素材，如起碼民主運作之原則、在不同層級社群生活中實際的政治現貌、政治決策所需的相關政治科學、經濟學等知識型式，以及願意應用這些民主理解於社區服務的氣質等。不過，政治教育不能與引領學生進入終極價值不同觀點的各種思想型式和藝術等相分離。因爲，若能理解爲我們爲何必須捍衛民主的國家共同體，正意味著學生能深刻反省至善（*summum bonum*）。哲學、藝術、宗教、科學等學科精神，都必須進入一般公民教育之中。White 最後再重申民主抉擇中，生活的自主及道德的自主永遠是人們必須面對的，這也是公民義務之所在（EA, pp.107-120）。

White 日後對自主性、福祉等概念都有進一步之闡發（White, 1991, 2011），其榮退之文集更是以福祉爲名（Suissa, Winstanley, & Marples, 2015），值得做進一步之探究，但基本旨趣都已出現在《重述教育目的》中。

結語

英美教育分析雖然已不居主流，其過度以理性爲主導，也迭受其他各派的圍剿。Peters 概念分析方法論，從教育的內建意義演繹出教育的本有（內在）目的觀，雖然獲致很多的批評，但也讓許多人對其苦心孤詣捍衛教育理想，力抗現代社會著重外在教育目的的功利流風，動容不已。今日吾人所處的社會，科技、知識經濟及職場現實需求對教育目的之形塑，尤甚於 Peters 的 1960 年代。我們固然無須完全否認外在目的之價值，但 Peters 所強調教育人範型，也應該能夠捕捉代代有志之士企圖唐吉訶德式抗拒工商社會所捍衛的古雅教育理想。

身爲繼承 Peters 路線最具代表性的 White，他對於 Peters 所堅持的概念分析、內在價值、先驗性論證等方法，都虛心接受其他時賢的批評。不過，經由本章細部的評析，White 在《重述教育目的》一書中，乍看之下，是想兼容並蓄地涵蓋教育內外在目的，筆者的體會是，他用個人、理性的自主，重新強調原先 Peters 所謂內建教育的認知性價值，來達成反省後欲求的滿足等較實質性的目的，這也是進步主義以降較積極（而非放任）的自由價值。尤有進者，White 藉著道德自主之探究，不僅修正業師單以認知理解爲教育核心之看法，也各自證成了道德自主可使個人、社會蒙受其益，從而整合了兒童中心念茲在茲的自由、Peters 對理性、認知、通觀認知的堅持，以及社會整體的利益。嚴格說來，White 並沒有興趣眞正證成來自經濟、社會等外在目的之價值。White 是透過個人自主的反思、欲求的滿足來說明個人在社會中牟取功利教育目的之合理性；至於社會的功利性價值，White 則嘗試用接近 Peters 所著重的程序原則諸價值，來聯繫透過知識或道德教育可增進社會福祉，這其實並不違反 Peters 的原意。Peters 晚年在民主的氛圍中，所成形的教育目的，也並不拘泥早年的分析。筆者（2018，頁 97）認爲，若不把分析的教育哲學作爲狹隘某一學派的歷史櫥窗，不以時髦的學術看待分析的風華落盡，那所謂「分析的傳統」將可持續提供吾人探索未來教育走向的珍貴養分。對照今天臺灣過於重視產學合作的大學技職化（簡成熙，2016，頁 88）。當年倫敦路線的分析傳統，Peters 對內在教育目的理想之堅持，White 以道德自主吸納外在目的著重的社會利益，師徒共構的民主教育理想，對臺灣今日之啟發，將不只是飛鴻的偶然爪泥。

第四章

自主性作爲教育目的——倫敦路線的相關論辯

導言

R. S. Peters、P. H. Hirst、R. F. Dearden、R. Barrow、J. White 等在 1960 年代，開創倫敦學派教育理念，強調個人建立在自主性下的理性反思，規劃其美好生活的能力，是教育目的之所在。允為二次世界大戰後英美教育哲學的核心概念。1980 年代以後，開始有其他學者加以質疑。如 C. M. Stone 挑戰 Dearden 的看法，只重視理性，忽略了感性、欲求及其他層面。S. E. Cuypers 認為自主的過程，其實是表現在自我認同、自我評估之上，提出關懷才是教育之重點。E. Callan，則站在自由主義的立場上，較倫敦路線更為強調興趣導向的課程，並將社群主義之理念融入自主性概念中。本章將完整交代倫敦路線有關自主性教育目的理念之概要、前述學者們的質疑，以及倫敦路線學者們的回應。當年倫敦路線自主性的主張，容或有過於重視理性的限制，不過，諸反對者並未能全盤否定自主性的訴求，自主性也能吸納情感、意願、認同等因子。學者們的質疑也能讓吾人重構自主性概念。本章及接下來二章，也都環繞在自主性之主題，筆者認為建立在自由主義下之自主性概念，仍不失為臺灣當下民主氛圍中應有的核心教育目的。

---

*本文主要改寫自簡成熙（2020a）。自主性作為教育目的之哲學省思：倫敦路線的相關論辯。**教育研究集刊，66**(1)，1-33。

緒論

1960 年代英國的教育哲學在開山大師 R. S. Peters 援引概念分析方法論的影響下，有了很顯著的發展，時人譽爲倫敦學派或路線。許多人常以爲概念分析不提教育主張，其實，倫敦路線在啟蒙以降民主理念及理性主義的氛圍下，仍然有很明確的教育主張，自主性（autonomy）即爲其中之一。R. F. Dearden 承繼 Peters「自由人」（free man）的概念，最先完整地提出自主性與教育之關聯，開啟了後續相當的討論，自主性也被視爲當年倫敦路線很鮮明的教育目的主張。第二章已探討 Peters 內在教育目的之相關論證。第三章則初步指出 R. Barrow 用效益主義之觀點，重新反思 Peters 的主張，復更完整的呈現 J. White 以反省後欲求的滿足，企圖將自主性與人類福祉、幸福整合在一起。但是，1990 年代以降，後現代、多元文化興起，也開始有學者反思自 Peters、Dearden 以降的個人自主或理性自主的傳統，如 C. M. Stone 最先質疑 Dearden 的看法，以之作爲教育目的，只重視理性，忽略了感性、欲求及其他層面，達不到全人的理想。S. E. Cuypers 認爲自主的過程，其實是表現在自我認同、自我評估之上，理性選擇與涉及的意願結構，並不能脫離社會脈絡之外。當然，這也引起了倫敦路線學者如 J. Morgan 等相互回應。另一方面，由於自由主義在 1980 年代，也廣受社群主義及多元文化主義之批判，E. Callan、R. Norman、J. C. Walker 等學者已適度接納社群論的批評，而修正倫敦路線過於理性之傳統，但他們大體上，也沒有完全否定自主性的教育價值。在西方政治哲學上，更有自由民主教育應否從多元差異之觀點包容反民主之理念，連帶也有著自主性是否只適用於民主氛圍的教育目的之提問。來自後結構的批評，如 Marshall（1996a）更援引 M. Foucault 的觀點，企圖顛覆倫敦路線早年過於理性的自主觀。雖則如此，除了 White 等繼續捍衛外，Wringe（1997）同時回應來自社群主義與後現代主義之挑戰，重新捍衛自主性之價值。

林逢祺（1992）對 Peters 自由概念、李奉儒（1997）對自主性涉及的道德正反論題已有相當討論，溫明麗（1997）曾以自主性自律稱之，也散見但昭偉（2017）的論述，但整體而言，臺灣仍乏對自主性教育目的完整的討論。本章擬針對倫敦路線諸儒對自主性之建構及其他學者的質疑，做初步之討論。

第一節 倫敦路線理性自主的基本觀點

一、序幕：Peters 的自由概念

Peters 在 60 年代「**教育即引領入門**」（Education as initiation）的就職演說及《倫理學與教育》中已經展現了教育的自由主義精神，退休前夕的〈民主價值與教育目的〉，更可視爲其對教育目的最完整的說明，已見諸第二章的介紹。不過，他對自由、自主與教育的專門討論，則首見諸〈自由與自由人的發展〉（Freedom and the development of the free man）。Peters（1973c）在該文中首先指出，自由是一種社會原則，但存在著自由的弔詭，人類自由的意義，必須在一個能確保他免於他人干預的體系中，才有意義，這說明自由必有其合理限制，我行我素不僅無法彰顯自由意義，也無法保證自由之達成。在此自由原則中，體現在個人能成就其作爲一選擇的主體，人若沒有選擇的自由或能力，誇言自由，也沒有意義。在強調自由在教育上的價值，Peters 認爲若人只作爲一選擇的主體，仍有不足。他更細緻提出自主若要能彰顯理性判斷之精神，要能滿足三個重要特徵。其一是**本眞性**（authenticity），Peters 雖不嚴格堅持人們行事規則必須自訂，但就自主性的字源意義而言，仍是強調人們的態度信念，不能是人云亦云（non-artificial），不能完全受制於權威習俗（這與存在主義式的本眞，有類似但不同的重點強調）。其二是**理性反思**（rational reflection），Peters 當然也不是堅持每逢行動以前，都得三思，瞻前顧後，若此，也與道德低能無異，而是要體現 Kant 實踐理性之精神，即主導個人奉行的格律，是他自己願意依理而行，建立起自身的行爲準則，並要求自己的行爲

符合此格律。Kant 原始旨趣在於說明實踐理性的道德與純粹理性之知識隸屬不同屬性，但表現在德育上，仍然重視理性反思涉及的評價、批判等知性推理。其三是**意志力**（strength of will），徒知不足以自行，人們理性思考後的想法，仍可能遇到外在其他壓力，他必須有抗拒壓力、堅持到底的德行（Peters, 1973c, pp.123-125）。由上可看出 Peters 雖已盡可能周延涵蓋不同的訴求，但他自己及所影響的倫敦路線前期同僚及弟子，仍是企求以認知吸納其他層面。

倫敦路線另一開山大師 P. H. Hirst（1965）則藉著對知識的分析，正式提出別於各種專業知識「**領域**」（fields）的七種知識「**型式**」（forms of knowledge），才是促進健全心靈、理性發展的重點。Dearden、White、Barrow 容或論證方式不同，甚或修正 Hirst 的知識分類，但大體上都同意在理性的基礎上，反映在知識上、道德上、廣泛的生活上，強化學生選擇的自主理應成爲能帶給學生幸福（happiness）或福祉（well-being）的教育目的。

二、Dearden 的理性自主觀

從 1960 年代英國的教育發展氛圍來看，正是進步主義、兒童中心本位的思潮高漲，且具體影響教育政策之年代。Peters 等倫敦路線之學者也可看成是部分吸納進步主義訴求，修正但捍衛傳統教育的代表。自由主義所代表的自由精神，本來就與兒童本位相容，Peters 等對兒童中心論者重視啟發式的教學方法，雖是持正面看法，但他們反對放任，更不同意可以因爲學生興趣，而放棄有價值的知識學習內容。Peters 的就職演說，已經揭示了此一精神，Hirst 進一步設定了傳統博雅教育知識之內容——知識型式。第一代弟子曾經有八年國小服務經驗的 Dearden 所撰寫的《初等教育哲學》（*The Philosophy of Primary Education*），具體從遊戲、興趣、生長等兒童中心的核心概念著手，企圖調和傳統與進步主義之紛爭。他認爲兒童生長的積極意義可以建立在以理性爲基礎的個人自主的理想上，已初步說明了自主性的要旨（Dearden, 1968, pp.46-49），繼之，Dearden（1972,

1975）更爲聚焦，咸認爲是倫敦路線對自主性作爲教育目的之中心論旨。

Dearden（1975, p.7）設定了自主之士的七項鮮明特色：其一，對任何視爲當然之事，會有興趣探詢其理由；其二，拒絕順服加諸其尚未經批判檢視的說法；其三，能正視他眞正的願望、興趣，而非因襲成見；其四，正視自己人生的目標、規劃，自行形塑意向，不受制於他人壓力；其五，所做的選擇必須經其深思熟慮；其六，在多樣主題中根據其興趣形成自己的意見；其七，循前述活動，管控其行動與態度。簡言之，自主的人要有自己的獨立心智，並依此而行。自主不是一定要獨創，他當然可以遵循傳統，但這仍然要經由其獨立判斷，是經過眞正反思後的遵循，不是毫無心智運作的習慣，或受社會壓力驅使。Dearden（1975, pp.9-10）認爲自主性是程度上的問題，涉及三個層面：他出於**自行**（initiative）判斷的程度；他對於那些判斷**堅持**（firmness）的程度；他進行判斷時，各項標準背後盤根錯節**反思的深度**（depth）。幾乎完全符應於 Peters 前述自主的三個特性——本眞性、意志力、理性反思。Peters、Dearden 師徒雖未相互徵引，但他們對於「意志」的界定，仍是強調必須以理性來節制，爾後的學者則發掘意志的情感或動機面向。

自主是否預設了自由？如果將自由看成是免除人們欲求的限制，那自主不等於自由，在自由的消極意義下，他律之人有可能也是自由的，自由學校的兒童、甫出獄的囚犯、G. Orwell 小說《1984》中的男主角，是自由的，但不一定是自主。有時，人們雖缺乏外部自由，卻可能仍有自主的德行。自主若作爲教育理想，重要的爭議是，自由是否是自主發展的必要條件？這與自由是否是自我運作的必要條件不同。邏輯上，有可能某些強制，有助於自主的發展。但夏山學校、兒童中心論者、反學校論者都認爲自由是自主發展的必要條件，他們都預期了兒童進學校前已具有自主能力，已能做出有鑑別度的選擇。事實上自主發展非一蹴可幾。人們也可能逃避自由。此外，自主伴隨責任，不必然帶給當事人樂趣，當事人也可能選擇被動、不做決定。Dearden 因此認爲自由不是自主發展的必要條件。

自主之價值如何證成？Dearden（1975, pp.14-17）認爲當時行爲學派當道，《桃源二村》（*Walden Two*）、《美麗新世界》（*Brave New World*）所描繪的人被編配設定的窘境，應可讓我們重溫自主之價值。I. Berlin 將自主視爲探索安全的一環，希臘斯多葛派學者（Stoics）強調內心平靜，主宰欲求、情緒、與世無爭。自主之士，當能保護自己，免於受騙。現代社會，日新月異，個人也必須時時因應環境變化做出不同的抉擇。甚者，這種獨立判斷，能有助於人體現尊嚴，未經反省的人生不值得活。自主所伴隨責任，特別是賦予自己責任（duties to oneself），不僅可能平衡自己不時遠離理想的陷溺，更可發揮己長，成就榮耀。最後，Dearden（1975, p.18）強調自主的核心在於獨立判斷，自主發展的教育過程中，判斷的內容、判斷的標準，至關重要，面對主觀主義的風潮，我們無須懷疑自主價值，堅持其理性標準，教育方式當能與發展自主性相容。

三、Barrow 以「想得好」的理性效益原則擴展自主性

同屬倫敦路線陣營的 R. Barrow（1975b, pp.131-140）歸納師兄 Dearden 的三個預設，有助於吾人理解當年倫敦路線的基本立場。

其一，自主之士必須臣服於理性，若說人能主宰自己命運，是指他能對自己面臨的情境進行判斷、反思、計量，而加以決定，這無一不涉及理性。Barrow 也列舉了很多例子。例如：醉鬼雖然不受制於其他人，但他受制於酒，無法自拔，致限制其爾後的自由。斷腿與酗酒不同，斷腿的事實無法改變，也無從控制。被人用槍指著頭，當然也不會是自己的主人。嫉妒心也會曲解判斷，破壞了掌控自己生命的自由。宗教信仰，雖然是依賴信仰，若不是被強行灌輸，只要是出自於其選擇，也不能說是違反自主。

其二，詢問人們做某事之理由時，即使他能誇誇其談，他是否眞的出自理性思考且發自內心的信服，而不是人云亦云，就涉及到**本眞**（authenticity）的問題。Barrow 提出三點：(1) 要眞心面對行動之理由。若某人說人們不應手心向上接受布施，其實只是他吝於布施的說詞。這是自我欺騙，違反本眞。(2) 要眞正相信自己行動的理由。(3) 行動理由必須與人生其他

層面或其他思考發生意義連結。我參與學生抗議，參與的動機理由能說服自己，我很期待抗議是促成改變的手段，並樂於為之，而不是受同學之壓力而參與，我就是滿足自主的本真要求。

其三，涉及意志強度。除了前兩因素以外，若知道酗酒、嫉妒不對，但缺乏對抗的意志力，也無法成為自主的人。Barrow 在此對意志的界定，與 Peters、Dearden 並無二致。

Barrow 認為單靠 Dearden 的三個條件，尚無法明確說明，為何自主性應該成為教育理想。因為在邏輯上，如果自主性是指人們根據自己的看法行事，也就預設了他不應受任何教育的影響，才是自主的人，為何這就應是教育的理想？Barrow 從效益主義的立場，提出自主性第四個條件，當事人要能夠想得好（thinking well）。所謂想得好，除了符合邏輯與前後一致等理性、自由思考原則外，當事人還要能體會，他自行思考必須是可欲的，有助於他個人及整個社會之福祉。再者，良善思考雖沒有標準答案，但我們可以確認的是，從目的到手段的抉擇，如果目的確立，是可以憑效益原則區分思考優劣的，經驗科學也可以幫助我們鑑定好壞。Barrow 也自行提問，若將效益論的幸福視為終極目的，個人想得好是否就一定代表個人自主之理想與社會集體理想沒有衝突？或者我們能因此說人們沒接受效益論，就是他沒想好？若此，效益論者不啻是將個人行為自主屈居於幸福之下，Barrow 不否認效益論有這種可能存在自主與幸福衝突的兩難。但從教育理想來看，自主仍有其可欲價值，前述的質疑正說明了拓展知識的重要。從效益主義之觀點，教育自主性的重點就在於提供學生充分訊息（informed），使他們具備相關（pertinent）方法與能力自行思考，不受制於他人。若更多人具備豐富的知識與理解，對於長程的社會幸福，將有潛在的貢獻。Barrow（1975b, pp.139-140）的結論是運用上述四個標準說明教育目的在於自主性之提升，必然邏輯蘊含下列三個目標：(1) 提升學生探詢理由及鼓勵自行思考；(2) 提供各種不同的訊息與知識及如何獲得這些訊息與知識；(3) 讓學生關心何謂想得好並予以培養。

四、White 以反省後欲求的滿足來證成理性自主及強迫課程之必要

White（1973）不以先驗式論證、內在價值、知識型式等來說明學術性課程之重要，他本自由主義之精神，嘗試以自主性教育目的來證成強迫性課程設計之必要。首先，White 本自由之精神，指出要對某人設限或干預，必須同時考量對該人以及對其他人之善（利益）。具體反映在學校之課程，強制要求學生去學習某學科的理由在於：(1) 若學生沒學，會受到傷害；(2) 若沒學，可能會傷害到其他人（這是道德教育之基礎）。若從兒童本有之善的立場出發，人們對某事持外在價值，在於他認爲該外在價值能成就其本然的內在需求願望，但此本然的內在欲求，不能像兒童中心論者的漫無節制，仍必須經由其反思。問題是，如何確保當事人能知曉自己本然之內在需求或利益？White 提出的理想條件：(1) 他必須充分了解涉及他所愛好的多種事物；(2) 當事人之審慎考量，除了是當下外，也必須考量未來改變的可能。這帶出了教育自主性之價值。White 的意思是教育不僅要提供多樣的選擇，而且是要學生接受學校課程後，能自行做有意義的選擇。要如何據以設計課程呢？Peters 在教育規準中，提出了通觀認知的各種學術性科目的重要。Hirst 則直接委之於七種知識型式，但有些學者對其訴諸先驗式論證等並不滿意。White 乃另闢蹊徑，他從學習活動在教育學習上的價值，提出兩種活動分類：(1) **活動一：某人若沒投入時間從事 X 活動，他無法理解他想要的 X**；(2) **活動二：某人雖沒從事 X，但邏輯上，他對 X 仍可有些許理解**。前者如語言溝通，後者如登山活動。理解，在此有兩個意義：其一是能在概念上釐清該活動與其他活動之差異；其二，能正確地指出該活動的屬性。一個人，除非他能與他人溝通，否則他不可能理解溝通。某人沒實際登山，仍可以描述登山之活動。活動一，如溝通、數學、自然科學、藝術欣賞、哲學等。活動二，如說外語、板球、烹飪、繪畫等。人們可以不必直接從事繪畫、寫作或演奏音樂，仍能理解這些活動是怎麼一回事，但藝術欣賞則不然，人們必得聽或讀，才能從事音樂或文學欣賞。White 認爲，所有學生都應參與活動一，使其不

至於因爲無知而失去了這些選擇，這些活動應列爲必修，活動二可以設計成志願性的選修課程，可加深加廣活動一。White 等於是用「活動」而非「知識型式」來論述爲了達成學生自主性理想，一些學術性科目（接近活動一）有強迫的必要，也等於是拐個彎，捍衛了業師 Peters、Hirst的主張。

White（1982）的教育目的專著中，則更完整提出自主性——**反省後欲求的滿足**——的教育目的觀。White 先以幸福、福祉爲教育理想，但福祉的實質性，即欲求的滿足，卻必須經由個人的自主選擇，這是典型的自由主義理念，也是兒童中心之訴求。易言之，教育的目的不在於爲學生揭示各種實質主張，而是培養學生自行有意義地規劃人生。White 也特別賦予自主性的道德意義，聯繫理性自主的「教育人」也涉及知識外之其他傾向（disposition），這些傾向也都在自主性之概念內，這彌補了 Peters 的教育人理想中過於主智的想法。簡言之，White 將反省後欲求的滿足與自主聯繫在一起，教育若完全不干預，看似自由，但可能導致當事人無知，限縮其選擇空間，反而無從體現自主。自主教育之重點在於讓學生從無知胡亂的選擇中解放出來。自主之士能對生活中的各項目的，加以理性反思而抉擇。反思必須以各種選項涉及的知識作基礎，自主的實現，必須經由能反映各項知識的課程，乃爲邏輯之必然。有關 White 在 1982 年教育目的論之要旨，可以參考簡成熙（2019b）（本書第三章）。他所規劃活動一的強迫性課程能夠促成訊息充分之反思，雖暫時違反個人興趣，但能同時爲個人及社會帶來善。White（1991, pp.106-128）雖然略微鬆動他當年強迫性課程及知識性課程在自主性所扮演之角色，但面對來自其他陣營的挑戰，基本立場並沒有太大的改變。

第二節 1980 年 Stone、Cuypers 對理性自主的反思與修正

一、Stone 強調情感的面向以擴增自主性

Stone（1990）最早完整評論 Dearden 過於理性的自主觀，在 Dearden（1975）於皇家哲學會與大英教育哲學會合辦的年會同一時間，Telfer

（1975）已經針對 Dearden 自主之類型，提出不違反 Dearden 精神，但更爲細緻的討論，Stone 歸納爲自主之三階段模式。其一是當事人發現（discovery）自己的情緒、動機、欲求的歷程，「我到底想要什麼？」「我眞的相信什麼？」當事人需要一些自我知識，了解自己的想法、需求等。再者，第二階段涉及到對自己想法、需求、態度等的評價及評論，以及來自慣例、他人意見想法的左右，也涉及自我對價值層級優先性之判斷。第三階段是形塑目的，並據以行動。Telfer 具體從這些心智活動中，詮釋、補充 Dearden 所稱自主的獨立心智的抉擇歷程，但 Stone 指出，Telfer 仍然未強調自主理性面向之外情感所扮演的角色。在這三個階段中，情感、欲求等都扮演相當角色。Dearden（或 Telfer）仍是以理性之標準來仲裁，不僅窄化了自主之概念，理性的程序也忽視了影響自主內容的諸價值。在實際運作中，也可能忽略了動機的影響力。例如：某人一天抽 20 支菸，理由是可增加其創造力，能說他受制於菸而沒有自主性嗎？影響人類行爲的動機因素很多，我們固然不好說，個人爲了其創造力而抽菸是自主的行爲，但至少可接受，缺乏生活中某些層面的自主，也許可以保障其他生活層面的自主。又如，部分女性主義者認爲夫妻之間，若經濟的不對等，會讓妻子屈從於先生，這當然沒錯，但這不能否定夫妻之間情感的相互依賴性。我們是否一定堅持自主的人要超然於這種情感依附的現象？

簡而言之，Stone 歸結 Dearden 自主概念的限制有二：其一，理性、知識型式的規準無法賦予情感等因素在自主的價值，或者說以理性作爲判斷情感的標準並無法發展情感判斷等的適切標準。其二，誠如某些女性主義學者所云，西方傳統理性之概念，不自覺反映「男性化」（masculine）的偏見，有別於超然的獨立、判斷等自主品質是合作、信任、坦露、感受性等。Stone 並不想指責 Dearden 等的性別偏見，也不想陷入二元之窠臼，只是要強調包含這些女性特質，可以賦予自主更寬廣的意義，也更能正視理性自主的限制。我們不能事事掌控，適度放手，失之東隅，可收之桑榆。人類政治、家庭、科學、藝術等價值性活動，固然需要個人理性獨立反思，更有賴彼此相互信任、饒富情感的相互合作。「對話」（dialogue）與「平衡」（balance）能使理性的個人自主更圓融。Stone 並沒有完全標榜女性主義之旗幟，但也因此帶動女性主義或關懷倫理學者從女性特質的角度翻轉理性的自主觀（Clement, 1996）。

二、Cuypers 強調意願、認同之面向：以關懷來取代自主性

Cuypers（1992）認為自 Dearden 以降倫敦路線學者的自主觀，以認知或理性來看待自我決定，過於片面，相對於 Stone 以情感切入，Cuypers 參考 H. G. Frankfurt、G. Dworkin 之看法，特別檢視意志（will）、意願（volition）在心智抉擇上的機制，修正自主性只側重獨立抉擇的觀點。Frankfurt 等認為人們的自我意識必然涉及心智反身性（mental reflexivity）的能力，信念、態度、欲求等形成的意向性體系之層級，不只是理智的認知結構，更涉及動機及意願結構。人們日常生活，特別是教育實踐中，在乎的是意志，而非理由。這裡的意志，並非如 Peters 等強調的理性對自我的節制，而是人們生活中最在意的涉及人我之行動與動機。人們整個需求、喜好、態度是建立在此一意願層級（hierarchy of volitions）之上。意願所帶動的動機才能解釋人類行為。意志的反身性有第一序、第二序之分。**第一序是指 X 直接欲求 P**，如某人愛抽菸。**第二序則是 X 對於其欲求 P 的好惡**，如 X 可能知道抽菸有害，並不樂於其菸癮。人們形成第二序的能力，可視為其自我評估（self-evaluation）、自我認同（self-identification）的能力。如果人們滿意其第一序之欲求，可視為其真於自我（truly one's own）。反之，若他不滿意第一序之欲求，代表第一序之欲求並不是其真正的認同，當事人自我認同的過程係根據其自我概念、自我理想逐步建構其人格特質。人們若能時時據此改變、修正、放棄、更新其舊欲求，達成其自我實踐之目標，就能成就自主之士的理想。從自主的字源意義來看，人們是經由第一序的欲求而認同自身，產生「自我」，進而透過第二序的自我評估、自我規範來「管理」自身。用 G. Dworkin 的話來說，自主必須是擺脫外來的力量（alien forces），當事人必須本真（authenticity）的認同其欲求、目的、價值，且此認同的過程必須維持程序的獨立，也

就是不受外力的影響（這類似 Dearden、Barrow 之立場）（Cuypers, 1992, p.7）。不過，Cuypers 卻是要說明自我認同並不是 Dworkin、Dearden 等所著重的自主的意志行動，外在他人的影響也在自我評估過程扮演重要角色。

自我認同的過程中，Frankfurt 的第一序欲求的產生、第二序的反思過程，恐會陷入無窮倒退。第二序的反思又是從何而來？Frankfurt 一方面指出，當第二序抉擇的那一剎那，即構成了主動的認同結果，Cuypers 認為 Frankfurt 提出關懷某事（care about something），這可說明有別於主動抉擇的「被動性」在自我認同的作用，而第一序的**關懷某事**較之第二序的抉擇承諾，更爲根本。倫理涉及與他人的關係，關懷某事，也常會涵蓋相關的人事物，關懷也常是很個人化地引領其生活，藉著關懷對象，個人也因此延伸至其專業生涯、家族傳統、親密關係、政治社團，宗教社群等。關懷的過程也就不是個人的事，也是長時間及非特意（non-intentional）的自然過程，這有別於短程當下的意志抉擇。人們在關懷人事的歷程中持續地構成自我的認同，這種長時間、非特意、來自於關懷某事的被動性，是認同的根本。這裡的被動性是相對於意志的主動性，因爲在關懷的過程，不是來自於意願的掌控，而是情不自禁的下決定、被吸引，Frankfurt 稱之爲**意願的必然**（volitional necessity），這種必然性不是出於邏輯或因果。人們若是對於第一序欲念的行動是出於意願之必然，他會很自然地依之而行，不會想去更改，這不能看成是因爲他缺乏更改的意志能力。對他而言，要更動意願之必然，是無可想像的事。馬丁・路德在 1517 年對宗教理想的義無反顧，正是出自於意願之必然。人們對家庭的關心，也是意願必然的典型。人們對家人的關心投入，是第一序的，不是他要「決定」去認同，而是此一認同創造或構成了他。這當然不是說第二序或其他意志的行動對其認同不重要，而是這些第二序的一切都接受或來自原初關懷某事的引導。關懷某事爲意志的特性立下了基礎，也就是受意願的必然所影響的第一序之欲求形塑了意志。意志受制於意願之必然，乍看之下，好像破壞了當事人的自主與本眞。其實不然，Cuypers 認爲，所謂意志薄弱當然是不當的外來力量，破壞了當事人的自主。不過，意願的必然，雖非出於本意（imposed involuntary）的抉擇，卻也具有內在性（self-imposed），不能以他律視之。因為人們天性上會關心一些對象，第一序的欲求不由意願主控，而是來自於所關切的對象，這使得人們更可以進行第二序的反思，從而體會第一序的欲念是如何由外在而內化，這些意志必然產生的欲求也就具有自由的效果（liberating effect）。尤有進者，關懷對象，可因此對應於受意志必然牽引的欲念，也連動其他的動機，個人可進一步將其動機結構排序，這有可能讓自己從原先的自我中心中解放出來。當人們開始關心對象時，看似暫時失去自我，卻可能藉此對各種欲念做更好的統整，找回真自我。

如何為第二序欲求的評估或反思建立可資信賴的判準？也就是其評估的權威標準如何確立？Dearden 等學者直接訴求理性自主，如果青少年會受偶像崇拜的影響，這等於是 D. Riesman 在《寂寞的群眾》（*The Lonely Crowd*）一書中所稱的「他人導向」（other-directed），這非獨立判斷，不是真自主。Cuypers 則嘗試說明社會價值系統所規劃的美好生活概念，才是人們據以評估的來源，他因此提出一個「**溫和的他律觀**」（moderately heteronomous view）。當人們關懷某事時，必然反映了他所認同的價值，他的判斷不會憑空，必然涉及他人對此對象之判斷。人們的自我評估的動機體系是坐落在其欲尋求社會認可的認同之上。這不能視為他律，因為所謂社會認可，也是經由他人的獨立與意願，人們無法透過強制他人認可而獲得滿足。個人若要尋求其個人價值的被認可，就得承認他者也是有價值的人。對個人而言，欲尋求肯定，等於是把自己置於未能掌控的他人對其之評價，社會認可較之於當事人意願的控制，也許是被動的心智狀態，但是這種被動性卻又是個人建立真自我評估及個人價值的必要條件。Cuypers 提出了三個階段，首先，人們尋求認可的動機，表現在他所關心人事物的遣詞用字上，他會在乎夠格的人的認可，甚至於君子疾沒世名不稱焉。同時，為了不自我欺騙，他也期待別人提供即時、訊息充分，出於真誠的獨立判斷。個人尋求認可的自我表現，縱使是有意掌控，也是來自欲尋求他人認可之要求。再者，人們是透過他人對其之評估態度以評估自我、邁向自我認同。他必須暫時以超然態度，離開自身，從他人的眼光來反思自身的動機，自我形象也是以此建立。這不是說他受制於特定的人或團體對他的評價，而是整個社群形塑的價值體系——如 G. H. Mead 的「**普遍他人**」（generalized other），或是 A. Smith 所稱的「**無私的旁觀者**」（impartial spectator）——所影響。個人可能對他人加諸其上之評價有所反抗，其自我評估在終極上也得以普遍他者來參照。最後，經由他人對其評估之態度而成的自我判斷，當事人還會油然而生相當的自我情感。個人的自我情感是來自於他人之評價，G. Taylor 稱之爲「**自我評價情感**」（emotions of self-assessment）如榮耀、羞恥、罪感等，會決定個人的自尊感（self-esteem）及價值之所在。他人的評價會帶動個人內在評價的情感喚起，爲了尋求個人的眞自我，也必須暫時違反全然的理性自主，得從別人眼光看待自身。

簡而言之，理性的個人自主強調個人認知因素對於意志的掌控。Cuypers 從自主過程中的自我認同與評價，認爲自我認同來自於意願的必然，自我評價也有賴於社會，實在不必像理性的個人自主論者一樣，全把這些視爲影響、破壞自主的外力因素。教育的重點不應高懸自主，只強調要學生獨立判斷、抉擇自己的欲求。反而應該鼓勵學生關心自身，引領學生進入既定的「生活形式」（form of life），使其在自我認同、自我評價的動機結構中，能更自在地與社會其他人共構美好生活。

第三節　Callan 以興趣、社群意識反思倫敦路線

名政治哲學家 E. Callan 也曾對自主性提出許多討論。Callan（1988）專書大概是站在傳統自由主義的立場，肯定教育的自主性之餘，卻批評倫敦路線當年的主張對知識型式等理性課程的規劃，並未能眞正回應進步主義、兒童中心的訴求，期待能賦予「興趣」（interest）在自主教育中更吃重的角色。Callan（1994）年的立場，則很明顯地是站在接近社群主義的

立場，修正以理性爲主導的自我觀，批評 R. S. Peters、P. H. Hirst 以知識型式之廣度的博雅教育的問題。社群主義對自由主義的批評，也大致反映了英美 1990 年代政治哲學的走向。

一、Callan 論自由

以下大致以 Callan（1988）第一、二章鋪陳自由、自主之意義。在日常語用中，自由有「缺乏」某事之意，如 skies free from clouds（萬里「無」雲），引申成主體要在加諸其不可欲的條件中逃離出來，如「免於」飢餓。Berlin 從政治哲學觀點，檢視歷史發展，提出消極自由，免於外來之限制。對個人而言，不受他人之干涉；積極自由，可自在去做某事。對社會國家而言，代表的是自決。不過，角度的不同，積極消極也不絕對。例如：對積極自由的國家而言，也可視爲「免於」國家以外勢力之干預，這就類似消極自由之概念。同樣地，對個人而言，免於受限制的消極自由，也可視爲鼓勵個人自我管理，能自在地抉擇自己的生活。Callan 將 I. Berlin 積極（free to）、消極（free from）自由概念視爲一體兩面。

對個人而言，**積極自由蘊含消極自由**。人們能自在做某事，一定是免於其他的限制。消極自由則不一定蘊含積極自由。消極自由的免於阻礙，本身是可欲的價值嗎？還是免於阻礙，是爲了其他可欲價值的獲得？有沒有可能消極自由的免於阻礙，本身反而阻礙了我們探詢其他可欲事物？傳統立場認爲外在的干預是對自由的限制，至於其他的限制，如個人外在的優勢或內在的劣勢與否，則與自由無涉。H. Spencer 認爲父母沒有錢讓孩子念好學校，不能說他沒有自由（Oppenheim, 1961, p.120）。有心智缺陷的閱讀障礙成人，也不能說他失去自由。傳統立場學者認爲，主張無知、強制、貧窮全是對自由的限制，其實是混淆了理應區分的諸價值與自由條件。但反對傳統立場的人，也容易漠視國家干預對自由的限制。因爲若自由無法實行，我們空言有該自由，沒有太大意義。雖然自由實行的條件不易完全掌握，仍應積極面對，也要愼防國家的過分干預。

自由的價值有時不在於它本身，而在於其結果，如更可以獲得幸福，自由也具有工具性之意義。Mill 在《論自由》（*On Liberty*）裡提出，在不傷害他人之下，言論與行動自由所獲致的結果，將有利於較大的幸福。自由能使我們選擇最好的理論與最佳的生活方式，並能堅定自己的抉擇。Callan 認為 Mill 的主張過於樂觀。它是建立在錯誤之假定（自由與探究之關聯），或是高度思辯之假定（涉及自由在選擇和生活方式的追求），Callan 不完全同意工具性論證。有些人認為自由是內在價值，稱之為預設（假定）原則。預設原則要能成立，要能找出方法來證明不同情境中可以用自由與否來確認整體得失，而不用訴求其他的價值。Callan 找不到這方法，那麼預設原則仍得與其他價值相伴，就很難完全證成自由是內在價值。簡言之，工具性論證無法完全證成自由之價值，將自由訴諸內在價值，也無助於實際之爭議。Callan 認為自由是構成性價值（constitutive value），因而具有自身內在性，但也部分具有工具性、手段式的價值。Callan 希望能調和直覺式地視自由為內在價值與工具式的自由觀的分野，並將自由中「選擇」的價值由兒童興趣來體現。

二、以興趣來說明自主

Callan（1988）第二章說明自由與自主的關係之餘，特別以興趣來說明自主之價值。個人自主涉及意志的成形，心智活動從屬於意志而形成信念。意志的形成部分是由人們藉著掌控其傾向的過程，逐步形塑自我及生活。相關心智傾向，Callan 稱之為動機結構。而意志的形成也是在心智傾向經由選擇特定的選項的結果。自主之人在形成意志的過程，會展現相當的眞實（realism）與心智獨立。影響動機結構的是興趣之概念。Callan 在此之興趣，非單指個人喜歡從事何者云云，而是指個人之優勢（advantage）。興趣在一般規範的使用上，不一定指優勢。Callan將論證，興趣涉及價值判斷。自稱有興趣，涉及其心智活動。若當事人沒有欺騙其心智狀態，他的興趣當不至於出錯。我禁不住誘惑（tempt），不代表該活動符合價值。但興趣至少涉及對情感對象有積極的價值判斷。當然，興趣一詞，也不代表嚴格的價值判斷，但至少是經當事人的思考。興趣除了前述之偶發的情感外，還代表生活中較持久穩定的心智活動，這種情感能誘發行動。興趣也聯繫著其他價值，如某科學家致力於科技研究，他發現會被用在犯罪，故終止了與贊助人之合作，當然，他可能堅持不再碰該研究，也可能不能忘懷，而懊悔其終止該研究。C. Taylor 的**強評價**，可資說明。Taylor 認為我們不會只受限於某種欲求而行動，會有更基礎的判斷以評估這些欲求。該科學家並不是用外在於興趣的道德來評價其科學，而是其興趣體現在其願意以道德反思為本的深層價值基模中。但如果該科學家擺脫不了名利之誘惑，繼續該研究。我們不能說他有興趣該研究，他與之前純眞的探索已有不同，他強評價的來源是工具性的生財之道，而不是眞正發自內心的志於科學探索。

興趣對於人的自我感扮演關鍵之角色。人們興趣之形成、其抉擇之方式、表現的行為與其他心智傾向的交互作用，固然受制於理性的心智作用，這是自主性的第一條件。強自主的自我與他人明顯差異即在於其**動機結構**是在眞實的型態中發展的理性層次，以及偶發的欲求受理性運作的層次。不過，人們不會只是選擇去相信，信念不是意志的直接對象，信念仍是心智之產物，動機結構的另一重點是眞實以對（realistic manner）。我們對所處之環境以及自己的傾向，都應有眞實的掌握。兒童可能沒有天賦，透過努力表現其對科學之興趣，如果頭腦清醒點，他會承認是因為體現父母之期待。另一兒童對科學有驚奇之嘆，卻受制於同儕壓力，而不從事科學學習，這都是自我欺騙（self-deception）。動機結構中的自我控制如何反映眞實精神？Callan 在此區分根據意志與否而行的活動。我根據自然的傾向而行，不涉及意志。若涉及意志，我選擇做或不做，這種欲求就坐落在我的動機結構中，感情或喜好是初階。某位跳水員，克服恐懼而跳水，他為成為成功的跳水人的欲求，構成其深層動機，而帶動其行為。他若要眞正體現跳水的興趣，仍得靠意志強度。意志薄弱，至少涉及自我欺騙。奉父母之命而學科學的人，或是投諸學習心力，不肯正視失敗的人，或是意志薄弱、自我欺騙，不做決定的人，與其說當事人缺乏自主，無寧說這些孩子缺乏本眞，無法眞實以對。人類在社會中所滋生出對他人之讚許與彼此相互的情感，Callan 稱爲社會欲求。自主性意味著控制社會欲求，雖千萬人吾往也，有時在心理上會很困難。所以，自主也聯繫著堅毅（fortitude），除眞實以對外，也必須在需要時能抗拒社會指責的社會獨立性。就此而言，Callan 也肯定獨立心靈，對自主之必要性。不過，Callan 強調，倫敦路線的學者太過於強調批判反思、再評估等理由的提供或推理等等，事事尋求理由，反而不是眞實生活的樣貌，有時會阻礙了眞實生活。許多人的道德論證能力，反而成爲文過飾非的自我欺騙。動機結構的平衡，求其本眞的美好生活，以形成有意義的生活，這有賴各種競爭性的興趣及其所對應的傾向的統整。就好像一首詩，不是漫無節制的遣詞用字，其有要表現的目的，而組合多樣的語詞、片語，形成一個整體。理想的人生，亦然。Callan 用詩做意義人生之隱喻，是想說明動機結構，不能太理性制式，也不能太寬鬆無當。不同的價值在人生上會有衝突，必須秉持眞實的精神，平衡理性推理、情感動機、意志強度，解決根本的衝突，迎向和諧的人生。

Callan 更以 R. Nozick 快樂機的例子說明，純粹以經驗的回報或是愉悅感，不太能說明其是內在價值。Nozick 的例子，當然無法直接證成自主性具有內在價值，但 Nozick 接著說，如果我們討厭快樂機的理由，不是因爲直接感受快樂，而是因爲我們想成爲某種人或能對社會發生影響的感受，若此，那我們將不會討厭轉換機（可以使自己成爲某種人的機器），或結果機（可以讓我們自己達成可欲的世界的機器）的經驗，那又何樂而不爲？我們不願享受轉換機或結果機，是因爲靠機器產生的自主經驗，無法取代我們想眞正靠自己來達成的期待。Callan 企圖說明，自主性有內在價值（當然也是重要的構成性價值），因爲自由與個人自主、自我管理有相當關聯。若在缺乏自由之下，自主無從綻放。因此，珍視自我管理，也就是珍視自由之承諾。在自由、自主的關係上，Callan 當然不主張放任，但他認爲極大化自由將會擴大自主運作的視野，也會爲自主的理想提供了適當的價值標準。他更舉 C. Taylor 的例子，英國有宗教自由，但倫敦交通管制多如牛毛。阿爾巴尼亞首都地拉納，沒有宗教自由，但交通順暢，很少紅綠燈，行人享有的交通自由甚於倫敦。以阿爾巴尼亞沒有宗教自由為例，直覺上，我們認為違反宗教自由是減少了整體的自由，但大多數阿爾巴尼亞人不認為是對其自由之剝奪。反宗教法對他們而言，並沒有讓對宗教無感的他們喪失其動機結構的核心構成，也就是若其繼續對宗教無感，宗教選擇不會是彰顯其自主的範例。雖則如此，Callan 認為，自主綻放的生活，其自我管理不僅僅只受限於既定之價值，也可提供激烈改變價值基模的可能，自主之士也可以重新建立其動機結構。即使個人不會選擇宗教生活，但若置身於宗教無感或剝奪宗教自由的社會，個人將沒有自我轉換之可能。鑒於宗教是人類活動中很核心的領域，剝奪宗教，是限制了人們自主的運用。因之，極大化的自由，仍能開拓人們動機結構。

只要自主之人擁有興趣，或易於發展興趣，有說服他人的欲求，能經由對話重新精進思考，或是有志之興趣相投之士，能共同挑戰習見，那言論或集會結社之自由將構成人們自我規範的核心。由於與自我規範相容的生活形式有很多種，以及考量他人不同的天賦或興趣，若要保障個人自主，必須盡最大可能守護自由。也因此，在自由政治思想中，多樣化的社會和個人是與自由和自主緊密相關。教育之重點是極大化自由——尊重與培養興趣——也就至關重要。

三、興趣和學校教育：對 White 強迫課程的質疑

倫敦路線的學者認為純以兒童興趣無涉於課程自主性目標之達成。Callan（1988）於第三章大體同意 P. S. Wilson 的觀點，若視自主為教育目的，興趣在課程上優先於理解的廣度，據此反駁倫敦路線，特別是 J. White 的主張。

Callan 先提兩個例子。一個出於自我選擇（不是因為傳統或無其他經驗）決定當村夫，另一飽學之士則因為厭煩學術而選擇當村夫，能只以認知或反省人生的角度，說後者較前者更自主嗎？當然，理論知識能夠有助於選擇，也更能增添自我知識，了解自己隱藏的天賦。知識與技能的獲得能有助於自我規範，增添自由。飽學之士較未受教育的村夫更能擺脫無知

而影響興趣發展之可能。村夫有可能接受了知識，改變了其動機結構。這些 Callan 都不反對，但仍然認爲，村夫不必一定透過理性反思的途徑，才叫做自主，也無人能置喙村夫的抉擇一定是無知。另一個例子，某位傑出的高中生，能體會學術領域有賴資質及勤奮。他競爭之欲求及榮耀家人，使他成爲好學生，也保證日後的收入。不過，該生確認爲這不是他眞正的興趣。他依據家人期望或收入選擇，只是工具性價值。他受制於此，在學校學習中，並沒有增添更多自由，也無助於成爲自主之人。眞實意味著根據事實形成自己的意志，該學生深知沒有興趣，卻不改變，能說學校教育鼓勵他具備獨立心靈嗎？Callan 認爲這個例子可說明，若沒有鼓勵學生循興趣發展，就無法彰顯自主精神。

1960 年代的倫敦路線學者過於擔心課程若滿足學生立即的興趣，會導致放任的後果，不足可取，而反對兒童中心。他們反對興趣本位的第一個理由是兒童受社會影響的興趣不一定是可欲的，如 Dearden 觀察的，許多家庭沒有圖書，終日以電視爲伍，有賴學校課程導正。Dearden 的主張當然沒問題，但這並不是說，對這類學生在他變得認眞向學前，不必發展其興趣，仍須點燃其興趣。再者，倫敦路線學者也認爲兒童中心傳統不能正視教師觸發學生新興趣的重要角色。觸發新興趣與發展本有的興趣，並不相同。倫敦路線學者若重點在鼓勵學生探索其本來未曾發現的性向，以探究新主題，增進自我知識、自主性，這當然無可厚非，但 Dearden 等所謂的新興趣，其實是指學術科目，如文學、科學等。學生透過苦熬終於開花結果，體會這些學科內在價值之事例，終非常態。此外 Hirst、Peters 認爲興趣有時是偶發的、會消失的，熱度消退，難再鼓勵。必須體認學生得在學校學習其沒興趣學科之事實。Callan 同意學校課程應涵蓋其沒興趣之活動，也能體會 Hirst、Peters 二人其實是要說明努力之成果不是學生短期能預見，學習不能只賴興趣，仍須教師之干預。但 Callan 仍堅持，同意教師之干預，不意味著要廢止或降低發展學生之興趣。

兒童中心論者常常訴諸一些修辭，如兒童天性良善、兒童有旺盛求知欲，訴諸兒童個人的發現是邁向理解的大道等論述，這些都是兒童中心論者的慣用說法，也是倫敦路線批評的焦點。Callan 支持興趣本位課程的理由不是來自於前述的修辭。他認爲循兒童興趣的發展將自然成就自主性。Callan 並具體嚴厲抨擊前述 White 強迫性課程的論證。

Callan 認爲在教育上，若要爲學習 X 而非 Y 辯護，必得符合下列條件：(1) X 比 Y 更有價值，若不強迫，則無從學習。(2) X 有教育價值，沒有強迫，不太能學到；Y 或許比 X 更有價值，沒有強迫，卻可以學到。其實，嚴格反對父權主義的人，認爲即使滿足上述條件之一，強迫都不一定合理，但於此不論。Callan 認爲假如 (1)(2) 不眞，考量教育價值，將無法支持強迫性。White 要爲其界定的活動一辯護，至少要循 (1)(2) 之方向。White 沒有從 (1) 去說明。他並沒有說明爲什麼活動一本身達成自主性而言，更爲可欲。理解與否對於自我規範的相關性，不一而足。若要滿足條件 (2)，得弄清未強迫學習之前，可以理解活動一到何種程度；對活動二而言，所謂部分理解，也很混淆，是否學生不經強迫，就能部分理解這些活動呢？若非如此，如何說明活動一有優先性？White 的觀點要能成立，他得略微放寬對理解之標準，但這樣一來，他對於活動一的強迫期許，就會失焦，因爲只能獲得淺顯的理解。White 觀點等於陷入兩難，如果要採取嚴格的理解標準，兒童在還沒完全理解想去從事的活動前，都有賴強迫接觸，那活動一、二都得列入必修，這對自由、自主的傷害，恐非其所樂見。這種對於活動一、二類涉及的「理解」並不明確，同門師兄弟 Barrow（1976, pp.79-84）也認爲 White 無法充分證成活動一有其強迫的必要。

White 也許會從兩點加以辯護。其一，強迫課程完成之後，將會增加學生的選擇空間，亦即，強迫課程所暫時限縮的自由，可以經由強迫所增添的各種可欲知識，拓展更大的自由空間。其二，經由多元活動之探索，兒童可以更了解自己天賦性向，避免無知而沒有發揮所長。Callan 重申，強迫課程唯有在涉及個人興趣之下，才能有助於個人選擇自由實質的增進。若只強調知識拓展，不顧兒童興趣的發展，強迫課程將沒有解放的效果。Dearden、White 可能還會說，兒童還小，其興趣短暫、雜多，與成人後關聯不大，只重視當下興趣，無助於日後成人的自由，還是應提供多樣化的活動，不管有無興趣，才能提升日後成爲自主之成人。Callan 認爲，把兒童與成人興趣二分，這沒有經驗的證據。反而是兒童年齡日增，其動機結構會日趨穩定，不會有根本之改變。青少年不喜歡莎士比亞，成年後大概也不會改變。有些人還會質疑，既然我們不知成人興趣爲何，對兒童興趣本位或任何興趣本位以外的課程規範有助於成人自由也無所知，那麼無論是興趣本位或是強迫課程，都是獨斷的作法。Callan 對於這種懷疑論的說法是，我們還是可以在兒童階段，就尊重他們的興趣自主。因爲即使是幼兒，也不完全受制於內在驅力或外在壓力，我們目的不是限縮現在自由爲了未來的自主，來者不可期。而是我們當下就應該尊重兒童興趣發展所展現的自主水平。

最後，人們還是會擔心因爲無知，完全順應學生興趣，會讓他無法展現未知的天賦，學生可能成爲愛因斯坦，卻因爲教育的無知，而沒能發展其潛能，誠如前述村夫之例子。Callan 當然也遺憾此一結果。當論述自我知識與自主關係時，尤爲重要。第二章，已說明二者關係不一定如此密切（Callan, 1988, p.38）。人們可能具有眞實的精神，但對自己一無所知，但有自我知識，也有可能自我欺騙，也無法單靠其經驗揭露不當權力。自我知識雖會使人們反思追問自己從事某事的理由與從事該事的感受。但 Callan 也提醒吾人，過度拘泥自我知識窮追猛打，也會耗損精力，阻礙了參與價值事物之追求。有些人會擔心，一旦接受興趣本位課程，有可能在兒童階段，就會朝專業發展，的確會使學生失去廣度。不過，Callan 質疑，強迫性課程透過知識的廣度，就能避開此一結果嗎？如果學生出於選擇朝興趣去專研藝術，投諸一生，不懂數學又何妨？爲了不確定的愛因斯坦，要每個人都學強迫課程，都掌握知識之廣度，會比很明確的梵谷，但不尊重其藝術之能，美其名，爲了其日後的選擇自由或可能成爲愛因斯坦，強迫梵谷學數學，對嗎？我們爲了學生日後能眞正擇其所愛，而信誓旦旦限縮現在的自由，其實，我們一點也無法保證未來。同時，發展既有的興趣，也會拓展新的興趣。以自由或自主教育之名，實則爲拓展學習廣度，而忽略兒童當下之興趣，並不合理。

四、「社群式的自我」修正自主可能的疏離

相較於 1988 年的立場，Callan（1994）對於以理性、反思爲主的自我觀，有著更強烈之批評。他認爲理性反思要能成爲最後的價值仲裁，必須預設人的自我是處於一種超然（disengaged）的狀態，可據以進行反思或抉擇。Callan 首先從一倫理學上很常見的提問，假設一個人是很自然地發自善心、自發性去救人，或是經過反思，體認這是義之所在而行，何者合乎道德？啟蒙以降在 Kant 對道德之界定下，自由主義的傳統，比較不會強調實質的道德或將美德加諸心靈或自我之上，因爲這會被視爲他律，必須訴諸於義務，才符合道德自律之要件。Callan 在此暗諷自由主義或倫敦路線的自主觀在道德意涵上循 Kant 界定之不當。他接受社群論者 M. Sandel 等所批評的，這其實是把自我看成完全可以超然，無涉於歷史、文化之承載——無承載的自我（unencumbered self）。反之，個人自我應該是承載著其生活世界的背景，不僅是其自我構成的來源，也是個人得以規劃其生活方式的泉源。Callan 特別以心智中「**承諾**」（投入、奉獻）（commitments）與「**情感依附**」（attachments）的作用來說明。有鑒於 Dearden（1990）在評論其《自主與學校教育》一書對興趣在自主扮演之角色，Callan（1994）用承諾、情感依附來取代原興趣一詞，但對於自我的說明道理相通。自由主義或理性自主論者不一定反對社群論自我承載的主張，但他們堅持，構成自我泉源的種種承載只是選項，個人永遠有權利針對這些承載加以選擇，既定的承諾、情感依附仍必須讓位於選擇。社群論則認爲選擇也是在更大的由承諾、情感依附構成的信念或價值體系中運作。Callan 以 O. Neurath 有關科學的隱喻「科學就像是一艘在大海航行時總是需要修理的船」爲例，自由主義認爲在變動不居的大海，航行者隨時必須因應變化而改變其技術與原先對某些航行技術的情感依附，有時甚至必須澈底改變。易言之，自由論者主張沒有什麼原先的承諾、情感依附是不能取消的（irrevocable）。社群論者當然不會否認反思、抉擇的重要，只是要強調現代社會若把自主看成優位，先不說取消某些依附是困

難痛苦的，是否有可能反而把很多不該取消的都取消掉？Callan 不否認在追求眞理的要求下，每種依附的價值都可能是錯的，的確沒有任何依附的價值敢說自己擁有不可取消的特權。任何價值都必須向眞理低頭。不過，這決不是要我們否認人們無權擁有不可取消的情感依附與承諾，也不是考量眞理，就得無條件迷戀選擇的價值。若此，反而會造成一種自我的疏離（alienation）。Callan 提醒我們，自由社會長時間來並沒有對倫理有特別的承諾，如果我們可以從狹隘的無承擔的自我中走出，那麼理性的開放心智與倫理的想像，將可以讓自主擺脫疏離。

第四節　倫敦路線後學的回應

一、Morgan 等反駁 Stone、Cuypers：重新捍衛理性自主

90 年代後，對自主之討論更趨多元，許多學者從其他面向，如情感、認同等因素，指摘倫敦路線理性或個人自主之不當。Morgan（1996）一一檢視這些主張，提出個人自主本質上就是個人在認同的諸層面上的協奏融通（coherence）。人在自我認同的過程中，有其階層性，但這是複雜多元的，Frankfurt、Stone、Cuypers 等都各自陳述理性外的其他觀點的重要，Morgan 企圖論證這都無法否認理性才扮演著核心角色。

首先，被多位後繼者引述的 Frankfurt 的階層理論，第一序、第二序的評價，爲了不至於陷入無窮後退，Frankfurt（1988, p.168）以抉擇承諾（decisive commitment），如人們校正數學推演之例，說明之。教師在計算學生期末分數時，很容易算錯，教師通常會複核。但不會一而再、再而三地複核。只有初核、複核不一致時，才必須三校。同樣地，人們之認同若有重估之必要，端視其有特定的理由，否則不會無限後退。Morgan 指出，這正說明了涉及第二序欲求的反思，是如 G. Dworkin（1988, p.20）所界定的自主，自主性正是人們第二序的能力，也就是其用以反思、改變第一序的喜好、欲求、願望、價值等之能力。不過，人生自主的抉擇，不像

數學推演的單一，必須同時兼顧不同的面向。就認同而言，C. Taylor 承繼 Frankfurt 的說法提出強評價理論，特別強調強評價是對第一序欲求的倫理評估。Morgan（1996, p.243）則引述 O. Rorty 和 D. Wong 二氏所提出的五大相互關聯認同特質：生理（如體力）、心理（如害羞）、社會角色（如教師、團體的害群之馬）、社會界定的團體的認同（如女性、青少年、亞裔美人）、理想的認同（如馬克思論者、穆斯林）。渠等認為並沒有一個核心的標準，在不同的情境中，前述的標準都可能扮演認同的關鍵角色。Morgan 以知識論上的眞理貫通論來說明理性在個人認同所扮演的角色，所謂第二序的欲求評價也就是個人利用理性形塑個人理想，對第一序之欲求加以自我究責（self-censure）的歷程。人們各有其不同特質，嚴格意義下的貫通，涉及不同特質（命題）的一致且相互協奏。不同特質（欲求）間當然會有衝突。人們既希望職場順暢，也要家庭和樂，在特定的時刻，雖然會有衝突（如當下選擇外出演講或陪伴家人），長程而言，是可以取得協調。個人認同要能貫通協奏，必然涉及與他人關係之維繫。一位運動好手除了對其運動才能之認同外，他還得培養堅毅、自持、團隊精神、接受教練指導及對運動的熱情，才容易成就運動之榮耀。這並不是說人們的理性構成了認同的主要來源，而是人們的理性執行了人們認同之功能。

個人自主是對應於國家自主的隱喻說法，人們若無法自我立法，並依法而行，就不能說他是自主的。不過這種自我管理，無須詮釋成「激進的自由選擇」，而應是不同認同間的協奏融通。人們的認同很少是經由選擇，選擇不應成為自主的核心，而應重視理性的協奏。Stone 認為倫敦路線的理性自主，反映了男性的特質，她也不希望造成二元對立，Stone 希望透過對話、平衡沒錯，但她對自主的批評，只是極端個人主義狹隘面向自主的缺失。除了前述認同的多樣性與社會性，Morgan 也從 Wittgenstein 反私有語言及規則遵守的討論出發，說明人們之所以能遵守規則，儘管可能犯錯，仍無法否認存在公共性之規準。自主性本來就涉及相互依存的社會性，與其凸顯另一類女性之特質，不如從人們認同所具有的社會性出發，當不會違反女性主義對自我的強調。批評者是以極端個人主義及完全孤絕於社會之獨立性來看待自主，事實上，自主的反思是立基於社會且與他人關聯。同樣地，Cuypers 則把認同安置在關懷事物（自我）之上，關懷固然是認同的構成要素，但不能說認同可還原成關懷。Cuypers 認為關懷涉及特定的理想認同，人們是在社會的相互評價中，特別是他人對自身之評價中，進行自我評估，這仍是一種相互公開的反思評估，關懷自身（有可能造成自我中心的用詞疑慮），其實只是要反映個人認同的社會性而已。當然，自主理論不是教育理論的全部，「教育人」是符合自主性的，但不是所有的自主之士都符合教育人的理想。Morgan 最後重溫 Peters 揭示的教育人不僅是知識深度、廣度的理解，更是體現人們知識理解協奏融通的生活形式，這是認知通觀的眞諦。

Walker（1999）也運用心理學的觀點，嘗試整合早年倫敦路線過於強調超然的自主態度，但也同時指出應愼防社群論者等過度混淆愛與依附可能對自主之影響。社群是建立在不透過強制的共識之上，是人們共同創立，發現每個人的眞自我，並支持每個人自我表現。在教室社群中，學生與教師若有共識，就沒有紀律的問題，學生也同時接受教師之權威。教師若能認識學生，快速在班級建立共識，也常被認為擁有自然權威。權威之所以是自然的，是因為來自師生本眞的表現。這種對學生的知識來自於直覺與正式知識，表現在對學生之喜好與同理之上。這種喜好也有助於教師或學校目的之達成。學生常經由教師之協助，而發現自我，抉擇或形塑其目的。師生之間相互理解，就能獲致班級目的，若能有溝通和學習的心流，整合每個學生的自我抉擇，而成就共同的抉擇。Walker 整合了心理學、本眞、興趣諸面向，他建議用**自我決定**（self-determination）取代原自主性之概念。

餘如 Lee 和 Wringe（1993）、Norman（1994）雖然吸納了一些批評者對理性、客觀知識、道德的界定，但基本上也是肯定自主性在教育之價值。Wringe（1997）反駁社群論與後現代主義，重新捍衛理性自主，算是倫敦路線 90 年代回應諸多批評的代表性立場。

二、自由主義教育學者不放棄自主性價值

White（1990）並沒有針對 Callan 以興趣爲本的自主觀教育多做回應，純粹就自主性本身的證成而言，他重新檢視 Callan 的論證（White, 1991, pp.95-98）。Callan 首先反對幸福的工具性論證，因爲不必然如此。有些人認爲沒有必然的倫理專家，所以應該尊重個人自主的觀點，Callan 也反對這種看法。學生有較高之自主，不見得會做出較好的判斷。Callan 也舉 Nozick 的機器能讓人獲致快樂經驗之提問，認爲自主之人的價值甚於傳統導向之人，傾向於認爲自主性有其內在價值（自由則是構成性價值）。White 認爲不能用 Nozick 機器之例論證自主價值，因爲傳統導向的人也可能出於其自我選擇而反對 Nozick 之機器。J. Gray 區分主見之士（autarchic person）與自主之士。前者體現消極自由，抗拒外在之力量與壓制，體現理性愼思算計。傳統導向社會，也可能產生主見之士。至於自主之士，則是個人對其所處之環境抱超然之態度、能超然於別人之影響。自主之士行動所依循的原則是經由反思之歷程。主見之士也許能說明個人在其欲念架構中的合理性，但無法說明個人爲何要過批判反思的生活。White（1991, p.97）自陳他在 82 年重述教育目的書中，也無法完全證成以人類蓬勃發展（flourish）及福祉，來說明個人自主之價值。他自己當時也曾用美麗新世界之例子（類似 Nozick 的快樂機），這些反例，同樣無法完全說明自主之價值。訴諸傳統，一樣可以反對美麗新世界。因此，Callan 及他都沒能成功說明自主的內在性或構成性價值。爲了證成自主，White（1991, pp.98-103）再引 J. Raz 的論證，Raz 認爲自主性不一定是個人福祉的必要特徵，傳統社會也可能帶來福祉。個人自主其實是特定美好生活的理想，是西方現代社會的理想生活方式。Raz 認爲，自主不是與其他選項並列的選擇，與其他選項不同的是，我們生活在一個支持自主的環境（autonomy-supporting environment），在這樣的環境，不能不發展自主。White 同意 Raz 之看法。但若從前面 Gray 對自主超然性之分析，在邏輯上，Raz 卻說自主性是來自於支持自主之環境，如何自圓其說？如果人們在其所處支持

自主之環境，自主地決定婚姻、工作，能說他們是以批判反思超然於社會嗎？White 指出，所謂強自主，是要能對社會本身之結構加以批判反思，Raz 的主張只能說是弱自主。我們能完全對社會保持超然的態度，甚或全然推翻現狀的強自主嗎？White 不認爲可以。不過，我們的政體及教育機制並不完美，如果人們懷抱理想，依然可能以強自主之方式加以改變。強自主雖然也不是個人蓬勃發展的條件，至少，強自主能夠讓個人對外在操弄、獨裁政體有更強的警覺。就如同弱自主一樣，同樣也無法確保每個人福祉，端視個人如何界定蓬勃發展或福祉。個人思考其蓬勃發展或福祉，即使不特別關心他人，由於涉及因素衆多，一定也得涉及社會反思。如果人們對個人福祉之概念與他人息息相關，就可以相當程度說明強自主對整個社會結構、政體反思的價値。

雖然，大部分的自由主義學者都對自主反思持正面態度，如 Gutmann（1987, p.44）認爲民主國家應協助孩子培養理解、評估不同美好生活主張的能力。Galston（1991, pp.253-254）則認爲從多元差異的觀點，不認爲學校教育得預設讓學生反思父母理念，一定比接受父母生活方式更好。國家沒有這個義務，他是指國家要尊重不把自主性視爲必備之生活價値，也就是國家不是一定要培養學生懷疑、批判反思來自父母或社群之價値。這涉及自由主義之重要論辯，即自由或自主理念是否是一個全面的價値理念（comprehensive doctrines）？筆者力不足以處理。Galston 仍是強調多元價値與尊重差異的重要，絕非主張教育要運用灌輸。大部分英美自由主義之教育哲學學者，仍同意自主或批判思考，在公民教育上有其積極意義。如 Strike（1999）認爲學校應培養學生對全面理論（comprehensive theory）的體察與反思，以成就其美好生活選擇，宜多設立不依附主流平台的多元機制，使其不致在衆聲喧嘩中，受到漠視。鼓勵多元，減少那些非自由主義全面學說之影響，更要鼓勵對自身同意之全面理論加以批判反思。Steutel 和 Spiecker（1999）檢討自主性、批判思考是否嚴格符合內在善，他們的結論是，雖然不是每個學者都同意，但還是認爲批判思考可豐富自由民主機制，兒童若能以批判之態度檢視民主政體與立法，能在民主架構中反思其對美好人生之態度，批判思考仍可視爲是理想的教育目的。該文重點在批判思考證成，但仍適用於自主性之論證（見本書第八章的討論）。一言以蔽之，不珍視自主的少數群體，自主仍應是教育目的嗎？少數社群可否以兒童福祉之概念，來說明非自主性的教育養成才符合學生福祉？White（1991, pp.103-105）認爲當代少數群體之社會，不同於傳統社會，因爲昔日傳統社會，無從比較。若當代少數群體社會堅持如此，不讓學生孩子有比較的機會，他們其實是在灌輸，也就是剝奪其子民反思的機會。White 因此認可 Raz 的觀點，我們當下所處的是支持自主的社會，自主性之價值——無論是弱義或強義——仍可作爲教育目的。

公元兩千年後，White 等人（2003）針對倫敦路線自由陣營內外五位學者 R. Jonathan、W. Carr、R. Smith、P. Standish、T. H. McLaughlin 等對自由主義基本要旨、自主性等的質疑，仍發揮雖千萬人吾往矣的氣魄，重振自主性的價值（簡成熙，2020b）。近年如菲律賓、美國等更有非典型人物成爲政治領導人，其言行也多少有違傳統自由主義之理念，自主與建立在理智德行的開放心靈，仍然成爲學者（Taylor, 2017）心儀重溫的教育目的。

結語

經由本文的討論，筆者大體上仍然同意當年倫敦路線以自主性作爲教育目的之合理性，學者們的批評，當然有助於自主性概念之重構，但無法完全否認自主性之價值。針對其可能重構的自主性及未來進一步探討，筆者僅提下列幾點以作結。

(一) 個人自主或理性自主，當然不能自外於所屬社群，更不是唯我獨尊，這是連極端自主論者都承認的。倫敦路線當年循啟蒙以降 Kant 的理性傳統，雖然可能因此讓自主陷入超然的窘境。不過，一方面，Peters 等其實在提出「教育即引領入門」的過程中，並沒有否認公共傳統對個人心靈陶融的價值。個人當然不可能在眞空的脈絡下進行所謂超然的抉擇，也不宜把自由主義或當年倫敦路線的自主論看成是這種主張，事實上，情感、意願、認同等因子的主張，也都無法迴避理性所扮演的角色。

(二) 如果接受吸納情感、意願、認同等擴增後的理性自主概念，由之而產生的理性抉擇，也會是教育的理想。人們當然不可能自外於社群，做所謂超然的抉擇，但這不能解釋成人們不應自我抉擇，社群論等的同情者只不過是想說明人們無法絕對超然的事實，**重構理性，涵蓋情感及文化的多元面向，以增進人們抉擇的慧見**，仍應是教育的目的。

(三) 自主性是否只是特定西方民主氛圍的價值？將自主性視為全面性之價值，有沒有違反自由主義本身的精神，或是有沒有忽視自由主義以外的立場？本章雖沒有充分的討論，將待第八章論批判思考時，再進一步探究。大部分的西方自由主義學者傾向於認為即使將自主性視為全面價值，有違多元之精神，但是此全面價值卻可以促使自我進行反思。若因擔心自主性是全面價值，為了避嫌而否定理性自主、批判思考，反而容易接近灌輸，不免捨本逐末。

(四) 倫敦路線基於自由、自主之立場而設定的課程與教學，從 Peters 認可認知通觀具有課程內在的價值、Hirst 博雅教育的七種知識型式，到 White 的強迫性課程。當年倫敦路線諸儒論證課程的合理性，也受到許多挑戰。Callan 即以興趣的相關討論，重新詮釋自由的精神，批評 White 等以理性為本，過度從知識或認知廣度角度之不當。筆者認為各自在其脈絡中都有可取看法，各自皆言之成理，無須強定是非於一端。這種課程哲學的哲學論證，臺灣較為少見，值得進一步研究。

(五) 教育哲學在於提供教育現象、政策深刻的哲學反思，而不在於立即性的技術之知。如果從 1911 年的革命或五四運動算起，中華民國自由民主的啟蒙已逾百年。臺灣自解嚴後，也已逾 30 年，自由民主的生活方式，更形深化。各式教育改革也凸顯自由精神。然不諱言，我們仍然有舊式不尊重學生主體的包袱。立基於西方啟蒙傳統的自主性理念，值得我們珍視與體現。近年西方世界本身的反思，本文已初步梳理，也當然值得我們同步借鏡。值 108 年新課綱標榜「自主學習」，亦值得循本文旨趣，掌握其精神，勿流於叫囂的口號，也望同道後學能共襄未來進一步的研究。[1]

1 受限於個人精力與學養，許多文獻尚未能處理，如 Allen（1982）的系列研究，已經開始反思個人自主反而會破壞自由，時間上尤早於 Stone。倫敦路線當年論述自主性時，雖然提及本眞性，但與存在主義式的本眞，當屬不同之概念。李奉儒（1997，頁 158）將本眞性譯爲「眞確性」，較爲接近 Peters〈自由與自由人的發展〉文中意旨，林逢祺（1992，頁 139）譯爲「眞切感」，談本眞涉及關心與同情，應是取材自 Peters〈道德發展和道德學習〉一文（Peters, 1974, p.373）。而近倫敦路線傾向歐陸思潮的 D. Cooper、M. Bonnett 及晚近的 S. E. Cuypers，就比較接近存在主義 Nietzsche、Sartre 等之詮釋觀點。自主與本眞的概念，值得進一步研究。而後現代學者如 J. D. Marshall 更從 M. Foucault 規訓的立場反思 Kant 以降現代主義的自主觀，都饒富生趣，下一章，即予以接續探究。

第五章

反思自主性教育目的——Faucault權力／知識論述

導言

自主性之理念來自於啟蒙時代 Kant 對於道德本質的界定。1960 年代以 R. S. Peters、R. F. Dearden 等學者開創的倫敦路線，循此加以確立教育理想。個人自主、理性自主、道德自律等幾乎成為西方自由民主國家很核心的教育目的。本書前章已經針對倫敦路線自主性的基本主張，以及 1980 年代以後學者們的質疑，做了詳盡的討論。批評的重點在於個人自我觀的性質，學者認為 Kant 或倫敦路線的學者過於重視自我的理性所扮演的角色。本章即接續此學術脈絡爭議中，集中在後現代或後結構取向所師法 Foucault 的立場，再審視自主性作為教育目的之合理性。研究者以紐西蘭資深教育哲學學者 J. Marshall 對於 Foucault 的專著為分析文本。Marshall 先從西方自由主義概念及自由教育的基本立場出發。再開展 Foucault 權力／知識觀下的治理術，包括支配術、自我技術，並對比自由主義的權力論述重點。Marshall 詳述了 Foucault 立場可能對倫敦路線自主性或新自由主義自我觀的批評及可能啟示。筆者的結論是 Foucault 的知識／權力、治理術、規訓等概念，雖無法完全否定自由主義自主性作為教育目的之理想，但可為傳統自由論者，提供更多思考的可能。教師們在培養學生自主的過程中，也將更能體察學生被規訓的種種運作，發展適合學生主體的自我技術。

---

*本文主要改寫自簡成熙（2020c）。Foucault 權力／知識論述對於教育目的之省思：J. D. Marshall 專著的檢視。**教育學刊**，55 期，1-40。

緒論：反思自主性作爲教育目的

前章已經述及二十世紀二次大戰後，西方世界教育學術理論多元發展，其中分析哲學帶動 1960 年代教育哲學發展，雖然帶頭的學者是標榜分析的方法論，如倫敦大學的 R. S. Peters 與哈佛大學的 I. Scheffler。不過，他們處西方自由民主氛圍，不自覺地反映在他們所分析的教育概念內涵中。Peters 及其同僚弟子，在 1970 年代後，正式標舉「個人自主」（personal autonomy）或「理性自主」（rational autonomy）作爲教育目的，算是倫敦路線教育主張的鮮明立場。在教育心理學界，J. Piaget、L. Kohlberg 等所建構出的兒童過渡到成人的道德圖像，所謂道德自律（moral autonomy），也大致反映了啟蒙 Kant 以降的精神。環繞自主性的設定與內涵，幾乎是西方戰後教育的精神。1980 年代以後，西方自由主義逐漸結合市場經濟，所謂新自由主義，於焉產生，對西方各國教育政策，都有實質影響。諸多因素使然，不管是傳統自由主義或新自由主義，也都受到其他學派的嚴厲批評。教育哲學學域內，對於自主性應否成爲教育目的，也開始有批評的聲浪。前述倫敦路線有關自主性作爲教育理想之議題，簡成熙（2020a）已經做了詳盡的討論，前章已經完整加以呈現。

啟蒙以降的 Kant 理性思潮雖也來自歐陸，但其他歐陸思潮，率多對於理性獨霸，不以爲然。N. Blake、R. Smeyers、R. Smith 和 P. Standish（1998）與 Biesta（2006, 2010, 2016）等所謂後結構主義學者的著作，對 Kant 理性理念之不滿，溢於言表。大體上，近二十年西方教育學術氛圍，濃厚反自由主義的論述似成爲主流，紐西蘭資深學者 J. D. Marshall（1937-2021），是西方專研 Foucault 教育理念的知名學者，榮退時有高徒 M. Peters 所編的紀念文集（Smeyers & Peters, 2006），他的《傅科：個人自主與教育》，是英美世界教育哲學界少數直接從 Foucault 權力／知識、規訓立場反思 Kant 以降現代主義的自主觀的專著（Marshall, 1996a）。Foucault 並沒有針對自主性作爲教育目的做直接的討論，本章將直接以 Marshall 該書做初步之文本討論。

第一節 自由主義及其教育主張

一、自由主義旨趣

自由主義一詞，其作為政治術語是來自於西班牙十九世紀初期一個倡議立憲政府的政黨名稱。C. E. Larmore 認為自十六世紀以降，西方自由主義所要處理的兩大問題，其一是如何對政府的權力設定道德限制，其二是承認理性人對美好生活本質有不同見解的前提下，如何在一個政治體系下共同生活（林火旺，1998，頁383）。第一個問題在於釐清個人與群體（國家）之關係，自由主義傾向於把國家看成是保障個人自由、福祉的工具，並不優先於個人。至於第二個問題，自由主義主張不預設一特定的價值，應該尊重且保障每個人在不妨礙他人下，自行抉擇的理性能力。個人應享有的權利（或是個人與國家關係、個人主義的意義等）、理性的價值與限度，古典自由主義者各有主張，晚近不同的學者們也各有詮釋。Marshall 則據此分成兩類自由主義。以下即以全書第二章 Marshall（1996a, pp.55-68）的區分加以說明。

從個人國家關係或其應享有權利來看，中古歐洲封建或天主教會的世界觀，認為個人是在既定的責任與義務的體系中，履行其角色。自由主義式的個人主義則不然，是以原子式（atomistic）、唯物式（materialistic）的人類屬性取而代之。但個人的哪些特質需被強調？T. Hobbes 特別強調人類的自利性與自我保護性，他的解決方法是人類必須臣服於最高權力，企求最高統治者的保護。J. Locke、J. J. Rousseau 等的契約論，則是人們訂定契約，交付給國家暫行，以確保自己的利益。政府是建立在被其保護管束公民的認可基礎上。國家的角色，消極上，不得干涉人民憲法賦予的自由；積極上，必須提供起碼的福利，如教育，以確保人民日後生活所需之能力。國家對於先天不平等要承擔多少的責任，不同自由主義者也有不同看法。H. Spencer 從進化論的觀點，就認為民主過程與適者生存觀念同等重要，反對政府為窮人謀求各種補救。J. Rawls 則認為這也是政府的責任。但即使是國家應爲子民提供義務教育，J. S. Mill 也提醒，不能淪爲國家完全控制教育。個人主義發展中，自由、生存的價值，不言而喻，後來逐漸發展成財產權。Locke 最先是從個人勞務應歸其所有，倡議私有財產。發展到 F. A. Hayek，更堅持任何訴諸平等而對市場經濟干預的作法，都會妨礙到個人自由。R. Nozick 暢談人類生活時指出，人類有權根據其目標、人生價值而規劃生活方式，這是自主性的精神。Nozick 繼續指出，爲了實現其人生目的，他們必須適度掌控外在世界，他必須要有獲取其財產的基本權利。Nozick 因此將財產權視爲各項人權的基礎。他與 Hayek、M. Friedman 高舉自由的價值。M. Sandel（2010）稱之爲**自由至上主義**（Libertarianism）。Hayek 極端捍衛市場價值，Nozick 捍衛個人產權，他們共同的立場是國家權力極小化（minimal state），才能確保個人自由極大化（maximise freedom），這也形成了 1980 年代西方國家「**新自由主義**」（Neo-liberalism）各種措施的理論基礎。

從理性所扮演的角色來看，大部分的自由主義學者都強調理性的價值，並鼓勵人們發揮理性以抗拒傳統的權威體系。但 Hayek 提醒吾人認清，若標榜所謂理性的個人主義（rationalistic individualism），將會遠離「眞個人主義」（true individualism），也等於是邁入社會主義或集體主義了。Hayek 的意思大致是集體主義大體上都會高漲對未來預測的理性功能，人們可審愼設計（deliberate design）社會結構或機制。理性是全面的，適用於每一個人。眞個人主義不認爲理性在人類生活中扮演吃重角色，人們不完全受理性引導。Hayek 指出，各式設計理論必然導致人類只有依循理性支配，才能完善人類目的，這將直接促成社會主義，甚至於是通往奴役之路；反之，允許個人自由，眞個人主義將使人們做出比服膺個人理性所能預見、規劃出更多、更好的結果（Marshall, 1996a, p.61）。Hayek 循著 Spencer 立場，擔心「大有爲」政府可能坐大的缺失，也就可以體會。當然，啟蒙以降，自 Kant、Voltaire、Rousseau 等歐陸思想，乃至英美 J. S. Mill、J. Dewey 等仍然重視理性的功能。

Marshall 將前述自由主義諸學者對個人主義、理性的分歧態度區分成兩大派別。其一他稱之爲自由主義的保守派，以 Hayek、Friedman 及晚近新自由主義諸措施爲主，這代表較激烈（fiercely）的個人主義，認爲政府並不知曉集體共善、不能過於重視理性設計。在教育理念上，Marshall 以美國教育哲學學者 K. Strike 爲代表。另一立場則是以 Rousseau 等爲代表，重視理性及個人改善社會的普遍意志，Dewey、R. S. Peters 等則隸屬此一陣營。筆者認爲不同的標準，會有不同分類。我們不必拘泥 Marshall 的分類，但 Marshall 顯然認爲第一類所發展的新自由主義的自由教育觀，如 Strike，以及第二類所重視的理性角色，如 Dewey（在該書中，並沒有太明顯批評到他）、倫敦路線 Peters 等所發展的自由教育觀等，都有缺失。以下即針對此 Marshall 所歸納的三家自由教育理念，加以敘明。

二、自由教育旨趣

liberal education 就字面上意思可看成是「自由教育」，但也可以代表自希臘以降，藉由教育開啟人類心智，使人知書達禮，擴展心靈的教育，可稱爲「博雅教育」。本文重點在於 Marshall 詮釋 Foucault 以對比自由主義的教育主張，故本章統譯爲「自由教育」，但在部分學者主張（如 R. S. Peters），仍有相當博雅教育之內涵。Marshall 分別檢視 Dewey、Peters、Strike 三位教育哲學學者的自由教育觀。分別以 Dewey 代表 Rousseau 以降法國進步理性取向（progressive rationalism）的教育傳統，以 Peters 代表英國自由傳統。此二人都不屬激烈個人主義陣營，但都重視理性之價值。K. Strike的主張，可視爲是Hayek以降所謂自由至上或新自由主義的路線。

㈠ Dewey 的民主與教育傳統

Dewey 從生物學的立場，提出人的依賴性與可塑性，說明了教育的重要。他將民主界定爲生活方式，學校是一個小型的社會，由此證成出民主與教育之關聯。Dewey 因此不會是激烈的個人主義，而他對科學、由做中學的看重，他當然也重視理性或理智的價值。Marshall（1996a, pp.73-78）沒有花太多篇幅討論 Dewey 得失，但他字裡行間認爲 Dewey 沒有對權力本質下功夫。

筆者認爲，1980 年代以降，社群主義對自由主義諸多預設的反撲，如原子式的個人主義、過於孤懸自主的選擇等等，人們驀然發現，Dewey 早就有大社群的概念（簡成熙，2016）。他雖然重視理性或理智，但卻不孤懸理性，其知識論或形上學都是藉著連續性的概念，擺脫二元論的藩籬。Biesta（2016, pp.25-42）甚至認爲，Dewey 以溝通所建立的形上學，沒有傳統「再現形上學」的缺失，可以跟 Derrida 等解構論者接軌。而其民主理念及運作方式，也較其他政治哲學的民主訴求，更能達成相互溝通的效果。Dewey 的觀點是否有 Marshall 所指陳的限制，可以再討論。

㈡ Peters 的英國自由教育傳統

Peters 代表的是英國戰後自由民主教育的典型，他認爲民主是社會控制的最佳方式。而民主生活所賴以共享的原則，如自由、平等、尊重人、對他人利益的考量等，Peters 稱之爲程序原則。值得我們注意的是 Peters 證成的方式是類似 Kant 式的理性觀——先驗式論證（transcendental argument）。雖然Peters心靈哲學大體上接受了英國經驗論對意識的看法，但這不只是感官印象而已。心靈不只是白板（這是經驗論傳統），也是能主動運作的機制（接近 Descartes 及 Kant），但 Peters 不特別強調心靈的先驗特質，而強調與公共世界的互動意義。個人意識的獨特風格，必然立基於所處的公共世界（Peters, 1966/2017, p.112）。公共或經驗世界，紛然雜沓，可根據知識的「型式」（form）加以分類，這些知識可健全心靈。也就是透過理性知識型式的掌握，人們得以具備知識的廣度與深度，掌握對所處世界的理解，此即爲教育旨趣之所在。Peters 的教育三大規準，其一是價值規準，教育所傳遞的是具價值性事物；其二是認知規準，透過知識、理解，強化通觀的認知；其三是自願規準，教育要排除一些非自願性的方式。第二規準說明了 Peters 較之 Hayek 等更爲重視理性的角色。第三規準是典型的自由主義特色。不過，Peters 並不主張教育要完全根據學生興趣，他強調「教育即引領入門」（education as initiation），在引領入門的過程，特別是科學、數學、文學等知識型式的學習，教師仍發揮更主動的角色。他的學生 J. White（1973），更進一步論證強迫性課程的必要。這說明 Peters 所代表的自由民主傳統（Marshall 以盎格魯─美利堅稱之），也不是 Hayek 式的激烈個人主義。Peters 並不把自由看成是自主發展的必要條件。Marshall 歸納 Peters 教育的旨趣，隱含著對 Peters 過於重視理性的微詞：

> 正如我們所見，當討論到心靈發展時，之前討論的解除限制就得打折，這是爲了要實現自由。因爲我們必須進入已然建立的思想和自由的模式中，爲此，兒童必須先擱置自由，俾能在未來獲得更大的自由。不過，在此擱置的過程，透過學科的學習與心靈的發展，自我得以「浮現」，教育的目的厥爲個人自主。（Marshall, 1996a, p.73）

Peters 在 1960 年代曾講學於紐澳，對當時紐澳教育哲學也有影響，Marshall 也留學英國，類似的師承關係，使 Marshall 在標榜 Foucault 哲思時，也未便太嚴厲批判 Peters。不過，從上引文的第一句話，Peters 雖然重視心靈的自由，但是此一自由仍然得服膺理性等思想的模式，是要透過學術知識的追求，才能獲得自主。我們仍能看出 Marshall 對於 Peters 理性傳統的不滿。

㈢ Strike 的新自由主義立場

Strike（1982）在其書中界定自由思想的核心要旨是：理性自主、自由與平等權利。他具體表列如後：（Strike, 1982, p.3）

> (1) 自由論者假定是知識，而不是權威在經驗中運作，個人有能力且有義務成爲理性自主的人。
>
> (2) 自由論者假定社會權威有其適用限度，在私領域範圍內，個人的信念、行爲等，他自己享有自主性。

(3) 自由論者認爲社會優勢及權威，既不是天生，也不應繼承。個人的社會地位要靠自己爭取，享有的權威必須要有理由。

Marshall 檢視 Strike 這三點，Strike (2) 強調的是不受侵犯的消極自由，而非主動作爲的積極自由。(3) 著重的是法律之前的平等，不是應積極改善的社會平等。這種免於侵犯的消極自由，優先於社會平等，因此 Marshall 將之列於晚近新自由主義之林。Strike 所強調的個人主義與隱私等，是涉己之事，無關乎團體，也沒有強調共享生活的必要，遑論團體決策促進團體及個人的福祉（相較於 Dewey）。雖則如此，筆者認爲，似乎並不完全等同於 Hayek 的激烈個人主義或新自由主義的國家功能最小化訴求。但 Marshall（1996a, pp.79-80）認爲，若將 Strike 理念進一步深化，就會得到 Hayek、Friedman 的相同主張。通常「新」之也者，代表在歷史進程中，溫故而與時俱進的意思，Marshall 質疑，新自由主義之新，在我們所處時代中，是否眞正發揮其命維新的時代意義？

Marshall 認爲前述自由主義或自由教育主張，雖然各有不同旨趣，學校實際運作也會相互折衷，但理性自主實居於核心地位，學校爲了培養學生的獨立性，擺脫外在權威羈絆，年輕人因此被引入智性思考模式中，科學思考、問題解決等理性的學科規訓，以成就理性或個人自主。尤有進者，藉此心靈陶融，個人意識與認同，緊密相連，也建構新的人類圖像。簡單說來，民主社會中，基於對於實質性價值必須保持中立，教育的目的不在於爲學生樹立由上而下的各種教育想法；在教育方法上，必須培養與鼓勵學生自行判斷，不能人云亦云。而爲了學生自行判斷時，不會受制於不當慾望之左右，各種理性知識的培養，乃不可或缺。但是，這種啟蒙以降人文學科的視野，所強調的理性自主，從 Foucault 的**知識／權力**角度來看，正掩蓋了人類被另一種規訓而不自知的窘態。他認爲應該從 Foucault 的立場加以修正。

第二節 知識／權力：Foucault 的反思

一、支配術與自我技術

㈠ 支配術

自主性涉及自我管理，自我如何能管理自身？Foucault 關心的是我們自身的主體是如何產生？主體若是受到外在的壓力，這是啟蒙諸自由主義者想要抗拒的，若是知識的啟蒙，啟蒙精神則賦予了其正面的意涵。Foucault 提醒我們，這仍然是一種**規訓**（discipline）。知識的規訓離不開權力的運作。傳統自由主義者，無論是對於政體或是個人領導，傾向於把權力視爲負面，必須被理性加以節制。Foucault 有時也對這種高壓深惡痛絕，但更多的時候，其興趣不在於對權力的節制或探詢誰擁有權力，而是將權力看成是人們互動歷程的相互影響作用。權力是無所不在的。Foucault 藉著「規訓」一詞，可同時表達知識／權力的意涵。一方面，discipline 可代表西方的學術或學科，由之所成形的一套標準、權威或規範。例如：在《規訓與懲罰》中，他探討軍隊、監獄、精神病院等場域涉及人們之間的相互影響。如精神醫師、病人，軍官、士兵，獄卒、犯人等等的權力運作。Foucault 關心的是知識透過權力運作合法化的「過程」與何以致之。Foucault 說：

> 我們被迫去產生社會所要求的權力眞理，或是社會所需的眞理。爲了使眞理發揮功能，我們必須談論眞理，我們被強制坦白或被譴責發現眞理。權力從來不會停止對眞理的探求、審訊與記錄。權力將追求眞理制度化、專業化，並提供酬償。……眞理制訂了法律，創造出了眞理話語，至少部分決定、傳遞，及其本身延伸了權力的效果。到頭來，載負特定權力效果的眞理話語，其功能注定了我們以某種確定的方式生活或死亡。（轉引 Marshall, 1996a, p.93）

先不論特殊眞理論述的型態是否關乎人們生死，至少透過一套語言符號，一套權力運作，能夠對人們的屬性能力定性，這種「支配術」（technologies of domination）就能夠在人們規訓的場域中，律定人們之間彼此的交往關係，當然也因此定性了人們的能力，透過權力運作進行資源分配。以學校而言，是在一個封閉的空間，學生的閱讀、寫作，其課程標準、學生提問、教師回答、遵照指令等，都是透過校規與制式的溝通而律定。軍隊監獄特別重視上對下的狹義權力關係，有些場域較爲重視溝通，如某些實習單位。另外一些場域則重視技能的改變，如舞蹈學校。一般學校則三種兼而有之。整個規訓場域，都是廣義的權力運作，分別表現在空間、時間、能力等的安排。首先，規訓的場域是在於空間，早期修道院圍牆與外在隔離，全景式（panopticon）監獄的設計，使任何犯人無所遁形。再來是活動計畫、照表操課（time-table），這也是仿照最初修道院，詳細規定各式活動，並使這些活動間順暢進行。第三，將活動設計成系列階段，使特定的技能可以在有限的時間內充分練習。這些活動要如何恰當地設計出來，取決於期間涉及的「眞理話語」，也就是在此一規訓場域中，經由權力運作所獲得的有關人、事、物的知識。考試、分類、晉升、補強，都是預期範圍內的「正常」作爲。此類經由權力運作而獲致的知識，更進一步應用於權力運作，就能產生「規範個體」（normalised individuals）的效果。最後，人們升遷要換更大的空間，其工作也必須更有效率，各種指令、監督方式必須更繁複精密。規訓化也更澈底，知識／權力也就益形鞏固（1996a, pp.94-96）。Foucault 並以此來描述學校的規訓：

> 系列空間的組織是基礎教育技術轉變的一項，這促使傳統教育體制改變（某個學生跟著老師學習，其他跟不上的學生無所事事、乏人問津）……藉著安置每個學生在其空間，他們工作時，可以同時對每個學生進行監控。它在師徒制時代省了好多事，也使得教育空間宛似學習機，卻仍是可發揮監控、排序、報酬的機器。
>
> ……這種規訓化的時代，正逐漸侵入教學實踐——將訓練時間

> 專門化，與成人時間或精熟時間都區隔開來；安排不同的時段，並用不同的等級考試來區分；制訂學程；每個階段逐步增加難度；每個學生依照各階段進度來考核。傳統訓練時期，「入門」學習是一整個階段，由一位教師監督、一次考試授證。規訓化時期，取而代之的是多樣系列的流程。整套分析的教學，於焉成形，細緻入微。（轉引Marshall, 1996a, pp.96-97）

㈡自我技術

權力或規訓的支配術雖是外加於個體，但 Foucault 更關心的是個體如何接收外在的規訓。對不當外在權力干預的反抗，很稀鬆平常，但若認同之而加以內化，就值得深入分析。於此，Foucault 展開對「自我技術」（technologies of the self）的探討。在《性史》第一卷中，Foucault 指出，自我技術的關鍵在於其信念，西方文化普遍認爲有關自我的一切有眞理可依循。Foucault 指出，西方文化認爲專業者可協助我們獲得自身的眞理。他舉精神分析的例子，我們可透過自我檢查，將個人情感、態度、欲求、思想、行動等透過告解，神職人員或精神醫師就可協助我們認識自我。當然，Foucault 特別強調潛藏個人的性取向（sexuality）扮演探索自身的關鍵角色。

由於所處時空對性取向的壓抑，即便是對異性戀情慾，大部分的文化也都採取壓抑的態度，遑論對同性戀。外界的敵視、恐同或視爲變態，都會讓同性戀取向者困惑於自身。因此，個人性取向構成了其最深層的自我認同。當病人向醫生告白的過程，一方面成爲醫生「檢查」的一部分，一方面，個人也在經歷告白的過程，形塑自我。精神醫生藉由對知識的掌控，也能對病人進行規訓。病人接納、欺騙醫師專業規訓的過程，也是其自我技術對自身的操練。在性禁忌的時代，意味著專家的話語當道，個人無從按照自己深層的性取向，建構自身話語。即使是現代時期的表白或告解，精神醫師仍可能以專業話語讓當事人體會自身的病態。自我技術可能透過話語實踐，讓自我感覺良好。Foucault 自己引述 C. Lasch 在《自戀文化》的說明：

> 允許個人按照自己的方式或在他人的協助下，對自己的身體、精神、思想、行爲和生存方式進行相當的操作，以利於轉化自身，以臻幸福、純潔、智慧、完美或不朽之境。（轉引 Marshall, 1996a, p.99）

當然，更多的時候，主體是被迫要在那些壓制或禁止的事物中來規訓自身。因爲主流社會對於孰是孰非，已有定見，處於邊陲的分子或團體，勢必會以「問題化」（problematisation）的方式被討論。主體面對自身被壓抑的性取向或慾望，在自我技術定位自身的過程中，如何詮釋外在的規訓，也同樣構成建構自身的一環。Foucault 認爲整個西洋以阿波羅神論「認識你自己」（to know yourself）取代「關懷自身」（to take care of yourself），是一大錯置。Foucault 慨嘆「關懷自身」在當代社會已經被視爲一種不道德、規避規範、不敬法的等同語。基督文明的救贖之道是透過捨己（self-renunciation）來認識自己，Descartes 以降則把自我知識完全置於知識論的途徑，都應加以解構（Marshall, 1996a, p.100）。

Marshall（1996a, p.100）最後以 Foucault 評論阿波羅神論，認爲「關懷自身」應該優先於「認識你自己」。仍然是反映了後結構主義等對於自希臘、歷啟蒙時代理性勢力的反思。這也反映在 B. Williams 對古希臘的解讀。他在 1993 年出版的《羞恥與必然性》，Williams 在該書是要重申古希臘羞恥文化，以矯西洋自 Plato 以降過於重視理性傳統之弊端。Williams 揣測後人可能將 *thumos*（spirit），*noos*（mind）等過度用理智的術語（intellectual terms）來說明其品格或情緒氣質（character and emotional dispositions）。雖然，*nous* 後來的確有著理智官能（intellectual faculty）、心智（mind）或理性（reason）的意義。更明顯的例子是 *eidenai* 在之後的希臘語中是「知道」之意，但荷馬時期則可代表品格和氣質（Williams, 2008, p.28）。Williams 是要表達，或許受制於字源意義的流變，影響後人對古希臘過於重視理性的解讀。在荷馬時期，古希臘人不一定全然運用理智來說明行動意義。筆者認為，Williams 對古希臘文化理智以外力量的重溫，與 Foucault 在此對希臘兩大格言的詮釋，異曲同工。

二、教育與權力

(一)自由主義的權力觀

在論述 Foucault 教育權力論述時，Marshall 仍然先描述自由主義如何探討權力，再從 Foucault 的角度，加以對照。自由主義把**權力**（power）與「**權威**」（authority）二分，肯定權威的合理性，並對權力設限。自由主義的權力論述，Marshall（1996a, pp.130-134）以 R. S. Peters、N. Burbules 的立場為代表。Peters 曾經如此界定權力及權威：

> 「權力」基本上代表一種方法，經由該方法，某人可以利用諸如肉體壓迫（如施加他人痛苦、限制行動），或藉著心理壓迫（剝奪食物、飲水、住所或阻礙獲得這些必需品的方法），或藉著心理壓迫（如操控他人取得物質、酬償或性滿足的途徑），或是個人影響力（如催眠或性吸引力），來迫使他人屈從這個人的意旨。權威則不然，它涉及某些被大眾所接受，可以規範彼此行為，非個人式的規範秩序或價值系統的訴求。由於大眾能理解並關注在生活中必須以法則來規範的事實，權威才得以產生。當然，權威可能會，也常常會被不同的權力所支持。（Peters, 1966/2017, pp.361-362）

Peters 認為權威與規則治理（rule-governed）的生活形式密不可分，權威其實預設了一些必須被弘揚、維繫與行之久遠的規範秩序。立法者、法官、裁判、警察、牧師等都是權威的代言人，但這些人其權威之合理性在於遵循程序規則，也在於權威的知識（或技能等）來源受到客觀認可。自由主義即在於以理性為基礎，為權力的來源提供合理基礎，並抗拒不合理的權威或權力。

N. Burbules（1986）認爲自由主義傳統的討論，將權力視爲個人所有（property），忽略權力是在社會的脈絡中，掩蓋了權力的本質，也無法正視權力涉及複雜社會脈絡利益衝突的事實。他先循激進權力論者 S. Lukes 的界定，當 A 施於 B 之影響，違反 B 利益時，謂之 A 施權力於 B。左派從霸權（hegemony）或虛假意識（false consciousness）的觀點，也將權力視爲違反當事人利益的不當力量。Burbules 指出，理想上，教育不需要上述的權力關係，學生們的學習，其利益不會相互排斥，教師們可以發揮合法權威的功能，不必專斷。學校理應發揮教育功能，開拓學生廣博視野，不必然以霸權視之。

(二) Foucault 的權力觀

雖然 Burbules 已經正視到了權力在社會結構涉及的利益衝突，但是 Marshall 仍然一本 Foucault 的論旨，將 Burbules 列入自由民主傳統的一員，因爲他仍然將權力獨立於知識之上。Foucault 則不從此二元對立的立場看待權力/知識的關係。Marshall（1996a, p.135）所詮釋的 Foucault，在下列五點上，不會採取 Peters、Burbules 看待權力的看法。

首先，權力不一定代表在上位者的施予，如君主、國家、教師等，而是運作在行爲者不自覺的知識/權力關係中。其二，權力不一定是壓制，有時，有帶來愉悅的積極效果，能以多樣的方式建構主體。其三，權力不全然運作於信念。權力更常運作於身體，從而改變人的能力，以及產生溫馴、可靠的身體過有用的生活。其四，Foucault 不是太在意權力運作在人的行爲上是否合理，而把重點放在其過程。其五，權力不必然是由上而下，或是由國家機器所左右，常是在社會的微觀層面發生。欲理解權力，不能只透過自由主義國家、個人之契約關係，而應由日常生活的政治來理解。循此，Marshall（1996a, pp.135-136）具體歸納 Foucault 權力論述之重點：

1. 法律、傳統或經濟條件所建立起來的各式分化（differentiation）系統等，爲權力關係的運作提供了最初步的立場。例如：教師的法定、傳統、教學地位，設定了教師們權力運作的條件。

2. 當權力關係產生時，將權力加諸他人的人會有意地追求各式目的。例如：教師在現代權力運作中，會透過各種規範程序，追求教育目的。

3. 權力關係運作中的方法有高壓、順服、贊同、監視、經濟獎勵等。

4. 體制化的形式，可能來自於法律、傳統或科層結構的混合形式，如家庭、軍隊或學校。

5. 理性化的程度有賴於權力運作過程中的情境、資助、精心製作、合理化的過程。〔教育哲學學者（如 R. S. Peters）當年探討法定權威（in authority）或專業權威（an authority）也可如是觀之。〕

Foucault 的支配術與自我技術有別於與科學、語言學相關聯的生產技術與符號體系技術，後兩者很難單獨發揮作用。支配術涉及界定與掌控個人行為，經由權力運作使人順服而遂行支配者所期許之目的。自我技術也讓個人對其身體、精神、行為、思想、生存方式進行運作，以獲得益於實際生活的智慧、完善與幸福。這兩種技術即成為「**治理術**」（governmentality）。在Foucault的語彙中，這種治理術時或指國家、政府的治理技術，這種權力的政治技術，他稱之為「**管制**」（policing）。但更多時候，是指一種試圖引導人們行為的行為方式（the conduct of conduct），這種治理，不僅涉及自我與他人、社會機構之間，也涉及自我對自我的關係。也因為治理的實質既是對全體人民的權力運作，也是對個人的規範，Foucault 稱之為「**生命權力**」（bio-power）。他省察西方歷史，也發現人文學科揭示的眞理觀離不開這種權力的規訓，特別是啟蒙以後，人們所生產、傳播的論述及其伴隨的實踐，表明了追求眞理目的的同時，卻也掩飾了眞理的功能。與其說是知識意志（will-to-knowledge），更像是 Nietzsche 口中的權力意志（will-to-power）。Marshall 做了很好的濃縮：

聯繫這些技術的是權力運作於身體的實踐；身體及其權力、能力是在個體化進程中轉化，身體及其慾望則是在自我建構的歷程中轉化。前者的例子是說在規訓個人、客觀分類以及政治治理的過程中，發展出的權力／知識話語論述與實踐。後者則在闡明個人如何成爲主體。支配術與自我技術形塑的現代式個人，在 Foucault 看來，一點也不自由，只是被治理的結果。這些治理術到底是什麼，就是 Foucault 要說的故事。（1996a, pp.114-115）

Marshall 認爲在權力的討論中，Foucault 重點不是傳統的權力合法化問題，如權力「是什麼？」及「爲什麼？」的問題，而是權力「如何」運作的問題，Foucault 指出：

> 我們首先持的立場是權力既不是被給予的，也不是交換、回復，而是在於行動中……權力的首要重點不在於經濟關係的再製與維繫，而是力量（force）關係，其所引發的問題是權力運作中，涉及何種權力類型？權力運作的組成要素是什麼？權力運作的機制爲何？（轉引 Marshall, 1996a, p.119）

Foucault 的早期作品也處理國家權力，並把權力視爲壓制。如此看待權力，就會探究權力由上而下的指導或壓制，權力也等於是外在於其他關係，如溝通、知識、經濟、性事等等。但他後來更細緻地處理權力間的運作。以權力與慾望的關係爲例，若把權力置於慾望之外，等於是陷入法律的陷阱裡，是透過否定、排他、禁止等來界定什麼才是合宜的性取向（性慾），也就是由法律來規範性事，這種法律也透過智性的論述，形成眞理知識，經由法律、眞理的論述語言合法化人們作爲性主體的合宜表現。外於此標準的性主體則是違法的、不合乎規範的，也根本被視爲不受教的人（ungovernable person）。若是權力不在於慾望之外，而是與慾望息息相關，權力本身即構成了慾望，那慾望就可以多樣的方式呈現，可各自構成主體。如此，並不是用既定的規範壓抑本能或慾望，而是透過權力關係的慾望建構了我們的性主體或是自主的（Marshall, 1996a, pp.122-124）。在

Foucault 生命權力中，身體的政治技術是重要的概念，《規訓與懲罰》的重點即在於此。人類的身體是被建構的，或是由性取向所構成，是一種特定歷史的產物，是集生理功能、感官、情感愉悅於一身的集合體。這種看法也提供了女性主義對女性身體在歷史文化中被規訓的反思空間，進而思考女性主體的地位。Marshall（1996a, pp.127-128）歸納 Foucault 認爲身體的規訓是經由下列四種技術：

1. 身體配置。身體根據其被評定的等級而分配在發揮其功能的場域，也就是身體已被評定，納入規範或待矯正的等級空間。

2. 行動控制。能夠有效地強化或培養當事人的性向或性格。藉此安排當事人活動的時間，更有效地集中時間來設定活動參與。

3. 統整規劃。使當事人特定的性向與其他性向之間得到發展與進步。從最初未經訓練或未經矯正的階段開始，一體規劃達到預期的效果。

4. 力量合成。所有「新」的細節，配合原先被訓練的枝微末節、被矯正的力量等，改造或重構成一個有效的生產力量。所分配、所訓練的主體必須成爲有效的機械，能夠以嶄新、更具生產性的方式整合其過程。

這些技術是透過全面的觀察——監控、檢視、規範化的判斷等——來達成。監獄是其中的重要例子，在教育權力的運作中，學校也可作如是觀。自由主義者雖然能正視涉及兒童利益的外在環境，如種族、性別、經濟、政治等問題，但未能從權力運作的微觀層面，正視下列問題。如果循著 Foucault 權力／知識式的提問，筆者認爲，我們可以更進一步探詢，教育歷程涉及的權力機制運作的細節，諸如，教育官方文書報表所列的規範或理想，是如何透過權力／知識的運作機制而達成（或未達成）？教育專業人員在其合法性意向的運作執行中，是否眞能帶給學生最大的利益？教育人員的專業活動又是如何透過權力／知識加以鞏固？教育人員專業的知識又是如何透過權力／知識的運作而取得合法性？甚至於學生在教育過程中又是如何被這套機制加以規訓？自由主義者當然也可以提出說法，但這些提問毋寧較自由主義單以對權力的節制，更展現了權力在教育場域運作的力道。這也是 Foucault 式的思考，可以提供教育人員的慧見。下節即針對 Foucault 自主觀做更細部的說明。

第三節 Foucault 式自主觀

Marshall 在其書第六章中「修正個人自主」時，集中在 Foucault 的「人觀」，並以「非思」（unthought）的立場檢視從啟蒙 Kant、批判理論到後現代主義，也同時進一步批評新自由主義。本節即予以討論，並歸結 Marshall 吸納 Foucault 立場後對於倫敦路線自主觀的重構。

一、Foucault 的人觀

Foucaut 曾經評論 Rousseau 在其個人不同時期著作中，呈現的自我。Marshall（1996a, pp.165-174）引述 H. Gutman 對 Foucault 詮釋 Rousseau 的觀點，強調有別於理性的其他認知方式，形塑自我的重要。認爲自我是一個「統一又獨特的型態」（pattern that is unified and at same time unique）。在《懺悔錄》（*The Confessions of Jean-Jacques Rousseau*）中，他眞實地描繪了獨特的自己，可稱之爲浪漫的自我（romantic self），Rousseau 運用差異的方法，將主體、自我或所謂的「我」（me）凸顯出來，自我與非自我之間的區隔，使自我成爲知識和檢驗的主體。但是在《對話錄》（*Rousseau Juge de Jean-Jacques*）中，此一浪漫的自我又成爲被檢驗的客體。Rousseau 所創造出浪漫的自我在書寫的過程中已經被語言客體化了，從而原先創造出成爲知識和檢驗的主體自我，又都成爲客體。這樣看來，用差異的方式帶來主客體的二元對立，對主體自我的代價太高，造成疏離與孤獨。Rousseau 在晚年的《一個孤獨散步者的遐想》（*The Reveries*）則企圖甩開差異的概念，取消自我、非自我，我、非我的分際。Rousseau 將自我奔馳於想像中，藉此，眞實自我與想像的結果已不重要，因爲自我與非我之間的差異泯除，揭示了重構自我的可能。人既是主體，也是客體。在創造主體自我的同時，也會帶來對立的力量，而導致自我崩解。

尤有進者，Marshall（1996a, p.167）指出，Foucault 正視到這樣的情

形，進一步翻轉了哲學史的解讀，吾人也可以此反思人文學科發展的合理性。在 Foucault 看來，十八世紀末，哲學有了很大的改變，我們現在所界定的知識論、本體論、意義理論等哲學核心問題，並不存在十九世紀前。其實，以前哲學更類似於生活、勞動、語言知識的層次。可是晚近的人文科學，透過對各種知識的再現（representation），賦予了理性的「人觀」，不僅掩蓋了知識被規訓的事實，也掩蓋了人被規訓的本質。Foucault 以下列晦澀的話，說明所謂知識體（episteme）的意思：

> 在一特定時間，透過各種論述實踐所產生的知識圖像（epistemological figures）、科學以及其他可能形成的體系，總體關係整個被整合在一起……知識體（episteme）不是知識型式（理解）或理性型態，它不在於跨越最多樣化科學邊界，進而體現某個主題、某種精神，或某個時期的最高統整。知識體是在特定時刻，當人們分析各學科之間的論述規則時，所能發現的整體關係。（Marshall, 1996a, p.168）

Foucault 認爲當知識或哲學被再現後，人們誤以爲理性的主體所掌握的是客觀眞理，把理性主體視爲人的本質，充其量只是一個被奴役的人（enslaved human being）。尤有進者，哲學或人文學科被再現後，其所形成的人觀，糾結在二元對立中。Foucault 提出三種二元糾結：先驗—經驗、我思—非思、退卻—溯源。首先是先驗—經驗，人類經驗創造了理論，先驗反過來限定知識的可能。於此，人類透過理性、理解，試圖定義心靈，就衍生了我思—非思（cogito/unthought），也就是人類的存在與對其存在加以思考的困惑。人類能否對非思進行思考？或是理性地思考非思何以可能？理性排斥的對象，如潛意識、反理性或瘋狂，是否可能是非思的源泉？最後，人類在歷史的常流中，如何獲得眞實？若要終結再現，就會涉及語言的源起，我們賴以探索眞理的語言早已構成了實踐知識的一環，在不斷退卻（retreat）的過程中，無從溯源（return of the origin）。因爲古典再現理論（theory of representation）崩塌時，人們企求從探詢歷史問題的語言本源出發，但是觀乎語言本源及人類退卻至過去，是無窮無盡（infinitely）的。**先驗—經驗、我思—非思、退卻—溯源**中，若堅持透過先驗、我思及溯源，可以獲得客觀的眞理或自我，就是一種虛幻。Foucault 在此對於人類理性本質所形塑各式人文學科之不滿，溢於言表。他致力於超越思想、理性和經驗的限制。Marshall（1996a, pp.171-173）在此未徵引 Derrida 之說，但異曲同工。以上對於「非思」的說明，也在於標示個人自主若循啟蒙以降的倫理模式，反而讓人受制於理性而不自由。Marshall 在本單元如是作結：

> Foucault 指出，個人自主的論述會阻礙一個新的倫理論述的出現。非思，正是要用不同的思考以及非限定的方式來思考。有一些隸屬非思的新事物，其經驗及愉悅，無法被感知與概念化，是需要經由一適當的自由實踐，藉著關懷自身（care for oneself）進入關注此一思考的競技場中。（Marshall, 1996a pp.174-175）

Foucault 雖然仍沒有提出具體人觀，但他藉著理性對自我的形塑以及人文學科的制式發展可能對於人自由的限制，立場鮮明。Marshall 提問 Foucault 一方面標示著現代性，從上述人觀中，似乎又有反現代性，那他算是後現代論者嗎？Marshall 隨即加以討論。

二、Foucault 式的非思：啟蒙、批判與後現代的擺盪

當代自主性理念受 Kant 的影響最大，Kant 也幾乎獨占啟蒙之鼇頭。但若根據 E. Cassirer 的觀點，Kant、Goethe（歌德）、Rousseau 都代表了啟蒙的不同視野。**將理性視爲唯一，並不符合啟蒙時代的眞相**。Kant 疾呼自主性，Goethe 則主張對知識設限，Rousseau 更是反對所謂的進步（Marshall, 1996a, pp.175-176）。外在權威的桎梏——Kant 斥之爲愚昧或不成熟，在 Kant 看來，正是需要透過理性與意志來矯正。Foucault 也在一篇同爲啟蒙的文章中指出，應把 Kant 的啟蒙理解爲對當下的批判態度，

而不是高漲其理性的歷史使命，才能在不斷歷史批判的探究過程中，理解加諸我們之上的限制，才能獲得自由。

如果透過批判，才是啟蒙的精神，Foucault 與所謂批判理論有什麼差異？J. Habermas 承繼 M. Weber 現代性的說法，認爲制度化、理性化是其特徵，但 Weber 認爲現代理性在「**除魅**」（enchant）的過程中，反而製造了一個鐵籠。Habermas 認爲當代社會的工具理性或技術理性確實值得反省。事實上，這也是他的前輩，法蘭克福學派的先驅 M. Horkheimer、T. W. Adorno 苦心孤詣之處，但是 Habermas 的立場卻是藉著批判工具理性來擴大理性的視野。實證、詮釋、批判是人類知識的**旨趣**（interest），若只是藉著批判工具理性，全然棄守了理性，那反而會促進各種保守勢力復甦，從而腐蝕了啟蒙以降好不容易建立的自由民主，Habermas 點名批判的正是法國標榜後現代、後結構的哲學家，如 Lyotard、Derrida、Deleuze，當然也包括 Foucault 在內。

Foucault 反對把理性看成是人類的普遍形式，他也反對把理性全然帶入人文學科領域，但他又反對以後現代論者自居。Marshall（1996a, pp.185-186）引 D. C. Hoy 對 Foucault「非思」的四項解讀，認爲 Foucault 仍是後現代的一員。其一，啟蒙延伸理性思考，沒有什麼是不可知的，既是「非思」，自然無由思考。後現代論者認爲啟蒙方案無能探索「非思」，乃另闢蹊徑。其二，現代論者企圖將幽暗中的非思（unthought from out of darkness）引到「光明」面。將眞理視爲獨立於權力之外（即眞理可駕馭權力），或是權力決定眞理，這兩種情形，權力、眞理關係都是適然的（contingent），都將知識視爲無涉於個人利益或旨趣（interest-free）。Foucault 則認爲權力直逼於人文學科前沿，是無所不在的。利益與知識共伴而生。社會實踐的探究中，社會機構發展的人文學科中，權力的「非思」強力運作其間，決定了人如何獲得知識、人如何被對待，包括日常生活流程、規訓技術策略等的非思。其三，非思不是一件「事」，等在那兒待我們客觀探索，而是「非思」從語言的自主轉向到彰顯社會實踐、學術論述實踐，以及如何建構主體。也就是「非思」是浸染在社會實踐、話語及形塑倫理自我之中。其四，**非思不以自我或人類為中心**，啟蒙的進步只是故事之一，不是故事的全部，無須悔恨或懷舊（nostalgia）。非思使我們反思理性，不是為了獲致完美，而是為了差異，也讓我們對於所謂非理性或非人性的一切，懷抱寬容。用 Hoy 的話來說，就是「精緻吾人對差異的感受性」（refining our sensitivities to differences）。由於 Foucault 對過去不抱懷舊、不堅持站在過去巨人的肩膀上、不傾心控制或預測未來，Hoy 因此認為 Foucault 是個能體現後現代精神的人。而具有後現代思考的人也不會喜歡把後現代視為一種本質標籤，自然不願意別人將其思想定位在後現代的本質意義中，也就不會以後現代者自居。值得我們注意的是，Marshall 在詮釋 Kant 啟蒙概念時，認為 Foucault 並未全然否定之。Marshall 如是說：

> 假如 Foucault 譴責啟蒙後繼者的方式有理，他所正視 Kant 問題之所在以及批判精神的深層問題將是重要的。雖然，他聲稱「啟蒙的這一歷史事件並沒有使我們成熟」，Foucault 仍然相信，若將 Kant 的批判態度理解成對現在的態度，將之作為一種精神或哲學使命，透過批判歷史的探詢方式，將能夠建立起加諸我們身上的限制，也因之使我們獲得自由的可能。Foucault 相信，這種探詢的核心正是我們自身批判本體之所在。（Marshall, 1996a, p.178）

從 Marshall 在此的說明，Foucault 反對理性的獨大，他也無法完全否定理性可以化解某些不合理的規訓（這是自由主義的強項），Habermas 透過持續批判，彰顯啟蒙的未竟志業，Foucault 當不會完全否定，但他強調不能拘泥這種二元對立，因為理性、批判本身也都是在權力的運作中，我思與非思共伴在權力／知識的真理話語與實踐中。90 年代後現代論述成為主流，並據以批判倫敦路線承繼啟蒙傳統的自主性概念時，Wringe（1997）起來捍衛。他雖認為後現代論述許多驚人之語，如真理已死等等，無法通過自我指涉（self-referring）。但他對於 Foucault〈論啟蒙〉的解讀，也接受人們的推理、道德基礎的價值等，不宜過度受理性限制。成人若能適度鬆綁這些想法，增添各種的可能性，也將有助於青少年自主的養成。Marshall 是心儀 Foucault 的學者，他在此所詮釋的 Foucault 雖是後現代的一員，其教育自主性的意義，倒也不完全與啟蒙理性與批判理論割裂。

三、新自由主義、倫敦路線的限制

自由、選擇的概念幾乎籠罩各國教育改革。在尊重學生、家長的受教權、學習權、教育權的大旗下，學生、家長被設定成有權對於其自身教育、利益進行判斷，而且有能力進行判斷。消費者對其需求的了解會比供應者更好（Biesta, 2010, pp.55-57）。相形之下，教育專業者的意見居於學生家長選擇的次要地位，以上可泛稱爲新自由主義，近於前節 Hayek 的理念。Marshall（1996a, pp.187-192）從 Foucault「生命權力」的概念，提醒新自由主義將席捲西方世界的趨勢，左派學者似未能有效因應。

首先，在 Foucault 看來，所謂自由的理性選擇，其實是另一種治理術的變化，政府結合自由經濟體制的選擇，也許表面上尊重人民的選擇，其實是將政府權限透過選擇機制的正向呼籲，深植受教者心中，也就形塑了人類本質形式——自主的選擇者——的理念。在自由經濟體制生活中，不只是理性的從事經濟活動，透過多元媒體對技術需求的不斷塑造，人們體認到工作過程中，技術更新的迫切需求，選擇儼然成爲人性的本質性官能（human faculty of choice），「需求」透過教育實踐成爲人類追求的適切（proper）理想。尤有進者，自主的選擇者在此經濟理論之下，更被看成是能對環境不斷回應的成功者。表面上這似乎也符合傳統自由主義或倫敦路線自主性之價值，即個人循理性原則規劃自己人生的權力是不可剝奪的。不過，Marshall 指出，新自由主義自主性與倫敦路線不同的是，倫敦路線的學者對於學生自己抉擇其利益，是抱著懷疑的態度。Dearden（1968）等建構理性自主時，對於兒童中心論者全以兒童興趣爲課程學習之依歸，提出質疑，他們不認爲兒童興趣，眞正反映了「眞實」的一面。

新自由主義則反是，且新自由主義以更細緻的方式，將其理念滲入個人選擇之中，以這種治理術來形塑新時代的人性本質，Marshall 認爲會墮入「**專技治權**」（busno-power）或「**專技理性**」（busnocratic rationality）而不自知。他說：

> 即使自由主義模式能體認到伴隨個人需求、興趣問題的可能性是來自於社會建構，他們仍堅信個人自主能提供人們某種獨立性。自主的選擇者是另一種不同的社會建構，他能持續地被建構。透過強調技能，輕忽知識與理解，強調資訊與資訊提取的教育人特性，當個別之人尋求自主選擇的形式，以及國家教育機構意圖培養的個人是如此明確時，新自由主義乃能全面涉入國家安全與全球資本主義之中。（Marshall, 1996a, pp.191-192）

有趣的是，Marshall 在更早之前的文章結論，仍然是藉著對於 Foucault 的詮釋，同時對倫敦路線與新自由主義，左右開弓。他的語氣是：

> Foucault 認爲自由主義自主性的效果是虛幻的。自由論者 Dearden、Peters、Strike 等，擁護自主性作爲教育目的，並沒有眞正體認當代權力經由支配術與自我技術，已經統治著個人，也就是我們建構自身認同的概念。即使新自由主義的獨立、自主，也是虛幻的。即便當代的治理術確保個人，但是個人的選擇和認同，仍然是建構的。建立在兒童需求、興趣的個人自主教育目的，一點也無法擺脱功利主義的控制，僅僅改變了其形式。對 Foucault 而言，認爲人文學科能改善人類條件，獲得進步，即使不是完全虛幻不實，也大有問題。Foucault 這種看法，雖非唯一，其評論的形式與內涵，卻也獨特。（Marshall, 1995, p.376）

但是 Marshall（1996a, 1996b）在批判新自由主義段落時，行文語氣卻是些許肯定倫敦路線等舊式自由主義的自主性觀念，有其時代的合理性，新自由主義則問題重重（Marshall, 1996a, p.191）。Ford（1996）在 1995 年全美教育哲學年會上評論 Marshall（1996b）詮釋 Foucault 立場時就指出，根據 Foucault「生命權力」的治理術，勢必對於自由主義個人自主的合法性有所不滿，因爲教育專業體制內對個人的規訓，不遑多讓於其他統治術，但 Marshall（1996b）似乎更不滿新自由主義來自教育專業外對學生的規訓，那教師們要如何看待、擺脫體制內外之規訓？順著 Ford 的提問，我們能否利用倫敦路線自主性的立場來濟新自由主義之溺？O'Hear（1986）早已提供了有價值的論點，O'Hear 在該文中仍是肯定 Peters 理性立場，並評論 Hayek 過度質疑理性的缺失。啟蒙的理性自主，一定會產生 Marshall 筆下新自由主義的專技治權嗎？

四、重構自主性

Marshall（1996a, p.89）整理倫敦路線以及 Sartre 的自主性觀念，頗爲言簡意賅，他列出了八項，作爲討論的基礎：

(1) 自主性與道德必然與 Kant（或 Barrow）緊密相連。
(2) 自主性是獨立的理性判斷，不必然與 Dearden、Hare 的道德觀一致（他們視道德判斷是獨立判斷的一種形式）。
(3) 自主構成了人類的本性之一。
(4) 自主之士是某種社會「建構」形式的結果。
(5) 自主的「發展」預設了自由。
(6) 自主的「發展」與某些不自由（unfreedom）相容。
(7) 自我「接受」規範——個人依照普遍法則治理自身——是自由的。
(8) 個人依照普遍定律而行，違反本眞性，或者個人依照壞信念而行，都是不自由的（Sartre）。

針對 (3)(4)，Foucault 當然會認爲前述自主之士是某種社會建構形式的結果，人並沒有自主的本質意義。他也不會同意自主是人類最好的本性。雖則如此，Foucault 也不會完全滿意 (4)，規訓當然是社會建構，但啟蒙以降對人自由的看法是一種錯誤，人其實是被治理的。在 Foucault 看來，啟蒙對所謂自主的發展，並沒有預設自由，相反地，在權力／知識的運作過中，規訓場域中的自主發展過程中，反而否定了自由，或是拒絕將自由視爲目標。不過，在晚期作品中，Foucault 又賦予反抗、自由與希望的積極性概念，降低了其規訓的決定性或命定性色彩。Foucault 基本上並不把理性視爲人的本質（當然，可規訓成爲理性之人），也否認有先驗的道德法則。所以，獨立的自我援引普遍法則來規範自身，是一種脫離權力生活世界的神話。這是西方世界自 Kant 以降，強加在道德行爲基礎之上，致完全忽視了權力的治理術運作的事實。自由論者強調的自我管理（self-regulating），其實是被治理的結果。人們雖然不會不加批判地盲從法律，自由主義甚至於強調對倫理加以批判反思，但是這種所謂批判的開放性，正說明了所謂「高層次」（high level）普遍道德原則也只不過是另一種被治理的結果（be made），不能掩蓋所謂抽象高層次道德律則也是虛構的事實（Marshall, 1996a, pp.90-91）。Foucault 當然不是因爲規範會導致屈從或不自由，就反對人們接受規範。Foucault 有意見的是堅持認爲自我獨立於規範，因爲這種社會建構的形式也會導致不自由。問題不在於拒絕規範，而是這種自我觀會導致思考的兩極。自我要不是接受 X，就是拒絕 X。以前述性取向的自我技術來看，是可以有多元的主體存在。

總之，Foucault 認爲，啟蒙以來認爲人的道德自主涉及的社會建構，能夠帶給人自由，是最大的虛幻。由於忽略了政治含意，掩飾了人類主體建構是政治活動的事實，讓人們相信自己是自由的、能夠行動自主，其實，我們沒有。Foucault 也不是認定人沒有自由、道德自主的人不存在，只是這些都涉及隱藏其中的治理術。[1]

1　根據 J. Raz（1986, p.370）曾區分個人自主有別於道德自律，前者涉及個人選擇生活方式的自由，後者是建立在 Kant 將道德視爲自我立法、自我執行的普遍格律或原則之

從 Foucault 立場評論倫敦路線學者自主性之概念，已如上述。另有些學者藉著肯定人動機結構的意願性，從個人社會認同、評價角度來質疑自主性，S. Cuypers 所提出的關懷自身，很類似 Foucault 的話語（請參考前章）。Cuypers（1992）是參考 H. G. Frankfurt、G. Dworkin 之看法，特別檢視意志（will）、意願（volition）在心智抉擇上的機制，修正自主性只側重獨立抉擇的觀點。Frankfurt 等認為人們的自我意識必然涉及心智反身性（mental reflexivity）的能力，信念、態度、欲求等形成的意向性體系之層級，不只是理智的認知結構，更涉及動機及意願結構。人們整個需求、喜好、態度是建立在此一意願層級（hierarchy of volitions）之上。意願所帶動的動機才能解釋人類行為。雖然 Frankfurt、Cuypers 等也不否認反思與評價的理性因素，但是他們已經翻轉了倫敦路線自主性中理性、抉擇所扮演的核心角色。但從 Foucault 的角度來看，Marshall（1996a, pp.104-109）認為仍有未竟之處，首先，Cuypers 等設定人們的動機體系，需受制於社會認可，這本身就是一種社會建構，不處理治理術等權力問題，那個人又要如何從其所處的社會解脫？社會評價體系等的標準也是來自於人文學科，各種支配術的眞理話語充斥其間，也無法讓我們從主體建構中解放出來。雖然 Cuypers 等對於人們動機結構、欲求的重要性，以及貶低理性、自主選擇在自我認同的價值，都接近 Foucault 關懷自身的想法。但當理性、情感、意願等涉及的認同歷程中，由於沒有觸及治理術與支配術，也就無法眞正說明人的自我建構歷程。

綜合上述，Foucault 對自主性的論述，仍然是對其他各家的質疑。從 Kant 的啟蒙理性、Habermas 的批判理論、倫敦路線的自由傳統，到新自

上。當年倫敦路線學者似乎同時涵蓋此二概念，故 Marshall 在此，一併歸納。由於本章未嚴格處理道德自律（moral autonomy），因此對於 Marshall 列舉的前兩項，沒有在此接續 Marshall 的討論。而第八項 Sartre 的討論涉及存在主義「本眞」（authenticity）與自主的關聯，當年倫敦路線 D. Cooper、M. Bonnett，近年的 S. E. Cuypers 等都有專書專文討論，筆者當另文述及，故也不在此細論。

由主義等，Foucault 好像都不滿意。所謂在乎需求、興趣的自主選擇者，並非人類本質，而是技術治理的產物，都是治理術的一環。至少就 Marshall 的解讀，他認爲自由主義及其左翼都沒有眞正面對，他認爲應該發展新社會民主取向（neo-social democratic approach），但 Marshall 也同意 Foucault 並沒有言明（Marshall, 1996a, p.193）。從 Foucault 對於 Kant 批判延續，從 Marshall 所詮釋的 Foucault 對倫敦路線自主性概念的批判及對照於新自由主義後的重新些許肯定倫敦路線，Foucault 式的後現代論述對當代新的專技規訓的反思，尤甚於古典自由主義。Foucault 人觀、非思等立場，擺盪於批判理論到後現代之間，理性與 Foucault 論述之間，似乎很難完全斷裂。筆者認爲，除非啟蒙理性或倫敦路線的理性自主無條件擁抱當今技術規訓，否則當可與 Foucault 論述分進合擊，重構人類主體。[2]

結語

自由主義及分析的教育傳統，近年來飽受後現代思潮等批評。身爲心儀啟蒙以降自由民主教育理念及分析傳統教育哲學的筆者而言，毋寧應抱著多元的角度，儘量取人之長。筆者對於倫敦路線分析傳統以外的歐陸思潮，當盡可能抱持同情理解的態度。Foucault 權力／知識論述如何修正倫敦路線自主性教育目的之提問，經由本章分析，筆者暫時得到如下的結論。

首先，筆者認眞檢視 Marshall 對 Foucault 的詮釋，Marshall 字裡行間，幾乎完全肯定 Foucault 的權力／知識論述，可以開啟自由主義多元的視野，並矯正新自由主義過於重視績效、技術的弊端。在精神上，筆者都可以接受。不過，對新自由主義的批評，即使不靠 Foucault，傳統人文主義

2　本文投稿時，蒙審查人提醒，S. J. Ball 以及 M. Olssen 等都有對於 Foucault 後現代式論述及新自由主義立場的反思，宜參考之，以補 Marshall 之不足。筆者受限於精力，暫無法於本章做更深入的會通比較，期待有志者共襄之。

也不會滿意新自由主義過於市場導向的訴求。而 Foucault 對於人文學科的被規訓，溢於言表。問題是 Foucault 一方面對於規訓、治理術的描述是其會阻礙人自由的可能，但又常常明確地指出，權力是無所不在的，有時治理術有助於主體、自我的建構。他自陳關心的不是治理術的合法性問題，而是治理術如何運作的問題。在筆者看來，治理術的運作與合法性是二合一的問題。一方面，Foucault 關心的是權力如何運作，他透過治理術的分析，的確令人耳目一新；但另一方面，難道 Foucault 眞的不在乎對於權力之批判或不關心權力合法性？難道他不想去改善不當權力運作？譬如，Foucault 認爲傳統看法沒有正視個人性取向、慾望的主體建構，Foucault 不正是認爲存在著由上而下的治理術，會對不同性取向者產生不公，他的分析難道要默許這種不公嗎？當然不是。當知識／權力論述落實在實踐脈絡，Foucault 的慧見，當爲自由主義者所接受。著眼於對不當權力的批判與節制，本來就是自由主義權力論述的重點，應該仍有其積極意義。如果 Foucault 的意思是自由主義的權力觀及遊戲規則，本身也是另一種治理術、另一種規訓，那他仍然必須提出理由以說明這些規訓不當的理由。啟蒙以降 Kant 的理性傳統或各種普遍法則，當然不應孤懸，仍應像 Foucault 口中的必須不斷反思，但以理性作爲判斷標準，似乎不必全盤否認。理性的反思當可以證成自身（Siegel, 1997）。那 Foucault 心中是否有可欲的治理術？又要如何證成？這應該不能以 Foucault 知識／權力分析重點不在於探討權力可欲與否而一語帶過。如果 Foucault 要指責筆者前述的質疑，已經陷入認知—非思的二元窘境。筆者要說的是作爲一種多元、差異的思考，其目的是要我們掌握尊重的精神，勿以己身度人，而流於獨斷，這當然沒錯，但不能迴避問題。教育畢竟是一項載負價值的人類重大事業，當我們落實於實際教育問題的討論，不能單靠這些哲學的語彙，也不能不做價值判斷。Foucault 等支持者有責任把非思的思考，具體彰顯在實際的治理術或教育實踐中。至少筆者在 Marshall 的詮釋中，也看不出類似非思等對權力反思的具體指涉。

回到自主性的主題，**Foucault 反對人性具有先驗理性本質的立場，應**

該不至於讓他全然反對倫敦路線「尊重學生主體」的自主訴求。他的重點就應該是把那些干擾學生各種不當治理術（包括支配術與自我技術）排除。如果他認爲無法排除，所以自主性是虛幻，那他的整套權力／知識論述的目的何在？Foucault 思想的當代意義，應該是他以敏銳的歷史慧見，將無所不在的權力運作，展現在世人面前。讓我們反思習以爲常或習而不查的權力偏見，使不當的治理減至最低。他對自主性的質疑，應該是讓我們認清自主性的自我，是如何已然在歷史文化、成長歷程，乃至個人情慾自我技術與外在的折衝中成形。這對於教師們要培養學生自主，以及學生被規訓中如何體察自我，Foucault 都較傳統自由論者，如倫敦路線當年的主張，提供了更多元的可能。對教師而言，要多去反思治理術的合理性，更要協助學生建構符合其自身主體的自我技術。一言以蔽之，筆者的結論是自主性作爲教育目的，仍無須放棄，體會 Foucault 論述實踐的多樣性後，可以讓我們更警覺傳統自由主義權力論述的規訓內涵，而豐富自主性的多元可能。就此觀點，倫敦路線倡議自主性的學者也沒有理由反對 Foucault 式的論述，反而更能從中修正、反思原先過度強調理性的可能限制。108 年新課綱所強調的自主學習，如何不淪爲放牛吃草，或師生符應商業社會的消費邏輯，徒製造各種炫麗的成果？又如何不只是以自主之名，實則以各式檔案迎合大學端入學口味？抑或者學校師生忙翻天，到頭來只是另一制式的學習常規？本章詮釋 Foucault 權力／知識論述，看似抽象，筆者卻期待能提供所有教育工作者一個回復學生多元主體的另類契機。

第六章

重構自主性教育目的——中西恥感取向的積極意義

導言

長時間來，學界普遍認為，西方罪感文化承接道德自律意義，東方恥感文化則被視為他律。而自倫敦學派以降，自主性也成為核心的教育目的。前章已經從後現代學者 Foucault 來反思倫敦學派的自主性。筆者的立場是理性自主觀，無須放棄，但須吸納情感、意志、認同等元素。本章則從中西恥感重構自主性概念。筆者先從人類學者 Redfield 大小傳統之概念架構，分別從代表大傳統的儒家典籍中，詮釋恥感在其中扮演自律的積極意義；小傳統中，面子（臉）文化，也同步加以反思。筆者也從兩位西方學者對羞恥的分析，Williams 發掘前蘇格拉底的希臘傳統，以及 Scheler 對抗來自 Freud 泛性的釋放本能慾望說，重溫恥感在現代生活的積極意義。本章企圖論證，無論是東西方，恥感或面子文化，容或有他律道德的負面意義，但其所設定的外在他人等，若經轉化，將能修正西方理性自主近年受到之批評，同時能發掘出道德自律的積極意義。

---

*本文主要核心概念曾以 Autonomy, the Sense of Shame and Moral Education: Some Positive interpretations of Western and Chinese Tradition 宣讀於 Moral education and cross-cultural dialogue, An international conference for indisciplinary and intercultural dialogue, The 13th Asia-Pacific Network for Moral Education (APNME) Conference, 26-30 June, 2019, Bali, Indonesia. 感謝 APNME 學會吳美瑤理事長邀稿，謹此致謝。中文版本重新改寫，見簡成熙（2020d）。重構自主性作為教育目的：中西恥感取向的積極意義。**湖南師範大學教育科學學報**，**19**(2)，64-77。

緒論　問題的提出：恥感是他律嗎？

自啟蒙運動康德以降的自由主義傳統，鼓舞人們勇於運用理性，俾能從愚昧及不成熟中走出，幾已成爲西方教育主流的勢力。但是，倫敦路線師徒標舉自主性的教育目的，卻也受到許多質疑。前章已經針對後現代的 Foucault 知識／權力論述，做了相關討論。尤有進者，心理學者 J. Piaget、L. Kohlberg 在探究兒童道德認知發展時，也反映了康德的啟蒙精神，賦予道德自律（moral autonomy）的崇高地位。Raz（1986, p.370）曾區分個人自主有別於道德自律，前者涉及個人選擇自己生活方式的自由，後者是建立在康德將道德視爲自我立法、自我執行的普遍格律或原則之上的德育設定。也有學者指出，最嚴格康德意義下的個人只服從自己制訂的法律，全然不受他人意志的影響，在邏輯上是不可能的事（Baier, 1973, p.102）。不過，Raz、Baier 二人對於個人自主或是道德自律的價值，仍是持肯定態度。在教育或是道德教育目的上，自主性或道德自律成爲上個世紀二次戰後西方英語世界主流的價值，殆無疑義。本章的論證同時適用個人自主或道德自律，故行文中交替使用，不嚴格區分。

話說上個世紀第二次世界大戰後期，中國是西方的盟國，日本則是法西斯軸心國的一員，與西方對抗。無論是出於戰時對於日本的深入了解，或是戰後與亞洲國家的交往，美國當時興起運用科際整合（interdisciplinary）的方法來理解東西不同文化。人類學家 Benedict（1946/2005）最先運用「**恥感**」（shame culture）與「**罪感**」（guilt culture）來說明東方（日本）與西方道德覺知的差異。Benedict 認爲恥感文化依賴外在目光以達到善行，罪感文化則依賴內化的罪惡自覺。前者是對他人批評的反應，是因爲公然受到嘲諷或自以爲受到嘲諷而感到羞恥。罪感也者，是個人爲其心中的理想自我而行動。幾乎是同一時間，華裔美國學者胡先縉（Hsine-chin Hu）也有類似的詮釋，胡先縉很傳神地用「**面子**」（face, mien-tzu）來說明（Hu, 1944）。類此社會或人類學視角，也吸引了爾後的學者，例如一位德裔學者即用恥罪的概念，檢視許多中國民間流通的善書、宗教故事等，來說明罪對中國人的恐懼與外在制裁意義（Eberhard, 1967）。筆者可以同意人類學、社會學的觀察慧見。不過，西方人閱讀 Benedict 等作品，會自然萌生下列刻板印象：建立在罪感文化的西方人重道德自律，建立在恥感取向的東方人，在行爲的規範上，則傾向於他律（heteronomy）。對於心儀西方自由民主傳統的筆者而言，這無論如何不是太愉快的閱讀經驗。

所幸，由於東西方的交流頻繁，也由於西方近年來也汲汲於批判自身啟蒙以降理性傳統的教育觀。筆者更願意以互爲主體之脈絡，重新省思恥感在東西方的積極意義。在接受西方自主之傳統之餘，筆者希望能重新發掘恥感在德育的自律意義，愼防過於偏向他律的面子文化。筆者也發現西方學者 M. Scheler、B. Williams 也同樣賦予恥感的價値。本章同時以東西方對恥感的討論，嘗試修正啟蒙以降獨尊自主性的主流立場。

第一節 中國的羞恥文化

人類學者 R. Redfield 曾經區分**大傳統**（great tradition）、**小傳統**（little tradition）對某一文化或區域人們的影響。大傳統是指上層菁英的思考模式，小傳統則是指未受教育或不識字的普羅大衆心中依循的價值樣貌。R. Redfield 原著的小傳統原是指農民，他特別強調大、小傳統的相互滲透（Redfield, 1956）。余英時（1982）認爲中國的大傳統和小傳統間的關係尤爲密切，大傳統足以概括小傳統（p.12）。本節主要以胡先縉以降所分析的面子文化，作爲一般中國人日常生活世界人際互動小傳統恥感文化的代表。筆者承認部分思維確實有淪爲道德他律的弊端，但也仍可轉化積極正面的自律意義。至於大傳統的儒家文化，筆者將從《論語》、《孟子》、《大學》、《中庸》的篇章中，詮釋其道德自律的意義。

一、小傳統的恥感文化：面子（臉）文化的正負面意義

㈠臉的分析

一項與恥感最有關聯而通行解釋中國人行爲的是面子文化（face culture）。華裔美國學者服務於哥倫比亞大學的胡先縉很傳神地在中國日常語言脈絡中，解釋中國人人際交往中面子的意義（Hu, 1944），時間上尤早於 Benedict 用恥感詮釋日本文化型態。學貫中西的林語堂，在他爲西方人介紹中國人的經典作品《吾國與吾民》如是說：

> 心裡的面子更爲神妙而動人。牠不是一張面孔，可以揩洗或刮鬚，卻是可以「得」「失」「爭取」，更可以當禮物一樣「贈送」。這裡吾們達到中國人社會心理最微妙奇異的一點。抽象而不可捉摸的，但卻是最高等最精細的規範。中國人的社交往來，莫不以此爲準則。（Lin, 1968, pp.199-200；Lin，1977，頁 177）

林語堂的著作在當時的美國算是暢銷書，胡先縉的論文雖沒有引注《吾國與吾民》，但卻是沿著林語堂的思路。不過，胡先縉再細部區分「**面子**」（*mien-tzu*）與「**臉**」（*Lien*）在語用上的差異。面子也者，代表人生歷程中步步高升獲得的聲譽，是個人努力或刻意經營所獲得的外部社會肯定。臉則代表個人無論遭逢何種困難，都會履行的義務與表現出的正直品格。個人一旦失去，就很難在社會中立足。臉不僅是維護道德標準的社會約束力，也會內化爲自我的約束。無論是臉或面子，都在乎贏得聲望，也必須設定一個想像的他者，相較於西方人建立在罪感的自我期許，面子文化很容易被解釋成道德上他律。即使在生活上，中國人也常被認爲是過於遷就人際互動的和諧，怯於表達自己的主張，或讓個人屈從於團體，失去自我的獨特性。甚者，從西方學者觀點，道德教育表現出相當重視順服傳統、師長等的權威特性（Wilson, 1970, 1974）。雖然當代華人社會認爲當今的學生過於重視自己的權利，而忽略社會責任的說法，屢見不

鮮。然而，教育學者們大多呼籲不能用群性來壓抑個性，Wilson 的說法也不能全視爲西方對華人社會德育的刻板印象。雖則如此，吾人可以從另一維度來探討臉或面子在個人自主或道德自律的可能蘊義。

當中國人覺得「丟臉」，這是指個人的行爲受到團體的責難時的心理感受。「給某某人丟臉」，代表個人隸屬一個榮辱與共的社群，個人行爲不僅關乎自己榮辱，也涉及家庭、友朋、師長及上司的榮耀。至於以「不要臉」指責某人時，這是最嚴重的指控，代表該人完全不在乎社會對其品格的評價。這些當然都有他律的意義。胡先縉認爲當人們自覺丟臉時，會使個人受輕視或孤立的危險，因此能對人產生強烈的制約作用。筆者認爲這些外在評價對個人的制約，中外皆然，前二章論 S. E. Cuypers 修正理性自主觀時，已有觸及，Cuypers 甚至於用溫和的他律稱之。因此不宜全以嚴格康德的概念或倫敦學派的自主觀，責以前述丟臉爲外在他律的制約，非屬當事人的自律道德。

從自律的觀點來看，當中國學生說我丟了老師的臉，不全在於贏得老師的尊嚴，而在於強調因自我的因素而讓老師蒙羞，重點在於自我的努力不夠，是對於自己責任或義務的期許，並不是懼於師長的制裁或汲汲於師長的榮耀。此外，胡先縉也提及，中國人對於自身的成就常過於謙遜（excessively modest），西方學者不免覺得是缺乏自信，甚至於是虛僞的象徵。胡先縉的解釋是個人審慎評估自己能力，是穩重（wen-chung, reliably heavy）的象徵；反之，誇耀自己，不免顯得輕浮（ching-fou, light and floating）。由於很難客觀估計行事後果，先貶低自身，才是明智之舉，中國人相信可以因此獲得別人更高的評價，也能增加自己對成功的信心（Hu, 1944, p.49）。胡的解釋具有人際交往功利主義或後果論的意涵。但胡接著指出，謙遜的重視也代表古代所重視的**自我修養**（self-training），孔子所心儀的君子或是治國人才，必須不斷地修練其品格。如果我們從品格自持的觀點，謙遜正代表著審慎評估自身的能力與自我精進的深自期許。不誇大自身能力也是對自己及別人的負責態度，這些都有自律的意義。

總之，人們在乎臉，唯恐丟臉，擔心社會制裁及社會對個人人品的喪失信心固然可以加以解釋。但在另一方面，其行為深處所代表的意義正是在任何狀況下，都認為個人應履行義務，表現正直的行為。Lin（1977，頁178），認為中國的面子與西方的榮譽，大異其趣。其實，林語堂的說明更接近以下要討論的面子。筆者認為胡先縉所界定的臉之概念，所涉及東方社會對行為的內在制裁，與西方罪感下的自我對是非的反思與榮譽，其精神上是相通的。

㈡面子的分析

相較於丟臉的概念較涉及道德與人格，面子更代表一種中國人社會交往中對彼此尊嚴的維護。體面、給面子、爭面子、留面子、要面子、沒面子、看我面子等等。胡先縉指出，面子可以出借爭取、添加、敷衍，其建立最初是藉由位高、財富、權力和才能，運用手段，發展出名流之間的社交關係。這可能是正當的途徑，獲得或維繫彼此的聲望，此即為名譽之所在。但個人也可能高漲了其名號，流於自我膨脹。當然，面子與臉，不是截然分明，許多丟面子的事例，也會用丟臉來形容。錢鍾書的《圍城》描繪沒有顯赫學歷的孫柔嘉助教在三閭大學代大學英文課時，遭學生戲弄而下不了臺，學生是要讓她丟臉，也可說要讓她沒有面子，這是可互通的。但林語堂指出，倘若一道臺老爺的公子逛窰子受了侮辱，他馬上帶一隊巡邏逮捕這個妓女、查封妓院。那位公子因此有了面子，但很難說他維繫了榮譽（Lin，1977，頁178）。我們仍大致可以區分（雖然不絕對）：**臉涉及道德品格的完整，面子則表示自己無法出人頭地或沒有獲得自認為應有的社會聲望與尊重**。過於要面子，若只是執著於他律式的社會讚許事小，若因此濫用自己權力獲取不當利益而藐視法律道德，那就是反道德了。雖然人類學者比較傾向於從差異的觀點看待不同文化的獨特性。誠如胡先縉在論文之初即開宗明義：每個人類社會成員都會渴求聲譽，附於其上的價值及追求聲譽的手段卻大不相同。筆者可以接受胡先縉的文化分析，但仍認為，若暫時撇開語彙修辭的中西文化差異，所謂爭面子、失面子的現象，也一樣會反映在西方社群，面子文化也不足定調中國人行事必爲他律。不過，如果在爭面子的過程，流於形式主義，或是小焉者賣弄或欺騙，使自己在別人心中擁有較實際更高的能力和社會關係，就捨本逐末了。至於爲了表面和諧，表現鄉愿或圓滑，甚且，若在品格上言過其實，更可能流於僞善。最下焉者，爲一己之面，以私害公，以手中權力殘害他人，凡此他律之病，都値得現代教育工作者深自反省。但不能將其缺失全歸爲恥感或面子文化。

筆者不諱言，中國人面子文化可能有流於他律之弊端。不過，部分面子文化表現在人際關係上，也有整合亞里斯多德實踐智慧及西方所謂黃金律的普遍性道德原則的效果。給別人留面子，其實也是站在對方角度、同理他人之意，這與西方黃金律「己所欲，施於人」（One should treat others as one would like others to treat oneself）的精神，並無二致。給別人留餘地，也是情境中智慧的權衡，這種善體人意、爲他人著想的德行（virtues），當能有助於黃金律的達成。西方教育倫理學發展出的教師專業倫理守則，常有必須尊重學生發言，不得貶抑學生之信條。如果華人社會教師課堂上，無論是在知識探討或是道德養成上，需要校正學生錯誤時，能更爲重視學生的面子，筆者實看不出在師生互動上有什麼缺失。在此，西方教師遵守專業倫理守則的專業自主與華人社會教師尊重、保留學生顏面的德行智慧，當可發揮同樣的教育效果，並育而不相害。

二、大傳統的儒家文化：重探恥感的自律性

翻譯 Scheler《人格與自我價值》的 M. S. Frings 在該書導言中，曾經審視蘇格拉底到孔子以降之倫理觀，若從自律或他律之角度體察善的對象及來源，內在於人者爲自律，外在於人者（如上帝、國家等）爲他律。自律者有出之於理性（Socrates、Spinoza、Kant）、意志（Kant、Nietzsche、Schopenhauer）及愛、恨等情感，也就是人心（St. Augustine、Pascal、Scheler）（Scheler, 1987, pp.XII-XV）。Frings 是想強調，自律倫理學不能獨康德爲宗，Scheler 的情感現象學也能另闢蹊徑。就情感、人心而言，

儒家文化可視爲存心倫理學，當代新儒家自牟宗三以降，正是對比於康德，希冀會通康德並超越之（李明輝，1990）。朱岑樓（1972）已經初步整理了涉及恥感的篇章，他在當時恥罪二分的學術氛圍中，肯定中國恥感取向的人格教化，但未特別以道德自律論述。本節即以最能代表中華大傳統的儒家文化四書典籍中，再述恥感的自律意義。

㈠恥感的內在性：有恥且格

子曰：導之以政，齊之以刑，民免而無恥；導之以德，齊之以禮，有恥且格。（論語・爲政）

最能彰顯儒家化民成俗，教化人民道德，言簡意賅的非此篇莫屬。孔子在此強調，訴諸政令和刑法，雖有效果，人民不會產生內在的自覺；反之，從道德及禮法著手，才能使人心悅誠服。可以討論之處有二，其一，這種存心，是否會破壞法治（rule of law）？孔子反對的是類似法家的 rule by law，至於現代社會的法治，只要法律經過合理的制訂，人民當然應該守法，政府也應該依法行政。其二，禮法是否也可能是他律？孔子的禮決不是冷冰冰的儀式或是不得逾越的傳統規範，「禮云禮云，玉帛云乎哉？」（論語・陽貨）「人而不仁如禮何？」（論語・八佾）此論者已多，禮作爲一種外在秩序，必須以仁義爲本，完全符合康德以降的啟蒙理性傳統。

㈡官員自我負責：行己有恥

子貢問曰：何如斯可謂之士矣？子曰：行己有恥，使於四方，不辱君命，可謂士矣。（論語・子路）

憲問恥。子曰：邦有道，穀；邦無道，穀，恥也。（論語・憲問）

這兩篇從今天的觀點來看，無論是身爲公僕的官員，或是爲人民服務的公務員，都必須從內在上體會自己工作的意義與責任。不辱君命，可視之為對工作業務的負責，不是為了長官的面子。憲問恥，吾人更該以尸位素餐為戒，在工作上，不能抱著做一天和尚，撞一天鐘的形式作風，只領餉，不辦事，孔子恥之。修行在公門，公僕們必須不忘初衷，由內心的自覺發展出對工作的義務、責任與榮譽。

㈢言行一致：恥言過其行

子曰：巧言、令色、足恭，左丘明恥之，丘亦恥之。（論語．公冶長）

子曰：君子恥其言而過其實。（論語．憲問）

這兩篇對照於前節中國人小傳統中的面子文化，更有深意。把話說得很動聽，滿臉堆砌笑容，鞠躬哈腰，足恭之禮的表面功夫，又有什麼意義？在〈公冶長篇〉裡，另提及，有人嫌仲弓雖有仁德，卻拙於言詞，孔子反而說何必要口才便給（焉用佞？）。如果我們只在乎外在的面子，苦心營造自己的品格、學問或能力的假象，卻不發自內心的努力讓自己名實相符，這是不對的。〈憲問篇〉同樣有不患人之不己知，患其不能也之叮嚀。在此，大傳統的恥感如何轉化成為小傳統的實事求是，不至於讓面子文化阻礙國人自覺，值得有心者深思。

㈣主動的求知態度：不恥下問

子曰：古之學者為己，今之學者為人。（論語．憲問）

子曰：不憤不啟，不悱不發。舉一隅不以三隅反，則不復也。（論語．述而）

子貢問曰：孔文子何以謂之文也？子曰：敏而好學，不恥下問，是以謂之文也。（論語．公冶長）

儒家雖有知之不如好之，好之不如樂之的深造自得的爲學態度（論語・雍也），但整體而言，儒家重點在於德行的修養，而不在於賦予認知或知識獨立的價值。即便如此，爲學做人的過程，孔子也再三勉勵吾人實事求是、知識要正德厚生，勿淪爲干祿功名等。實事求是的學者獲得學術獎項，自是值得肯定，但若只爲獎項，不擇手段，等而下之，學術造假，不免令人遺憾。晚近西方各式學術或研究倫理，高唱入雲。其實，學術自持，何需外求？古之學者爲己，重讀論語，豈無愧哉？憤悱之說，也提醒學生主動求知之重要，其義雖不同於 R. S. Peters 教育三大規準之自願性，但仍可相互對照。值得我們師者注意的是不恥下問。師不必賢於弟子，弟子不必不如師。正是爲了愛知求知，所以不恥下問。

㈤ 羞恥為人心善端之源

相較於孔子語錄中隨處可見的仁，儒學二把手孟子對於性善源頭則有較爲系統的論述，孟子與他家對人性等的三辯（善惡之辯、義利之辯、王霸之辯），其浩然之氣、余豈好辯哉、雖天下人吾往矣之氣魄，讀之實在暢快。孟子討論善端時，仍賦予了恥獨特的地位。在〈告子篇〉上中，針對告子等提出性無善無不善，性可以爲善可以爲不善，有性善有性不善等尋常經驗觀察之見，孟子則斬釘截鐵肯定人性本善。即使在表達君子之樂，他也不吝用類似恥的愧怍來修辭。

> 孟子曰：乃若其情，則可以爲善矣，乃所謂善也。若夫爲不善，非才之罪也。惻隱之心，人皆有之；羞惡之心，人皆有之；恭敬之心，人皆有之；是非之心，人皆有之。惻隱之心，仁也；羞惡之心，義也；恭敬之心，禮也；是非之心，智也。仁義禮智非由外鑠我也，我固有之也，弗思耳矣。故曰：求則得之，舍則失之。（孟子・告子上篇）

> 孟子曰：人不可以無恥，無恥之恥，無恥矣。（孟子・盡心上篇）

孟子曰：恥之於人大矣，為機變之巧者，無所用恥焉。不恥不若人，何若人有？（孟子・盡心上篇）

孟子曰：君子有三樂，而王天下不與存焉。父母俱存，兄弟無故，一樂也。仰不愧於天，俯不怍於人，二樂也。得天下英才而教之，三樂也。君子有三樂，而王天下不與存焉。（孟子・盡心上篇）

關於孟子性善說的證成，論者已多，筆者無法在此詳論。羞惡之心，列惻隱之心之後，於恭敬（〈公孫丑篇〉另有辭讓之詞，理通）、是非之心之前，亦可看出，恥感在人心善端之源的地位。孟子似乎將此善端置於類似西方超驗或本體的位置，或可解釋為天生（innate）。後天的環境當然也會影響其發展，但不能以後天環境的影響，來否定先天善端的可能。恥感指向人格，人若沒有羞恥之心，就無法自發性地厚實人格，也就與動物無異。反之，若有羞恥之心，能知道無恥的可恥，就能逐漸精進自我，也就能脫離讓人羞恥的作為。孟子在此，還是一如孔子般，勉人不要把羞恥之心導入世俗之利，妄圖賣弄聰明，汲汲取利，終至機關算盡，自以為得計，這些人根本就用不上羞恥心。當然，恥不若人，何若人有？當也得設定一想像他人之比較，不能說沒有他律的色彩。羞恥之心，本於善端，運作在人我之間，他律、自律的相互激盪，當無可避免。己不如人，不以為可恥，也就失去了自我精進的動力。

君子三樂，不包括王天下，王天下可算是一種世俗的權力、地位或財富，以此為求學行事之志，當屬他律無疑。仰不愧於天，俯不怍於人。在此之天，並非西方有權力有意志的上帝，毋寧代表一種正道，一種天地的正道。李雅各（James Legge）的英譯本，即以 shame 來翻譯此一愧。不怍於人，也不是受制於人，而是自我期許善盡對他人的責任。大丈夫行事對得起天地、芸芸眾生，這種無愧的心境，在孟子心中是比王天下能帶來更高的心靈樂趣，也說明儒家理想立志行事自律的一面。

㈥恥為行為動力之源：知恥近乎勇

子曰：君子道者三，我無能焉：仁者不憂，知者不惑，勇者不懼。子貢曰：夫子自道也。（論語・憲問）

子曰：知者不惑，仁者不憂，勇者不懼。（論語・子罕）

除了論語外，《中庸》第 20 章也有「知仁勇，天下之達德也」，「好學近乎知，力行近乎仁，知恥近乎勇」的說法。三達德，朱熹的註解是達德者，天下古今所同得之理也。其重要性很類似西方的四樞德（Four Cardinal Virtues）——智德（prudence）、義德（justice）、勇德（fortitude）與節德（temperance）。甚至於筆者認爲智仁勇三達德，已經成爲中國小傳統凡夫俗子朗朗上口的語彙（日常用語中用智取代知）。知恥近乎勇，說明了恥感不僅是善端，更能帶出行動力。筆者無法否認訴諸恥感所帶動的行動力，可能有他律之嫌，因爲得預設一個比較的他人。如前述孟子篇章的「不恥不若人，何若人有？」不過，以恥作爲一種動力，行己有恥，也應能轉成自律的精神。恥與勇連結，共構一個導入行動的情感氣質德行。

當然我們也可舉出典籍中接近他律的文句，如《大學》傳十章裡第六釋誠意中，引曾子的「十目所視，十手所指，其嚴乎！」之嘆，但通篇強調毋自欺，君子愼獨，誠其意，仍然不是強調他人目光的監視。又如「君子疾沒世而名不稱焉」（論語・衛靈公）。乍看之下，是要人在乎死後的聲譽。不過就在前一段「君子病無能焉，不病人之不已知也」，仍然強調要充實自己之能，不要言過其實，也不必在乎別人不知道自己。孔子之道，一以貫之，這些論點，並不會自相矛盾。若從整個精神來看，儒家人倫，當然不會像康德般的，過度孤懸普遍法則，視之爲無上命令的義務。反而強調一種善端（仁）的感通性，聯繫人我之間，透過自覺，建立起對別人的責任。鑒於西方康德式的個人自主或道德自律近年已受到修正，也鑒於社群主義對自由主義自我觀的修正，中華恥感取向的自主觀或自律觀，當是其時。

第二節 重探西方脈絡下的恥感與自主性

儘管羞恥現象是非常普遍的人類行為，但也有西方學者慨嘆，在過去兩百年中，從恥感文化到罪感文化的轉變中，被視為是道德進步的象徵（Konstan, 2003, p.1031）。學者們研究希臘文化，雖發掘出荷馬時代的羞恥文化，卻仍然以罪感文化為標的，認為恥感文化，當事人被責備時，責備方是他人，而非當事人的自責。個人遵守團體規範的報酬或不遵守的代價係由他人制訂，因此，行為是由外部社會所決定。罪感文化，責備方和被責備方是同一人，責備主要來自我。個人避免不遵守團體規範是渴望避免自我批評，追求團體規範是完善自我讚許。因此，行為是內在控制或良心所決定。蘇格拉底的使命即試圖將希臘倫理，從專注外在的社會認可，轉為關切個人內在的良心或靈魂（Colaiaco, 2001, p.94；黃光雄，2014，頁29-30）。林建福（2006）對於羞恥與德育之關聯，也做了很完整的說明。類此恥感罪感的二分，也見諸文化人類學者的觀察。雖然文化人類學者強調差異性，但誠如筆者提及，大部分的著作，都有意地把恥感文化視為道德他律，而以西方基督原罪的遺緒，建立在西方近兩百年以降理性傳統的道德自律為標準。Williams、Scheler 是少數要翻轉這種立場的知名西方學者，本節即初步探討其旨趣。

一、Williams 重探古希臘恥感文化

Williams 不只是認為康德以降的理性傳統，溯自柏拉圖以降，就已經無法正視古希臘荷馬時代的恥感文化。他在 1993 年出版的《羞恥與必然性》，堪為代表（Williams, 2008）。Williams 在該書方法論上不採取人類學強調他異式（differences）的論述。當代人普遍認為荷馬（Homer）時代的恥感文化，在倫理學上扮演的角色已被柏拉圖以後所發展的罪感文化所

取代。Williams 認為若從這樣的觀點，我們將無由體會古希臘之能動性與責任觀，也不能正視希臘的恥感文化其實與當代息息相關。他企圖從文學，特別是古希臘悲劇的解讀中，強調理解古希臘人的恥感文化——而非全然柏拉圖以降的理性傳統——才應是當代西方人自我理解的重點。

首先就個人抉擇的能動性而言，Williams 不同意大部分學者只從理性的維度審視希臘生活，他舉 B. Snell 所詮釋的荷馬時代的人為例，荷馬時期的人並不擁有為自己做決定之概念——他不擁有自我，也不是一個完整的人（a whole person）。究其因，Williams 認為後人可能將 *thumos*（spirit），*noos*（mind）等過度用理智的術語（intellectual terms）來說明其品格或情緒氣質（character and emotional dispositions）。雖然，*nous* 後來的確有著理智官能（intellectual faculty）、心智（mind）或理性（reason）的意義。更明顯的例子是 *eidenai* 在之後的希臘語中是「知道」之意，但荷馬時期則可代表品格和氣質（Williams, 2008, p.28）。Williams 是要表達在荷馬時期，古希臘人不一定全然運用理智來說明行動意義。或許受制於字源意義的流變，影響後人對古希臘的解讀。像 Snell 因此認為荷馬時代的人不算完整的人，是因為沒有完整的自我來做決定，這會誤導我們對古希臘之理解（pp.28-29）。此外，Williams 也不完全同意亞里斯多德對意志薄弱（akrasia）的界定，他指出：

> 亞里斯多德最聞名的貢獻在於其對意志薄弱（akrasia）——這個字常英譯為「意志薄弱」（weakness of the will）或「缺乏自制」（incontinence）（基於不同理由，這兩個翻譯都不完善）。他對該條件的定義完全出於倫理興趣。所謂缺乏自制者（the *akratēs*）是他知道做的是壞事，但受制於激情（passion）仍然做它；自制者（the *enkratēs*）則是知道這些欲求是壞的，但運用理性而不隨之起舞。（Williams, 2008, p.44）

Williams 認為應該區分心理的與倫理上對意志薄弱的探討。他較認同

D. Davidson 的看法，其間涉及的不是道德哲學，而是行動哲學的問題。Williams 不想否認談論心理現象時，會涉及載負的價值。但柏拉圖、亞里斯多德以降，其實是把他們的倫理觀或社會認可的價值加諸該心理特質的解釋上。事實上，希臘人的自我控制（self-restraint），不完全是柏拉圖筆下的以理性壓制情緒的力量。所謂的自我控制（self-control）或涉及的堅忍（endurance），不必一定看成是特定高貴的美德。以奧德修斯（Odysseus）爲例，是奧德修斯基於愼思（prudence）的理由不得不承受的痛苦（suffering）與他人恥笑。痛苦雖是外來加諸其上的，卻轉成內在忍受痛苦並等待的堅忍能力。Williams 提醒我們，希臘人把各類抗拒感情、慾望的心理看成是同樣的行動，不必全然訴諸當今倫理術語。柏拉圖藉著靈魂三分，將理性與慾望區分，康德等更訴諸倫理義務。或許從行動者涉及的心理特質表現在他們對生活的因應，而不是倫理的規範，更能回到荷馬時代的情境。

在康德的倫理學架構中，當事人聲稱的「必須」，或是不得不做的行爲。如果是受制於其慾望所形成的壓力，或是未經反思、順應公衆輿論要求的氣質（unreflective disposition），乃至對於神的恐懼等，就稱不上是道德的行爲。若把希臘人的行動動機只看成在於追求自己所想、避開恐懼，這就不隸屬道德或倫理的範圍，那除了少數如蘇格拉底之流，其他大多數希臘人都處前道德時期，道德發展就與未成熟的兒童無異，羞恥的概念在康德的架構中，自然被歸在消極負面的一方。Williams 在此也用了「面子」一詞（Williams, 2008, pp.77-78），根據柏拉圖或康德的架構，無論是丟失面子或保留顏面，都代表一種外在的眼光，是他律的、膚淺的。Williams 企圖說明，羞恥有更深層的意義，不只是外在的目光。*aidoia*，源自希臘字 *aidōs* 在標準的希臘語彙中是指生殖器，人們會自然加以遮蔽、隱藏，以避開此一窘境。羞恥可能帶來恐懼而成爲行動的動機。荷馬時代，某人若做出了羞恥本可預防的事，其他人之反應，會以 *nemesis* 稱之，在不同的情境中，從類似震驚（shock）、鄙視（contempt）、怨恨（malice）到義憤（righteous rage and indignation），不一而足。人們可以藉羞恥擁有自身的榮譽，也會尊重他人的榮譽。當自己或他人之榮譽受到侵犯時，更會心生怨懟或義憤。這種相互分享的情感能夠將同一個情感共同體（community of feeling）的人們團結起來（Williams, 2008, p.80）。

Williams 接著討論羞恥與罪（guilt）的關係。希臘人並沒有直接相對應於罪的字，許多人認爲羞恥與視覺（看或被看）有關，罪則植基於聽覺，是個人傾聽自己的判斷之聲。羞恥則是一種自我保護的情感。當我處於羞恥之情境，不只是想掩住我的臉，更盼能消失（disappear）、恨不能挖個地洞鑽。罪感則不然，即使我消失，罪感仍緊跟著我。行爲者喚起罪責的行爲，通常會引發其他人的憤怒、憎恨或義憤，行爲者可以用補償來消解。羞恥行爲常引來他人的輕蔑、嘲笑或走避。羞恥因此會降低行爲者的自尊，使他自慚形穢。不管是尷尬的想逃離現場，或是社會中個人價值感的喪失。Williams 認爲從積極面來看，羞恥代表當事人願意重構或改進自身的努力（Williams, 2008, pp.89-90）。筆者認爲 Williams 在此的說明，與前節胡先縉或是孔孟對恥感精進行爲的強調，也並無二致。

Williams 的重點不是要二分恥與罪的差異，他是想說希臘字 *aidōs* 不只是當今羞恥這個字的意思，其實也涵蓋了罪。可是一般人卻容易把罪感涉及的義憤、補償、原諒等與道德聯繫在一起，而強調罪感才能有助於人內化道德。恥感就只是在乎或逃離他人指責譏笑的情緒。若能像古希臘人，將罪感置於更廣泛的恥感理解下，必然能更豐富倫理情緒（ethical emotions）的內涵。Williams 進一步從希臘戲劇的詮釋中指出，罪感過於拘泥於當事人是否要爲其非自願（involuntarily）的行爲負責，這會使人們誤以爲眞道德自我必須沒有個性（characterless），要建立在是非明確的罪感下，才可視爲道德自足（morally self-sufficient），這也會使他人在我們道德生活中扮演的角色受限。其實，人們的行動涉及的想法、慾望及他人的反應，恥感更可在人我互動中認清自身的樣態（what I am），也更能使當事人了解其所作所爲對他人的影響。這樣一來，人們可以眞切地理解某個特定的行動或想法是如何關聯於自身，認清自身之餘，也能更務實地期許未來自身可能的樣貌。建立在罪感之上的自主觀，卻將自我形象（self-image）孤立於其他周遭事物，孤立於其慾望、需求之上，甚至於把倫理意識也消解了。Williams 因此認爲，恥感的結構包含了我們對罪的控制與學習，因爲恥感提供了人們倫理認同的概念，由之更能理解罪的意義。羞恥能有助於罪的理解，但罪卻無法理解其自身意義（Williams, 2008, p.93）。

本章所關心的羞恥所涉及的他律或自律問題，前者是指個人受制於輿論，後者則關係到個人內在的信念。Williams 認爲在歐里庇德斯（Euripides）的《希波呂托斯》（*Hippolytus*）劇作中也有很細緻的區分。皇后菲德拉（Phaedra）引誘王子希波呂托斯不成，在自慚羞愧自殺之前，反而誣陷王子企圖非禮。菲德拉完全站在輿論的觀點來看待自身的名譽，不惜造謠之。王子則痛心於父皇不相信自己的清白，他對皇后不實的指控，其證言不在於客觀地爲自己辯護，而是指向自身的品格。他的美德是涉己的，其榮譽是人格的純潔與誠信，希波呂托斯眞正心痛的是父皇的不信任，而不是外在名聲。菲德拉與希波呂托斯在乎的榮耀適足以成對比。羞恥固然有受制於輿論的他律特性，但誠如希波呂托斯的自我辯護，**羞恥涉及的內在他者**（internalised other），**既不會完全以外在榮耀爲榮耀，因而也具有獨立認同的自律特性**。從柏拉圖到康德，都認可理性的能力在於能明辨道德是非，這是爲什麼他們認可的道德自我都沒有特性。Williams 認爲罪感或理性所建立的道德自律，有其限度，理性自主的過程，仍應有內在他者，才能承載眞正的社會價值。否則，康德式的自我立法，將與麻木不仁的道德自我利己主義無異（Williams, 2008, pp.105-111）。

雖然西方人今天的主流是以罪感的道德自律來說明其生活方式，Williams 認爲恥感仍然持續運作，一如古希臘時代。筆者不認爲 Williams 是要明確區分恥與罪，或是貶抑罪感文化。他毋寧是希望透過情感輔助理性，使人們在倫理生活中，其行爲、性格與後果間，更能意識到他自己眞正希望成爲的人。孤絕的自我無法成事，個人能在社會的眞實風貌中展現自我有賴於內在化他者。溯自古希臘的恥感文化，或許值得現代西方人重溫其意。

二、Scheler 的羞恥現象學

前面已引述 Frings 的界定，提出理智、意志與情感都各可證成自律倫理學，Frings 主要是要凸顯 Scheler 情感現象學的價值。有關 Scheler 的相關討論，論者已多。本文只集中在 Scheler 羞恥觀在道德自律的意義。就恥的意義而言，Scheler 批評的對象不是康德的理性與意志傳統，而是 S. Freud 的泛性說。Freud 認為人們的本我有各種慾望與本能，需要釋放與發洩。超我涉及人類的道德，作用在於壓抑本我的慾望，自我則循現實原則以平衡二者。過猶不及都可能造成人格的扭曲。Freud 的泛性說當然不是主張要放縱慾望。不過，所謂道德或是羞恥，是扮演著**心智堤防**（mental dam）的角色，發揮監控（censorship）的功能。Freud 指出，這種監控的力道過強，反而會使人因為過度壓抑而罹患精神疾病。Scheler 認為不要把羞恥看成是對已經發生的事物準備做出的反應，羞恥更是對將要發生之事的預先感受（pre-feeling）（Scheler, 1987, p.53），Freud 把羞恥看成是性壓抑的監控檢查機制，其實造成精神病變的是恐懼焦慮所造成，不是羞恥本身。人們身體的羞恥（bodily shame），固然有生物的客觀特性，表現在繁殖、擇偶等行為，但會有質的提升，性羞恥感（sexual shame）於焉產生。Scheler 認為性驅力（sexual drive）同時涵蓋性本能（libido）、羞恥以及對性對象的同理情感（sympathetic feeling）。個體自覺對自身裸體之不當，尋求遮掩的同時，不僅對性本能加以克制，也不至於耽於自體性慾（autoeroticism），而會轉向異性情愛（Scheler, 1987, pp.47-49）。羞恥不僅沒有壓抑、克制性衝動，反而促成了擺脫肉體慾念，追求以愛為基礎的關係。Scheler 雖然反對 Freud 的看法，但在羞恥的過程中，個人也會對自己不是建立在愛基礎的性行為，感到悔恨，進而否定自我，這也會獲得 Freud 監控的效果。因此，羞恥不僅是性活動的良心（conscience）裁判，更是所有良心的緣起（Scheler, 1987, p.79）。雖然孟子並未從性驅力中分析，但 Scheler 與孟子共同認可羞恥是良心（善端）之源。

Scheler 也提及，人自我的獨特性，不在於全以理性的思考，更是一個價值載負者（value-bearer）。羞恥也是一種隸屬於我們自身的情感，因為所有的羞恥感滋生時，必然會轉向自身。當人們把自己視為一物件（object），如一位裸身模特兒知道自己被畫家看見，並不會萌生羞恥之感。該模特兒若認定自身是一女人，非一畫家的對象時，才會產生羞恥感。Scheler 在此雖只是要說明，羞恥對個人而言，也是一保護式情感（protective feeling）。但筆者認為這種**羞恥轉向自身**（turning to ourselves）**的特性，正說明了羞恥是在人我互動中，看似他律的自律機制**。這與前面 Williams 對古希臘羞恥文化之描述，異曲同工。Williams 慨嘆當今西方社會已遺忘古希臘的羞恥文化。Scheler 也認為現代文明正是因為羞恥感的式微，才造成人類族群的江河日下（racial degeneration）（Scheler, 1987, p.69）。有關 Scheler 羞恥現象學與儒家文化，大陸學者倪梁康（2007）、盧盈華（2017）都有很細緻的說明，值得參考。高德勝（2018）則提出羞恥教育的可為與不為，提醒吾人慎防羞恥教育的負面影響，也值得省思。

筆者之所以特別指出 Scheler 羞恥觀，除了他是少數西方肯定恥感文化的學者。另一方面也是他對 Freud 的批判，確實值得吾人深省。這並不是說筆者否定 Freud 釋放壓抑的說法，誠如我們所知，二十世紀進步主義或兒童中心論者著重兒童釋放其能量的教育論述，其理論來源之一正是 Freud（Knight, 2008, p.103）。Scheler 的理論提供了另外一個思考的可能。雖然，關心教育的人對 Scheler 書中的論述會感到沮喪，因為 Scheler 明白表示不贊成透過教育來推展恥感。就筆者個人解讀，Scheler 是要反對諸如基督教會、心理分析把羞恥視為社會規範對當事人的道德制約，甚至流為羞恥騙局（shame deceptions），而忽略了羞恥本然的意義（Scheler, 1987, pp.28-36）。這樣透過教育傳遞的羞恥觀，只能體現羞恥的他律意義。但誠如本文的要旨，羞恥是具有道德自律的意義，教育工作者在教育情境中盡力發掘現代社會日益消逝的羞恥文化，不用他律、灌輸、宣導或外在制裁的方式，想必也是 Scheler 內心的期盼。

第三節　對中西相互交融的教育目的與德育啟示

西方自啟蒙以降的傳統，在自由主義的氛圍中，個人自主或理性自主成為可欲的價值，表現在道德教育上，道德自律成為理想。倫敦學派的學者很鮮明地標舉自主性為教育目的，影響深遠。相形之下，東方社會在傳統集體主義的價值下，個人常屈從於傳統權威。因此，在追求現代化的過程中，個人抉擇、勇於做自己、尊重理性判斷、擺脫教條與灌輸等西方教育特色，一直是非西方社會努力追求的目標。尤有進者，由於西方文化的強式影響，西方以罪感為基礎，結合啟蒙理性傳統的自主性理念，也儼然成為一主流正統，不少學者因此認為東方以恥感文化為基礎的道德教育，個人在恥感下的行為表現，由於其自身的評價是來自於他人，對自身的約束也是來自於外界，因而廣泛解釋為他律。甚者，恥感所產生當事人心理上的不適，也會有害於個人的自重或自尊，也不見容於西方現代教育。人本心理學、兒童中心論者或正向心理學等都不會支持恥感取向的德育方式。但經由本文的分析，筆者嘗試修正上述的看法，並暫時提出下列結論。

其一，倫敦學派以降的西方自主性傳統，近年也迭遭質疑，咸認為過於重視理性，忽略了情感、意志、認同等因子在抉擇上的價值。康德所標榜的義務倫理學，有造成自我與外在隔絕的弊端。道德本來就是坐落在人際互動的場合，個人對於自身的評價無法（也無須）迴避外在的標準。他人的眼光當是形成個人自我評價與認同的必經歷程。嚴格的自律殆無可能。雖然這些因素無法完全取代個人生活自主或道德自律的理想，但可擴大自主性之概念與作法，不少擁護道德自律的學者都認為，教育過程中的他律，無可避免，會有助於自律目的之達成（Hare, 1991, p.16; Peters, 1974, p.274）。重構後的自主性概念，自律、他律之間就不是截然分明。S. E. Cuypers 並以溫和的他律稱之。時至今日，華人社會恥感取向的文化因子也當更能與西方會通。

其二，恥感是個人對自我及他人在情境中行為表現不光彩的評價。由於羞恥是運作在人際互動的場域，通常設定在個人或被他人（或想像中的他人）檢視下的感受，是對自身覺得尷尬、羞愧、悔恨等的心理機制。因而也凸顯了道德的社會性意義。在小傳統的面子（臉）文化，當會引起相當的社會制裁效果。大傳統的儒家文化，孔孟勉人以恥自勵，更賦予恥感天性善端的地位。因而羞恥不僅發揮自我保護的功能，還具有使個人為維持其自我認同（或他人期待），藉由端正自身來贏得榮譽的自律特性。羞恥在心理上所產生的不快，反而是個人行為不斷奮發圖強的動力。即便是較具他律特性的面子文化，筆者也嘗試提出具實踐智慧的師生互動意義。

其三，即便是西方，也無須獨責於恥感的他律意義。Scheler 與 Williams 都提供了可擴大康德理性傳統的恥感視野。甚者，若根據 Williams 分析古希臘文化，個人除了在乎輿論之恥外，也會轉成個人所堅定信念之恥，西方長時間獨厚柏拉圖以降的理性傳統，不僅不是古希臘人價值全貌，也會掩飾了西方現代人對自我的理解。在自律、他律的辯證過程，前述對羞恥他律性格的描繪，部分都能轉成自律的期許。恥感罪感宜相互含攝，互為主體，共構人類生活全貌。

本章認為由恥感所轉成的榮譽，可同時成為東西方社會重構道德自律概念的共同來源。在地球村、全球化時代共享生活方式的今天，我們也不宜誇大東西方恥感、罪感的刻板印象。誠如西方多位學者指出，西方也有恥感的傳統。對西方社會而言，恥感所反映的人際互動、個人認同與情感意義，適足以修正理性自主近年所受之批評。東方社會一方面固然需要擺脫過於重視外鑠他律的面子文化的可能弊端，吸納西方尊重個人自主的現代生活方式與理性自主的德育目標（對華人社會而言，筆者認為這仍應是我們虛心受教的目標）；更需要發揮恥感文化本有的自律精神，以建立個人自身的榮譽與認同。古希臘傳統、孔夫子傳統所共同發掘的恥感精神，新瓶舊酒香，將同時能成為東西方道德自律教育理想的活水源頭。

第七章

批判思考是普遍或特定思維能力之爭——環繞McPeck的相關論辯

導言

啟蒙運動以後，西方教育是立基於理性的傳統。上個世紀二次大戰後，Ennis、McPeck、Paul、Siegel 所建立起的批判思考理念，成為重要的教育目的。本章及接下來三章，都將處理批判思考涉及的學術爭議，學者們對於批判思考是否具有共通能力以及能否單獨教授有不同的看法。McPeck 認為思維一定聯繫著思維對象，不同的領域有不同的批判思考型態，不同意單獨設科。其他學者則認為，批判思考有共通性，邏輯或非形式邏輯扮演一定的角色，單獨開設可以獲得批判思考的技能、態度與能力。本章即檢視 Siegel、Paul 等與 McPeck 之間的論辯，並以科學哲學家 Hempel 所分析的產褥熱與烏鴉悖論等來說明形式邏輯推演作為普遍性思維能力在批判思考的價值與限制。本章對於批判思考是否單獨設科雖無定論，但透過學者們相互之間的論辯，對於課程設計與教學實踐仍可以澄清或提供多元的想像，使教師更能體會批判思考的精神。也期待能使華人世界教育哲學工作者體察西方教育哲學家從事教育哲學的概念澄清與論證精神，進而強化教育哲學的論述。

---

*本文改寫於簡成熙（2021b）。批判式思維是不是普遍性思維能力？環繞 McMeck 的相關論辯。**山西大學學報**（哲學社會科學版），1 期，85-97。

緒論：問題的提出

批判思考（critical thinking）與理性自主（rational autonomy）可算是二十世紀英美世界主流的教育目的，而批判思考更被視爲能因應現代社會快速變遷，所需具備的基本能力。近年來，也受到大陸學者們的呼籲（彭正梅、鄧莉，2017；錢穎一，2018）。其實，批判思考，其來有至，如 J. S. Mill 強調的開放心靈，Kant 的自我思維，Hume 論信念與證據之比重，蘇格拉底更強調要過反省的生活，這些都是理智美德的核心，也是批判思考的家族概念。哲學家們都重視思維、探究、理智獨立的價值，希望用反省思維、科學方法來取代權威、宣傳、灌輸或呆滯之觀念。二十世紀中葉，批判思考之名在教育理論已占有一席之地，1940 年代已開始有測驗之編製，如心理學家 G. Watson、E. Glaser 發展的批判思考量表。哲學家也發展非形式邏輯彰顯及推廣批判思考精神。教育哲學家對於其與灌輸分野之分析，令人印象深刻。理論家與實務工作者同樣重視，部分兒童哲學學者如 M. Lipman 等也推波助瀾。

在教育哲學領域裡 R. Ennis（1962）的論文，配合當時分析的教育哲學發展，最先有系統加以界定，重新喚起學者重視批判思考的探究。I. Scheffler（1960）則將批判思考之概念帶入教學中，教師必須向學生展示教學內涵之理由，確立戰後西方理性教育之理念。J. Passmore（1967）認爲若要持平看待批判精神，批判思考者必須同時涵蓋理智和道德層面的態度與美德。美國 Scheffler、澳大利亞的 Passmore 與英國的 R. S. Peters，雖然沒有直接細部論述批判思考，但他們以哲學的聲望共同立基的教育理性傳統，伴隨著當時分析教育哲學所居的主流地位，奠定了西方英美世界（歐陸德國等另有其馬克思背景的批判傳統）批判思考作爲教育目的立論之基礎。

在批判思考理念的建構上，加拿大裔的 McPeck（1981）承繼 Ennis，最早有系統地探討批判思考與教育的關係。繼之，H. Siegel 同時以實證派科學哲學及教育哲學家的身分，進一步強化了批判思考的教育意義（Siegel, 1988）。Paul（1993a, 1993b）則吸納了多元的精神，也算是美國兼顧批判思考理念建構與實務推廣最重要的學者之一。當然，有關批判思考的意義及相關學理，也有許多的爭議（Hare, 1999, pp.92-94）：

1. 有些人認為批判思考只是在除錯、分離地看待事物，過於消極，沒有建設性。

2. 批評批判思考所代表的論證模式，以真理的客觀性自豪，會阻礙人們建立在以相互接納、關懷的共同合作來解決問題的理想。

3. 有些學者認為批判思考只是思維中的一種，另有創造思維、想像式思維。

4. 很多學者認為批判思考沒有普遍性，優質思維必得體現在特定的學科脈絡，「未經批判的內容是瞎的，沒有內容的批判是空的」。

前三項提問，大致來自於分析陣營外部之批評，至於提問 4，有沒有普遍性的批判思考能力，分析學者內部卻存在相當的爭議，黃俊斌（2006）已有了初步討論，本章即集中在此一問題的討論。McPeck 斷然否定批判思考本身單獨設科，獨樹一幟。大多數學者則認為有普遍性的批判思考能力。筆者將集中在 S. P. Norris、Siegel 與 Paul 三位學者與 McPeck 的相互論辯，並以美國實證派科學哲學家 C. Hempel 早年著作中引述產褥熱的治療及他對烏鴉悖論的例子，說明邏輯在思維、驗證科學理論、批判思考所應扮演的角色。本章不僅希望能對批判思考的共通能力是否聯繫著思維對象之提問，縝密探討，以提供吾人設計批判思考課程教學的理論基礎，更希望藉著呈現西方學者相互論辯的細節，能提供我們教育哲學工作者澄清概念、論證的素養，提升爾後教育哲學論述之目的。

第一節　批判思考的意義

一、Ennis

Ennis 是 1960 年代美國教育分析哲學的知名學者，他認爲杜威在《思維術》以問題解決探索來界定思維，只是反映心理現象，並沒能指出其邏輯判準，他將批判思考界定成「**正確評估各種陳述**」（the correct assessing of statements）的能力，包含三個維度（邏輯、標準、實用）與十二項評估陳述，分別是：掌握陳述的意義；判斷陳述是否有歧義；判斷陳述間是否有矛盾；是否伴隨著前提；是否清楚明確；是否是某一確定原理實際應用；是否某觀察陳述是可靠的；歸納的結論是否有效；是否已經指認了問題；是否陳述只是一個假設；某一定義是否恰當；判斷由某種權威產生的陳述是否可以接受（Ennis, 1962）。之後，有鑒於其他學者認爲 1962 年的界定沒有區分歷程與成果，他重新將批判思考界定成「關注於抉擇該相信何事以及要去做何事時的理性反省的思維」，將批判思考視爲是「實作活動」（practical activity），重新修正爲十二項能力，分別是：關注某一議題；分析某一論證；質詢或回答所要澄清或挑戰的問題；判斷資料來源的可靠性；觀察及判斷某一觀察報告是否正確；演繹能力及判斷某一演繹過程是否有效；歸納以及判斷某一歸納是否恰當；從事價值判斷；界定術語以及判斷某一定義是否恰當；確認假設；抉擇行動；與他人互動（Ennis, 1987）。這十二項能力，仍偏重在邏輯維度。不過，Ennis 接受 Passmore、Siegel、Paul 等的看法，即批判思考也涵蓋了一些情意、態度等，在該文中，也同時列出十四項批判思考者應該具備的性情（dispositions），分別是針對某一主題或問題，找出一明確的陳述；尋求理由；多方蒐集資訊；利用可靠的來源；掌握全貌；對主要觀點，盡力保持關聯性；隨時銘記原初／基本的重點；從另一種立場看事情；開放心靈；接受或改變某一立場，要根據充分的證據或理由；盡力尋求精確；在複雜的事物中井然有序；使用已具備的批判思考能力；對情感、知識、他人保持高度感受性（Ennis, 1987）。

其實，很早就有學者列出了批判思考的特性：智性勇氣、客觀、開放心靈、彈性、智性的懷疑論、知識上的誠實、統整、堅毅、決斷、尊重其他觀點（D’Angelo, 1971, pp.7-8）。受到當時分析哲學著重邏輯、能表現出的技能之影響，這些批判思考涉及的情意因素，並沒有細部的分析。

二、McPeck

加拿大裔的 McPeck 是美國批判思考理念的重要推手，他認爲批判思考是理性思維的一個次類，可做如下的形式界定：

> X 代表從事某種心智的問題或活動，E 代表相關領域或問題場景的有效證據。P 代表 X 活動的命題或行動。某個學生 S，在從事 X 領域內之活動時，能充分的展現對於 E，或 E 的次類加以暫時擱置判斷（suspended）的性情與技能，以建立 P 的眞理或行動。我們可說該學生在 X 領域中是個批判思考者。（McPeck, 1981, p.9）

Ennis 所代表的是所謂「**非形式邏輯運動**」（informal logic movement）的支持者，雖名爲非形式邏輯，不強調符號邏輯，但仍然重視傳統邏輯三段論式的推論技巧，在實務上的應用，是北美最重要推展批判思考的組織，主張應獨立開設非形式邏輯之課程以強化學生批判思考能力。McPeck 則更爲堅持思維一定聯繫著思維的對象。當我們說某人在思維，卻沒有思維任何實質對象，這是不通的。McPeck 同意 Ennis 界定批判思考是「正確評估各種陳述」的能力，但他認爲 Ennis 等仍然過於重視理則學（邏輯學，以下以邏輯稱之）或所謂「普遍性」的思維能力。思維或解決問題涉及的心智能力，隨著不同領域會有不同的表現方式。無論是形式邏輯或非形式邏輯，只是著眼於命題推論的程序。McPeck 指出，J. Bruner 所描述在教學中的「學科結構」（structure of discipline），或是 R. Peters 在引領學生進入合價値性教育活動中，對於涉及各種「思想型式」（forms of thought）的理智科目追求，都說明了批判若沒有學科作基礎，是空的（frivolity）。批判思考對於 McPeck 而言，涉及的是實質知識論的問題，而不是邏輯推演的問題。要能有意義地對於各種陳述進行批判反思，判定其適切性，仍然是靠特定的學科知識（subject-specific information），而不是邏輯或所謂普遍性的思維方法。McPeck 不厭其詳地在其書中列出了批判思考的十個特性：（McPeck, 1981, p.13）

1. 批判思考若遠離了特定領域，用抽象的方式教學，沒有意義。思維一定聯繫思維對象。批判思考不宜單獨設科教學。

2. 批判思考當然有其可識別的意義，但此識別標準要能正確應用，是隨領域的不同而定。

3. 批判思考不必然反對既定的規則。

4.「反省性的懷疑」（reflective skepticism）確爲批判思考本質所在，但更完整的說法是，從事 X 活動時，對於該 E（有效的證據），能擱置判斷（或暫時拒絕）的性情與能力，足以充分建立 X 領域中所代表的眞理 P 的命題或行動。

5. 批判思考不只是陳述的評估，也包含思想過程涉及在特定活動中的問題解決與活動進行。

6. 要想思維具批判性，絕不能僅靠邏輯（形式邏輯或非形式邏輯）的學習。

7. 批判思考涉及知識與技能，在 X 領域內能進行批判思考者，不見得在 Y 領域也能同樣進行。

8. 批判思考就如同「教育」與「教學」概念一樣，同時是「任務」（task）字與「成效」（achievement）字，不一定蘊含著「成功」（success）。

9. 除了對於陳述的評估以外，批判思考也涵蓋對於方法、策略、技術等範例的運用或拒絕。

10. 批判思考並沒有與理性（rationality）有共同的外延，而是理性的一個維度。

三、Paul

Paul（1993a, 1993b）在 1980 年代以後，也致力於批判思考理論與實務的推廣。Paul 的年代，大致反映了自 T. Kuhn 以降新科學哲學打擊邏輯實證論傳統的學術氛圍。因此，Paul 相較於 Ennis、Siegel 等，更不限於傳統理性、推論的形式或非形式邏輯的限制。就筆者體認，Paul 對於批判式思維的實質貢獻有兩點。其一，Paul 發現許多教邏輯課程的老師，不一定會將其思維技能表現在日常生活，因此，他致力於批判思考的推廣，從學校到社會，具體發展各式教材。其二，Paul 也感慨，許多人縱使能將批判思考運用在對事物的客觀批判，但卻無法促進自我成長。套用梁啟超的話，今日之我無法與昨日之我戰。如何讓批判的精神涉及的心態，能端正個人，使個人抱持更爲開放的心靈，是他關注的重點。他從 Kuhn「典範」（paradigm）概念中，指出個人的思維，其實是其一套世界觀。他區分**「弱批判思考者」**（weak sense critical thinker）與**「強批判思考者」**（strong sense critical thinker）。前者是指某人可以明智地運用批判思考技能，根據自身的立場，「選擇」客觀批判某事。客觀是指其批判的事理，符合眞理或推論。選擇則代表有可能其不完全能擺脫自身的利益。有些批判思考者批判別人頭頭是道，但不會選擇批判自身。

Paul 特別提醒，批判思考教學，很容易助長學生「詭辯」（sophistry），利用所學的思維技能，強化自己根深蒂固的偏見，打擊異己。強批判思考則不然，他除了能客觀根據不同的認知參照適切展現批判技能外，更能去省思自身的世界觀，從而省思自己的認知架構，也就能質疑自我的主張與架構（Paul, 1994, pp.184-186）。套用曾子的行爲，批判思考者不僅有意願與能力進行批判思考，而且能夠像曾子一樣，三省吾身。Paul 相較於其他學者，更爲重視對話、辯證與彈性，不拘泥於形式邏輯的限制，但他的強批判思考，也有女性主義學者批評，爲了要眞正做到自我省察，使批判思考的各種規準能夠運用在自己身上，卻得預設人是自我中心取向，所謂反省是要在批判思考中把所有自我排除，使思維者更無法聆聽自己的內在之聲（Thayer-Bacon, 1996, p.103）。Paul 的批判思考理念與教學，大陸學者鍾啟泉（2020）已有相當的介紹，有興趣的讀者可自行參考之。

四、Siegel

Siegel 是 1960 年代哈佛分析大師 Scheffler 的學生，也是美國實證派科學哲學的健將。他對於業師 Scheffler 理性教育的論述，有更完整的說明。《教出講理：理性、批判思考與教育》（*Educating Reason: Rationality, critical thinking, and education*）（Siegel, 1988）算是批判思考集大成的著作。他指出，所謂批判思考者是指其想法與行動是由適當的理由所推動。這包含兩個部分，其一是**理由的評價**（reason assessment component），其二是**批判的精神**（critical spirit component）。就理由的評價而言，Siegel 認爲思維者必須依靠一些原則，如無私（impartial）、一致（consistent）、非任意的（non-arbitrary），並以此來評價其主張與行動。Siegel 特別強調，儘管批判思考的內容有特定的脈絡，但總是必然存在著一些標準。根據理由以保證知識的可靠性，正說明了批判思考預設了知識的客觀標準，否則我們無從評價知識。批判思考者一方面要具有傳統知識論的一般基礎，要能對理由（reasons）的本質、知識的「保證」（warrants）與「證成」（justification）有相當的掌握（這與 Ennis 等的立場一致），但他也部分同意 McPeck 對特定領域知識強調的說法，但 Siegel 比 McPeck 更強調邏輯在評價理由的價值。

就批判的精神而言，Siegel 也同意一個批判思考者要具備一些**態度**（attitudes）、**性情**（dispositions）、**心靈習慣**（habits of mind）以及**人格特質**（character traits）（Siegel, 1988, p.39）。Siegel 認爲如果沒有這些意願與傾向，一個人根本不會成爲批判思考者。再者，當具備了批判理由評價的各種能力之後，批判思考者仍得眞正發自內心的熱愛理性與眞理，這種對理性的承諾與尊重，才能眞正表現出批判思考的風格（這很類似 Paul 的強批判思考）。

Siegel 在 1980 年代以後，面對日益興盛的後現代相對主義的學術氛圍，特別是以 T. Kuhn、P. K. Feyerabend 爲主的新科學哲學的濃厚知識論立場已儼然成形。Ennis 並不介入此一知識論、科學哲學之爭辯，Paul 初步吸納這些主張（如他對批判思考者內在世界觀之立場）。只有 Siegel 毫不含糊地指出相對立場在知識論及在科學哲學上是不成立的（Siegel, 1987, 1997）。關於批判思考的精神，近年來哲學界重新從亞里斯多德、認知心理學等結合傳統知識論發展出「**德行知識論**」（virtue epistemology），Siegel 本理性吸納立場之餘，仍不忘提醒其差異，認爲理智德行或理智美德（intellectual virtues），無法完全取代理性評估以及批判精神涉及的性情氣質（Siegel, 2017, pp.89-107），筆者當另文述及。

第二節 批判思考是普遍或特定能力？

McPeck 反對形式或非形式邏輯在批判思考單獨設科教學價值的觀點提出後，許多教育哲學學者紛紛表達不同意見。在 McPeck 自己的文集《批判思考教學：對話與辯證》中，收錄其中三位學者的評論，McPeck 並一一回應（McPeck, 1990），很能彰顯西方教育哲學論辯，本節主要探討他們相互之間的問學。

一、McPeck 與 Norris 的論辯

(一) Norris 的評論

S. P. Norris 首先指出，自 Ennis 以降，其實都是在爲批判思考作 I. Scheffler 所謂的規劃性定義（programmatic definition），這是指衆學者們定義有別。Ennis 最初的重點在強化演繹邏輯推理的能力，在 McPeck 看來，是建立在邏輯實證論的觀點，McPeck 轉而重視的是推理涉及的知識層面。Norris 認爲定義本身無法回應爭議，二者各有所偏，應該從批判思考本身涉及的心智能力著手。各種對能力的說法，在 Norris 看來，涉及人們本然（genetically）或由環境決定的本質，也就是稱某人有批判思考的

能力，正是指他擁有的心智能力。人們觀察到的不同行為類型，可能隸屬相同的心智能力。不同心智能力也可能產生出相同的行為類型。心智能力是人們心智結構被喚起時的運作過程。所謂心智能力的通稱（generic）必須立基於人類行為的觀察，諸如，人類如何從事演繹證明、如何評價觀察所得、設想對各種現象最好的解釋、判定各種價值的爭議等等。人們最初會針對行為表現而歸屬其心智能力，但若沒有細究，到底行為涉及哪些能力、其相互關聯、如何發展等，並不容易確立。僅憑初步觀察無法定奪特定心智與行為的關聯。某人做了某事，不代表他有能力做該事。不過，我們仍然能面對這些證據，更加確認心智能力存在的事實。例如：小孩子的加法演算。Norris 說：

> 要提供兒童有能力演算數學這項陳述的細節，有賴科學研究。欲掌握兒童（或成人）解決加法問題涉及的心智結構和機制的本質，需要科學加以研究。我們需要知道兒童解決問題的心智歷程，也需要了解心智歷程與閱讀歷程、邏輯推理歷程、美學歷程等的關聯，以及心智結構如何喚起這些歷程。唯有如此，我們才能說清楚加法演算之「能力」是什麼意思。（Norris, 1990, pp.69-70）

當強調科學探究思維的重要後，Norris 歸納了 McPeck 之所以反對推理是一種普遍技能的三項理由：其一，推理不指涉任何特定的歷程、表現或成就型態，而是隨其探究對象而有不同；其二，人們能成就不同的事物、對不同問題進行推理，但無法從這些技能中獲致能適用所有事物的推理能力。所以，其三，我們可以教學生在特定的領域進行推理，並聯繫到特定問題的思維，但不同類型的推理關聯不大，無法以單一技能視之。針對第一提問，Norris 認為涉及推理的本質，必須尊重科學研究，如訊息處理相關理論。第二項提問，McPeck 似乎以一種「先驗」（a priori）的方式認定不同領域的推理方式無法整合成一種推理技能，過於獨斷。舉例來說，只用三個原子粒子，就可以用來說明逾百種元素物質的存在、屬性與特色等。未審慎研究前，何必斷言人類推理一定沒有通性呢？針對第三個批判思考只能在特定領域教學的論點，雖然有許多研究支持 McPeck 論點，但也有強有力證據支持人們能運用演繹推理在不同脈絡中。哲學家的重點雖不在具體科學探究，但哲學的技能在於能針對其主張提出清楚的檢測主張（testable claims）。McPeck 主張能夠聯繫到特定的問題，就可以把如何推理教到最好。其檢測主張為何？何種探究方法可以獲得評估 McPeck 主張的有效訊息呢？若教學生評估目擊證詞（eyewitness testimony），發現能有助於學生在科學課上觀察能力的評估；或研究顯示，大多數的成年人在沒有接受任何理財能力課程的培養，都能有效規劃退休後的理財，這些能作為 McPeck 主張的反例嗎？如果哲學家不想陷入科學泥淖，最好不要輕易製造未經證實的經驗主張。

㈡ McPeck 對 Norris 的回應

針對這些反駁，McPeck 分別指出，Norris 混淆了科學的因果問題與哲學的意義問題，且其所謂的經驗問題有丐詞（乞求問題，question-begging）之嫌，與科學實踐並不一致。最後，針對 Norris 心儀的經驗問題的三個成熟科學研究，提出反思。

首先，若說人們忽略其心智結構或歷程，就無法論斷能力，這並不是事實，也違反科學方法論。當我們說小英有能力下象棋、舒伯特有譜曲能力。我們並不能掌握其下棋或譜曲的心智結構（或機制）。到目前為止，也沒有科學家敢說他精確掌握了人類能力之心智結構。這是因為當我們描述能力時，我們並未討論能力的成因（cause），僅在於描述其表現（perform）。Norris 其實混淆了科學的因果問題與哲學的意義問題，在方法論上，科學家在探詢能力的因果問題前，若說科學家沒有能力的前概念（antecedent notion），也是很奇怪的事。科學家與哲學家應該相互激盪，分進合擊，但不宜混淆彼此的證據。此外，Norris 說某人做了某事，不代表他有能力做該事。在邏輯上，人們做某事，就代表能力。「做」能夠蘊含「能」。即便人們是在槍口下的脅迫而不做，不代表他不能。Norris 要表達的是人們做某事不一定來自人們對該行爲負責的本性，但這是意義問題，不是成因問題，Norris 在此混淆了二者。

Norris 堅持對於思維要根據實證經驗的發現，宛似尊重經驗科學，這是沒有必要的，也昧於科學事實，更可能流於丐詞。概念分析有助於經驗的啟示，但概念分析本身不是經驗。Norris 醉心思維的結構或機制無妨，也可以就他的興趣指出 Ennis 或 McPeck 對於批判思考界定錯誤的地方，但是 Norris 不循此途，也沒有進一步說明他所在乎關於推理心智結構、機制的因果問題與 McPeck 等主張的差異，只是單方面堅持科學經驗，這是沒有必要的。McPeck 重申，數學推理、歷史推理、道德推理，各有其不同的特性，並沒有共通的推理能力。就好像人們想贏得不同的比賽，沒有一個單一的全贏各項比賽的能力。Norris 並沒有舉出充分理由反駁，反而是以丐詞方式肯定一般推理能力是存在的。Norris 所稱的心智能力很籠統，泛指普遍推理能力，他說的「涉及人們本然或由環境決定的本質，也就是稱某人有批判思考的能力，正是指他擁有的心智能力」（Norris, 1990, p.68）。這等於是先定義普遍能力，再把批判思考作爲特定能力，然後說批判思考可以普遍化，有丐詞之嫌。所謂心智能力也說得不清楚，爲了要說明籠統的普遍能力，會混淆許多有價值的區分，如果我們能從 A、B 不同能力找到與 C 能力有高的相關，這決不是說 A、B 是相同的能力。從經驗的相關中，要想化約成共通的心智能力，也應避免此不當的推論。

最後，McPeck 批評 Norris 所心儀的普遍推理技能的三個科學重點，並以此批評 McPeck 否認有普遍推理能力的評論，並不像他所想的理想。其一，Norris 堅持 McPeck 所稱「推理不指涉任何特定的歷程、表現或成就型態，而是隨其探究對象而有不同」，必須要有科學的論據。前段已論及，這混淆了概念問題與科學問題。而所謂訊息處理理論的發現，也沒有改變這裡指涉的事實。例如：假如走路和說話有相同的心智結構，這不能改變走路、說話活動的不同。其二，Norris 認爲 McPeck 太「先驗」地否定了共通能力的可能。並以原子分子理論等來說明，推理就好像是電腦的硬接線（hard-wiring）可以聯繫不同的處理區域。McPeck 則反駁他並沒有否認推理存在一些基礎的結構成因，只是強調不同推理差異的事實，若硬要說主張有效道德推理、數學推理等隸屬不同推理技能，不是同一技能，就是訴諸先驗的主張，那他也沒話說。至於以電腦硬體（hardware）或硬接線等來隱喻推理具有普遍的基礎。不錯，相同的線路可以聯繫不同的程式，但這絕非不同的程式可以合而為一。與其以共接線來強調推理通性，實不如以各式電腦軟體程式來說明不同的推理技能，宛如不同的輸入與成效輸出，更具實際意義。如果數學推理與道德推理真的有一共通的基礎結構（underlying structures），仍然可以發展不同的教學技巧。其三，McPeck 也指出，根據 R. Glaser 審閱美國心理學家權威期刊上的文獻，他在一篇名為「教育和思維：知識的角色」一文的結論，綜合認知科學、人工智能、教育心理學的研究，也指出推理和思維技能是取決於特定領域的知識。他主張的科學事實，也是信而有徵。

二、McPeck 與 Siegel 的論辯

㈠ Siegel 的評論

Siegel 在接納 McPeck 批判思考精神之餘，仍分別針對邏輯、資訊、理性與批判思考之關係，「挑剔」McPeck 的一些細節。大體上 Siegel 仍然是想捍衛邏輯在批判思考的價值（Sigiel, 1988, pp.18-31; 1990, pp.75-85），以下分述之。

首先，對於 McPeck 以「反省的懷疑」來定義及描述批判思考，Siegel 認為有點奇怪（opaque）。Siegel 指出，這是循環論，懷疑就意味著反思，這本身沒有多說明任何事。McPeck 認為要在特定領域中才能定奪判斷標準，無法證成懷疑論，有時特定領域之標準本身也需要懷疑。我們是要運用批判思考來定奪任何反思懷疑下的特定案例是否能得到證成。在此，證成後的反思懷疑預設（assume）了批判思考。因此，McPeck 的反思懷疑無法為批判思考之概念增添新意。本段有點繞口，筆者認為可理解

成 Siegel 認為反思懷疑本身也具普遍性。

針對邏輯與批判思考的關係，Siegel 認為，批判思考者能被恰當理由所驅動（appropriately moved by reasons），他具備根據理性來相信及行動的性情或氣質，並能夠在那些理性扮演重要角色的各種脈絡事件中，有能力恰當地評估各種理由的適切性。McPeck 卻認為在理性或理由的評估過程中，不靠邏輯，而是各種專業技術領域之知識，他稱之為知識論的標準。Siegel 指出，邏輯絕對有助於我們評估事物。至少，若有人用丐詞或乞求問題的論證方式，我們無須經由事實，就能定奪其理由沒有充分的證據。假設有人向我傳教，叫我應該相信《聖經》所言，理由是《聖經》是神的開示。又如，反對墮胎者（pro-life）認為墮胎是錯的，因為違反嬰兒生命權，所以，墮胎是殺嬰。這兩個例子都不涉及實質的教義或生命（如胚胎是否是生命），但論證模式都是乞求問題。Siegel 指出，形式邏輯可以提供優質論證範例。在批判思考中，形式邏輯可以成為理由評估的重要次類，將形式邏輯運用在實際問題的非形式邏輯，應當成為批判思考教學的重要內涵。由於批判思考涉及理由評估，而形式邏輯又可以提供優質的理由來源，當是批判思考重要的一環。當我們面對「P v Q · ~P」（P 或 Q，且非 P）時，當然命題 Q 就是最好的理由了。命題的推演與證成，是評估理由好壞與否的標準，如果批判思考重點在於理由的評估，很難想像 McPeck 輕忽邏輯的重要。

針對邏輯與訊息（information），即各種專業或技術知識，Siegel 對 McPeck 的評論展現了他邏輯的機巧。他從 McPeck 的文本中，區分 McPeck 有時很強式地認為邏輯幾乎無法在評估理由中扮演重要角色，全賴專業領域知識；有時又放鬆標準，認為邏輯也有功能。同樣地，McPeck 有時堅持強式標準，認為專業、特定領域之知識才能聯繫批判思考，但他也說：「批判思考無法融貫地（coherently）劃分出特定的知識內容、知識與訊息」（McPeck, 1981, p.64）。訊息對理由評估而言，可以是嚴格的充分條件，可以是必要條件，也可以更放寬標準，「通常或有時」是必要條件。Siegel 認為訊息也未必指專業、技術知識。因為，非專業、非特定的訊息有時也能成為評估的理由。Siegel 也指出，堅持強式說法，會破壞批判思考的價值，因為這等於是指批判思考本身是不存在的。Siegel 接受 McPeck 放寬的標準（就是理由評估不全靠專業特定知識），但強調，弱式說法本身並不依附於特定的專業領域，我們依賴訊息來思維，不必一定是專業領域。而且，專業領域之批判，有時也需要一般訊息，這可以成為批判思考教學單獨設科的內容。亦即，McPeck 強調專業知識的立場，這本身可以成為批判思考課程的內容，鼓舞吾人重視一般知識訊息的重要，運用邏輯結合實際知識的非形式邏輯運動，也就有其意義了。

針對批判思考與理性之關係，McPeck 認為批判思考是理性的一個次類，理性較廣，涵蓋所有運用證據解決問題的所有智性活動，批判思考只是其中之一，特別涉及後設（元）問題（meta-questions）等。Siegel 認為這通不過 McPeck 自己對批判思考的知識論立場，因為批判思考涉及各種領域知識的反思，其理由的評估絕不僅限於元問題等特定思維。若說人們計畫旅遊，事先詳閱地圖、規劃時間等，算是理性思維，不算是批判思考，也很怪。McPeck 主張的知識論取向，批判思考其實就是對各種理由的理性評估。Siegel 認為批判思考與理性是有共同的外延（coextensive），是等量的（equivalent），而不是其中的一個次類。

(二) McPeck 對於 Siegel 的回應

McPeck 重申思維一定聯繫著思維的對象，這是概念問題。當嚴肅問某人他在思維什麼，那個人說沒有任何東西，那他就根本沒有在思維。Siegel 等強調有普遍的思維技能，如假設的能力、界定問題的能力，乍看之下，好像是普遍的能力，這種說詞只是假象。這麼一個「普遍」的能力其實是涵蓋了不同的事例。例如：數學假設、科學假設、政治假設，各有巧妙，不是眞有一個設定假設的能力。訓練有素的邏輯學家絕對無法在各項知識上遊刃有餘地設定有意義的假設。McPeck 當然不會反對學習邏輯有其意義，他反對的是當學到何謂假設，或何謂演繹推理時，當事人就可聲稱他已具備了批判思考的一般技能。知曉假定或有效論證，在各項脈絡事例中，不是批判思考的充分條件。就反思的懷疑而言，批判思考者需要不斷質疑、挑戰相關領域知識基礎，此一挑戰也構成了批判思考的範式，Siegel 認爲 McPeck 的懷疑無法及於知識本身是稻草人的批評。懷疑就意味著反思，並沒有證成自身，這 McPeck 完全同意，他舉 G. Ryle「工作」、「成效」之概念，希望 Siegel 諒解。批判思考的概念無法完全保證自身的成功。懷疑論雖無法充分證成，但當我們理解特定學科知識時，至少對於該知識的基礎或假定，抱著懷疑反思態度，這何怪之有？

Siegel 念茲在茲地強調邏輯在批判思考扮演的角色，並用很機巧的方式檢視 McPeck 對於邏輯扮演角色的不一致。這 McPeck 承認，不過，McPeck 指出，Siegel 自己的立場，充其量只是說明了邏輯有扮演角色而已，兩人也都語焉不詳。McPeck 認爲「不常」，Siegel 認爲「很多」而已。但 Siegel 的例子能夠證明很多嗎？能夠證明邏輯比實際專業知識更重要嗎？McPeck 認爲 Siegel 舉傳教的例子，Siegel 是想說乞求論證的這項邏輯知識（不是實質的教義），就可看出該傳教的方式無法提供充分理由。McPeck 反而認爲，這正說明了他理論的價值。我們本懷疑的精神，可以要求該傳教士舉出更多的證據，否則，懷疑依舊。當傳教士要舉出更多證據時，這適足以說明眞正影響我們判斷的是事實及知識上的標準，而非邏輯。聯邦調查局接獲某人自首，自承是暗殺何法（J. Hoffa，美國工會領袖，神祕失蹤）兇手，這個例子就如同牧師傳教一樣，需要的是實質的證據，而不是邏輯。Siegel 指出，演繹的形式邏輯可以提供批判思考優質範例，但 McPeck 強調，生活周遭很多具有批判思考的人，可能壓根都沒聽過形式邏輯，遑論學過？形式邏輯絕對不是有效批判思考的必要條件。

針對 Siegel 認爲批判思考與理性是有共同的外延，是等量的，McPeck 提出兩點回應。從理由評估之觀點來看，當我們在進行理由評估時，這當然是理性的目標，這並不是說在進行理由評估時，一定有理性之運作。例如：人們初到一城市，要到某一地址，與其亂撞，不如選擇相信陌生人的指點。我選擇相信氣象人員預報天氣。當事人都沒有自行對理由進行評估，他們選擇相信，也是合理。又如，我們很多可視之爲理性的例行活動，如某些習慣等，並沒有一定進行理由之評估。所以，批判思考、理由評估是理性的次類，沒太大錯誤，他們決不是有共同外延或等量的。再者，McPeck 認為批判思考是在活動時，具有反思懷疑的傾向和技能。這種傾向和技能也不是人類理性活動的全貌，這應該也符合日常用語的描述。若接受 Siegel 的看法，理性與批判思考有共通的外延，那不啻說明人們每天刷牙是批判思考的例子。

筆者認為對邏輯而言，雙方各有理據。其他方面，Siegel 的確太「較眞」了，但 McPeck 的回應，也說明反思懷疑具有普遍性，他們的差異，沒有想像中的大，爭議細節，無關宏旨。

三、McPeck 與 Paul 的論辯

(一) Paul 的評論

McPeck 於 1981 年出版其有關批判思考的經典作後，Paul 在 1985 年有了書評回應，Paul 用了「錯誤」（mistake）、「缺失」（flaw）的字眼，Paul 批評的焦點在於 McPeck 堅持批判思考的教學要聯繫學科知識，沒有普遍性的批判思考，這是建立在錯誤的哲學基礎。當然，說人們寫了，卻沒寫出東西，是邏輯的謬誤，這是 McPeck 吸引人的論點。但我們能說因為寫作是聯繫著寫作之內容，共通的作文能力是無用的，或是演講一定聯繫著內容，一般的演說課程是無效的嗎？McPeck 似乎陷入了原子式、過度知識中心，淪為技術、專家的世界中。以電腦運作來說明，McPeck 似乎認為人們認知一方面要有大量的原子事實（資料庫），還要有一些特定的分類庫，人們有不同的公式和決策程序加以運作。要改變這些公式或程序，有賴技術的知識。批判思考同時需要資料庫與已建立起的程序。Paul 提醒，我們無法要電腦解決跨域的問題。人們日常生活世界的社會問題或世界問題，常常是主體的**世界觀**（world view）。首先，我們所處的世界不會恰如其分地符合邏輯分類的架構等著我們進行理性思維。再者，我們思維的概念系統也不是一成不變的分類範疇，人們並不是沿著

分類型態進行推理。即便是特定的思維，也常受其他類型的刺激。譬如，酒精成癮，涉及疾病、成癮、犯罪、道德陷溺、飲酒文化、生活形態選擇、社會化缺陷、自我舒適行爲、心理逃避、個人弱點等等。實在無法只限定在一特定領域，或是硬要區分其要素，孤懸彼此的聯繫。專家也必須統整這些訊息。個別的事可進行範疇歸類，但是像概念基模等綜合之事，其樣態多樣，可以有多樣的邏輯分類歸屬，這端視人們目的而定。Paul 分別以哥白尼地球繞日說爲例。哥白尼地球繞太陽之陳述，可以只是天文學知識，但是如果從哲學、社會學、宗教、經濟學，乃至個人想法，都可以有不同的分類範疇。一旦我們採取跨域的思維，哥白尼也好，達爾文、佛洛依德、馬克思也好，哪個專一領域的專家能開釋我們如何統整，又如何能引導我們去針對陳述進行批判式的評估呢？再以企業人爲例，他可能對於能獲致社會善的專業活動，評價最高，可能以企業的經營模式看待學校或教育，也可能以企業體的關係來看待政治運作。他可能因此認爲任憑資本自由投資會傷害人類福祉。跨域的邏輯整合將比單一領域的技術更爲明智。所以，不是一些科學或整合理論，不是特定的標準或專家技術，而是建立在理性—辯證—批判思想的藝術，是那種思維涉及整體的藝術，才是正道。Paul 在其他著作中的說明值得在此作結：

> 所以，要成爲一個理性者，我們必須學習如何以批判思考來整合我們的經驗，並讓這種整體的視野來看待生活中特定維度的事物。我們並沒有喪失自主的權力，全然委之專家或技術人員。學生、教師、大眾，即使面對特定領域的專家之言，也都必須保持自己批判的自主性。如果民主是政府可行的運作型態或生活方式，那麼不僅政策判斷，而且世界觀的判斷，是每個人的事，不能委由專家的優勢或特權團體。必須特別加強跨域檢視的綜合批判技能，俾能在置身專家中，維持自己的自主判斷。這些技能、公民素養或個人自主的培養，不是像技術手冊的操作流程，而是像老生常談的原則，或是像「普遍」的建言——清楚、正確、一致、適切、深度、廣度、精準、完

整、公平的諸原則。（Paul, 1993a, p.371）

(二) McPeck 對 Paul 的回應

針對 Paul 批評其「錯誤」的指控，McPeck 認爲是嚴重的誤解。他先從思維、作文、演說爲例。這三者都涉及對象，Paul 是以後兩者有「共通」的能力，來諷刺 McPeck 否認前者沒有共通能力之荒謬。McPeck 指出，細究之，這三者都指涉不同的活動。他不否認後兩者有所謂共通能力，如有名的卡內基（Dale Carnegie）演說訓練。但是，即使是後兩者，要讓學生學好作文或演說，難道不用要求學生「理解」其所寫所談的內容嗎？一般的演說課程無法增進特定演說內容的理解，並無法取代特定內容的演說。如果 Paul 等學者認定批判思考的「一般」推理，就相當於一般的演說課程，那他也不會反對，但這並不是 McPeck 堅持批判思考必須聯繫特定內容的精要。接著，McPeck 具體從哲學立場上，指出 Paul 的兩項「誤解」。

首先，Paul 認爲 McPeck 有原子論、流於技術、專家之指控，這是子虛烏有。McPeck 自陳，他的確愈來愈遠離非形式邏輯運動。以後期維根斯坦（L. Wittgenstein）爲例，邏輯是在語言中，是在言說行動（speech acts）中，但一般邏輯學者，仍然認爲邏輯是有關原則、規則的獨立系統，邏輯可以進入語言聯繫的多樣性中，指導、形塑其變化。非形式邏輯雖然降低數學、形式邏輯扮演的角色，但仍堅持原則、規則推演的程序，也發展成如非形式邏輯推演謬誤等「一般推論」的理論。後期維根斯坦所稱的「邏輯」（非數學或形式邏輯之「邏輯」），是坐落在語言行動中，無法將邏輯思維、言說行動截然劃分，就好像將線扯出，布也就不成爲布了。Paul 卻將之視爲邏輯原子論、專技之學，是嚴重的誤解。再者，否定普遍性的推理技能，不見得就得落入 Paul 所謂專業、技術之指控。恰恰相反，McPeck 思維聯繫著人們理解之諸領域（various broad domains of human understanding），正需要不同的推理概念、技能、型態等等，跨域間很難普遍化，這不是說要委由專家。所謂理性之士，反而是要能理解不同領域的邏輯、概念，以及知識差異，也才能在跨域間理解不同問題之所在。這正是 Peters、P. H. Hirst 等倫敦路線博雅教育（liberal education）的理想。

Paul 批評的第二點是，既然指稱 McPeck 是一個原子論傾向，只在乎專業領域、學科導向之思維技術，自然會忽略日常生活眞實問題涉及跨域（multicategorical）的事實，也就是 McPeck 的批判思考立場不利於「跨域」。McPeck 在此舉英國分析教育哲學家 Hirst 的知識型式（forms of knowledge）爲例，也如 Wittgenstein 的語言遊戲，博雅教育正是要使人們能理解日常生活中承載的「不同理性領域論述」的特性、程序、規則與概念。McPeck 再以螃蟹的腳爲例，蟹腳各有所司，卻分進合擊。人類不同的知識理解，正如蟹腳一樣，共謀有機體生命的完成。Paul 的酒精成癮，從 McPeck 的立場，若著眼於成癮年齡，這是社會學問題，若要爭論是非，是道德問題。若要追問成癮原因，是心理學問題。若要探討是否有罪，可能需求助於宗教。酒精成癮問題複雜，當然不是某一領域能竟其功。不過，我們若深入發掘，就會看出其實各自涉及不同的知識與理解模式。不同領域也許壁壘分明，若認定成癮是疾病，大概就不會以罪視之。但是跨域或跨脈絡，不能否定人們不同視角範疇存在之事實。人們理性的信念或行動，可由其不同視野的審視方式來預測，這些視野不是天生，有賴博雅教育之養成。McPeck 提醒，許多日常生活知識，如軍備、汙染、色情問題，都需要跨域知識，不是一般的思維能竟其功，仍有賴專業知識，博雅教育雖無法直接解決這些問題，我們當今也不可能像文藝復興時代少數有教養之士，能掌握知識全貌，但這不是像 Paul 所誤解的，McPeck 否定博雅知識，只片面強調專業知識。

McPeck 重申，他的立場與英國分析傳統氛圍下的博雅理念觀並無二致，他在英國幾乎沒有受到原子論式或反博雅教育之指控，而 Paul 念茲在茲的所謂個人思維受其世界觀左右云云，這與博雅教育藉著強化人們不同認知基模以擴大、整全人們視野，並沒有明顯的不同，當然他也接受人們思維整體世界觀影響的事實。筆者認爲，如果 McPeck、Paul 二人都覺得通識、跨域是重要的，McPeck 認爲各種知識型式或專業領域可相互協奏，Paul 期待不必侷限在某種專業知識領域，二人文字爭鋒看似對立，其立場的歧異，也並不如想像中的大。

第三節 邏輯與專業內容的協奏：以產褥熱分析與烏鴉悖論爲例

批判思考到底是普遍能力，還是得落實在特定領域中？是否可以單獨教授？認爲可單獨教授者，如 Ennis、Siegel、Paul 等，比較會強調邏輯或非形式邏輯扮演的角色，McPeck 則堅持應在各專業知識教授。筆者願意在此援引實證派的科學哲學大師 C. G. Hempel 的兩個邏輯範例。其一是他自己的著作所轉述澤美懷斯（I. Semmelweis）醫師在十九世紀中葉維也納總醫院所做的當時困擾醫界的產褥熱（childbed fever）研究（Hempel, 1966, pp.3-8），其二是其有名的烏鴉悖論（Raven paradox, the paradox of confirmation）（陳瑞麟，2010，頁 51-55）。

一、產褥熱的解決：經驗、假設與邏輯有用

十九世紀中葉現代醫學正處萌發階段，醫界正信心滿滿地鼓勵大衆接受醫療專業，放棄傳統、迷信或宗教醫療行爲。難堪的是接受醫生接生的維也納第一院區分娩婦女的死亡率，高於由傳統助產士接生的第二院區孕婦。醫生們當時檢視傳說，設想各種可能，如某種大氣變化、過分擁擠、飲食照料等，後來都一一排除。有趣的是，一院區婦女有時因爲住處離院區較遠，在途中緊急生產，這些在街邊分娩的婦女，其死亡率竟然也低於一院區。一院區重創了新式醫學接生安全的信譽。有些醫生提出心理因素，即一院區的空間陳設，萬一有死亡案例，牧師對婦女做臨終受洗時，要通過多處產房，其搖鈴的聲音等儀式會讓孕婦心生不安，至於第二院區的陳設，則沒有這個問題。澤氏說服牧師改道，且不要搖鈴，但沒能降低

一院區婦女死亡率。後來澤氏的一個同事在與學生一起解剖病患大體時，不慎被學生解剖刀割傷了指頭，這位同事隨即感染了疾病而死亡，其病痛過程與孕婦死亡的症候很接近。當時醫界還沒有明確細菌感染的觀念。但澤氏的同事死亡經驗讓他體認可能與接觸「死屍物質」有關，他大膽假設是因爲醫生常處理死屍大體，未充分清潔雙手，而直接產檢或接生，是「死屍物質」奪去孕婦生命所致。澤氏根據新的假設，付諸實驗，他要求所有醫生在產檢孕婦或接生時，必須嚴格用氯石灰溶液，清潔雙手。第一分院的死亡率迅速下降，低於第二院區助產士接生的死亡率。這也可解釋第二院區助產士因爲不負責處理大體解剖，死亡率較低的原因，也可以同步說明因爲緊急在街上生產的孕婦反較一院區致死率低，因爲都較一院區更能遠離「死屍物質」的影響。後來，澤氏更進一步延伸修正他的假設。他有一次處理潰爛性的子宮頸癌，因爲不是死屍，醫生們只是一般清潔雙手，就立即處理其他孕婦，不幸再度發生，接著進行產檢的 12 個婦女，有 11 人再度死於產褥熱。澤氏再度修正假設，不只是死屍物質，生物體的各種腐爛物質都會相互感染，導致死亡。以上的例子說明了科學家如何提出假設、驗證假設而解決問題的歷程。Hempel 將其轉成邏輯陳述。若 H 爲眞，則 I 亦爲眞。I 是可觀察的結果，I 是由假設 H 推論而來，或者可以說，I 是被蘊含（implied by）在 H 中，是「假設 H」的測試蘊含（test implication）。實驗結果，若測試蘊含爲假（孕婦死亡），則拒絕假設 H（牧師搖鈴）。

a]　若 H 爲眞，則 I 亦爲眞
　　但是如證據顯示 I 非眞

　　———————————————

　　所以，H 不眞

a] 此一邏輯的形式論證被稱爲「**否定後項律**」（modus Tollens），是有效（valid）的演繹推論。前提（橫線以上）爲眞，結論（橫線以下）一定爲眞。再看看 b] 的情形，假設產褥熱的死是由死屍物質所形成（假設 H），澤氏推論嚴格的消毒能降低死亡，實驗結果測試蘊含爲眞（孕婦沒死），所以產褥熱是由死屍物質所形成。

b] 若 H 爲眞，則 I 亦爲眞
但是如證據顯示 I 爲眞

所以，H 爲眞

這項推論，雖然前提爲眞，結論卻可能有假，這是一個無效（invalid）的推論，稱之爲「**斷言後項的謬誤**」（fallacy of affirming the consequent）。Hempel 提醒，澤氏一開始憑此大膽建議，解決了問題，雖然實驗結果，其測試蘊含爲眞（孕婦沒死），但並不能證明其假設一定爲眞（產褥熱的死是由死屍物質所形成）。邏輯在此，有其辨識的效力。

二、烏鴉悖論：邏輯無效

我們接著來看 Hempel 的烏鴉悖論。一般驗證的邏輯是循尼可（J. Nicod）判準，若一般科學假說或定律，邏輯語句（X）（Px ⊃ Qx），驗證或否證的方式：

(1) 只有 Pa · Qa 可作爲驗證之事例
(2) 只有 Pa · ~Qa 可作爲否證之事例
(3) 如果 ~Pa，則與此假說不相干。

Hempel 以繁複的邏輯運算認爲尼可判準只能運用在全稱命題，無法爲存在的假設提供印證標準，如「火星上有生命」無法使用尼可判準，因爲「a 是生命且 a 在火星」固然可將「火星上有生命」加以驗證，可是「a 是生命且不在火星」卻否證此一假說。Hempel 堅持，兩個等值的邏輯語句，只要其中一個可以驗證，也將可以驗證另一語句。也就是所有等值的命題，都可以用相同的驗證例加以驗證。於是形成很奇怪的現象：

(1) (X) (Rx ⊃ Bx)（所有的烏鴉都是黑色的）

(2) (X) (~Bx ⊃ ~Rx)（不是黑色的不是烏鴉）

若發現 a，a 是烏鴉而且 a 是黑的，即 Ra · Ba，可以驗證這兩個邏輯等同的命題，沒有問題。但是，若說 ~Ba · ~Ra 是命題 (2) 的驗證例，同時也可以驗證命題 (1) 會非常古怪。這等於是說，只要我們找到任何非黑的非烏鴉，如黃色的狗、白色的人、棕色的熊，都可以用來證明「所有的烏鴉都是黑色的」。如果用亞里斯多德邏輯，根本不會有悖論，因爲「所有烏鴉是黑的」，是對「烏鴉」下斷說，而「所有非黑的非烏鴉」，是對「非黑的東西」下斷說，兩者判斷對象並不相同。可是 Hempel 堅持用邏輯推導此一悖論不存在，也就是只要找到一個白色的人，就可證明所有烏鴉都是黑的。Hempel 的說詞不擬在此細論。不同的科學哲學可以立基於不同的邏輯系統。我們是否得堅持符號邏輯可以用在科學定律、日常問題解決呢？筆者的數理邏輯背景，力不足以回答烏鴉悖論這個問題。本文關心的是邏輯與批判思考。筆者相信大多數的人會同意 Hempel 舉產褥熱的例子，說明邏輯可以使人不至於過度持守只有專業內容（如 McPeck）才是批判思考的唯一，當然，產褥熱的例子，澤氏也涉入許多醫療本身的內容，不只是靠邏輯，也部分符合 McPeck 的堅持。至於烏鴉悖論的問題，除了滿足邏輯天才或邏輯狂熱者的興趣外，眞的很難說能對科學驗證或日常問題解決有什麼幫助。至少 Hempel 的說法違反我們日常生活上的意義。當實證派科學哲學與 Kuhn 新科學哲學等論戰時，支持 Kuhn 等的理由之一是形式邏輯並不能眞正解釋人類許多科學的重大發現，如果科學哲學要和 Hempel 一樣樂此不疲討論烏鴉悖論的邏輯問題，他們不認爲能夠促成人類科學的進步與知識的增長。邏輯實證論者也許可以用邏輯來捍衛科學客觀性，但要證成邏輯對於科學發現或探究的價值，而無視於其他實質科學，或是觸發科學革命的外在政治、經濟、文化等條件，似乎並不是太好的策略，批判思考亦如是。

第四節 批判思考的教學

批判思考自 1960 年代以降，已經成為哲學、教育學、心理學等領域共同關注的課題。教育心理學者與課程教學學者重視批判思考涉及的心理機制與適切的課程教材研發。哲學學者重視思考歷程與涉及的知識論爭議。教育哲學學者則重視涉及教育目的之證成（見下一章）。筆者認為看似繁瑣的論爭，仍然有助於批判思考的教學實踐。

(一)批判思考的運作對象與普遍推理技術不衝突

Norris、Paul、Siegel 等都不反對思維聯繫著對象，但他們依然從不同的立場認為思維有通性，質疑 McPeck 反對批判思考單獨設科的合理性。吾人也深知，各自對思維或批判思考的概念不一定一致。但語言概念的遊戲適然性，分析哲學家也難求其同。批判思考在運作時，一定聯繫著對象，這點學者們均不反對。據此，McPeck 認為批判思考的教學應該結合各專業領域，不同領域的批判思考沒有共通性。其他學者雖能認清不同領域的批判思考，無法類推，但他們認為思維本身可以提供一般的技能。針對雙方交鋒，筆者認為，McPeck 認為思維一定聯繫著對象，所以沒有對象的思維是空的。這其實是混淆了思維的推理技術與思維運作。也就是思維運作一定聯繫著對象，但思維本身也可以是一普遍推理技能（如邏輯或非形式邏輯），這並不矛盾。McPeck 以前者來否認後者，未必有理。不過，眾學者也大致同意結合各領域的批判思考教學的重要。也就是，即便是一般通論性的批判思考教學，也應該廣泛運用各種實例。所謂非形式邏輯運動的精神也在此。Siegel 與 Hempel 等邏輯實證論者，甚至於會更肯定邏輯對批判思考的價值。如果邏輯學者（特別是符號邏輯）堅持邏輯對批判思考最重要，若開設批判思考課程，他們就只教邏輯，這點 McPeck

全力反對，筆者也反對。固然，Hempel 所分析的產褥熱病例，「斷言後項的謬誤」的確可以校正人們經驗或心裡想當然耳的想法，邏輯或非形式邏輯的學習當有必要，這應該是衆學者的看法，McPeck 當不至於全然反對。但若是 Hempel、Siegel 等學者所心儀的批判思考能力是要去窮究烏鴉悖論，相信也不會說服大多數的人。批判思考運作的歷程，一定聯繫著思維對象，各種專業議題都應該是批判思考的對象。不過，批判思考本身也當可發展其共通技能，邏輯當然扮演著思考推理的重要角色。

至於就批判精神的情意、態度、氣質或知識德行等，當然也會有領域上的差異，熱愛音樂的感受、氣質，當與文學不同，但與不同知識推理技能相較，隔閡較小。有關知識德行對思維、研究等的教育價值，是近年西方新的議題，也有學者觸及（林建福，2019；蔡政宏，2013）。涉及本文的 Siegel，也有專文討論（Siegel, 2017, pp.89-107）。筆者也期待有機會能另文述及。

㈡課程教學：思考技能與批判主題分進合擊

批判思考學者們相互的爭辯，與其說是莫衷一是，但是經過本文抽絲剝繭，毋寧說是和而不同，但仍有相當共識。如果開設共同課程，邏輯扮演一定，但非全面的比重，教師要充分結合各種實質知識，若有可能，甚至應該與學生本科專業教師合作，才能達成批判思考的教學理想。否則，學者疾呼要列爲必修，是二十一世紀重要的能力云云，開課者只是炒其邏輯專業之冷飯，那就無怪乎 McPeck 堅持反對的立場了。不管有沒有單獨開設批判思考課程，各專業領域學者仍可在本文的論辯中，反思如何在自己的專業中，讓學生體會批判思考的樂趣，而不只是專業領域、資訊的熟悉而已，並鼓勵學生運用此專業與其他專業互動，從事跨領域的思維，這也當爲 McPeck 所期許。

茲舉筆者曾參與服務學校大學通識課程的設計，筆者曾將原來的通識邏輯課程訂爲「邏輯與批判思考」，原數學系的部分開課教授並不同意。對他們而言，數理邏輯就是一套語言，一套數學的專業推論技術，他們完全沒有把重點放在學生如何運用邏輯強化日常生活的推理，更遑論如何結合邏輯運用在非數學系學生自己本科的專業學習。McPeck 反對的也是這個現象。筆者誠摯期待，純邏輯學者與各領域專業學者相互之間，應該有更大的跨域心胸。在教育學系擔任統計學或方法論的學者（也包含教育哲學學者）也應該更積極地與其他教育專業學者互動。筆者相信，只有不本位主義，我們爲人師者才能爲學生樹立思考典範，開拓出眞正有助於學生批判思考的課程與教材。

㈢ 以哲學論證強化教育理論建構

批判思考作爲 1960 年代西方分析取向教育哲學學者標舉的教育理想，我們若將之作爲一種教育口號，那將無助於教育實踐。事實上，當批判思考提出後，西方教育哲學學者相互之間詰辯、問學，也豐富批判思考的概念，它們之間細緻的挑剔，也展現了教育哲學論述的精神，雖然不免繁瑣，卻也能對於課程設計與教學實踐提供澄清或多元的想像，這都値得我們虛心學習。從西方學者的相互論辯精神，也期待本文能使華人世界教育哲學工作者體察西方教育哲學家從事教育哲學的方式，進而強化華人世界教育哲學的論述。本章對於環繞 McPeck 的論辯，大體上仍是在批判思考學者之間。1990 年代以後，女性主義學者對於批判思考所反映的性別意識，後現代學者執著於批判思考的反理性勢力，或批判教育學對於「批判」學理的來源以及批判的重點，都與分析取向批判思考有根本上的不同，筆者下兩章都將一一探討，期能以所學爲學術奠基，一起爲豐富我們下一代更廣博深邃又多元的思維而努力。

第八章

批判思考作爲教育目的——是否只適用自由社會？

導言

批判思考（或批判思維）可算是二十世紀英美世界主流的教育目的，同時反映了西方知識論的理性傳統，道德論上 Kant「尊重人」的啟蒙傳統。一些教育心理學者也發展了很多關於批判思考的量表與教學方式。社會大眾也大多數從實用的角度，認為因應現代社會快速變遷，批判思考是必須具備的基本素養或能力。不過，教育哲學界則是希望在推展批判思考時，能對批判思考涉及的哲學議題，開展更多豐富的討論，諸如：如何從哲學上（而不只是實用上）證成批判思考作為教育目的之合理性？批判陣營內的學者爭議批判思考是一種共通的能力，或是批判思考需結合在不同的學科與領域？女性主義學者更認為批判思考，可能潛在反映了男性思考。左派思想則認為批判思考，不只是推理技術，更是一種社會實踐。這些反思，都能豐富批判思考的深度。前章已大致介紹了教育分析哲學家們對於批判思考的界定，也初步討論了他們之間對於批判思考是否是一種共通能力，本章則集中在批判思考作為教育目的之證成（justification）。

*本文主改寫自簡成熙（2021a）。證成批判思維：兼回應批判思考只適用自由社會嗎？**華東師範大學教育科學學報**，1 期，78-93。

緒論：問題呈現

若說批判思考已經成爲美國教育學術的「產業」，也當非過甚之詞。西方在啟蒙運動後自由民主的氛圍下，特別是二十世紀二次大戰後，理性、自主性、批判思考已經成爲主流的價值。但即使是美國，教育學者也並沒有特別著墨於批判思考的證成問題，大多數的學者仍是以接近實用式的立場，認爲學生具備批探思考能力，有助於應付快速變遷的社會需求。只有少數學者如 J. McPeck 從知識以及教育概念的關係上，證成了批判思考應該是教育目的之核心。H. Siegel 特別指出，他希望提出哲學的證成。第一章已經簡要提出 Siegel 哲學證成在方法論上的意義。本章接續此一議題的討論。

美國 McPeck 從知識的條件證成教育蘊含批判思考。Siegel 則從尊重人的原則、自足性爲成人生活預備、引領理性的傳統、批判思考與民主生活等四層面來證成批判思考作爲教育理想。Siegel 的論證是建立在理性、自由主義的氛圍，這也引起了部分政治哲學家的反思，即民主社會是否可接受少數族群進行非批判思考教育之提問。Jan Steutel 與 Ben Spiecker 歸納了批判思考涉及民主社會的三個主題：政治體制與合法性、自由政體架構與善的概念、善的概念與其內在價值，一一加以檢視，本章即針對上述議題，完整加以探討學者們各自論證的得失。綜合來說，筆者認爲批判思考對於非認同自由主義社群仍是可欲而非強制的教育價值。

第一節 批判思考的意義與議題呈現

一、批判思考的意義

批判思考（critical thinking）可算是二十世紀英美世界主流的教育目的，同時反映了西方知識論的理性精神，道德論上 Kant「**尊重人**」的啟蒙傳統。而批判思考更被視爲能因應現代社會快速變遷，所需具備的基本能力。批判思考，其來有自。不過，一般公認對戰後影響深遠的是來自 R. Ennis 的專文，Ennis 最先將批判思考界定成「正確評估各種陳述」（the correct assessing of statements）的能力，包含三個維度（邏輯、標準、實用）與十二項評估陳述能力（Ennis, 1962），吸引了 J. McPeck、H. Siegel、R. Paul 等學者的討論。前述四位學者大體上是美國教育哲學領域內對批判思考理論與實際推廣上最具代表性的人物。Ennis 也算是美國第一代分析的教育哲學家。Siegel 則是實證派科學哲學知名學者，也直接繼承美國哈佛大學 I. Scheffler 的理性教育觀。1960 年代，英國倫敦大學的 R. S. Peters、I. Scheffler，共同開創了分析的教育哲學，已賦予了批判思考一個理念上的基礎。

華人世界，在世紀之交，開始注意批判思考之價值，有多位學者介紹批判思考，如溫明麗（1997）、岳曉東（2000）、武宏志（2004）很早就介紹了批判思考。有些研究不僅介紹其內涵，也初步討論其涉及的爭議，如陳振華（2014）等對批判思考實施的模式之爭，董毓（2012）提醒人們注意批判思考爭議的三大誤區。最近，彭正梅、鄧莉（2017）及錢穎一（2018）仍在疾呼批判思考是世界教育改革的重點。蘇慧麗、于偉（2019）並從否定性之概念，探討批判思考對兒童哲學的啟發。鍾啟泉（2020）持續對於 Paul 批判思考理念有翔實介紹。中國大陸馬克思主義理論研究和建設工程重點教材教育哲學編寫組（2019，頁 121-127）仍把批判思考與創造思維並列為重要教育目的。非西方社會在邁向現代化的過程，大致上仍是以批判思考形塑教育理想或目的。

批判思考在二十世紀的發展，學者們的看法，和而不同。W. Hare（1999, p.87）曾歸納批判思考的意義如下：

1. 是依照明確的證據標準，有意識、審慎、理性的對各種主張的評估。

2. 是將反省懷疑的精神恰當運用在探索的問題上。

3. 是對於權力以及已信服的理由加以適切反省的一種思考。

4. 是質疑我們慣常的思考和行動的假定，期待立基於此批判之提問，重新從不同的方式思考與行動。

5. 批判思考是根據標準促進判斷的一種思考，它能自我校正、對情境具感受性。

不同的學者對於批判思考的界定，也會連帶引起相關的爭議（Bailin, 1995, pp.199-200）。華人世界在引介批判思考時，也多少探討了相關的議題。相形之下，爲何批判思考應該成爲教育目的，也就是對批判思考的證成（justification），則並未吸引學者重視。有些視之爲不證自明，大部分學者則是歸之於時代需求。身爲教育哲學工作者，筆者希望填補此一學術漏失，本章即嚴肅探討西方世界對於批判思考是否應成爲教育目的之學術議題。

二、批判思考證成的邏輯

㈠ Hare 的歸納

Hare 曾經歸納對批判思考證成的三種立場，分別是 (1) **倫理式的論證**：人之異於禽獸，幾兮？必須發展自我抉擇生活之能力，若非如此，兒童無能自我抉擇，將永遠依賴他人或機構，等於是剝奪兒童致力尋求有意義、豐富人生之機會。(2) **實用式論證**：學生常抱怨學校無法提供謀職訓練，但這種觀點不能體會學校根本不知未來工作所需之事實。若學生在學校窄化成特定技能之學習，一旦未來該工作消失，勢將無法因應。學生需要的是靈活彈性、完整知識（resourcefulness），才能具備了解新工作的知識與態度，學校培養批判、獨立之思考，終生受用。(3) **理智性論證**：即使是科學家、哲學家、歷史家等專業之士，也不能只停留在拾人牙慧，必須兼顧習得的知識以及如何獲得該知識，這必須不斷參與對話，也能讓人發揮其所長，這也是 A. N. Whitehead 所心儀教育歷程，知識效用（utilisation）的藝術精髓。批判思考不預設每個人都能成爲學科知識的專家。我們固然在很多領域需要專家，批判思考卻要我們不要無條件地接受別人之主張，也鼓勵人們對專家之言評估其眞實性（Hare, 1999, pp.94-95）。

Hare 的區分不具有絕對性，他的第一項倫理論證，涉及「尊重人」的意義，他的第三項論證，McPeck 與 Siegel 也都曾使用，文後會有進一步探討。值得在此先敘明的是他的實用性論證，認爲批判思考最能回應當代快速變遷的世界，其實也具有理智性論證對知識理解的立場，這應該是大多數教育學者或其他領域學者最常證成批判思考的理由。例如：彭正梅檢視最新國際趨勢，提出未來教育重點是由 3R 轉向 4C，彭正梅等指出：

> 二十一世紀技能改革運動體現了一種 3R 向 4C（批判思考、溝通、合作、創造）的轉變，其核心是培養之前時代作爲少數菁英特權的批判性思維技能。在一個相互依賴和全球競爭的時代，強調「教育即知識」、「教育即道德」的中國教育，需要認眞對待批判性思維，並把它納入教育改革的核心，培養每一個人的思維技能，加強國家戰略所需要的個體競爭力和全球競爭力，促進社會繁榮並推動建設一個更加包容和正義的世界。（彭正梅、鄧莉，2017，頁 57）

批判思考幾乎很常出現在中西重大教育政策中，彭正梅等的論述，可爲其中代表。

㈡ Siegel 的期許：哲學證成

本書第一章已經援引 Dewey、Peters 對於教育目的性質的討論，Siegel 對於批判思考的證成涵蓋了 Hare 所界定的三個證成方式，但他特別指出，他不用所謂時代需要等「實用」性的原因，來呈現批判思考的價值，他用哲學證成一詞（Siegel, 1988, p.52）。本章希望接續 Siegel 對批判思考的哲學證成。筆者原擬單純探討批判思考作爲教育目的之合理性，但在檢視西方學術文獻時，也發現近年西方政治哲學反映了社群主義，特別是多元文化主義，對於自由主義的檢討，也連帶地質疑自主性（autonomy）、批判思考是否適用自由主義社會下的少數族群，第四節一併探討此一主題爭議。

第二節　McPeck的證成及其檢討

一、McPeck的證成

McPeck基本上接受Ennis將批判思考界定成「正確評估各種陳述」（the correct assessing of statements）的能力，他下了一個明確的界定：

> X代表從事某種心智的問題或活動，E代表相關領域或問題場景的有效證據。P代表X活動的命題或行動。某個學生S，在從事X領域內之活動時，能充分的展現對於E，或E的次類加以暫時擱置判斷（suspended）的性情與技能，以建立P的眞理或行動。我們可說該學生在X領域中是個批判思考者。（McPeck, 1981, p.9）

McPeck與其他學者們較明確的差異是他堅持思考必須聯繫著對象，思考是與知識論緊密相連，當我們對某一陳述懷疑時，必須由該思維領域涉及的標準來定奪。雖然，McPeck認爲批判思考是與知識論緊密相連，邏輯能發生的作用不大，但論及批判思考與教育的關聯，或是要去證成批判思考理應成爲教育目的時，他卻是用邏輯的方法。McPeck（1981, p.36）認爲教育與批判思考存在邏輯之關係。傳統S知道P的三個條件：

S知道P，當且僅當

(i) S相信P，

(ii) S對P有充分的證據，以及

(iii) 證據構成S相信P的理由

以及(iv) P是眞的

McPeck指出，根據對於知識的分析，認知者必須對於其所知，要有相當的證成。人們接受（證成）一個信念，可能涉及證據說服了他，也可能是此一信念與另一已存在的信念相容。也因爲如此，當他被說服或接受了某一信念，邏輯上，當然代表他相信了。傳統對於「知道」的三個條件，不是沒有爭議，若不求全，大體上可以接受。細部地看傳統「知道」的三個條件，特別是 McPeck 新增的第 (iii) 個條件（其實只是對傳統 (ii) 的細部說明），認知者在評價一個信念決定要不要接受時，他必須先暫時中止（suspend）相信，這是批判思考的特徵。直到該信念經其評價後，可以接受，或相容於其他信念，當事人才予以認可。我們才可說他知道某事。所以，當事人對信念的中止、批判、接受，此一批判思考也就是要求 S 證成知識 P。亦即，認知者 S 聲稱知道 P，已經在邏輯上蘊含著他有充分的理由相信或證成，這也是批判思考所強調的重點。根據知識或知道一詞的定義，知識的獲得在邏輯上已蘊含批判思考。

McPeck 沒有自行分析教育概念，他應該是接受 Peters 對教育的分析，他說：

> 不管對教育的分析彰顯了什麼，教育必定蘊含著知識的獲得。概念分析學者和課程學者對於構成教育內容的各種知識型態容有不同意見，但我想不出有誰會較眞地質疑教育蘊含著知識。尤有進者，知識的分析說明了認知者對於其所擁有之知必須是能予以證成。這也是柏拉圖《泰阿泰德篇》（*Theaetetus*）裡最先論述，知識是由眞確的信念所構成。教育蘊含著知識的獲得，而知識的獲得又蘊含著批判思考。所以，教育蘊含了批判思考。（McPeck, 1981, pp.34-35）

McPeck 對於批判思考作爲教育目的證成的結語是：

> 批判思考不只是對於教育的妝點或是必要的輔助，而是在邏輯上蘊含批判思考。許多時下對教育的評論者都說批判思考可以改善教育，他們沒說錯。這種說法意猶未盡的是教育絕對需要批判思考。教育與批判思考的關聯是什麼？可以如下回答：教育與批判思考的關聯是邏輯蘊含的一種型態。因此，批判思考必定在任何致力於追求教育的機構占有一席之地，批判思考是教育的必要條件。（McPeck, 1981,

pp.34-35）

二、Siegel 對 McPeck 的評論

同樣是分析派陣營的 Siegel，並不滿意 McPeck 以邏輯蘊含的關係來證成批判思考與教育的關係，Siegel 重新整理 McPeck 的邏輯推論：（Siegel, 1988, p.53）

1. 教育蘊含知識的獲得。
2. 知識預設著證成。
3. 證成需要暫時將信念擱置，以便能評估信念的證據是否融貫。
4. 批判思考是如上暫時的擱置判斷與評價。
5. 因此，證成需要批判思考。
6. 因此，知識預設了批判思考。
7. 所以，教育蘊含批判思考。

Siegel 覺得僅憑概念分析，並不能確保（unsuccessful）McPeck 的論證。Siegel 的理由是教育的定義隨人而定。易言之，不同立場的政治、文化或宗教都可能對教育理想有不同的看法，McPeck 會說，對某個意識形態者而言，他也覺得他灌輸的是知識，也符合教育蘊含知識的形式要件。Siegel 會說那意識形態灌輸者也通不過知識的要件，因為他們也不會同意對於知識的界定必須滿足理性的證成。R. S. Peters 當年在分析教育概念及教育目的時，也受到類似 J. Woods 與 W. H. Dray 的批評。後來 Peters 放寬標準，認為他對教育概念的分析，所謂教育人（educated man）的理想，也受到過去文化氛圍的影響，但仍然認為日常語用概念分析的合理性（Peters, 1973a, pp.11-57），已見諸第二章。

不管是概念分析的教育內在目的，或是 Peters、P. Hirst 當年企圖論證為何需要理論性課程所運用的先驗式論證（transcendental argument），都讓人覺得，即便能證成理性本身，並無法眞正說明合認知性、價值性的教育或課程內涵的理由（參考本書第三、四章 White 的論證）。Siegel 本身

當然不會全然反對概念分析或先驗式論證，他自己在對抗知識相對論時，要證明理性本身的合理性時，就用過類似的先驗式論證來證明自身，批評者認爲理性證明自身是丐詞（beg the question）或循環論證，Siegel 認爲反身式論證（self-reflexively justification）並非丐詞，進化論可以解釋個別生物的演化，也可以用來說明進化論理論本身的演進。而懷疑論若質疑理性，那懷疑論已經接受了理性的遊戲規則，懷疑、反思、暫時擱置判斷不正是理性、批判思考所要彰顯的價値嗎？質疑理性適足以證成理性的合理性，理性也具有自我證成的特性（Siegel, 1997, pp.80-87）。Siegel 對於理性的證成，是典型 1960 年代 Peters、Hirst 的先驗式論證。不過，他並沒有同樣寬容對待 McPeck，他扮演的是 White 對 Peters 批評的角色。針對批判思考的教育證成，Siegel 認爲不能僅靠概念分析或教育與批判思考的邏輯蘊含。如果訴諸理性彰顯批判思考的教育目的，較其他政治、社會維持現狀的主張，或某宗教教條要人民不要具備批判思考的教育目的爲佳，應該要能夠爲教育目的提供實質（substantive）的哲學證成。筆者在此略嫌累贅地細說從頭概念分析，同時也提及 Siegel 在他處也曾使用先驗式論證，是要籲請讀者共同檢視 Siegel 自己提出所謂實質的哲學證成，據此批判 McPeck，是否禁得起考驗？

第三節 Siegel 的證成及其檢討

一、Siegel 的證成

批判思考同時涉及一些能力與態度的觀點，這在今日已稀鬆平常，也幾乎每個學者都會提到，但大致是 Siegel 所確立，他明確指出（Siegel, 1988, pp.34-42），所謂批判思考者是指其想法與行動是由適當的理由所推動。這包含兩個部分，其一是理由的評價（reason assessment component），其二是批判的精神（critical spirit component）。就理由的評價而言，Siegel 認爲思維者必須依靠一些原則，如無私（impartial）、一致（consistent）、非任意的（non-arbitrary），並以此來評價其主張與行動。就批判的精神而言，Siegel 也同意一個批判思考者要具備一些態度（attitudes）、性情（dispositions）、心靈習慣（habits of mind）以及人格特質（character traits）。在論證批判思考作爲教育目的之理想前，Siegel 先探討教育與批判思考之關聯。

㈠ 批判思考與教育之關聯

1. 批判思考與教育倫理學

Siegel 在此循著其業師 Scheffler 的主張（Scheffler, 1960, pp.94-95; 1973, pp.136-145）。首先，教學不能只在乎教學成效，而不擇手段，方法必須合乎道德的要求。再者，當我們進行道德教育時，雖然道德教育各家說法有別，所謂的道德成熟，至少要教導學生具備理智的習慣、傾向與推理能力。學生要有意願與能力在道德情境中，擺脫個人的利益，以無私（impartiality）的態度表現出道德行爲。與無私同樣重要的是感同身受（同理，empathy），道德成熟者若能認眞看待他人利益，他將能夠站在別人的立場，理解他人觀點，感受他人情感。道德成熟者也定能體會道德思考中，道德理由的核心力量。公正判斷、以無私心的態度來看待事物的能力、認可道德理由的價值，這些「**理性美德**」（rational virtues）是道德教育重要的內涵。Siegel 後來也將這些理性美德涉及的**知識美德**（intellectual virtues）與批判思考的關係，做了更細部的說明（Siegel, 2017, pp.89-107）。

2. 批判思考與教育知識論

Siegel 指出，學習者學習事物，他不能只是資訊的累積，他要能理解其中的來龍去脈，這涉及理由、推論、證據。若學生不能理解平行線公設（parallel line axiom）可以提供全等三角形之 ASA（兩角一夾邊定理，angle-side-angle theorem）理由，很難說他眞正理解這些公設或定理。學習者要能把握前提結論、證據結論之間的關係，也就是充分理解前提和證據構成結論的理由。這是批判思考的核心特色，也是教育的重點。批判思考與教育知識論緊密相連。

3. 批判思考與教育內容

Siegel 舉分析哲學家 G. Ryle 區分事實之知（knowledge that）、技能之知（knowledge how）爲例，說明教育所傳遞的內容都與批判思考有關。教育要培養學生一些知識、態度與技能，同時涉及理由的評估與批判的精神等。批判思考內涵根本就是教育的重要內容。

4. 批判思考與教育方法

Siegel 認爲批判思考與教育關聯最密切的厥爲教學方法與批判方法，Siegel 說：

> 批判方式就是能強化批判精神的教學方式。教師運用批判方式正是要鼓舞學生發展批判精神的技能、習慣、傾向。這意味著，其一，教師要完全認可學生有提問和要求理由的權利；然後能認識到教師有義務提供學生所要求的理由。批判的方式也就是要求教師有意願將所有的信念與實踐置於探究之中，讓學生有眞正的機會體會理由在思想和行動證成上所扮演的角色。（Siegel, 1988, p.45）

Siegel 強調，以批判的方式來教學，也就是去發展學生具有批判思考相關的技能與態度，如 Scheffler（1965, p.107）所說，是引領學生進入一理性的生活，此生活是由批判的探究理由所主導、所促動。於此，理由、理性與教學與批判方式聯繫在一起。Siegel 先以批判思考與教育的關係熱身後，正式提出四項實質論證。

㈡ Siegel 的四項實質證成理由

1. 尊重人的原則

Siegel 援引 Kant 尊重人（敬人，respect for persons）的原則，我們必須把人視爲目的，而非手段。認可他人與我們有相同的道德價值，他人的需求、欲求、合法性的利益，與我們一樣有同等的價值。敬人的理念超越教育領域之外，只要是人，無論處在何種情境，都應獲得尊重。尊重學生的義務是獨立於其他特定的教育目的。這項義務是普遍性的，不能侷限在特定教育的機制或作爲。無論我們在教育機構的何種作爲，都有義務將學生視爲人般的尊重。

因爲人都享有平等的道德價值，尊重人也意味著要尊重他的想法。所以，教師要尊重學生的獨立判斷，要對學生誠實，也要認可學生有質疑的權利。任何出自於欺騙、灌輸、忽悠學生的教學方式，即使傳授的是眞的，也並沒有做到尊重人。Siegel 反覆從道德立場指出以批判方式來教學，就是以尊敬學生的方式教學；將學生視爲人，以尊重方式對待的這項義務，也就構成了採用批判方式的理由。

教學方式離不開尊重學生的道德原則；這也是批判思考的精神。教師要能尊重學生質疑、要求理由的權利，師生都必須服膺證成眞信念或行動的理由，批判思考同時能滿足知識論與倫理學的要求。因此，尊重人作爲一項道德要求，可以成爲批判思考作爲教育目的或理想之基礎。

2. 自足性為成人生活預備

教育任務是要提供學生必要的能力，使學生能成功地經營成人生活。Siegel 認可教育是要爲兒童過渡成人而準備，但不能事先替學生決定未來，不是要替學生決定其成人角色，這必須留給學生自行抉擇。教學的重點是要強化學生掌控自己人生的權力與能力，也就是讓學生能「自足」（self-sufficient）、賦能（empower），使學生掌控自己的命運、創造自己的未來。其實，在此「自足」，也接近倫敦路線 Peters、R. F. Dearden、J. White 所發展的自主性（autonomy）教育理想。理性、自主性、批判思考共享許多成分，成爲西方戰後最主流的教育目的（簡成熙，2020a；參考本書第四章）。

在教育過程中要如何強化學生的自足或賦權能力呢？Siegel 的答案是批判思考，因爲批判思考在於探詢問題、尋求證據、找尋其他想法、對自我及他人觀點的批判反思等，學生將能獨立判斷，並根據恰當理由進行評估，Siegel 如是說：

> 自足不可或缺的是獨立判斷。自足之人也是一個自在之人（liberated person），他不受未經保證、未證成信念，或能力不足所左右，致產生不好的結果，這都會阻礙他掌控自己生活的能力。批判思考使人自由，如同使學生自足。只要我們認可有義務協助學生成爲更有能力、自給自足的成人，此義務即提供了批判思考理想的證成，因爲教育也是沿著此一理想所認可的義務前進。這是批判思考作爲合法教育理想的第二項理由。（Siegel, 1988, p.58）

3. 引領理性的傳統

Siegel 認爲批判思考與理性（rationality）有共同的外延（coextensive），它們都共同關切理由。理性的人必定（或至少）能掌握適切判斷的理由，並評估這些理由。人們要如何學習評估這些理由呢？Siegel 在此引 Peters「教育即引領入門」（education as initiation）的觀點。在人們長時間過往歷史發展中，所發展的文明傳統，形成各種知識——科學、文學、歷史、藝術、數學等等。這些領域（domains）都各自發展有關其理由角色和性質的指導原則，如科學課的學生要學的是支持或反對某些假設、理論或程式的好理由，要如何權衡這些理由的比重，與其他相關的理由如何比較等等。科學教育就是引領學生進入科學傳統，使學生能欣賞支配科學理由評價的標準。批判思考正是使學生具備理由的評價與批判的態度、傾向與性格。如果教育涉及引領學生進入理性的傳統，批判思考當然能有助於學生進入理性傳統，批判思考作爲教育理想也就可以得到證成。

4. 批判思考與民主生活

如何透過教育培養具民主的公民？這涉及多個層面。民主公民需要廣泛的資訊，要知曉民主運作方式，俾能履行其責任。能把其他人視爲政治生活中平等的夥伴。也要能檢視各項公共政策、理智判斷周遭社會面臨的議題。能挑戰或維繫既定政策，並能爲改變的政策尋求理由。能公平無私地評估這些理由，執行時能把個人利益擺在一邊等等。民主的健全發展，需要公民的理智。Siegel 認爲前述民主所需具備的理智，就包含在批判思考的技能、態度與能力之中。民主不僅需要理智，更需要批判的公民。只要我們心儀民主，願意獻身民主，就會認可批判思考是教育的根本理想。

Siegel 也深知如果有人對理性生活或是民主價值有疑惑，不一定會同意他的四項實質論證，他在書中接著專章討論意識形態與灌輸，分別指出這些價值的缺失。他認爲四項實質論證，可以成功辯護批判思考作爲教育目的。此時的 Siegel 仍然是堅持自由的傳統，來抵禦其他非自由主義觀點，並未積極回應來自多元文化捍衛少數族群教育觀的質疑。

二、對 Siegel 的評論

(一) Siegel 的實質哲學論證擺脫概念分析、McPeck 或實用性論證嗎？

Siegel 不滿意 McPeck 藉著概念分析，直接運用邏輯來說明教育蘊含批判思考，他也不尋求實用式的論證，而嘗試提出嚴謹的哲學論證。他成功了嗎？筆者認爲未必。首先，前述他不滿意 McPeck 之處，都或多或少出現在 Siegel 自己的四項論證。他雖然沒有像 McPeck 省事地直接用教育涉及知識理解，批判思考也涉及知識條件，串接二者關係。但他的四項論證，縱使可以逃避丐詞的指控，也擺脫不了概念分析或類似先驗論證的指控。他仍是藉著對尊重人、理性、民主的概念中，找到教育與批判思考的共同要素，來串接二者的關係。只不過比 McPeck 的「做工」更細緻而已。筆者覺得問題比較大的是第二論證。他的自足式的論證，有自主性的精神，但 Siegel 卻是用「爲成人生活準備」的語彙，這其實已接近實用式的論證。而且，此一論證較其他論證「丐詞」的嫌疑更大，Siegel 先設定教育要爲成年生活的成功做準備（這當然無可厚非），再論成功的人是要能自足，自足就是獨立判斷與自由，將之與批判思考與教育連在一起。成功者不必一定要獨立判斷式的自足，聽長輩的話或享受寧靜人生也可能是另一種成功的自足。當年倫敦路 Peters 等論證教育理想——自主性時，也不會僅根據定義來定奪幸福。而是論證個人幸福應透過其理性自主（White, 1982）。當然，筆者並不認爲概念分析、先驗式論證或實用式論證有什麼不好，純粹是以 Siegel 之矛攻其盾而已。

(二) Cuypers 對 Siegel 的評論

嚴肅來看，Siegel 論證一的理由是 Kant 的尊重人概念，Siegel 自己也有自覺，其論證是接受西方自由民主理性氛圍的必然。1990 年代以後，自主性或批判思考是否是一個全面的價值理念（comprehensive doctrines）的確是西方政治哲學的重大議題。西方學者當然不是要爲極權、意識形態或灌輸辯護，而是要在自由民主架構及肯定多元下，進一步探討批判思考有沒有可能也陷入獨斷，此一議題，已超出 Siegel、McPeck 的論辯層次，筆者將在下節析論。筆者在此先引 S. E. Cuypers 的評論，Cuypers（2004）認爲 Siegel 對於 Kant 的實踐理性的演繹也不到位。

Cuypers 認爲 Siegel 的批判思考區分「理性評估」、「批判精神」，他稱之爲「**兩要素理論**」（two-component theory），其實較爲接近 D. Hume 之**目的手段理性**（means-end rationality）。Siegel 建構的批判思考，Cuypers 認爲較接近理性的工具概念，並無法從 Kant 實踐理性自主性概念的尊重人的看法，覓得充分理由。Siegel 希望能援引 Kant 概念強化非工具之面向，可是，從 Hume 式目的手段式理性概念來解釋 Kant 的理念，會使批判思考理性觀有內在的緊張，甚至是衝突的。如果 Cuypers 的觀點堅實，對 Siegel 的證成將構成致命打擊。

Cuypers 界定 Kant 的實踐理性是在形上學的層次，其自我觀是一種本體自我（noumenal self）。Siegel 在引述 Kant 理念時，卻沒有這層意見，這會使得 Siegel 援引 Kant 尊重人理念時，陷入窘境。縱使暫時接受理性之人可以依據理性擺脫欲求，不將自我與本體論連結，也就是不堅持 Kant 的人觀，Cuypers 認爲仍然無法解決 Kant 實踐理性與 Siegel 心儀的教育批判思考理想上的理論衝突。爲了說明這一點，Cuypers 進一步說明 Hume 工具理性的意義。

Hume 的名言，「理性是，而且應當是激情（passion）的奴隸，除了爲激情服務外，理性無法擔任任何其他工作。」許多人對於 Hume 否定理性深表不滿。其實，Hume 要釐清的是實然與應然之間的鴻溝，這的確是哲學史上的大哉問。Hume 心目中的理性涉及事實與人類獲得知識的能力，人們藉由感官經驗的輔助，運用演繹推理或歸納，形成事實判斷，但有關人類的價值，是無涉於事實的。理性能客觀描述世界的樣態，但理性本身無法告訴我們世界應該如何，是欲望、情感、需求等才構成我們的目標。Hume 的意思不是我們要受制於欲望（這是大多數人汙名化他的地方），他只是要強調，先要價值目標確定後（不管是由何種欲念形成），理性才可以構成有效率的手段，獲得那項目標。Hume 心目中的理性觀是工具理性，而非價值理性。嚴格說來，Hume 並不同意有實踐理性的存在。理性本身不獨沒有規範性（normatively），也不具有在實踐上引發動機（motivational）的效果。明乎此，吾人就可看出 Siegel 批判思考的兩要素理論有**工具理性**的嫌疑。一方面，Siegel 告訴我們各種訴諸知識、理性、證據的推理，能讓我們對實踐命題獲得好的規範理由，但根據 Hume 的看法，工具理性本身無法定奪價值。就批判精神而言，Siegel 同樣希望這種態度、性情、傾向能夠促動當事人批判思考的意願。Siegel 當有此自覺，他並不希望理性的評估或批判精神，流於工具理性（Siegel, 1988, p.131）。正因爲如此，Siegel 才強調批判精神不只是能促動當事人行動的意願，更是非工具性目的本身的構成要素，如當事人自發性的熱愛眞理。Cuypers 則認爲根據 Siegel 的論證，其實不脫 Hume 的界定，Siegel 的批判精神與 Hume 理性概念中情感的角色，並無二致。Cuypers 認爲，Siegel 若要成功證成其批判思考的理想，又逃離工具理性的指控，還是必須更嚴格地檢視 Kant 堅實（robust）實踐理性概念。實踐理性不只是在知識論上的實踐導引（這仍接近工具理性），而是要能構成（constitutively）實踐本身的價值，實踐理性本身得自我立法，自行律定行爲標準。至於就動機所促發的行爲效果，爲了不流於他律，實踐理性則訴諸自我立法的意志本身的力量，獨立於欲求，擺脫個人喜好或傾向（inclination）的羈絆。Cuypers 如是說：

> 採用 Kant 堅實的自主性的實踐理性概念的理性觀，有其必要。根據 Kant 的說明，自主的理性同時具有規範性與實踐上的動機性。批判思考的獨特理性觀若要能內在地整合理性評估與批判精神，必須建立在 Kant 堅實的理性觀上。Kant 自主性的實踐理性能促使批判思考者根據規範的理由思考與行動。（Cuypers, 2004, p.88）

Cuypers 的結論是 Siegel 批判思考的兩要素論，只能看成是稀薄的工具理性觀，並沒有 Kant 實踐理性的全面性。想要用接近 Hume 的理性觀——這種理性，情感二分的工具理性觀——來達成 Kant 的訴求，適足以造成緊張與衝突。

其實，針對 Cuypers 2004 年的批評，Siegel 1988 年的著作，並不是沒有自覺，Siegel 當時已承認目的手段的理性概念會有限制。理性除了慎思算計（prudential）外，仍有道德的成分。我爲了個人在校取得永久教授之資格（tenure）而打擊另一教授，就目的手段而言，打擊其他教授，確實有助於我個人永久教授地位的取得，但我也可以更理性地反思，只爲了永久教授取得，而打擊其他人，這樣合乎理性嗎？Cuypers 對於 Siegel 理性觀過於狹隘，陷入工具理性的批評，Siegel 可以採取兩個策略。其一是運用先驗式論證來證明理性自身，也就是藉著探詢理性來證成理性，此理性不一定就是工具理性。Siegel 要我們注意，當我們尋問爲何要理性、理性的價值何在時，提問者本身已經對理性有所承諾了，他若嚴肅提問，他已經在尋求理由了。而此一探詢本身沒有任何工具性的企圖，就只是爲了想理解。第二項策略是如同前永久教授職位的例子，我們仍可能擺脫成爲工具理性的奴隸，在某些情境中，心無所思（mindless）、讓理性休假（shut reason off），甚至於表現非理性有時反而有其適切性，如音樂家演奏時、做愛、戰場上的求生，違反長官命令等。Siegel 指出，這些活動本身執行時，可能不一定訴求理性或批判思考，但仍隸屬「不是理性的理性」（rational to be irrational）。也就是，在這些情境中，不去選擇理性或批判思考，本身也是一種理性，也有其理由可循。這樣看來，堅持理性，有時適足以成爲理性的奴隸，而這種對理性的反思，也合乎理性。批判思考者當然應該對其批判本身持批判態度，這種接近工具理性的說法，也可以支援理性本身（critical about being critical）（Siegel, 1988, pp.131-133）。Peters 在證成教育理由時，也曾經同時用工具式、非工具式的方式證成教育的價値（Peters, 1973；參見本書第三章）。

Kant 在證成道德時，堅持不能訴諸情感，否則是他律。在實際道德教育上我們很難堅持 Kant 的理念，Cuypers 以此質疑 Siegel 的論點，不能說不對。但是，即使是 Cuypers 自己在論證自主性之價値時，也不全站在 Kant 立場（Cuypers, 1992）。Siegel（2005）在正式回應 Cuypers 時，一方面指出，其批判心靈的主張不見得會淪爲 Hume 的工具理性。Siegel 也承認，他並未嚴格採取 Kant 本體論的立場。他所界定的道德自主仍坐落在經驗界，這並不妨礙吾人可以在經驗界中體察 Kant「尊重人」之意義。筆者認爲不必因此否定 Siegel 的論證。只不過是 Siegel 的「實質」論證，並沒有他自己認定的堅實，他仍然是建立在自由主義的諸多預設，並無法完全回應來自自由主義陣營以外的質疑。雖則如此，Siegel 對批判思考的證成，仍然代表西方民主社會 1990 年代前的主流看法。

第四節　自由主義與批判思考：批判思考是否適用少數族群？

一、政治理想與教育目的

Siegel 的證成，援引 Kant 的理性傳統，第四項證成理由更是導入民主社會。自由主義作爲一種政治理想，是否內在上聯繫著以批判思考作爲教育理想？當代自由主義政治理想的一個規範性概念涉及基本社會結構。J. Rawls 認爲此一社會結構主要關切的是社會的政治、社會、經濟的機制，以及這些機制如何有效成爲一個整體的合作體系。政治理想就是適向此一基本機制架構，以成就其功能，達成當代自由主義之目的。Rawls

第一原則是極大化的平等自由原則：每個人都在最大程度上平等地享有和其他人相當的基本的自由權利。也就是在於保障每個公民都能有相同的基本權利，包括公民自由（思想自由、宗教信仰自由）、政治基本權利（投票、參與公共事務）、法治（不得任意逮捕、在法庭受公平對待）。當代自由主義特別重視享有這些基本權利的自由。如果暫以前述要旨界定自由主義，自由主義之政治理想是否邏輯上蘊含以批判思考作爲教育理想？Siegel 似乎是以此爲目標，這是最嚴格之界定。不過，自由主義的學者雖然大致上同意，若放寬標準，即便仍有理由支援，但不一定能直接由邏輯推演而得。隨著多元文化的興起，西方自由主義一方面面臨到其他非自由主義的外部挑戰，另一方面也面臨到自由主義國度內，其他非自由主義族裔或少數團體本身若不接受自由主義的意識形態或生活方式，那批判思考對這些族群而言，仍適用嗎？

(一) 批判思考涉及民主理想的三個主題

1990 年代以後，西方世界已逐漸對自由主義的諸多預設，加以反思。最有名的是社群主義對自由主義的挑戰。其他如多元文化主義、女性主義也都各自從其自覺的不公，反思自由主義的限制。這些也都影響了西方政治哲學探索教育目的，如自主性、批判思考等之合理性。Jan Steutel 與 Ben Spiecker（1999）有相當的討論（以下簡稱二氏）。二氏先從自由主義公民教育涉及三項主題，再檢視學者們的三項證成批判思考的理由能否達成其公民教育的理想。以下即對二氏的歸納做初步的討論。

1. 主題之一：政治體制與合法性

包括行政決策與立法，大多數的學者都同意，批判思考的意願與能力有助於此理想之達成。理由有二，其一，極大化平等之自由原則，賦予每個人投票選舉代議士，他們得有能力選賢舉能以及評鑑官員表現；其二，自由民主的特性可稱之爲公共辯護的理想，也就是施政必須經過公共之討論，需要公民有意願與能力參與討論。民主的興茂，有賴公民體現「政治自主」的特性——對公共決策持批判、質疑之態度，參與公共爭議時的自我批判——這些都有賴公民具備批判思考的能力（Kymlicka & Norman, 1995; Scheffler, 1973, pp.136-145）。

2. 主題之二：自由政體架構與善的概念

自由民主的政治原則也會伴隨著相應的責任——尊重公民權利的責任，也涉及形成整套有價值之美好人生對善的概念——如人生終極目標、值得追求的價值、與他人之相處、團體的效忠等等。當代自由公民有權利依照其所接受善的概念規劃其人生。不過，其善的概念也必須在自由民主之架構範圍內，不能違反此架構，也就是自由民主之架構（正義原則）要先於其實質美好生活（善之概念），或者說「對（right）優先於善」。這也為批判思考提供很好的理由，在此架構下，公民必須具有時時反思其美好生活的能力。也就是自由主義不預設任何特定善的概念，公民經由其自主性，抉擇、規劃其良善生活。批判思考能促進其良善生活的自主抉擇（White, 1991, pp.95-105; Rawls, 1993, pp.19-20; Waldron, 1993, pp. 160-163）。前幾章之自主性及 Siegel 論證的第二理由，也是這個意思。

3. 主題之三：善的概念與其內在價值

自由主義的學者也探詢批判思考算不算是關鍵性的內在價值（intrinsic value）或實質性美好生活的概念。在此所謂批判思考的內在價值，是指建立在權利、責任的自由政體架構，作為道德的嚴格意涵（narrow sense）。自由政體的道德氛圍中，公民可以自在地從多樣化善的概念中，藉此形塑他們的生活。所以，自由社會對於美好生活的理想具多元性（plurality）。這些對於善的不同看法，可能相互衝突，但都可以共存於自由民主政體。我們能否對自由民主體制加以批判？或是只能在體制遊戲規則內批判？這些評估的標準又在哪裡？重點不在於提問自由政體允許的生活理想是什麼，而是人類生活有共通根本的價值嗎？若有，其適用的範圍到何種程度？這正是探索批判反思作為善的內在價值的大哉問。要能用批判思考的方式探索政體、立法程式，是政治自主的核心，是主題一；當考量到批判思考在此內在善之概念下，涉及的是就個人自主（personal autonomy），是主題二。個人自主性不僅能評估其對美好生活之認定，更有意願及能力對立基於其生活價值信念之背後，加以批判、檢視其信念之合理性。但當代政治理想與批判思考作爲個人自主重要內涵的教育理想之間，是否有其內在關聯，就涉及主題三，自由主義學者們卻有不同看法。Gutmann（1987, p.44）認爲民主國家應協助孩子培養理解、評估不同美好生活主張的能力。傳統自由主義學者大部分支持 Gutmann 的立場。Galston（1991, p.253）則認爲國家沒有這個義務，他是指國家要尊重不把自主性視爲必備生活價值之價值，也就是國家不是一定要培養學生懷疑、反思兒童來自父母或社群之價值。誰有理？二氏循學者們對批判思考的三項論證，一一檢視批判思考在民主教育的合理性。

(二) 批判思考證成民主教育的三項論證

1. 支持性論證（the support argument）

作者認爲批判思考的前二主題可以得到證成，就第一主題，民主政治有賴公民有意願、能力對民主政體、立法等加以批判反思，其功能才得以運作。就第二主題而言，公民也必須有意願能力去反思其個人對於善的理念，與民主社會中權利與責任之協奏。批判思考能促進現代民主之興盛，具有工具性之意義。至於第三主題，Gutmann 認爲批判思考應該對理想生活進行反思，包括受父母啟迪之觀念，這應該視爲公民的核心美德。Galston 則反是。Galston 認爲自由主義國度強要求少數族群子女批判其社群或父母的生活方式，是對少數族群文化的不尊重，也等於是強加自由主義本身的理念在少數族群身上。批判思考不能視爲一種善的內在價值。

2. 福祉論證（the welfare argument）

J. White 援引 J. Raz 對於自主性、批判思考是否應成爲現代自由社會內在價值理想之討論，持肯定態度（White, 1991）。他們的理由是自主的生活方式與福祉息息相關。他們認爲，現代社會有別於傳統社會即在於其是支持自主的氛圍。在民主架構中，個人之福祉取決於能自主地反思、批判、抉擇其生活價值。福祉論證與前述支持性論證的差異，其一，二者都算是工具性論證，支持性論證重點在於批判思考能促進民主社會之興旺，福祉論證重點在個人福祉。再者，公然反對現代自由主義之學者，不一定同意支持性論證，更可能無感批判思考。不過，這些人可能因爲福祉論證，而支持批判思考。他們可能也關心其他公民之福祉，藉此檢視自由主義之價值。他們可能會發現批判思考增加個人福祉，而不必在自由主義之架構下，也能用福祉作理由支持批判思考之教育理想。但是，對於 Galston 等所支持的少數族群也能運用福祉論證反對批判思考，理由是這些族群們有權利覺得批判思考不利於其子女之福祉。

3. 必要性論證（the necessity argument）

有些學者認爲當代自由社會政治理想與批判思考教育理想具有內在關聯，批判思考不是工具性理由，也不是歷史的偶然，而是當代自由主義在邏輯上預設了善的概念本身具有批判思考之價值。要證成自由民主之價值，必然得肯定個人自主之價值。若不肯定批判思考，無法合理地說明 Rawls 之第一原則——每個人應享有極大化之平等之自由。此必要性論證，不把批判思考視爲當代自由主義工具性、功能性之價值，也沒有認定批判思考一定有助於特定族群的福祉。而是自由社會之價值，至少部分是來自批判思考之價值。但這樣仍有循環論證之嫌。嚴格說來，必要性論證沒有證成批判思考是屬於善本身之內在價值，只不過在概念上預設了其在教育之價值，並沒有深究這項價值是工具或內在式，是歷史偶然或普遍絕對。二氏提醒必要性論證不宜與將批判思考視爲證成當代自由主義理想的充分條件，混爲一談。這兩種論證都不是工具性論證，那要如何看待批判思考是內在善呢？W. Kymlicka（1989, pp.13, 17-18, 59-60）在肯定自主性下，認爲一些自由的權利固然可以從寬容的原則來證成，應該允許少數族群根據其價值而生活。不過，也不是所有攸關自由的權利，都是建立在寬容的原則之上。要能理解某些族群文化自由的全貌，仍需訴求於批判思考，特別是關於言論、表達、出版、藝術表現之自由，很難僅從對善的多元性觀點的寬容來解釋。自由社會對自由的看重，仍在於時時批判、修正生活中合乎價值的事物與信念。但是，另有些自由學者則認爲自由社會對各種價值保持中立即可，無須有特別對善的堅持，這是自由主義的中立性論旨（neutrality theme）（Dworkin, 1978, pp.113-143）。這些學者認爲個人自主的理想正代表美好生活概念衝突的事實，個人自主並不是眞正中性之價值，不能用個人自主之理想來證成政府政策或政治原則，這些學者認定自由政體和自由的社會組織可以從中立的方式加以證成。他們也因此認爲基於他們所認定的價值中立之理由，反對將個人自主的理想作爲現代自由社會原則的必要條件，因此無法完全用必要性論證來支持自主性或批判思考的教育價值。

上述反對必要性論證的看法，區分政治自主或個人自主，認爲縱使同意前者，即自由主義在政治事務上與批判思考有內在關聯，也不代表自由主義與批判思考之關聯具有內在善。二氏認爲這種區分沒有太大的意義。個人以批判思考方式，表現在公共事務上，也必然涉及他們對內在善之看法。通常爲程序中立背書的學者不一定堅持結果（outcome）也必須中立，他們認可公共事務秉中立原則，並不是主張諸多善的不同理念都要在施政上獲得中立的效果（effects）。也就是這些學者（如 Galston）即使認可政治自主可以獲得個人自主之結果，他們也不認爲將個人自主視爲可欲之價值，一定得透過國家來達成。雖則如此，二氏仍認爲這些學者只是從嚴格立場認爲批判思考不能與民主生活的內在價值畫上等號，並不全然反對批判思考與自主性的價值。

人們若接受當代自由主義，是否有充分的理由將批判思考作爲教育目的？二氏認爲批判思考的前兩個主題——自由的政體及其架構下善之概念——都可加以證成，至於第三主題，批判思考是否具有內在善，不是每個學者都同意，但二氏的結論是認爲批判思考可豐富自由民主機制，兒童若能以批判之態度檢視民主政體與立法，能在權利與責任的民主架構中反思其對美好人生（善的理念）之態度，批判思考仍可視爲是理想的教育目的。筆者同意二氏在此的結論。

二、民主氛圍下批判思考的再思考

社群主義對自由主義的批評，在於自由主義的自我觀過於狹隘，以致誇大了理性、思考、抉擇在個人自我認同的價值，他們不同意可以割裂社群認同，只片面強調獨立思考的自主觀。前雖引 Cuypers 認爲 Siegel 沒能眞正貫徹 Kant 的自主觀。其實，在自主性上，Cuypers 也不同意只建立在 Kant 的自主觀，這也同樣適用在對批判思考的反思。Cuypers 提出關懷才是教育的中心要務，他也在個人認同、自我評價方面，傾向於接受溫和的他律觀（moderately heteronomous view），著重社會文化對於人的意願結構，而非理性的自我抉擇所扮演的角色（Cuypers, 1992）。但大部分的西方社群論者、多元文化論者並不會因此否定自由民主的價值。女性主義學者雖然對於批判思考可能反映性別偏見有些疑慮（Thayer-Bacon, 1996），但她們這種疑慮本身，適足以體現批判思考的價值，有關女性主義學者對批判思考的進一步討論，可以參考本書第九章。

其實，Galston 之所以不贊成批判思考作爲教育的核心價值，不是他主張教育要用灌輸的方法，而是要體現另一種差異式的多元，讓傳統自由主義能眞正尊重到少數族群（尊重少數不獨尊自由主義的族群），以確保少數族群不會掩沒在自由主義主流的價值之中。這的確也是西方 1980 年代以後，多元文化論者等對自由主義的進一步反思。之間當然涉及到很複雜的政治哲學論辯，筆者暫無法在本章細論。Galston 認爲，自由社會反對強加特定價值於人身上，某一族群不主張過批判反思的生活，自由主義者應該要以尊重差異的態度，容忍這些族群過未經批判反思的生活。如果我們極端引申 Galston 的觀點，我們是否要容忍某一族群對內採取愚民或違反人權的方式，而尊重他們的文化呢？顯然 Galston 原先重差異的理想，會碰觸許多現實難題。至少，Galston 也同意，社會有最低限度的要求。如保障生命（不能用活人獻祭）、保障個人基本正常發展（如不能對孩童造成身體永久性傷害），並發展社會理性（social rationality），若該族群刻意忽略此一培養，國家也必須介入（Galston, 1995, pp.524-525）。那 Galston 也沒有太大的理由反對批判思考。Kymlicka 在針對尊重少數族群權利時，提出應致力少數族群的外在保障（external protections），使少數族群不流於主流優勢族群的宰制。但是要有內在限制（internal restriction），也就是少數族群對內，不能因此限制其族裔子民的公民權（Kymlicka, 1996, pp.34-48）。爲了防止少數族裔掌權者內在限制其子民，仍可證成國家介入批判思考的合理性。J. White 曾討論類似自主性的問題，換成批判思考依然適用。不珍視批判思考的少數群體，批判思考仍應是教育目的嗎？少數社群可否以兒童福祉之概念，來說明非批判性思維的教育養成才符合其子民福祉？White 的結論是當代少數群體之社會，不同於傳統社會，因爲昔日傳統社會，無從比較。若當代少數群體社會堅持如此，不讓學生孩子有比較的機會，他們其實是在灌輸（indoctrination），也就是剝奪其子民反思的機會（White, 1991, pp.103-105）。White 的學生，已辭世的 T. H. McLaughlin 對此爭議，曾經區分兩種公民身分觀，其一是**起碼**（minimal）的公民身分觀，是法律、司法等形式架構下的公民，公民所需要具備的美德是遵守法令、守望相助。另一種是**極致**（maximal）的公民身分，其公民美德必須回應更普遍的問題，他們得更積極參與公共事務。McLaughlin 指出，這兩類是連續性的概念，不是非此即彼，但他們各自的公民教育會有不同的重點。起碼的公民教育是要培養學生理解地區的資訊，無須具有批判反思能力，也不需把效忠整個國家、改善社會等看得太重要，Galston 的主張即是此類。極致的公民教育則必須培養學生批判思考能力，能對社會、道德議題加以反思，並積極參與社會活動，Rawls、Gutmann 等大部分自由主義學者屬之。McLaughlin 藉著對公民身分的區分，也許可以區辨公民教育之推行重點，但卻無法再提供究竟何者較優。與本文有關的是 McLaughlin 認爲 Galston 的起碼公民身分，是只要遵守法律即可，但 Galston 念茲在茲的卻是普遍性的法律不應束縛少數族群，對我們主流社會而言，這其實是一個更「極致」的目標，也是 Rawls 想要致力的，在合理多元的現代社會，政治架構及施政，如何尊重差異以確保最大量、最公平的自由與福祉的問題。Galston 認爲批判思考本身就違反某些少數族群價值，Gutmann、Rawls 卻認爲這有助於合理多元遊戲規則的建立，至少能確保少數族群的政治權利。

綜合上述，筆者的結論是國家把批判思考作爲普遍公民教育目的，沒有太大問題。但若境內少數族群明確反對此理想，堅持要過一種接近與世隔絕之生活與教育方式。國家首先必須確保該族群文化是否有現代社會決不能容忍之價值（如殺人獻祭）。再者，鑒於對該族群文化子女的責任，也必須監督該族群是否違反其子女自由選擇生活方式的權利。若都沒有上述情事，應最大範圍尊重該族群文化。爲了確保前述情事不發生，依然可以進行批判思考的教育，但可以用溫和的方式，不批評該族群的生活方式或價值觀，不必特意鼓勵該族群學生反思，但提供機會讓學生知曉其他生活方式的價值，Galston 也同意要發展社會理性。因此，批判思考仍有其積極的教育意義。

結語

批判思考可算是二十世紀英美世界主流的教育目的，同時反映了西方知識論的理性精神，道德論上的尊重人的 Kant 啟蒙傳統。批判思考也體現民主的氛圍，甚至於可用以批判民主本身。不過，筆者檢視相關討論，認爲那些反對批判思考作爲教育目的之西方學者，並不是反對自由或民主生活，而是希望擴大自由民主的範圍，讓自由主義本身不至於對內壓制其他少數族群的生活價值，仍然體現了一種差異、多元的尊重，這不必然敵視批判思考或自主性的價值。

我們雖然有自己的傳統，但自從五四運動以後，民主也一直是國家努力或現代化的目標。西方對於批判思考作爲教育目的證成的理由，也適用於我們。對於那些少數族群而言，筆者的暫時結論是，主流社會也許不用強調或鼓勵批判思考對於該族群的教育價值，但族群以外其他社會生活方式的資訊，仍應提供，以愼防該族群違反主流社會共同價值而傷害或侷限其子女權益的可能。若沒有上述現象，主流社會尊重少數族群文化教育的自主，適足以證明主流社會的包容。暫時撇開繁瑣的哲學論證，從實用、現實或未來社會所需能力的角度，對主流社會而言，批判思考也符合可欲的價值。綜合上述，我們應有理由接受批判思考作爲教育目的之理想。筆者身爲教育哲學工作者，也深知一般教育學者認爲哲學證成並不接地氣。不過，經由本文的討論，筆者仍然期待我們對於想當然耳、不證自明或大衆趨之若鶩的教育想法，能夠發揮理性論辯的探究精神。哲學論證雖然繁瑣，確能明晰其間涉及的問題，從而在實踐中眞正彰顯該教育理想之精神，批判思考亦如是。

第九章

批判思考與建構思考——來自女性主義的反思

導言

啟蒙運動以後，西方教育是立基於理性的傳統。上個世紀二次大戰後，英美教育哲學學者所建立起的自主性、批判思考，成為重要的教育目的。1970 年代以後，女性主義廣泛影響西方各學術領域。女性主義開始發展其知識論、倫理學與科學哲學。他們質疑分析教育哲學取向的批判思考，潛藏性別偏見。過於強調理性、推理技術，沒有正視情感、直覺、想像的價值，無法觀照真實人生。本章分別介紹重要女性主義科學哲學學者對傳統或分析哲學的批判，以及教育哲學學者對批判思考的反思。批判思考學者的回應中，Siegel 的回應代表的是批判思考本身可涵蓋女性主義之批評，J. Wheary 與 Ennis 的回應則代表批判思考願意部分吸納女性主義之批評。Thayer-Bacon 最先從性別意識出發，融合關懷理念，進一步發展建構式思考，討論取代批判思考的可能性。本章雖無定論，但透過相互之間的論辯，能使基層教師體會批判思考及女性主義主張的精神及傳統批判思考的可能限制，也能使華人世界教育哲學工作者體察西方教育哲學家從事教育哲學的方式，進而強化教育哲學的論述。

---

*本文有關女性主義關懷倫理、女性主義知識論、科學哲學等內容，參考改寫了簡成熙（2005a）《教育哲學專論：當分析哲學遇上女性主義》（臺北市：高等教育出版）中的兩篇文章（2005c，2005d）。另有關建構思考部分，改寫自簡成熙（2020e）。批判式思維的挑戰與建構式思維的可能：來自女性主義的反思。**教育學術月刊**，5 期，3-15。

‖緒論：批判思考有性別偏見嗎？

西方自啟蒙運動以降，自由主義、民主理念、資本主義所形成的個人主義逐漸脫離傳統由上而下決定價值、幸福的生活方式，正式步入所謂現代社會。「自主性」（autonomy）、「批判思考」（critical thinking）也取代了一些實質性的教育主張，成爲戰後西方世界主流的教育目的。影響所及，非西方社會在邁向現代化的過程，也大致是以此形塑教育理想或目的。當批判思考蔚爲西方主流教育目的時，也引起分析陣營外部眾多學者對批判思考所可能潛存的偏見：（簡成熙，2005c，頁 350；Bailin, 1995 , pp.199-200）

1. 批判思考忽略或輕視情緒的重要性。
2. 批判思考把理性、線性、演繹的思考置於直覺之上。
3. 批判思考是侵略式、對抗式的，而非合作式的。
4. 批判思考是個人式的，把個人自主置於社群及相互關聯的意識之上。
5. 批判思考重視抽象的演繹通則，而非具體特定的生活經驗。
6. 批判思考預設了客觀性的可能，較無法認可個人所處的當下情境。

Bailin 所提出的問題，其實也是女性主義學者不滿批判思考的重點。批判思考自提出以來，雖有一些學術爭議，但並沒有在根本上動搖批判思考的理性預設。但女性主義之批評，則根本上挑戰了西方啟蒙以降的理性傳統。女性主義在 1970 年代以後不僅引領風潮於社會運動，更在學術上激起千堆雪，幾乎各個領域都翻轉了既定的學術規矩。心理學、哲學也不例外。N. Noddings 與 C. Gilligan 所提出的關懷倫理學，最引人注目。在哲學知識論上，女性主義學者在知識論與科學哲學上，也有許多斬獲，以立場知識論（standpoint epistemology）爲代表。在教育哲學上，出身分析陣營的 J. R. Martin 最早針對當代英語系世界最具代表性的教育哲學家，如倫敦大學 R. S. Peters 的教育人（Peters 最先文本是用 educated man 之字眼）、劍橋大學 Hirst 七種知識型式（forms）的課程觀，以及其在哈佛大學的業師 I. Scheffler 的「理性教學理論」（rationality theory of teaching）為靶子，認為這些教育主張，都太重視理性之價值，難逃性別歧視之嫌（Martin, 1994）。在 1990 年代，女性主義學者也直接對批判思考展開反思，如 Martin（1992）、Bergmann（1994）等。本章分別介紹女性主義科學哲學學者 Moulton、Jaggar、Longino、Harding 等的立場，再舉出 Martin、Belenky 等、Thayer-Bacon 具體對批判思考的反思。值得我們注意的是，部分女性主義學者已經從批判男性性別不公的視野中走出，企圖建立更為統整的考，如 Thayer-Bacon 的建構式思考。這些評論都是站在女性主義倫理學、知識論或科學哲學的基礎上。筆者對於前述議題都有相當的討論（簡成熙，2005c，2005d）。本章希望能延續已有的研究，使華人世界批判思考推展能立基於更堅實的理論基礎。

第一節　批判思考知識論爭議：女性主義的挑戰

本節先俯瞰整個女性主義知識論、科學哲學的基本立場，再檢視其對批判思考的相關討論。女性主義大體上沿著 T. Kuhn 以降的新科學哲學傳統以及馬克思批判傳統，質疑邏輯實證（logical positivism）或邏輯經驗論（logical empiricism）的客觀立場。

一、女性主義知識論與科學哲學

(一) Moulton 對於哲學論證的反思

傳統哲學，從蘇格拉底以降，一直很強調透過概念的澄清，使人了解到自己觀念的混淆、衝突與限制，從確立問題意識與前提，建立論述體系。Moulton（1983）指出，上述的這種傳統哲學的所謂論證取向，極富**「攻擊性」**（aggression），這其實是一種生物雄性特質。雖然生物學上的攻擊、掠奪、屠戮，表面上為人類文明所譴責，但是「攻擊性」透過人類語言的隱喻，被包裝成「進取心」，這種活躍、野心、力量、能力被視爲積極效率的表徵，也是成功者的特質。Moulton 認爲，傳統的哲學、科學正是以一種攻擊性的方式，展開眞理探索之途，她稱之爲「**對壘法**」（adversary method）。對壘法有哪些缺點呢？

首先，對壘法容易造成兩造雙方立場的孤立，眞理是否會愈辯愈明？雖然在辯論時，必須要有一些共識，對於如何認定證據、理由，要有一致的標準，才能據以論定是非。不過，在實際知識論戰時，雙方常會誇大己方與對方不同，並且扭曲對方的意思，各自形成極端的論述，以企求否認對方的立場。結果雙方更不容易接納對方或修正己方的立場。再者，對壘法容易孤懸目的與方法，學術界針對論題，常以容不容易被質疑爲重點。結果哲學界裡充斥著機巧有餘，卻沒有任何深度或價值的論述。論證的雙方都很小心翼翼地使自己的論述完整，在純然的概念中做形式的演繹，反而忽略了社會的實踐意義。最後，Moulton 指出，對壘法也會限制了我們思考問題的視野，忽略了許多不能納入對壘法思考的問題，從而窄化了哲學探索的範圍（簡成熙，2005c，頁 338-339）。Moulton 雖然沒有直接討論批判思考，但她以女性主義的立場指出了知識的探索不需要建立在彼此對立的相互競爭之上，而是透過不同經驗的交換與對話，培養更開放的心靈，深深影響了多數女性學者，特別是關懷取向的學者對批判思考的基本立場。

㈡ Jaggar 的愛、情緒與知識

A. Jaggar 指出，自 Plato 以降，理性與情緒一直存在鴻溝。主流的看法是情緒有害知識建構。她希望能翻轉此一偏見。Jaggar 區分「情緒」（emotion）與「感覺」（feelings）。感覺係指我們日常生活所經驗到的知覺，如痛、冷、濕、餓等，情緒則帶有意向性（intention），如愛恨情懼等，但人們語言使用的交錯，無法求其同，暫以「情緒的感覺」（emotional feelings）稱之。Jaggar 認爲人們在生活脈絡中成長的環境、往來周遭的人，會自然習得情緒的感覺，這使得人們情緒在生理和心理維度上，

同時具有歷史性與文化性。一方面，情緒是被社會文化決定的，但也同樣是人們認識、參與或建構世界的方式。地理環境也會共構社會文化，例如，溫帶或熱帶地方，較富情緒性，寒帶地方則較少情緒性。Jaggar 認爲文化社會模式會形塑人們的情緒感覺，並維繫之。所以，情緒的感覺與價值之間，彼此互相預設。人們之間會有情愛感覺，但是否要以浪漫的方式表現，則有文化差異。雖然文化模式會約束人們情緒的感覺，甚至可能蒙蔽了人們選擇生活方式的可能。但是人們也會嘗試經歷未被法律認可的情緒感覺（outlaw emotions）。娘娘腔、酷兒（queer）、刺青、怪胎等等，都代表當事人要擺脫傳統文化限制，表現自己特有的情緒感覺。

Jaggar 指出，情緒感覺是雙面刃，可以幫助我們理解他人的觀點，但也會限制某人或某一群人自我理解。情緒的感覺深深嵌入（embedness）我們，深深影響每個人。我們可能有意識，也可能不自知。科學實證論者就認爲人類應該，也能夠擺脫情緒的影響，冷靜、非情緒地客觀記錄一切。科學探究正是要擺脫情感（dispassionate）的羈絆。雖然實證論也接受情感對認知的導進功能，但卻將之侷限在「**發現邏輯**」（logic of discover）脈絡，實證論者更重視「**驗證邏輯**」（logic of justification），企圖運用邏輯來消解受情緒影響的概念及偏見。Jaggar 認爲價值和情緒，不僅對於科學選題、形成假設以及所欲達成的成果等科學實踐都有影響，而且還發揮後設（元）科學（metascientific level）的探索功能，何謂科學？科學探究是如何運作的？科學與非科學探究模式的差異何在？女性主義藉此得以反思既定科學的權力運作機制。當然，情緒有可能誤導我們，限制了我們自省的意願。Peters（1961）當年分析情緒時，就是從情緒的評價及認知意義出發，此一評價當然是社會的建構，這與 Jaggar 的看法，沒太大差異，但 Peters 強調教育是要引領學生習得社會的理性通觀的認知模式所建構的社會秩序，強調以理性來設限情緒。Jaggar 則提醒情緒感覺是人們與世界協奏的重要方式，與其試圖壓抑或限制，倒不如重新加以詮釋、認識，加強對情緒感覺的研究。Jaggar（1989, p.149）曾指出：「情緒在建構理論上既不會比觀察、理性或行動更基本，但也絕非次要，所有人類這些官能（human faculties）反映的是人類認知無法彼此分離。」

到底情緒感覺在建構或編織知識時扮演何種角色，Jaggar 重提情緒在道德和知識論上的意義，她援引 H. Rose 之說，Ross 認爲女性的關懷實踐，儘管是在既定的性別勞務分工被壓制的疏離脈絡下，但仍然能夠讓女性更精準、更不受壓制地理解自己的身體，像是月經體驗。而 J. Goodall 研究黑猩猩與 B. McClintock 研究玉米基因，二位女科學家都將探究與感動、同情和同理等聯繫在一起（Jaggar, 1989, p.146）。關懷、同理等情感因素，不只在倫理學，更在知識論上有積極意義。

㈢ Longino 視科學為社會建構

自 Kuhn 以降的所謂新科學哲學主要打擊的對象是邏輯實證的傳統，女性主義也被歸類在新科學哲學脈絡。邏輯實證傳統對於新科學哲學對理性、客觀性批評的回應，是堅持「驗證脈絡」與「發現脈絡」的二分。簡單說來，邏輯實證論可以接受新科學哲學提出的文化、世界觀、範式等主觀氛圍對於科學發展的影響力，這是「發現脈絡」，但是科學判斷有著客觀的標準，不容主觀，這是驗證或證成的脈絡。Longino（1990）則集中在此脈絡二分的批評。她也以兩種影響科學發展的價值相對照，其中一種是「**構成性價值**」（constitute values），類似前述證成的邏輯，是指構成科學實踐或方法可被接受的規則與來源。其二是「**脈絡性價值**」（context values），類似發現的脈絡，指的是科學運作過程中的社會或文化情境。在 Longino 看來，所謂「證成的脈絡」並不像實證派科學家所聲稱的客觀，一方面，科學問題的選擇、科學語言的形成、對驗證條件的要求等都受到社會情境的影響。科學知識的證明並不像實證論所聲稱的，是用客觀、一致的標準去檢證假說或經驗觀察的描述。另一方面，科學觀察的陳述（假說）與證據標準同時受到背景信念（background belief）的影響，而相互激盪，構成性價值所決定的科學方法無法獨立於脈絡性價值。各種政治意識形態、經濟、道德，甚至於美學因素所形成的信念背景，是交疊在一起，共同決定了科學經驗的方法。易言之，發現的脈絡與證成的脈絡，無法二分，**科學本質上也是一種社會知識**（social knowledge）（簡成熙，2005d，頁 312）。Longino 舉一個例子，假設有一實證派的學者堅持根據其客觀研究，預測未來女性主管的機率是 20%。此一實證知識，姑且視其爲眞（構成價值），當客觀聲稱時，其實已經有很不利女性的社會感染性（脈絡價值）。從人類過往文明的發展，女性無法擔任主管，難道不是脈絡價值的影響（過去男尊女卑），導致實證派堅持的客觀事實嗎？Longino 從脈絡論的立場指出，傳統科學自以爲客觀，殊不知潛在著男性中心的偏見，忽略了女性的經驗，所產生的知識，其所涉及的背景信念，都是以男性的生活世界爲標準，這稱之爲「**壞**」科學。若有更多的女性投入，將可以提供更多有利於女性的背景信念。是以如果不致力於改變科學自以爲是的客觀性，不從社會脈絡去反思既定的科學內容，將無助於「壞」科學（bad science）的進步。

㈣ Harding 的立場知識論

Keller（1985）、S. Harding 都是美國女性主義科學哲學的先鋒。Harding（1989）在論述女性主義知識論的策略時，曾劃分了女性主義經驗論（feminist empiricism）及**女性主義立場論**（feminist standpoint theory）。後來，在另一篇文章（1990）中又增添了後現代論（feminist post modernism），成爲女性主義知識論最代表性的分類，不過，筆者覺得她們彼此之間其實共享了一些特質，並非涇渭分明（簡成熙，2005d，頁 310）。篇幅所及，筆者暫以立場論爲代表，作初步的說明。

傳統知識論，「S 認知 P」，假定認知者 S 是以一中性、普遍、不涉入個人好惡情感的方式，循一客觀的方法去獲得知識 P（前章討論批判思考時，McPeck、Siegel 有相當的討論）。女性主義者卻認爲認知者 S 有其主體性（subjectivity），是帶著立場（standpoint）去從事知識活動，既有的科學常無法正視認知者涉入的種種，而自詡中性客觀。

女性主義的科學並不是要把科學從男性的認知中還原，回復到中性的客觀，而是要吾人體會認知主體是如何巧妙地浸染到科學研究上，既然科學長時間來是由男性所掌控，根據立場論的觀點，科學知識的產生與發展，科學研究的經費、資源分配等，會很自然地反映了男性的認知，也確保了男性在科學上的優勢地位。這種以中性、客觀爲名的科學，只是一種「**弱客觀**」（week objectivity），忽略了影響科學自身運作的各種來源，無法正視科學本身所涉及的社會利益、價值，更忽略了不同認知主體的需求、興趣、利益，這種客觀性反而窄化了科學的視野，Harding 甚至於用「半科學」（semi-science）來譏之。「客觀性」不能用來窄化科學，而是要增加認知主體的多樣性，使科學的認知主體不只是男性。易言之，女性主義立場論者認爲，由於女性是處於被壓迫的一方，由女性立場來審視的科學條件，不僅能促成女性自身地位的增進，也將能因此眞正使科學的適用性增加。所以，從立場的觀點更能使科學免於獨斷，此即「**強客觀**」（strong objectivity）（簡成熙，2005d，頁 314；Harding, 1999）。

立場的知識論認爲認知主體 S 不能沒有立場，她（他）是載負著特定的觀點去認識或建構知識，知識 P 不是一種客觀的實在，而是在認知主體 S 所處情境中發展出來，在此知識建構的過程中，S 與 P 並不是如實證論所云的主客二元對立。S 的情緒、成長經驗所形成的信念體系都會介入其中，對於科學探索的主題、方法的抉擇，乃至科學的解釋，都會滲透。所以，知識其實是受到認知主體所代表的性別、階級、種族所左右。由於長時間以來，文明所展現的知識大多是男性所產生（因爲在過去，女性並未接受完整的教育），也就相當程度地反映了男性的認知與看法，而直接符應了男性的利益。立場的知識論希望藉著強化女性的主體性，把長時間以來被「中性客觀科學」所漠視的女性思維、認知、經驗等，加以凸顯，以建構符合女性利益的知識體系，並解構既定的科學知識潛存的性別偏見。根據立場論看法，認知主體有其立場，那爲何增加女性立場，就是強客觀呢？女性的立場可不可能是偏見，或是淪爲另一霸權？立場論的回應是處於弱勢、被壓迫位置者，應享有「**認識上的特權**」（epistemic privilege）。不僅是對女性，對所有處於弱勢者，都應有衆聲喧嘩的機會，才有可能促進已有知識的進步。D. Haraway 雖能同情女性主義將知識看成是處境的（situated）、立場的，能翻轉處於弱勢地位女性的認知權益，但仍會陷入傳統二元的架構。她提出**賽博格**（Cyborg）的理念，認爲，我們正處於一特定的歷史時刻，科技當道，正仰賴新的理念來重構人與動物、人與機器、物質與非物質間的關係（Haraway, 2010）。集成電路、數位科技等的分析技術，可以重新形塑人的主體，新的人機一體，看似石破天驚，不僅可以重新安放亟待改善的種族、性別、階級的不公關係，引領更有效的政治行動策略，更能打破傳統人文主義的藩籬，迎向科技的未來。有關賽博格與科技的辯證，本書第十四章有更仔細的引介。

二、女性主義者對批判思考的反思

(一) Martin

Martin 並不認爲她的哈佛業師分析派的 Scheffler 或是 Peters 等故意歧視女性，但他們的論述有可能潛藏著一些性別的刻板設定。究其因，Martin 曾在一篇評述批判思考的文章中指出，批判思考似乎會阻隔了認知者與對象。科學所強調的主客體對立、客觀、中立態度，與傳統被認爲女性特質的親近、自我與他人的融會、愛等並不相同，將批判思考視爲教育目的，潛在的反映了男性的認知。Martin 援引 B. McClintock 研究玉米之經驗。**研究者與研究對象是一種親近的融會關係**，傳統科學哲學重視理性與邏輯，著重命題式的知識與理論的結構，而忽略了自我與對象的親近關係。Martin 指出，把教育設定在批判思考，會造成一種冷眼旁觀的批判現象（critical spectatorship）。受教者習慣不帶情感的運用理性去分析各種現象，卻一點也不想改變。她說：

> 自然科學、社會和行爲科學、人文學，構成了先賢所教誨的知識之體，也構成當今高等教育的博雅課程，較簡化的版本則是「較初階」教育的課程大要。課程將世界分成幾個領域，擇其要點加以研習，提問這些學科的特定問題，各自運用其專技語言。不同的學科知

> 識，一開始即內建於自然、社會、人文三大領域範疇，加以審視。這些知識不是拿來運用，也不會消失。僅說明世界爲什麼是這個樣態。無怪乎立基於這些知識基礎的各級學校課程——像許多評論者所期許學校的作法一樣——教我們年輕人世界的樣態（about），僅「培養」（produce）冷靜的觀察者，而不是置身其中的參與者。（Martin, 1992, p.173）

Martin期待教育要培養的是熱情參與，而非冷眼旁觀。批判思考本身的預設，就會造成思想與行動的距離。如何透過教育造就知行合一的受教者呢？Martin提出三**C——關懷**、**慈悲**（compassion）、**關心**（concern）。Siegel認爲一個批判思考者是會被適當的理由來觸發行動，Ennis認爲合理的和反省的思考會導致信念與行動。Martin認爲平常人之所以去做某事，是因爲「我在乎它」，而不是「我已證成它」。從知行合一的立場，Martin認爲三C才應是批判思考的重要部分。一言以蔽之，批判思考應否成爲教育的普遍性目的？如果學生能擴大其關注的視野，能在學習過程中不冷冰冰地與探究對象保持距離，答案當然是肯定的。Martin最後也提醒，即使批判思考能整合不同的型態，仍然是一種思考，教育絕不只是認知思考而已。言下之意，只從思考認知的維度來審視教育目的，本身就是一種限制，Martin後來以「**內在平和**」（domestic tranquility）來表達教育目的的特性（Martin, 1995）。

㈡ Belenky的合作思考

M. F. Belenky等學者曾經運用實地訪談的方法，描繪了不同的女性豐沛的認知方式，這些認知方式常被主流的知性思潮所忽視，甚至貶抑。女性的自我與其認知是分不開的，主流的教學模式，可能偏重在男性較爲擅長的認知方式。Belenky等學者當然不認爲女性不擅長男性的認知，這會墮入傳統刻板印象。不過，從女性認知的角度，卻能更提醒教育者要重視女性的認知，更能激發女性的自覺，也讓男性能有更多元的思考。

Belenky 等所歸納出的女性認知方式，如下：（簡成熙，2005c，頁 342；Belenky et al., 1997, p.15）

——**沉默**（silence）：女性在這個認識的位置上是無心、無聲的，只臣服於外的權威。

——**接收式認識觀**（received knowledge）：女性在這個階段認爲她們只會接受（或重複）外界教她的一切知識，她不會自己創造知識。

——**主觀式認識觀**（subjective knowledge）：女性認爲眞理和知識是自己主觀的認識或直覺。

——**程序式認識觀**（procedural knowledge）：女性投入學習，並應用客觀的過程去獲取知識，與人做知識交流。

——**建構式認識觀**（constructed knowledge）：女性開始以整體性的觀點看待知識，能創造知識，同時看重自主和客觀的認識策略。

Belenky 等學者特別強調，這五種方式並不是一種絕對的分類，也無法很貼切地說明個別女性的獨特性，男性也會表現類似的思維成分。雖然他們特別看好建構式認識觀，但是每種認識觀都反映了某些類型女性的認知歷程，教師要珍視每種認識觀的價值。Belenky 團隊在 1996 年回應學者們對《女性的認知方式》時，特別提出她們並沒有貶抑程序性知識觀（這是傳統上對批判思考，或是男性認知的描述），她們也能體會許多人深恐建構思考會陷入主觀主義（subjectivism），而亟思有所區分，並提出「合作思考」（collaborative knowing）以取代建構思考可能帶來的主觀疑慮。其中第六章，她們將程序性之思考，區分成分離的認知與關聯的認知（Belenky et al., 1997, pp.205-247）。她們認爲傳統批判思考是典型的分離式認知。主體對於認識的對象或他人是要在此互惠關係中，分離出主體的經驗，在批判思考中，是要懷疑、假設他人（包括自己）的想法可能有錯。關聯的認知則是強調信任自我的聲音，不必懷疑或批評他人，經由個人參與、同理、彼此信任，聆聽自己內在聲音的同時，也更能理解他者。

㈢ Thayer-Bacon 的建構式思考

Thayer-Bacon 的博士論文即為探究 R. Paul 批判思考理念，她也承襲女性主義的立場，質疑批判思考學者們的性別偏見（Thayer-Bacon, 1996）。以 Ennis 這位批判思考原創性的學者為例，過於重視思考的技巧；McPeck 著重特定的脈絡知識，相較 Ennis，更能為女性主義學者所接受，不過，個人的內在之聲，及其對認知的導進功能，依然為 McPeck 所忽略。Paul 的批判思考概念，較為強調同情的理解他人的觀點，從脈絡中體會彼此的「世界觀」，不過，Paul 的「強」批判思考，為了要眞正做到自我省察，使批判思考的各種規準能夠運用在自己身上，卻得預設人是自我中心取向，所謂反省是要在批判思考中把所有自我排除，使思考者更無法聆聽自己的內在之聲，Thayer-Bacon 云：「我期待能強化自我意識（self-awareness）成為批判思考技術發展的部分，讓大家體會人們不可能從自我的觀點中把自我分離出」（Thayer-Bacon, 1996, p.104）。Siegel 強調批判思考有賴合理的理由去評價，Thayer-Bacon 認為 Siegel 等分析派批判思考的學者其實是要我們在與別人對話的過程中去懷疑（doubt）他人的論點，但若不先去信賴（believe）他人，又怎能理解別人的想法呢？縱使我提供了充分的理由，如果你不在乎（caring），那我們的交談只不過是浪費時間。Paul 認為開放的心靈（open-mindedness）、公平的心靈（fair-mindedness）是批判思考的基礎。Thayer-Bacon 卻認為只有在關懷的情境中，開放、公平的心靈才有可能產生（簡成熙，2005c，頁 344）。

Thayer-Bacon 在 1993 年的論文，是以「關懷」作核心概念（Thayer-Bacon, 1993）。Thayer-Bacon 在這篇文章，大體上也能正向的認可 Ennis、Siegel 等主流批判思考學者對於各種情意、態度、精神、心態等觀點，她認為正與關懷不謀而合。Thayer-Bacon 也承繼 Belenky 等之立場，進一步提出了**建構式思考**（constructive think），並以「**蜜蜂編織**」（quilting bee）的隱喻來說明建構式思考的特色（Thayer-Bacon, 2000），雖然仍是立基於女性主義，但可看出她希望用建構式思考取代易陷於二元對立的批判思考的企圖。

第二節 批判思考支持者的回應

自由至上主義（libertarianism）學者 R. Nozick 在探討理性概念時，曾對「偏見」（bias）加以分析，Nozick 認爲偏見的運作有兩種方式，其一是並沒有公正地運用既定的標準；其二是藉著標準本身的選擇，排除或傷害了特定的團體（Nozick, 1993, pp.103-106）。面對女性主義來勢洶洶的質疑，批判思考支持者如何捍衛其原有立場或是吸納女性主義的訴求？如果採取 Nozick 對於偏見第一種立場的回應，那就是女性主義所批判的情形，不是批判思考本身的錯，而是沒有做到眞正的公平。Siegel 的回應是典型的代表，他認爲批判思考本身可回應女性主義之批評。如果採取偏見第二種的回應，那批判思考本身的某些立場可能就是偏見，需要加以反思與虛心吸納女性主義的批評，Wheary 和 Ennis（1995）的回應可爲代表。以下分述之。

一、Siegel 的回應：批判思考本身可回應女性主義之批評

Siegel 在 1980 年代 Kuhn 新科學哲學批判邏輯實證傳統如日中天之際，他就爲文批評新科學哲學之主張有流於知識相對論之嫌，撰書捍衛客觀的理性傳統（1987），很類似蘇格拉底在辯者興起時，起來捍衛知識的眞確性。他對於女性主義也是採取類似的回應方式。Siegel 認爲女性主義所要求的尊重、被肯認，尊重多元的聲音等是一種道德論上的訴求，啟蒙運動以來，「尊重他人」就是一個最重要的道德程序原則，從自由主義以降的傳統，即可證成尊重各種多元訴求。Siegel 當然也願意同情的理解女性主義等的訴求，但女性主義援引的法則也是平等與尊重。他說：「女性主義學術的主要貢獻即在於指出了一特定加諸他們之上的標準，其實是反映了對女性的偏見。然而，我們不可能一方面反對這些有偏見的標準，同

時又反對評鑑這些偏見的標準。」（Siegel, 1997, p.181）Siegel是想說明，這些多元的聲音，仍然可以運用一些普遍性的標準，來爭取其權益。也就是女性主義所批評性別不公的現象，是因爲沒有眞正貫徹公平的原則。事實上，當女性主義者聲稱科學、批判思考等反映了性別偏見，她們其實已經建立了某種標準。立場的知識論認爲處於被壓迫地位者擁有認識論上的特權。這些標準與特權之所以必要，正是因爲沒有做到公平。在Siegel看來，「認識論上的特權」也許具有道德上尊重少數的價值與需求，但並不具有知識論上的意義。Siegel不認爲普遍的理性與特殊性是對立的，我們的原則永遠得面對特定的事物與情境，重點在於此一原則的適用是否恰當。只要無私、客觀、公平地依循理性規則，完全可以回應女性主義的訴求，批判思考亦如是。

此外，女性主義學者常常指責男性思考過於單一排他，而脈絡式、關懷式的思考，更重視**包容**（inclusion）的價值。Siegel認爲女性主義對於傳統理性的打擊，不遺餘力，何包容之有？無論是在知識論上，或是在道德實踐上，重點仍在於樹立理性的客觀立場，公平對待任何人。女性主義所強調的關懷、情意等，當然都值得我們重視。我們仍得在多元的分殊領域中，去建立知識的規準，尊重他人的情懷，本來就是批判心靈中重要的一環。女性主義的訴求，完全可以在批判思考本有的內涵下，得到改進。

筆者可以同意Siegel捍衛理性的苦心，是不想落入相對主義沒有是非的窘境。也同意Siegel所稱，女性主義對批判思考的批評，有陷入兩難的危險。一方面，爲了要凸顯男性在教室的**文化霸權**，女性主義必須採取分離、對抗的方式，但這種典型批判思考的思考模式，正是其自身所要反對的。不過，回到Siegel的主張，普遍的原則本身縱使全然客觀，落實具體情境時，仍得多一份細緻的觀照。Nozick在其書中，也指出，許多看起來沒有第一項偏見，其實經不起第二偏見的檢視。例如研究所入學比例，男女生總錄取率一致，各所男女錄取比例也接近，此一數字會讓人認爲不存在性別不公的問題。不過，男女報考各所的人數有別，各所能分配的資源也不同，就無法看出各所男女就學的細緻差異。更極端的例子是假設學生經過公平的考試，不同性別或族群的學生有不同的表現，若堅持客觀的公平原則，反而可能造成忽略不同文化學習資源不公的事實。Siegel 當然會說這些理性本身都可以正確詮釋與反思，但 Siegel 無法否認，在很多情形下，我們若只信賴理性、抽象、普遍的原則，並無助於這種反思。

二、Wheary 與 Ennis：批判思考願吸納女性主義之批評

J. Wheary 以及批判思考學者 Ennis 也曾經很認眞地檢討是否批判思考強調了較多男性而非女性的特質與認知。二氏分別從文獻中歸納最常被提出以質疑批判思考所欠缺的情緒（emotion）、脈絡情境思考（attention to content）、關聯的自我（link between self and object）、關懷（caring）、聆聽個人之聲（attention to personal voice）等層面，一一加以檢視（簡成熙，2005c，頁 351-354；Wheary & Ennis, 1995, pp.213-224）。

首先，批判思考是否忽略了情緒？二氏引 Scheffler 這位分析派大師之觀點，謝氏很早就提出「**認知情緒**」（cognitive emotions）的觀點。Scheffler 認爲理性的熱情（rational passions）、知覺的情感（perceptive feelings）、理論的想像力（theoretical imagination）等三種情緒常與理性相伴而生。Scheffler 又特別分析了「檢證的歡愉」（the joy of verification）、驚奇（surprise）二種情緒特別有助於認知的拓展，Scheffler 的結論是「認知的成長無法脫離情緒的教育」（Scheffler, 1991, p.15）。英國古典政治哲學者 M. Oakeshott，這位深深影響 60 年代英國 Peters 教育思想的學者，在討論詩在人生中的意義時，也曾指出，在人類的眞性流露中，情感（affect）是另一種經驗與溝通的方式，Oakeshott 認爲思想無法脫離情感（Oakeshott, 1991, pp.488-541）。存在主義思想家 M. Heidegger 更是寄寓思想於詩性語言中。審視批判思考學者的觀點，他們也不否認批判思考涉及情意、心態等面向。不過，Wheary 和 Ennis 提醒雙方要更爲重視情感在判斷時的確切角色。當進行批判思考時，情緒本身同時有可能成爲了解眞相證據的阻力或助力。

再者，批判思考是否忽略了脈絡式思考？女性主義學者常批評分析學者過於重視從原則進行推論的線性思考，忽略脈絡之掌握。不過，女性主義學者 Grimshaw（1986, p.210）就曾經提醒 Noddings 等關懷倫理學者，**規則**（rule）與「**原則**」（principle）的差異。規則確實會阻礙人們，但男女性都會使用原則，只是女性主義使用的原則，較不受社會青睞。女性主義無須反對訴諸原則來加以思考的合理性。當然，批判思考學者也必須體認原則本身的限制，系列的原則對於影響思考、行動及抉擇的各種因素，不一定能面面俱到，我們自然不能只依賴原則來理解情境。主流的批判思考倡議者，當不至於否認掌握情境的重要性。

第三，批判思考是否造成了認知主體與對象的分離？傳統知識論主客體的討論並不是新鮮事。Wheary 和 Ennis 也提醒吾人注意，自我與對象的分離是否是客觀化的必要結果？如果不是的話，正可以從中重構批判思考的概念。

第四，關懷能否重構批判思考？二氏同意關懷理應成爲批判思考的一部分。不過，籠統地使用「關懷」也可能有害，必須再仔細地省思關懷在批判思考所扮演的角色，到底是指涉批判思考的對象？還是結果？關懷中所涉入的情緒、責任的程度爲何？在重構批判思考概念中，「關懷」要到何種程度？關懷的確可以賦予批判思考新意，但二氏不認爲關懷式的關聯思考能完全替換批判思考。

第五，批判思考是否忽略了當事人「**內在之聲**」？根據 Belenky 等的經驗，女性較能傾聽別人的聲音，也較能整合自己與他人的聲音。Thayer-Bacon 認爲傳統批判思考所強調的理性、邏輯，會使思考者重視客觀的專家之聲（expert voice），而犧牲了其聆聽自己內心的聲音（personal voice）。由於批判思考強調自我服膺外在的客觀標準，會使思考者重視外在的知識來源，久而久之，批判思考者無法從自身出發，無法與整個外在脈絡合一。Wheary 和 Ennis 指出，所謂批判思考者無法正視自己的內在之聲，這是一種「隱喻」（metaphor）的說法，重點仍是強調自我與外在對象的合一。「好」的批判思考當然應該整合個人經驗與外在的知識來源。然而，這是一種精神與態度，並不存在一公式可以調合二者。擁護「內在之聲」的學者仍得思考，在什麼情境下，有賴外在客觀的知識？什麼時候必須信賴個人聲音？傾聽個人的聲音是否造成自我與外在世界的距離？個人的聲音在何種程度上會產生偏見？

整體而言，二氏認為女性主義者提醒批判思考學者正視可能潛在的性別偏見，是一件有意義的學術觀點。而傳統的性別偏見，也會使人誤認為女性較不利於批判思考。不過，若要凸顯女性的認知經驗，硬要去全盤否定批判思考，這種二元對立的方法，也會衍生新的問題。前已述及，這種二元對立，本身就是女性主義知識論所反對，也不宜藉誇大此二元對立來批判批判思考。二氏的結論是那些反對意見，可以提醒批判思考者反思自身可能的限制，也能開拓更多的研究視野，但不足以取代批判思考。筆者認為，這些批評確實有助於批判思考者原先的立場不至於陷入第二種偏見。如果以之代替批判思考，恐怕也會形成另一種偏見。其實，當女性主義學者對理性、批判思考提出質疑時，也另有一些女性學者認為這些批評並無法取代批判思考（Bergmann, 1994）。Siegel 的回應，雖不討女性主義之喜，但他並沒有否定女性主義的訴求。不管是 Siegel 或是 Wheary 和 Ennis 二位學者回應女性主義學者時的討論，都承認傳統批判思考不應該陷入 Nozick 偏見一或偏見二的缺失，這應該使女性主義者足堪告慰。我們能否超越此二元對立呢？

第三節 批判思考與建構式思考的綜合討論

批判思考學者與女性主義的「分進合擊」或「愛恨情仇」，其間涉及學術爭議之攻防，已如上述。也許各自對立，也許互為主體。不過，Thayer-Bacon 等從原先性別意識的角度來檢視批判思考可能的成見，卻也企圖建立一聯繫理性感性、主體客體、個人社會共感的建構思考。如果我們將女性意識視為社會不公的一個鮮明維度，女性主義的思維邏輯實可以提供各式批判的共通模式，因為除了性別意識，其餘種族、宗教、階級等都可以循同樣之管道加以反思。女性主義開拓的知識論與科學哲學，在上個世紀 1980 年代，也增添了新的視野，對於邏輯實證、科學發展的反思，都不容小覷。筆者認爲，若從「普遍」的維度（雖然女性主義不喜歡這個詞），Thayer-Bacon 立基於女性主義反思，所提出的建構式思考，不失爲可以重構批判思考的架構。筆者的意思是經過前面多元的討論，建構式思考或有可能較批判思考涵蓋更多元的面向。

Phillips（1995）在 90 年代**建構主義**（constructivism）盛行時，曾經以較全面的立場企圖說明建構主義之光譜，他認爲若採取寬鬆的定義，那所有人類探索知識的標準、方法，都可視爲建構論。Phillips 廣泛從知識論、科學哲學、社會研究、女性主義等文獻中取材。他更以一部 1966 年的義大利西部片《黃昏三鏢客》的有趣片名來說明。所謂「英雄」（the good），是指能夠認可學習的社會本質，強調學習者的主動參與；所謂「梟雄」（the bad）是指那些建構主義的極端論者，有導入知識相對主義之流；所謂「丑角」（the ugly）是指部分準宗教、意識形態建構論之流。Phillips 以四個軸來掃描各式建構論者所占之光譜位置。

其一是個人心理學 vs. 公共學科，有些學習者關切個別學習者的心靈認知內容（Piaget、Vygotsky），另一些學者關切公共學科領域（如女性主義知識論者 L. H. Nelson），兩者兼具（Kant、K. Popper），Thayer-Bacon 身爲女性主義支持者，自認接近公共學科領域，不過她不滿傳統公私領域之劃分。其二是人類身爲創造者 vs. 傳承者，知識創造者如古典經驗論者 J. Locke，而傳承人爲知識（human-made-knowledge）光譜的一端是二十世紀晚期的多位建構論者。居於中者則是 K. Popper。而人爲傳承，針對其知識產生，Phillips 再分成，傾向於個人建構（E. von Glasersfeld），或是來自公共或政治層面（Barnes、Collins、Fuller 等）。Thayer-Bacon 則自我定位在傳承人爲知識的公共或政治層面。當然，從民主模式，Thayer-Bacon 也認爲區分個人與公共，沒有必要。

其三，知識建構作爲一種主動過程中，個人認知到社會、政治過程的光譜，認知過程包含生理、心理，或兼具。Piaget 即關注在兒童個人身心的認知。Dewey、W. James、R. Rorty 都重視學習者的主動參與，而非一個旁觀者。至於 Nelson 及 Longino，則是強調知識主動建構過程是運作於團體或社群之上。這些女性主義知識論者認爲知識建構的理性規則或判準，也是來自於社會的建構。Phillips 注意到這些女性主義者的立場也有多樣性，有些人是持強知識社會學立場，認爲知識機制是社會體系的結果（Barnes、Collins）；相對保守的科學哲學家，則認爲知識立基於研究方案，唯有在科學家研究方案出錯，而無法相信何種理性選擇該被信賴時，社會政治因素才需考量（Lakatos）。本軸 Thayer-Bacon 並不站在女性主義知識論 Longino 的一邊，反而自認爲其立場接近 Dewey。Dewey 強調主動建構、做中學。Thayer-Bacon 認爲知識標準是社會建構，雖強有力，但不是不能撼動，個人不僅能有重大貢獻，且能致力於改變已經建立起的標準。

最後，Phillips 指出，建構論可以純然是知識論的問題，但大多數建構論學者仍然是關心教育和社會政治議題。如 Glasersfeld（關心數學、科學教育），Dewey（進步主義教育），Longino、Harding 等女性主義知識論（關心種族、族裔、階級、性別、性取向等議題）。Thayer-Bacon 當仁不讓處於此一陣營。

筆者引 Phillips 建構論光譜的說法，是想將 Thayer-Bacon 的建構式思維，立基於更大的脈絡，而不只是女性主義之立場。以下根據其專著（Thayer-Bacon, 2000）以及她與先生所撰寫的教育哲學教科書（Thayer-Bacon & Bacon, 1998）對著重關聯性的建構式思考，如何運用在班級教學上，加以說明。Thayer-Bacon 認爲，與其只片面強化理性的運用傳統批判思考的質疑、論證等推理技巧，實不如另闢蹊徑，Thayer-Bacon 建議教師在班級中要致力於培養學生「編織」知識的友善氛圍。

首先是要學生去發展自己的聲音，肯認學生自己的想法會有益於知識的推進，讓學生感受到教師願意傾聽他們的想法。傳統批判思考學者會認爲他們也願意義接受學生質疑。Thayer-Bacon 提醒，通常這只是針對問題的討論，教師根據學生的意見提供指導而已，學生需要的是教師「玩眞的」（real talk），純粹是自在的分享，沒有誰指導誰的問題。Siegel 可能會說，在討論的過程，彼此仍應接受理性、批判精神，或是知識美德等等，也不能似是而非，顛倒是非。Thayer-Bacon 當然不會同意傾聽學生，就是要接納他們違反邏輯的想法，她可能再會提醒 Siegel，如果先堅持 Siegel 的想法，會影響到班級彼此信任、溫馨的營造，並不利於 Siegel 心儀的理性論辯的空間。對東方社會而言，因爲我們並沒有西方論辯、對話的傳統，一旦教師要學生發表意見、提供理由或質疑時，班級常是鴉雀無聲。Belenky 等已經指出了「沉默」也是一種反應，傳統批判思考學者不要把學生的沉默視爲抗議、不積極、不認眞思考。只要贏造尊重個人聲音的班級氣氛，或許較堅持理性、求眞的問學態度，更具成效，更能化解學生的沉默。

雖然 Siegel 等已經強調批判的情意因素（氣質、傾向、知識美德等），Thayer-Bacon 認爲還不夠，不是理性、論證本身不對，而是一旦理性高漲了，直覺、想像、情緒就自然被壓縮。Thayer-Bacon 希望教師們透過遊戲釋放學生的想像力。全世界的兒童在入學前，各個都是遊戲的專家，一旦入學後，學校班級內的規約與社會化歷程，就開始限制學生直覺、想像。批判思考的學術爭議之一是，批判思考是否與創意思考（creative thinking）有衝突，本書未及處理，可在此簡單帶過。迪波諾（de Bono）認爲批判思考重視對既有知識的質疑，是運用邏輯對既有命題的檢查，創意思維則重視開放式的想像，二者存在緊張關係。Bailin 認爲這存在對批判、創意之概念界定，她認爲各自其實都共享了一些對方的想法，她希望能化解此二元性，使批判思考能達到創意理想（Bailin, 2001）。雖則如此，既然成爲一爭議，筆者認爲不可能要求基層教師都能有 Bailin 的反思，不宜忽略二者在實際教學取向上的差異，也宜正視批判思考阻礙直覺、創意的可能。

在建構式教學的過程中，Thayer-Bacon 轉而重視如何體現溝通。Siegel 等所提出的批判精神，仍立基於理性傳統，N. Burbules 曾提出「**合情理**」（reasonableness）來擴大 Siegel「**合理性**」（rationality）的概念。簡成熙（2015a）已經做了最完整的介紹。Burbules 較 Siegel 更為傾向後現代、女性主義的訴求。他與 S. Rice 進一步發展**溝通德行**（communicative virtues），溝通過程中耐心、寬容、眞誠傾聽、開放心靈、接受批判、眞誠自我表達等的德行，是教育養成的重點。儘管二氏已經很警覺地不把溝通德行看成是抽象的普遍法則（這點他們吸納女性主義或後現代對傳統批判思考的質疑），但是仍不經意地強調溝通美德的民主性有助於調整社會共識，賦予溝通美德一種決定社會共識的力量（Rice & Burbules, 1993）。R. Arcilla（1993）在回應文中，就曾提醒，雖用意良善，還是可能流於「自以為是」（self-righteous）的偽善。每個人表面上關懷、傾聽、包容不離口，但若對方違反此溝通美德，就非我族類。每個人都自居於一溝通美德者，也就是企圖讓別人像他一樣能理性溝通，對「他者」的尊重，也就淪為口號。Noddings（1996）等關懷倫理學者反對德行倫理學的理由之一，也認為把關懷視為一種美德，並不一定利於女性，認為關懷倫理學不是也不應是德行倫理學。Biesta（2016, pp.25-43）在檢討啟蒙的民主理念，重新詮釋 Dewey 溝通理念，也曾指出溝通不能淪為再現形上學，否則會讓共享的生活價值排他，也大致著眼於此。**Thayer-Bacon 認為民主社群貴在相互理解**（understand）**，而非附和**（agree），不必把溝通美德或批判思考重視的性向、氣質視為技能或美德，而是要將之視為一種關係的營造。在眞誠表達、坦露的過程中，仍有可能彼此傷害。坦露的過程可能受到譏笑、誤解等傷害，所以在一穩定的關係中，必須對此關係做出「承諾」（commitment），大夥都必須學習每個人都可編織知識的可能，營造相互肯認的關係，也當然必須知悉自己會犯錯的可能，在分享的過程中，也擴大自己原先對個人身處脈絡的思考，包括我是誰、我所處的環境等，這也會達到傳統批判思考，特別是 Paul 強調批判思考的脈絡或世界觀的理想。

當然，在建構式思考的過程中，一定涉及到議題眞偽判斷之標準，批判思考所堅持的演繹、論證、批判精神等技能或素養，也當有用武之地。筆者認為用批判思考之名，吸納女性主義或建構思考的精神，或是用建構思考精神包含傳統批判思考，或許名相之爭沒有絕對的意義。女性主義從原先對批判思考可能潛藏對女性不公的問題意識出發，雖然對其間涉及知識、理性客觀性的論點，無法完全否定批判思考，但吾人無法否認，已然豐富了傳統批判思考的視野。Thayer-Bacon 從女性的批判意識出發，其建構式思維的提出，整合了眾多女性主義之論述，已經開創了新局，而不僅僅只是女性主義的特定意見。可以預見，假設 Thayer-Bacon 的終極企圖是要包含或取代批判思考，仍得認眞地繼續深化來自批判思考的質疑。這當然仍是一未竟的學術事業，身爲傳統批判思考且是分析教育哲學支持者的男性筆者而言，自當樂觀其成。

結語

筆者認爲，女性主義對 1970 年代西方世界的學術有非常深遠的影響，幾乎浸染各個學術領域，任何學術領域若沒有虛心地審視其觀點，將錯失學術翻轉更新的機會。分析取向的教育哲學及由之帶動非形式邏輯批判思考運動，亦不例外。女性主義的知識論學者如 Harding、Longino 與倫理學者如 Noddings 等，解構了知識論、倫理學的壁壘分明。傳統批判思考一直強調思維本身是理性、客觀中性的，無論是在知識的建構或是倫理實踐上，都受到很大的質疑。以下筆者僅對從事批判思考教學實踐及教育哲學學術建構者，再提二點淺見。

首先，在教學實踐上，本書雖然沒有直接爲批判的課程設計或教學方針，乃至教材設計，做出任何具體的指引或建議。但是經由略帶繁瑣的分析，讀者將能更細緻地省思自己在教學中，包括在引領學生思考的過程中，自身所持的立場，或可能潛藏的既定立場。易言之，讀者將可能從國外優秀教育哲學家對批判思考的相互論辯中，體察其精神。無論我們是採何種立場，如 Siegel 堅持的理性傳統，Wheary 和 Ennis 相當程度吸納來自女性主義的訴求，或是 Thayer-Bacon 從女性批判的立場出發，他們都共同肯認了部分對方的觀點。課程與教學絕對不只是一套工具、媒介與技術。一個成功的教師必定能夠展現其教學精神與智慧。筆者相信本章所呈現傳統批判思考與女性主義學者間的相互論辯，或是女性主義學者的訴求，經批判思考學者會通後的反芻，對教育工作者而言，都是寶貴的經驗。

教育哲學相對於其他教育學門，較為抽象，這當然不是教育哲學或教育原理、教育基本理論的學者可以不接地氣、全然不涉教育實踐的藉口。而是應該自許從教育實踐中涉及的哲學或理論議題，做更細部的概念考察。像女性主義學者在檢討知識可能潛藏的性別偏見、反思邏輯實證論的合理性時，也連帶發展其哲學知識論或科學哲學。一定程度的抽象，無可避免。但抽象的討論終必落實於實際的教育現象，也唯其如此，才能發揮教育實踐功能。筆者認為實踐是教育哲學的使命，抽象則是其宿命。雖然部分女性主義學者反對論證作為哲學論述的唯一模式，如 Moulton 或其他倡議直覺、想像、關懷的學者，但他們的觀點也必須透過論證的方式來說服人，若從這個觀點，他們也算是實踐了分析哲學或批判思考的精神。不拘泥名相學派，從本章引述學者的相互論辯方式，一如其他各章，也值得所有教育工作者體察西方教育哲學論證的精神。女性主義學者成功駁斥了批判思考嗎？建構式思考能取代批判思考嗎？相信仍然可以成為爾後相互立場的精緻討論。至少筆者認為西方半世紀來教育哲學的精神不在於定奪客觀是非，而是在相互論證中，澄清彼此立場。和而不同，自是合情合理。那本章雖沒有具體的是非定奪，也不妨礙我們可以各自汲取批判思考或女性主義取向建構式思考的積極價值。

第十章

兩種批判取向的教育目的
——批判思考與批判教育學

導言

受啟蒙運動 Kant 以降理性傳統影響的教育分析哲學很重視批判思考。來自馬克思傳統的法蘭克福學派及批判教育學也重視批判意識。培養學生批判思考能力也是大學通識教育的目的之一。這兩種批判取向卻有著不同的強調。分析傳統下的批判思考，立基於啟蒙的理性精神，強調要排除個人的主觀、偏見，致力尋求客觀，以恢弘心智、健全心靈，知識取向濃厚。批判取向的教育觀則認為既定的世界充斥著意識形態的不當權力運作，批判的重點在於揭露其扭曲現象，還原社會公道，道德意識強烈。前者大致採取理論、實踐分立，客觀理性指引教育實踐；後者則是理論、實踐辯證，教育實踐促成政治更新。後者認為前者過於強調孤懸於社會的知識與邏輯推理等技能，無法真正解決社會不義問題。本章首先敘明各自的特色與限制，復析論分析陣營回應批判教育學及後現代陣營對其批判思考的評論。筆者認為可以分進合擊、互為主體。結論也對於如何在通識教育中體現這兩類批判的積極教學意義，提供可行建議。

---

*本文改寫自簡成熙（2020f）。兩種批判取向的通識教育進路：批判思考與批判教育學。**通識學刊：理念與實務，8**(2)，1-34。

問題呈現：批判什麼？誰的批判？

英美戰後在民主的氛圍中，繼續承繼啟蒙的理性傳統。自由民主的氛圍，有別於傳統教育的是不預設實質、特定的價值，教育的重點不是由上而下地把一套既定價值**灌輸**（indoctrination）給學生，而是要培養學生運用理性的態度，自行規劃其人生理想。在此設定下，體現自主性的精神，即在於學生能進行批判思考。批判思考也幾乎成為西方重要的教育目的。

前章已經討論了**女性主義**等對批判思考相關哲學預設的反思，二十世紀，馬克思主義的理論與實踐，可與西方自由世界分庭抗禮。從德國**法蘭克福學派**到北美**批判教育學**（critical pedagogy），都同時標舉「批判」，受其影響的學者認為啟蒙傳統或是分析哲學影響的批判思考未能正視知識權力的本質，把批判思考當成是一思考技術，掩飾了社會不公的事實，淪為思考遊戲，無助於社會的進步。批判思考與批判教育學的主張者都共同使用了「批判」一詞，如果不明就裡，可能無法體會在教學過程中，會有不同重點的強調。Burbules 和 Berk（1999, p. 45）在比較二者不同旨趣時，有如下無奈的說明：

> 過去二十年來有兩類文獻盤據在教育基礎的書寫：批判思考與批判教育學。這兩類文獻各自有其文本指涉、擁護的作者與讀者群。各自也都珍視「批判」作為教育目的：要求教師協助學生對大眾接受的通論持懷疑態度。兩個陣營也都會以其語彙強調，「別讓你被騙」。各自也都在各級學校中透過工作坊、演講、教案等影響教育人員。他們熱烈疾呼教室要更具批判導向的重要性。不過，幾乎毫無例外地，這兩類文獻不相互討論。

批判思考是立基於啟蒙的傳統，技術則是來自分析哲學。批判教育學興起後，這些標榜批判的學者們則從馬克思處尋得理論基礎，對於建立在

Kant啟蒙概念或是自由主義取向的傳統批判思考，確有許多不同的聲音。Norris（1992）、Walters（1994）主編的論文，都反映了這些趨勢。不過，即使是點出此差異的 Burbules 等，在該文中也致力於和解。後現代思潮興起，從反知識的本質論出發，如 M. Foucault 等致力於知識權力的考掘與解構，體現在教育上，也有很濃的批判色彩。本章即檢視從分析哲學取向的批判思考與馬克思、後現代的批判取向教育學（以批判教育學爲代表）兩大類「批判」的學術旨趣及其實踐特色，教育工作者將「批判思考」作爲教育目的時，能有更周延的視野。

第一節 批判教育學：反西方資本主義的馬克思傳統

二十世紀能夠與西方世界分庭抗禮的厥爲蘇聯及戰後的中國大陸與東歐等共產國家。共產主義師法馬克思（K. Marx）。馬克思是以其一套唯物史觀相對於唯心史觀，並採取黑格爾的辯證法，來反擊西方資本主義。馬克思認爲，人類歷史，經歷了原始共產、奴隸社會、封建社會，已進入資本主義社會。馬克思的唯物論，有別於希臘時代那些探索自然、物質的哲學家，他其實重視的是「**生產方式**」（mode of production）。在馬克思看來，資本主義挾工業革命，這種生產方式的改變，史無前例。資本主義生產方式的改變，也就是經濟力量，形成下層結構，會澈底改變其他居上層結構的人類文明。一言以蔽之，必須改變生產方式，也就是號召全世界無產階級，運用暴力革命進行階級鬥爭，打破資本家掌控的一切，建立共產主義的天堂。

無論是二次大戰前的蘇聯，以及戰後的共產世界，共產主義似乎並沒有爲共產國度帶來幸福天堂，但這並未澆熄學者對馬克思的興趣。二十世紀初，即有一群被稱爲西方馬克思主義的學者，如 K. Jorsch、A. Gramsci 等。這些學者大體上不認爲蘇聯發揚馬克思精神，但他們也同步修正馬克思的看法。像 Gramsci 就特別提出馬克思視之爲上層結構的文化教育，才應是啟蒙的重點，**文化霸權**（cultural hegemony）的提出，影響深遠。戰前被稱為法蘭克福學派或稱新馬克思主義的學者，更是從各個學術的角度發揮馬克思的精神。如 E. Fromn 之於精神分析，W. Benjamin 之於複製藝術。T. Adorno 對**文化工業**的反思，他與 M. Horkheimer 合著的《啟蒙的辯證》堪稱代表（Horkheimer & Adorno, 1992）。他們把戰線拉到了整個西方觀念史，本來神話裡的「神」是為了消除人類的恐懼，古希臘希冀發揮理性，取代神話。現代的人則認為唯有不再有任何未知事物，才能眞正免除恐懼，以啟蒙或科學取代神話。啟蒙的理性觀與傳統神話一樣，其實只是另一種神話而已。啟蒙的神話完完全全把自然客體化（對象化），其實也阻礙了人類多元的可能，而且強以實證之知為本。啟蒙自詡於擺脫愚昧神話，正重新打造一個臣屬於科學、實證、技術的新神話。二氏接續馬克思傳統，晚近工業主義物化人類精神，在工廠自動化下，各類經濟工具會事先規劃各種商品價值，而影響人類行為，商品自由交換後，喪失其原經濟特性，淪為**拜物**（fetishism）神話。單純的實證特性擴散到社會整體層面，大量的生產組織及其文化，使標準化的理性行為模式，成為唯一、正當的模式，形塑所有現代人。同一時期的 G. Lukács，進一步詮釋原先商品經濟特性的需求，會淪為假需求，以此控訴資本主義商業機制。簡而言之，法蘭克福學派的學者發揚青年馬克思時期的人道關懷，對於人在工業文明可能的異化（alienation）現象憂心忡忡。有趣的是法蘭克福學派當年不見容納粹，也不受蘇聯等共產國家青睞，反而是在 1960 年代美國深化。撇開政經詮釋，他們對於啟蒙以降實證主義所強調的工具理性（instrumental reason）的不滿，也深深吸引西方學者。即便是戰後，美蘇冷戰對峙，如 1960 年代的反戰與學生運動，法蘭克福學派即曾在英美世界扮演一定角色。由於法蘭克福學派成員自稱其為社會批判理論，「批判」一詞，也成為爾後馬克思等左派學者朗朗上口的語彙。

德國戰前 E. Spranger 精神科學教育學，傳統取向濃厚，戰後受法蘭克福學派集大成的德國學者 J. Habermas 影響，德國也有濃厚的批判取向教育學的發展。英美戰後也都有左派的勢力。其中伯明罕文化研究學派發展出對意識形態的傳媒研究，所展現的科際整合（interdisciplinarity）取向，也廣泛影響各學術社群。不過，在西方世界 1970 年代後，最能發揚古典馬克思、承襲法蘭克福學派的教育論述，非批判教育學莫屬。批判教育學一詞，應該是來自於 Giroux（1983），同一時期，M. Apple 等對於課程涉及意識形態之耙梳，以及之後 P. McLaren 等作品，這群北美批判教育學學者，共同受到巴西 P. Freire 的感召。1990 年代以後，北美教育學界廣受批判教育學的影響。

整個批判取向教育學細部當然有不同的詮釋重點，這裡當然無法細部討論。他們共同的立場是，(1) 從**政治經濟**角度正視階級再製的不公現象，重視透過教育改變現貌。(2) 把教育視爲一種**文化政治學**（cultural politics），重視教育中涉及的意識形態及文化霸權的抗拒。(3) 知識或理論與實踐關係是體現在歷史進程的辯證中，非二元或對立。教育理論是在批判中不斷成形，也不斷體現在實踐脈絡中。(4) 批判的重點在於喚起人的主體意識，抗拒科學、技術、資本主義對人的宰制。(5) 教育的過程是透過不斷的對話，教師是轉化學生的觸媒，他要時時揭露社會不公現象，促使學生覺醒。教師角色可視爲**轉化社會的知識分子**。批判取向教育學對知識的設定及其旨趣，很明顯地迥異於啟蒙後發揚理性分析傳統下的批判思考。

第二節 批判思考批判了什麼？批判教育學、後現代的挑戰

一、批判教育學對批判思考論者的質疑

前言所及，1980 年代後承繼馬克思傳統、法蘭克福學派批判理論的批判教育學，復受到 Freire 的感召，北美批判教育學，不僅在教育社會學學域成爲挑戰結構功能論的另一勢力，其實，早在 70 年代，受伯明罕文化學派影響，英國已萌發**新教育社會學**（new sociology of education），學者們更在微觀層次上，致力於學生次級文化、課程意識形態等的分析。階

級複製、霸權、文化政治學、意識形態、解放等口號或概念，成爲新的教育語言。批判教育學者也同樣不滿二次戰後流行的批判思考運動或非形式邏輯運動等的訴求。這裡無法全面檢視他們的觀點，只集中在他們對批判思考的質疑。

Freire 早年從事巴西成人識字教育時，就深深體會成人不只是欠缺讀寫能力，他們根本在現有的權力關係中充滿無助，若只是強調基本讀寫，妄圖改變地位，是痴人說夢。Freire 希望培養他們從閱讀「文字」（reading the word）中，重新理解這個世界（reading the world），教學重點是在批判意識的覺醒，而非批判思考的讀寫、推理技能（Freire & Macedo, 1987）。閱讀理解這個世界，也是一種「**解碼**」（decodification）的過程。體會壓迫的結構與支配的關係不僅是一種事實，更是一種亟待由批判覺醒來改變的結構關係。

Giroux 認爲批判思考標榜理性、客觀、價值中立，卻無法正視課程中支配主流的規範、價值、觀點，更將其普遍化，使得課程「純淨無暇」（immaculate perception），尤有進者，這套純淨無暇的課程，不僅認可了主流的知識範疇與價值，更強化了學生不加辯證地悅納這套世界觀的理論。簡而言之，傳統批判思考運動把重點放在一套客觀的程序或心態來看待知識或推理，將知識與人類利益、規範、價值分離，妄圖透過理性的推理程序，獲得客觀的知識，這其實無法進一步反思理論與所謂事實之複雜關係。如果我們反其道而行，在教學的過程中正視已知事實的問題性，就能不斷地研究、創發與重探知識。因此，知識不是學習的終結，而是介於師生之間的媒介，教師要提供不同的參考架構作爲理論或概念的詮釋工具，讓學生從多重觀點來審視訊息，這是批判教育學的教學重點。Giroux 說：

> 建構當代或歷史事實的圖像在於訊息如何被選擇、安排、排序，勝於認知的運作；它也是信念與價值密切結合的過程，指引著人們的生活。知識紀錄隱含著涉及人們如何看待世界的意識形態假定，

這種假定形成人們判斷何者是本質或非本質所在，何者重要與否。這裡的重點是任何參照架構概念都要提供給學生，而不能只侷限知識架構，也必須包括價值層面。甚者，教學中將事實與價值分離，等於是冒著教學生如何將與手段與目的問題分離的危險。（Giroux, 1988, p.63; 1994, pp.201-202）

所謂的知識架構，Giroux 仍一本法蘭克福學派批評實證主義的傳統，他說：

批判思考最有影響力，但也最受限制的是來自其運用科學的實證傳統，這使其深受我稱之的內部一致性之苦。根據內部一致性，批判思考的重點是要教導學生如何從形式邏輯型態的一致性中來分析學生所閱讀的素材，並以此書寫其作業。這些學習技術當然重要，但是整個說來正是其侷限之所在，即遺漏了意識形態所能揭露的探索進路。（Giroux, 1988, p.62; 1994, p.201）

Giroux 指出傳統批判思考教學有前述程序上的誤區，即理論與事實、理論與價值的二分，他要表達的是一個訊息脈絡化（contextualization of information）的意義。學生必須學習跳出自己的參照架構來審視既定的事實、概念、爭議，他們必須將這些論點置於不同的架構中相互探詢其意義，這是辯證的歷程，不是將命題孤懸、細分的推理歷程。Giroux 這裡的立場與 Paul 類似（下節會觸及）。Giroux 最後還提醒批判思考教學脈絡化的教學形式與內容，不能脫離班級師生關係或社會關係，對於知識權力高唱入雲的今天，當不陌生。

L. D. Kaplan 也從批判教育學的觀點認爲批判思考運動無助於個人理智的自主性。由於雙方都運用了「批判的」（critical）字眼，Kaplan 將批判思考運動的批判與批判教育學精神做了如下字義的區分，所謂「批判的」，可同時視爲名詞「批判」（critique）與「批評」（criticism）的形容詞。當某人對於我的作品提出「批評」時，通常是指他發現我錯誤，提供一些正確的訊息，供我改進。當某人「批判」我的作品時，通常是指他提出我作品有關意義維度的額外訊息，此一維度我之前沒有特別正視。批判思考運動的教師們會把重點放在「批評」或校正學生思考或推理的謬誤，體現批判教育學精神的教師們則會提供「批判」，以作爲學生生活周遭世界的各種「批評」基礎（Kaplan, 1994, p.207）。Kaplan 並在該文中具體「批判」三種流行的大學批判思考運動中的教學模式，如理性選擇模式、政治自由主義模式、情境適應模式。Kaplan 指出，這些課堂上的推理或選擇，等於是在既定的範式下，要學生在既定的遊戲則中選擇或適應，欠缺創新或轉化的可能。

批判取向教育學從權力、意識形態、霸權等批判意識出發，明確介入社會實踐，自然對於標榜理性、客觀、不染紅塵的分析傳統不以爲然。許多人批評批判理論、批判教育學只破不立，過於負面。學者認爲如果批判意識是要力矯工具理性之弊端，時時持「我不知道，但決不是這樣」的態度，反而可以逃離無條件接納現狀的宿命論指控，這種對現狀的不滿，對於師範教育，別具意義（Blake & Masschelein, 2003, p.55）。雖則如此，但他們強力的介入及批判既定秩序，這種立場也不免有千篇一律之憾，甚至由於在學術上取得一定發言權，也容易變得溫馴（domesticated）、失去方向（disoriented）與教條（dogmatized），像批判教育學知名學者以色列裔的 I. Gur-Ze’ev 就認爲批判教育學一方面企圖改造人類社會，擘畫完美的烏托邦圖像，但又全盤接受來自弱勢、被壓迫者，甚至流行文化，以抗拒主流文化，有時反而有恐怖主義之嫌。重新解讀 Horkheimer 和 Adorno 後，Gur-Ze’ev 認爲他們都有些許悲觀性，他提出一種消極的烏托邦，強調離散的反向教育（diasporic counter-education）（方永泉，2012，頁 101-115）。反向教育不是全然反教育，而是反正規教育之餘（這是批判教育學的基本立場），不陷入另一獨斷，在離散的過程，不懷舊地一味尋覓故土，帶著希望卻不全然樂觀，從而拓展多元之可能。

二、後現代的反思

1990 年代蘇聯解體後，自由世界並不像日裔美國學者福山（F. Fukuyama）所預言，意識形態終結，自由主義一枝獨秀，批判教育學在西方世界反而有更全面的發展。此一時期，也正是後現代思潮挑戰啟蒙以降理性傳統的時代。批判教育學與後現代主義當然有許多的論爭，不過在對待西方民主社會或資本主義生活方式所賴的實證、理性知識基礎上，他們的反對立場是一致的。在一本後現代教育的專著中，從副標題「政治、文化與社會批判」可看出端倪（Aronowitz & Giroux, 1991）。

雖然，有些後現代思潮者認爲批判理論如 Habermas 等對於理性的批判還不到位，有過於屈從理性之嫌，但從教育的觀點來看，也很少有教育學者完全解構既定的價值，大部分仍是持著質疑或修正，而非推翻理性的立場。Burbules 曾經提出包含女性主義、多元文化、後殖民主義、新實用主義等四類後現代思潮對理性的質疑，諸如傳統後設敘事（meta-narrative）的普遍、客觀形式之不當，傳統理性觀忽略情境脈絡之思考，啟蒙理性反映的是西方白人的價值觀，以及理性論證本身的先驗、普遍、客觀性，並不是唯一的方式，反諷、對話仍可貼近眞理（Burbules, 1994, pp.340-341）。後現代思潮的重點是對於理性的拒絕或修正，修正原因其實是要凸顯理性本身也容易滋生另一種知識權力的霸權。就這一個觀點上，Burbules 所列舉的四項後現代觀點，對於分析取向批判思考的態度應該與馬克思批判取向、批判教育學的立場一致。

不過，如果更細部地看，後現代對於知識權力的看法，仍較批判傳統更爲多元。王嘉陵（2011）即認爲 Giroux 雖然重視不當權力的批判，但其權力壓迫的觀點，仍然是接近現代性的立場，有著二元對立的遺緒，後現代的 Foucault 則是對知識權力持著更爲多樣動態的立場，也因之表現在理性上也更多元。釐清批判教育學與後現代主義之差別，不是本文的目的，考量到 Gur-Ze'ev 批判教育學的新趨向，也能使我們對於批判意識有著更多元的理解，不至於陷入另一獨斷。Kellner（1978）也曾經用類似的方法批評述馬克思意識形態的探究取向。他提出意識形態的「生活循環」（life cycle）概念。Kellner 認為意識形態不應看成是單一或一套命題，其對抗世界的眞理價值要能時時加以檢測。意識形態訴求之所以能持續，是因爲其說明符合社會期待與關切。當意識形態形成一種主義，挑戰現存體制，的確展現其激進、新鮮的特質，但久而久之，也會形成「霸權」，不是其主張忘了初衷，而是沒有正視環境變化的事實，是他們過度堅持，導致僵化的後果。Burbules 等也提醒批判思考與批判教育學者都可能犯了同樣的錯誤。批判教育學若一味打擊其批判的對象，會讓自身陷入僵化，無法超越其視野窠臼，而無法反思自身，批判應該永遠站在一切霸權的對立面（Burbules & Berk, 1999, p.61）。

Burbules 等認爲批判的重要層面在於對自己的觀點以及個人身處的歷史文化脈絡的假定，都能加以省思。但 Burbules 重視的不只是批判思考的推理技能，而是推理在脈絡中的德行。他也是美國教育學界最早吸納後現代思潮的學者（Burbules & Rice, 1991），可算是一位溫和的後現代論者。之所以稱是後現代論，那是因爲他援引許多後現代學者重視各種「差異」以及質疑理性的立場。之所以稱溫和，是因爲他所詮釋的後現代思想是懷疑理性，而非拒絕理性。在 Burbules 看來，即便是笛卡兒也未必做到自己對理性的堅持，質疑擁護普遍、絕對，強要人遵守的社會面或政治面理性觀，有可能反而陷入獨斷，後現代思潮要人們暫時保留對特定（理性）方法的堅持，能使人們更包容、更彈性地理解理性，人們眞的無須堅持特定的（理性）方法與成就，他稱之爲合理的懷疑（Burbules, 1995, pp.84-85）。後現代論者是否對理性都持合理的懷疑，不是本章的目的。與本章相關的是，Burbules 在與 Siegel 對談時，自稱其爲**關聯論**（relationalism），他認爲不必堅持理性主導的客觀眞理，但也不必墮入相對主義，而應該在實際脈絡中，去探訪眞相。相對主義否認客觀眞理，絕對主義堅持客觀眞理，都沒有必要（Burbules, 1991）。根據 Burbules 的看法，若批判思考堅持理性或邏輯推論是客觀證據的唯一，或批判教育學堅持反對資本主義霸權，不是他們的初衷有什麼不對，而是這種初衷會陷入獨斷。他說：

> 若喪失提問及質疑我們自己預設的能力——若沒有那些能力，我們也就喪失思考或行動的素養。這種看似矛盾的提問，常常是新的激進思考起點的過程：因為困頓、疑惑，不知道下一步該往何處，經由想像，人們會開始跳脫原先思考的意義，尋求其他意義之可能。於此，我們進入的批判要旨，已經超越了批判思考與批判教育學的範疇。二者的思想傳統與實踐已經淪為制式方案、運動，他們喪失、也無志於反省根植自身的想法。作為有影響力的學術領域與教學實踐的成就，也許需要對其特定思考方式的堅持，但是在這種情形下能維繫批判的深化嗎？難不成這種深植的批判反而威脅了批判思考與批判教育學兩類學群爭取其信眾的渴望？（Burbules & Berk, 1999, p.61）

後現代思潮由於對理性之反思，也更易看出權力的不當應用，雖然他們之中的部分學者，也會質疑馬克思取向的意識形態批判過於單一。但馬克思取向的批判論述，也常體現在他們的話語中。批判教育學與後現代思潮等共同反思分析取向的批判思考，是否合理？Burbules 已經初步做了「各打五十大板」的調和，下節即檢視代表啟蒙理性立場的分析派批判思考陣營如何吸納或回應批判教育學等的指控。

第三節 不是只有批判教育學才會批判：分析傳統的回應

一、McPeck 的可能回應

McPeck 並沒有直接回應來自批判教育學涉及權力、意識形態等政治、文化層面的質疑。不過，他認為批判思考一定聯繫著思考對象，他以此強調批判思考的能力要聯繫著思考的對象，也就是批判思考一定運作在特定領域。McPeck 因此反對大多數批判思考學者認為批判思考可以單獨教授。大多數批判思考學者都認可形式邏輯的重要。雖然他們也承認不必堅持數理邏輯的教學，所謂北美 1970 年代以降「非形式邏輯運動」（informal logic movement）是也。不過，非形式邏輯運動仍是著重在實務推理時，要注意各種可能的推理謬誤，重點仍是推理技巧的訓練。McPeck則比其他批判思考學者更爲重視批判涉及的實質領域。

簡單說來，McPeck 援引 J. Bruner 所描述在教學中的「學科結構」（structure of discipline），或是英國分析派學者 Peters、Hirst 在引領學生進入合價値性教育活動中，對於涉及各種「思想型式」（forms of thought）的理智科目追求，都說明了批判若沒有學科作基礎，是空的（frivolity）。批判思考對於 McPeck 而言，涉及的是實質知識論的問題，而不是邏輯推演的問題。要能有意義地對於各種陳述進行批判反思，判定其適切性，仍然是靠特定的學科知識（subject-specific information），而不是邏輯或所謂普遍性的思維方法。S. P. Norris、Paul、Siegel 分別提出不同的意見，McPeck 一一加以回應，已見諸本書第七章的討論。與本章論旨相關的是，McPeck 可以接納批判教育學者的訴求，即批判的重點必須坐落在特定的政治、意識形態主題中，而不能只孤懸於批判思考的方法。也就是批判教育學念茲在茲的各種不公不義的主題、文化霸權、宰制等都應該成爲批判思考的探究對象。

二、Paul 的回應：吸納

Paul 在分析教育哲學的陣營中，針對來自後現代或 Kuhn 新科學哲學來勢洶洶的聲討中，算是最能夠吸納而又不失分析派立場的重要學者。他提出批判思考的強義（strong sense），以對比於批判思考的弱義（weak sense）。他認爲弱義批判思考雖然熟悉推理技巧，反而可能教出學生冒似運用批判之技巧，卻鞏固了其已有的成見與非理性的習性。Paul 以「詭辯」（sophistry）稱之（Paul, 1994, p.184）。這是因爲學生（特別是大學生）已經帶著本有的一套信念體系，當然免不了一些未經反思、自我中心，或是社會已有的觀點，形成他們自己的觀點。學生更容易利用批判思考的方法來「拒絕」那些他們本來就不同意的觀點。有鑒於此，Paul 認爲批判思考的教學不能只是原子式的邏輯技巧，更涉及將論證置於更大的脈絡中，他說：

> 在從事分析或推理評估時，藉著向學生引介這些更深入、更「全面」（global）的問題，我們得以協助學生正視到所謂厚實的推理是怎麼回事。推理事實上是在某種觀點（a point of view）、某種參照架構（ a frame of reference）、某套世界觀（a worldview）下的運作。人們一開始就能體會推論與其致力的活動與利益息息相關。他們也能體會爭議處與關鍵點的差異，表面之處與未曾言明處的重點所在，正確判斷之困難，以及在人類問題最重要、最複雜處的倫理層面。（Paul, 1994, p.186）

所謂的世界觀的反思，如何避免偏見？Paul 提出了強義批判思考，並列出其立基的理論重點，或稱爲世界觀、生活形式如後：（Paul, 1994, pp.187-193）

1. 人們是在互爲關聯的生活計畫中活動，可以將之整體界定爲與社會規範相關的個人生活形式。因爲與他人不盡相同，個人會組織、架構有別於他人讓個人安身立命的語彙。人們彼此間對於利益、危險等概念及其假定、理由等也會不同。

2. 人們會將看待自身或他人行爲等看待事物的觀點加以表述，這種觀點以及其預設或用以反思自身的觀點不會完全一致。所以人們至少會有相互交疊的兩種世界觀，其一是構成個人行動或從事活動之所在，其二是說明個人如何行爲之所在。各自都會有其內在衝突與緊張。批判思考者必須正視此衝突。

3. 推理至爲重要，也是人類活動賴以界定之所在，是在一個邏輯系統中，掌握要素以獲致可靠結論。結論可能明示於字詞或在行爲不言中。有些推理表現在論證的形式，有些則否。不過，論證有其預設的系統。推理所能獲得的完整蘊含（implications）很難窮究（exhausted）在其論證中。論證也預設一些爭議的問題。爭議問題又預設關鍵的目的或利益。不同觀點之所以不同，不僅在於其問題答案之不同，也根本在於問題本身的形成。

4. 當我們自詡能根據邏輯、論證加以行事時，已經將自己置於一信念承諾之中，已經是一種特定看待事物的方式。要能獲得最大程度的客觀性，必須要將我們的信念、假定、看待事物方式等的分析過程檯面化，能夠公開地正視推理過程的辯證本質，批判能使我們從不同或可能的相反觀點加以審視。

5. 分析或評估推理的技能是在相互性（reciprocity）中產生，是超越單一觀點、參照架構、世界觀的推理能力，能透過不同或另類觀點的論證中，掌握客觀性，理解優缺點。

6. 演繹推理的各種要素有其必要，不是爲了要定奪錯誤，而是在批判的推理過程，了解各種推理決定的優缺點。

7. 因爲利益、偏見會影響人們知覺、假定與推理的結論，必須知己知彼，必須承認推理的成果與偏誤的可能。其一，承認既有論證反映既得利益，我們要換位思考，辯證式思考其他論證，也許更能看出優缺點。其二，論證本身不是像物自身一樣，客觀地擺在那兒，不同的人可以有不同的詮釋。也可藉此檢視他人言行是否一致。其三，藉著反思行爲的利益與目的，人們得以更有效地建構有助於該項利益或目的的諸假定，繼之，再去思考與之對立的假定。這能更有效地加以提問，也能對正反面論證懷抱更多期待。

8. 支撐人們世界觀的各種事實聲稱、不同的論證，是很巨大的，涉及不同的概念問題以及隱含其中的價值判斷（包括形成事實的改變等等）。個人某種主張的有效性常依靠其他的主張，無法單靠個人直接加以確立，無法單靠某種世界觀。而許多衝突的來源常是來自於個人的某種世界觀的堅持。

9. 論證過程的術語常常反映了偏頗的利益或是由特定的人所形成。藉由批判的步驟可以提問這些概念。我們必須在日常用語中隨時檢視個人或社會系統化的語彙，如個人哲學或是社會意識形態，也可藉此檢視國際爭端。如「自由鬥士」、「解放者」、「革命」、「游擊隊」、「恐怖分子」等。例如：從某個特定團體中（如美國）使用該術語的意旨；該團體使用該術語涉及的利益；該團體是否在不同時空中使用該術語有不同的意旨；若有不同意指，是否涉及根本、未便言明的假定等等。

Paul 的許多概念確實吸納了批判教育學或 T. Kuhn 新科學哲學的訴求，他不只是像 McPeck，只把批判教育學的批判視爲「批判內容或對象」（domain-specific information），Paul 已經正視到了批判者本身已經載負者一套既定世界觀，這當然是受到 Kuhn「**典範**」（paradigm）的影響。Paul 對於 1983 年美國出兵格瑞內達（Grenada），就很不以爲然。前引第 9 點，都說明了 Paul 也鼓勵運用批判思考，來擺脫我們習以爲常的國際視野。後來的 911 反恐，美國海灣戰爭出兵伊拉克、阿富汗，不禁令人唏噓。2022 年俄羅斯出兵烏克蘭，也是不同國度，各有詮釋，訴說不同的故事。但 Paul 依然樂觀地認爲，可以對自己的世界觀加以反思。Paul 相較於其他實證派（如 Siegel）批判思考者，更能得到批判取向、女性主義或後現代學者的認同。

三、Siegel 的回應：反擊

McPeck 並沒有直接回應批判教育學的訴求，Paul 大體上吸納來自後現代或新科學哲學的訴求，他提出批判思考的世界觀，這與 Burbules 立場上沒有太大的差異。他們二人也都願意吸納批判教育學或後現代思潮的批判精神。大體上，自從 Kuhn 的新科學哲學及後現代的思潮逐漸成爲「主流」後，傳統實證派科學哲學及 Peters 等分析的教育哲學就淪爲被「修理」的對象。大部分的教育哲學學者都企圖把後現代等的聲音融入其論述中，而質疑啟蒙的理性傳統。分析派學者，英國的 J. White 在 2000 年之後，也曾經捍衛自由主義理性的博雅教育傳統，曾經一口氣與多位學者展開論戰（White and others, 2003）。美國的 Siegel 也是少數直接起來對抗後現代挑戰的學者，當 Burbules 吸納批判教育學、後現代思潮，提出以「合情理」（reasonableness）來取代「理性」（rationality），強調批判思考的脈絡主義或關聯主義，Siegel 也起來回應，是當時學術的盛事。簡成熙（2015a）已有翔實的討論。Siegel 不僅重新捍衛批判思考，更堅持後現代論、多元論、批判教育學與女性主義等反對理性、質疑知識確定性的主張，都站不住腳，是分析派陣營批判思考支持者中，最鮮明的立場。他的立場，一直不變（Siegel, 2017）。以下即歸納 Siegel 如何直接迎戰外界的挑戰。

㈠道德的訴求：理性可以證成尊重

在後現代的旗幟下，各種多元的聲音紛紛出籠，強調邊陲、少數族群、性別的多元發聲。部分後現代論者等如 Z. Bauman、E. Levinas 等學者發展出有別於 Kant 建立在普遍性的道德原則。更多的後現代論者則從知識論的相對性出發，強調主流對異己的壓迫，企圖顛覆啟蒙運動以來以理性爲主導的勢力。多元文化論者把批判的對象指向西方理性傳統，女性主義者，同步反思這套理性勢力其實只反映了西方、優勢、男性的立場。一言以後現代論者術語蔽之，前現代或啟蒙以降所據以建構的論述——後設敘事（meta-narrative）儼然以普遍性的理性自居，各式「後學」、多元文化論、女性主義者及批判教育學等，容或論證方式或所持假定有別，都是希望從邊陲發聲，挑戰傳統理性獨大的一元主張。他（她）們認爲分析哲學的批判思考訴求，自以爲中心客觀，其實也掩蓋了階級、性別、族群壓迫的事實。

Siegel 認爲這些主張混淆了「道德論」與「知識論」上的思考。啟蒙運動以來，「尊重他人」就是一個最重要的道德程序原則，從自由主義以降的傳統，尊重多元的聲音已是一種道德論上的訴求，本身即可「證成」上述的各種多元訴求。

Burbules 強調人們的德行是體現在社會實踐脈絡，人們是透過互動與溝通，體現**追求客觀**（striving for objectivity）、**接納可錯性**（accepting fallibilism）、表現**務實態度**（pragmatic attitude）、**明智判斷**（judiciousness）的德行，並不是訴諸普遍性原則的道德推理（Burbules, 1995, pp.82-102）。

Siegel 則認爲，他所強調的批判思考要素中的批判精神，完全可以涵蓋 Burbules 的德行觀。反倒是 Burbules 過於強調脈絡主義或關聯主義，反而忽略了脈絡主義中是誰來決定是非的問題，德行的證成絕不能只訴求人們共通的感受或意見（Siegel, 1992, pp.231-232；簡成熙，2015a，頁 256）。用孔夫子話，鄉愿，德之賊也。Siegel 在此對 Burbules 脈絡或關聯主義的批評，反而有點接近後現代或批判教育學的結論，但他認爲這是源自於 Kant 的啟蒙傳統。如果批判教育學或女性主義的訴求是來自於社會各種不義現象，啟蒙傳統正是要人們運用理性，且大膽運用理性，排除社會傳統的外在桎梏，自己作自己的主人。批判思考的教學完全可以爲社會不義現象的各種描述，正本清源。Siegel 並沒有直接與後現代倫理學者如 Bauman、Levinas 等對話，Siegel 堅持啟蒙式的 Kant 普遍性倫理規範能回應後現代論者之挑戰，「尊重」各種弱勢、階級、性別等的各種多元論或後現代訴求，都可以從啟蒙理性的傳統得到證成。

㈡知識的客觀性：包容、多元仍須以理性為基礎

Siegel 認爲，後現代或批判教育學、女性主義以正義自詡，除了前述涉及道德意涵外，他們也有知識論上的訴求。但表現在具體事物判斷上，如 Kuhn 倡言新舊典範的不可共量性（incommensurability）有相對主義的精神，雖然他們沒有明言，甚至拒絕承認。Siegel 曾運用邏輯，證成相對主義不成立。在 Siegel 看來，若是相對主義的弱義（weak sense）是指知識是可錯的（fallible），Siegel 可以接受，但接受知識的可錯性，不代表要接受知識的相對主義。至於相對主義的強義（strong sense），是指沒有絕對的知識標準，或是如新科學主義等所聲稱，吾人不能確切提供保證知識客觀性的方式，這是 Siegel 堅決反對（Siegel, 1987, pp.112-114）。他也以相同的方式回應 Burbules 的脈絡主義與關聯主義（Siegel, 1992, pp.232-233）。簡單說來，相對主義要證明自己的主張爲眞，那相對主義就不能有「眞確性的觀念」（notion of rightness），因爲當相對主義有眞確性的概念，就不免排斥違反此一眞確性概念，相對主義也就陷入不一致的窘

境。若是相對論者拒絕絕對眞理，但不反對在某種條件下，有相對眞理。Siegel 稱此爲架構相對論者，即不同的知識立場在某些架構下爲眞，不同架構無法據以論斷是非。Siegel 認爲這也說不通。首先，在架構內的相對論者都是絕對論者，但他又得在架構間堅持相對立場。他如何定奪架構內之眞，又如何否定架構間沒有客觀標準呢？在架構內，相對主義對知識絕對論的批評，都會發生在自己身上。Siegel 提醒我們注意，若堅持不同架構間沒有客觀標準，採納架構相對論的標準，反而是鼓勵各典範之間自以爲是（簡成熙，2015a，頁 242-244）。這樣看來，多元文化美其名相互尊重，不啻是鼓勵各（架構）內獨斷自爲。

當今在道德訴求或知識相對的政治正確下，**「包容」**（inclusion）的口號，也被高唱入雲。Siegel 同意包容是一個**「道德的美德」**（moral virtue）。他說：「人們或團體愛好包容，並不是包容有任何知識上的優先性，也不是包容必然能增加獲致眞理或證成理論的或然率，而是因爲這是正義的要求」（Siegel, 1997, p.172）。不過，在檢討了女性主義知識論學者 S. Harding、H. E. Longino 等的看法後，他似乎也同意包容可以是**「知識上或方法論上的美德」**（epistemic or methodological virtue）（簡成熙，2005b，頁 356-357）。但是，Siegel 仍然不放棄對知識客觀性的要求，前章討論 Siegel 對女性主義質疑批判思考時，曾引述「女性主義學術的主要貢獻即在於指出了一特定加諸他們之上的標準，其實是反映了對女性的偏見。然而，我們不可能一方面反對這些有偏見的標準，同時又反對評鑑這些偏見的標準」（Siegel, 1997, p.181），也適用於此。Siegel 重申，尊重多元不必然預設知識的相對性，而知識的絕對性所造成的**「排他」**（exclusion），也不必然會阻礙多元。後現代等學者藉包容之名來彰顯自己的多元訴求，不必在知識論上一定得打擊理性；而凸顯各種多元特殊聲音的同時，也不必否定普遍性的標準。我們仍得在多元的分殊領域中，去建立知識的規準。包容本身，不必然是後現代論者專利（簡成熙，2005b，頁 357；Siegel, 1997, p.183）。

Siegel 藉著對知識客觀性的堅持及多元之包容尊重原則來說明他所倡

議批判思考的兩大要素——理由的評價與批判的精神——都可以在後現代或批判教育學等的訴求中兼得其理想。雖然 Siegel 以極堅定的字眼捍衛分析傳統，但我們還是可以採取更爲「包容」的態度。Burbules 的評論，仍然值得我們採行，他說：

> 這些關乎批判之條件，個人特質、支持或挑戰社會關係、溝通機會、差異的脈絡等有助於我們從不同方式思考的可能，有賴相互依存的環境。本文要彰顯批判的培養與練習正視這種條件，也當然是教育的條件。批判，是一種實踐，不只是指我們如何思考，更標示我們的作爲與我們是何種人。批判思考、批判教育學以及涉及的女性主義者、多元文化論者和後現代式的批判，都是這種批判概念下的一部分。然而，我們發現，了解批判的精妙，在於其相互未解的緊張——正由於未消解而使挑戰保持開放，更凸顯批判作爲生活方式價值之所在。（Burbules & Berk, 1999, p.62）

的確，未解的緊張——正由於未消解而使挑戰保持開放，或許更爲周延——無論是對於批判教育學的強力批判意識，以及 Siegel 的強力捍衛理性傳統。這不是鄉愿式的各打五十大板，通識教育和而不同的理想也在於此。

‖結語：批判教學實踐

經由以上的討論，我們可以看出，兩類批判類型，實可分進合擊。分析傳統下的批判思考，立基於啟蒙的理性精神，強調要排除個人的主觀、偏見，致力尋求客觀，以恢弘心智、健全心靈，知識取向濃厚。批判取向的教育觀則認爲既定的世界充斥著意識形態的不當權力運作，批判的重點在於揭露被其扭曲現象，還原社會公道，道德意識強烈。前者大致採取理論、實踐對立，客觀理性指引教育實踐；後者則是理論、實踐辯證，教育實踐促成政治更新。批判教育學者認爲分析陣營的批判思考學者過於強調孤懸於社會的知識與邏輯推理等技能，是其缺失。分析陣營的學者 Siegel 所倡議的批判精神、McPeck 強調批判不能脫離領域脈絡，特別是 Paul 強調世界觀的培養，都可算是部分吸納了批判取向教育學的特色。我們固然無須像 Siegel 般地堅持啟蒙的 Kant 傳統可以完全回應來自批判教育學及後現代的挑戰，但也必須謹記在心，即批判教育學等過於強調弱勢等被壓迫意識，也可能淪於另一壓迫來源而不自知。過於將自己置於道德的制高點，動輒將對立之立場，都視爲不義，也會陷入獨斷。而後現代對理性可能的霸權，當然也值得吾人深省。理性本身固然可能排他，但理性可以擺脫愚昧，批判理性本身是否也得靠理性。Siegel 指出理性可以自我反思，後現代則更願意正視傳統理性的限制，各自陣營對於理性有不同的語詞指涉與立場，也無須旗幟分明，以詞害意。

批判思考作爲一種推理的能力或技術，當應結合各科教學。從中小學到大學，各級學校在進行批判思考教學的同時，如果眞要達成學生獨立思考或是開放心靈的教育理想，不管是傾向於哪一個陣營，若能體會另一陣營學者的旨趣，當可豐富自身的教學。筆者在此不是要提倡鄉愿式的整合口惠。以大學實際通識教育的推展或教學爲例，教師們本身的學術培育過程有其專業的一面，我們不可能要求數理邏輯專業背景的教師必須熟悉法蘭克福學派。同理，也不能說培養批判意識的教師一定得熟悉專業邏輯，才能進行批判思考的教學。行政上可以採取的方法是教師們協同教學，教師們一方面擔負其專業之角色，但也必須在此過程中逐步學習，體會另一陣營的語彙、技能與旨趣，切不可各自教授，我行我素。若是教師們獨立教授批判思考相關課程，以數理邏輯爲例，具數理邏輯背景的教師若擔任理則學的通識教學，至少在批判思考的內容取材上，可以有更多的創意。許多邏輯教材的三段推理或是非形式邏輯謬誤等的教學實例，過於矯揉做作（筆者忍不住想到臺灣舊時汽車考照時沒有實際路考，而是在考照場內考眞實情境不會用上的 S 形倒退技能）。可以大膽地用社會政治議題（當然也要儘量避免把教師的意識形態或政黨立場帶入教室）來設計，鼓勵學生關心周遭社會邊陲弱勢的需求。哲學、社會學領域的教師，由於載負更多的社會實踐性格，也必須時時自我思考與警覺，以防自身陷入 Paul 弱式批判思考的窘境。也就是不要以正義為名，淪為特定政治立場的代言人。人文社會學者也要檢視自己的政治立場，反思自身世界觀的合理性。這對於當下的臺灣政壇或媒體，淪為意識形態的叫囂，更是值得加以借鏡。Siegel 等疾呼的理性、客觀的邏輯推理能力，仍有一定作用。筆者有時用媒體名嘴的評論為例（他們最常義憤填膺指責他人之不當），指出其推理的謬誤，有些學生也因而能深刻體會邏輯推理的價值。總之，無論是 Siegel 重視的理性批判思考，或是批判教育學指控社會的不義，都應該用 Paul 反思自身世界觀的立場，加以反思自身理念的合理性。

McPeck 勉勵教師們進行批判思考教學、批判思考能力培養時，不能脫離學科或思考內容的脈絡，不能獨厚邏輯。何止邏輯，各種人文、藝術、自然科學學科領域的脈絡，當然都可設計成問題解決或批判思考的課程，從這個角度，大學專業領域的學科教學，也都與批判思考緊密相連。如果 A 學院教師要為 B 學院學生教授 A 領域知識的思考模式，即使是導論性課程，實不宜只硬塞一些 A 領域基礎素材（information），而是要向學生展示 A 領域知識是如何加以建構；也就是通識教育之重點是讓 B 領域的學生能習得 A 領域的（批判）思考模式，當然，若能在該領域中涉入相關的倫理爭議，例如化學領域中的食品添加劑，資訊科學涉及的倫理議題，那更是有賴教師的匠心設計。筆者相信，我們教師自行在教學中展現跨域的批判精神，自覺可能的限制，並向學生呈現多元的可能，是通識教育的最好身教。中小學學科的專業性與學術深度，雖不若大學。現在強調跨域整合，不同領域的教師都可積極共備課程，那數學、自然領域的探究，也可以與社會或語文文本的批判實踐結合；環保議題等更是同時兼顧自然探究與人文生態。筆者認為分析傳統的批判思考與馬克思取向、後現代的批判教育學，都可以豐富批判作為教育目的之視野。

愛國主義與世界主義作爲教育目的——從 MacIntyre 與 Nussbaum 論起

導言

啟蒙以後的西方自由主義氛圍強調個人自主，公民教育的重點不在於愛國、認同、效忠、犧牲等積極美德，而在於對國家公權力不當限制、權利義務的相互規範。自由主義也擔心愛國主義或民族主義會造成種族沙文主義。社群主義如 MacIntyre 等卻認為國家具有構成性價值，愛國重新受到正視。Nussbaum 從道德普遍主義、全球交流的視野，強調世界主義應優先於愛國主義。簡而言之，1980 年代以後，西方世界愛國主義或民族主義有復甦之勢，這也吸引了許多學者的討論，企圖調和二者的可能衝突。西方世界對愛國主義「愛恨情仇」的學術討論，值得東方世界參考。我國自清末以來今，富強圖存一直是能人志士復國建國的目標。但是，國家至上、民族至上，卻也可能形成另一個極端。隨著美國總統 D. Trump 高喊讓美國強大帶動的中美貿易大戰，以及地緣因素引發的衝突，如 2022 年俄羅斯與烏克蘭的戰爭，愛國主義（或民族主義）或有可能在未來仍繼續引發國與國之間的紛爭。西方國家對於愛國主義的愛恨情仇，對於日益走向民粹的臺灣，也當有一定的反思意義。

---

*本文改寫自簡成熙（2021c）。西方對愛國主義的愛恨情仇：從麥金太爾與努斯鮑姆論起。**現代教育論叢**，2 期，20-34。

緒論：愛國是美德嗎？

> 戰於郎，公叔禺人遇負杖入保者息，曰：「使之雖病也，任之雖重也，君子不能爲謀也，士弗能死也，不可。我則既言矣！」與其鄰重汪踦往，皆死焉。魯人欲勿殤重汪踦，問於仲尼。仲尼曰：「能執干戈以衛社稷，雖欲勿殤也，不亦可乎！」（禮記・檀弓）

少年汪踦執干戈以衛社稷，所標榜的愛國精神，不僅感動了孔子，認爲應以成人之禮葬之，也感動後世無數人。不過，公叔禺人卻嘆之，徭役賦稅使百姓痛苦不堪，高官們不能好好策劃，將士們又不肯爲國效命，他與少年汪踦仍然選擇爲國犧牲，更令我們唏噓。覆巢之下，焉有完卵？其實，國家富強承平之時，根本無須子民效死，亂世危局，不全然受制於自然天災，大部分是人禍造成，但我國歷史上對於是否需要片面的強調愛國之提問，似乏深入探索。啟蒙以後，西方世界重新律定個人與國家的關係，大部分的契約論都傾向於設定個人爲了自己的福祉、自由，交出傷害別人的自由，賦予團體公權力，其目的是爲了保障每個人私領域的自由。二十世紀前半葉法西斯當道，也讓西方自由主義國家對於訴諸集體的主張，戒慎惶恐。從 I. Berlin 對消極自由的疑慮，F. A. Hayek 擔心國家管太多而邁入奴役之路，K. R. Popper 對傳統柏拉圖到黑格爾以降可能形成集體坐大而失去開放社會的指控。同一時間左派法蘭克福學派 T. W. Adorno 對權威人格，以及 E. Fromn 對於德國人民在納粹時期「**逃避自由**」心理機制的探究，也都與自由主義相應。雖然 1950 年代美國有很短暫的極右派麥卡錫抓共產黨同路人的白色恐怖時期，史稱「**麥卡錫主義**」（McCarthyism）。二十世紀西方自由主義以個人自主抗拒傳統桎梏，對國家機器權力的制衡，仍是主流。在此理念下，公民教育的重點不在於愛國、認同、效忠、犧牲等積極美德（virtues），而在於對國家公權力不當的限制、權利義務的相互規範、慎防公領域侵犯個人私領域等的消極防範。

1980年代以後，西方社會開始有學者反思自由主義本身無法證成團體的價值，因爲在契約論下，成員與團體的關係只能是工具性的關係，團體因而不具有內在價值，只是個人獲得幸福的制度工具。但是個人與團體間其實是有著更多的文化、生活與價值上的聯繫。個人的自我並不是像自由主義所倡議的可以孤懸於這些影響外，進行理性、客觀的選擇，**社群主義**（communitarianism），是爲典型的代表。二者之間對於民族認同、公民美德在民主社會扮演角色的相互論辯，成爲學術盛事。若從實際脈絡中來審視，西方國家雖然歷經民主政治，經濟生活與社會福利都有長足進步，可是社會日趨冷漠、公民參與公共事務興趣缺缺，更重要的是彼此缺乏休戚與共的情懷，造成每個人心靈深處的苦悶。社群主義的學者正是希望從歷史脈絡中，強調集體共善，希望濟當代自由主義社會疏離之溺。

西方在這樣的學術或實踐氛圍中，重新強調集體共善，以重振亞里斯多德聞名的A. MacIntyre（1984）特別在一個講座中，以愛國是否是一項美德之提問，企圖論證愛國是一項美德，而廣受注目。十餘年後，另一位專精希臘哲學的M. C. Nussbaum也發表專文，從道德普遍主義、全球交流的視野，強調世界主義應優先於愛國主義。Nussbaum也邀集衆學者回應，而匯集成冊（Cohen, 1996）。這也吸引了國外教育哲學學者進一步探討愛國教育的得失（Archard, 1999; Brighouse, 2006b; Callan, 1997; Enslin, 1999; Hand, 2011; Stevens, 1999; White, 1996a, 1996b, 1997a, 2001）。1990年代以後受社群主義等影響，一度被自由主義汙名化的民族主義或愛國主義，重新受到重視，而自由主義所重視的普遍性道德程序原則及衍生重視普遍人性的世界主義仍然擔心這一波西方愛國主義復甦，會有礙世界團結。到底愛國主義，應不應該成爲國家教育重點？本章先集中在前述MacIntyre及Nussbaum論文原典的解析，再援引Y. Tamir、M. Viroli及學者與Nussbaum論辯等，初步檢視西方企圖調和自由主義、民族主義的折衷論述，最後提出筆者的暫時結論，希望能厚實愛國相關的學術討論。

第一節　MacIntyre 對愛國美德的論證

MacIntyre 開宗明義，指出道德哲學家的任務就是要在一社會中，經由合理的探索，提出令人信服的道德主張，特別是社會面臨價值衝突時，更爲迫切。無論是看法不同的團體間，或是社群內成員看法的歧異，道德哲學家首先應把彼此歧異的看法涉及的爭議呈現出來。古代不乏表現愛國情操，許多文學作品也都認定愛國是美德（virtues），但是 1960 年代的美國，愛國之說卻淪爲邪惡（在此應該是指當時美國學界民間反越戰等訴求）。雖然無法簡化爲二元對立，但可以澄清彼此立場。第一次世界大戰，德國社會學者 M. Weber 認爲應該效忠德意志帝國，這是取決於民族因素，法國社會學者 E. Durkheim 等也表達對法國同樣的情感，這是公民意識（civilisation）。冷戰時期與蘇聯共產國家對抗，當時的美國政治家普遍認爲應該效忠的是自由，而不是民族，其要旨：(1) 是建國理想，而不是民族，是愛國的首要目標；(2) 是建國理想提供了效忠其國的好理由，而不應該是族裔或公民身分。MacIntyre 則認爲，愛國涉及對其特定國家的效忠，我們都可以認同法國文化，但這與法國人的效忠法國，不可同日而語，只有法國人才會效忠法國。此外，愛國當然也不是無條件愛其國。愛國者通常會珍視其母國的優點、成就等特殊特質，即便是他國有同樣的優點，我們也不會對他國發展出相同的認同情懷。

一、當代自由主義、普遍主義的弊端

MacIntyre 因此認爲，愛國是一種忠誠的美德，婚姻、家庭、親屬、朋友、學校、運動俱樂部等機構，都涉及忠誠。通常，個人對於上述關係、團體的忠誠，是來自於蒙受其益的感恩。不過，我們對許多團體的感恩，不必然滋生這種忠誠。愛國心油然而生的效忠國家，不完全來自於虧欠國家，或是享受國家好處的回報等互惠關係。MacIntyre 堅定主張，愛國就像夫妻之情一樣，有其本質性（essential），或是不可泯除性（ineliminiable），當然是一項美德，但是當代許多道德哲學並不如此看待愛國。他們認爲，由於愛國主義有特殊性，若是物質資源的限制以及生活方式的不同，愛國主義勢必會與普遍性的道德規範發生衝突。Kant、部分效益論或是契約論等當代自由主義的思想泉源，雖然有不同的強調，但都有下列共通的主張：(1) 道德規範是理性之士在理想的狀態下，都會同意的規則；(2) 道德規則在相互衝突的利益中，需保持中立，道德規則也不能代表特定的利益；(3) 道德規則涉及人類美好生活的信念，也必須保持中立；(4) 道德規則適用之對象是以個人爲單位，道德評估的對象也是個人，而非集體；(5) 道德主體所建構及遵守的道德標準具有普遍性，獨立於特定的社會之上。上述道德立場，不僅無法將愛國視爲一種美德，更會將各種實質愛國的主張，視爲惡行。MacIntyre 指出，前述主張是後文藝復興西方文化的偶然發展，如政治自由主義、社會個人主義的產物，是代表道德立場的一個極端。他希望發揚另外一端的道德立場來賦予愛國的美德意涵。

二、愛國作為美德是體現在社群中

自由主義認爲道德的來源以及跟誰學習道德原則、道德概念等與道德內容及個人承諾並不相關，就好像人們學數學一樣。不過，MacIntyre 想要說明，道德來源與向誰學習道德，對於道德內容、個人對於道德承諾，至爲關鍵。MacIntyre 提出三個有別於自由主義論點：(1) 人類對於道德的理解是體現在社會的實踐脈絡中；(2) 道德的證成也必然涉及特定社會生活中所享有對於善的觀念；(3) 人們之所以能成爲道德行爲者（主體）（moral agent），也來自於所處社群所提供的支持。我在我處的社群中，可以找到跟隨那些道德規則的理由，去除了這些社群生活，我也就沒有理由成爲道德者了。若是採取這種道德立場，對於特定團體層級，如親屬、社群等的效忠，就是道德的必要條件，以此看待道德，愛國不僅僅是美德，更是核心的美德。

我們規劃自己人生，並不只是像自由主義般地靠自己的自主性（autonomy），不是用一套普遍的法則去論定是非，我們更需要社群提供各種價値、文化等的泉源，來豐富我們的生活。孤懸理性、脫離社群文化脈絡，我們甚至於無法過道德的生活。在 MacIntyre 看來，我們怎麼可能排除所處社會文化，去做所謂理性的選擇？Kant 所代表的自律，既不可行，也不可欲。反之，是社群提供我們道德動力，一群有道德的人，相濡以沫。我之所以願意遵循道德規則，正是同輩的感召，是社群提供我們道德的動力。MacIntyre 當然不會否認雖千萬人吾往矣特立獨行的道德堅持，他是要強調一個能夠分享共同道德的社群，是我們道德來源、道德行動的前提。國族作爲一個最大的社群或共同體，其所載負的社會歷史文化，當然是道德的基礎，愛國正反映了對共同體的道德承諾，成爲重要的美德，毋庸置疑。

三、愛國如何抗拒非理性指控？

由於愛國有其特定性的訴求，常常被訴諸普遍主義的自由主義詬病，因爲這種豁免性或不可泯除性，在自由主義看來，是非理性的，若過於強調，勢必無法對於社群或共同體的根本加以批判，甚至於造成自大排他的副作用。MacIntyre 提出三方面的回應。

(一) 愛國主義者會根據國家的發展方案加以反思，並不是像自由主義的指控。MacIntyre 舉法國戴高樂（Charles de Gaulle）反抗德國及法國維琪政府、德國參與暗殺希特勒的 Adam von Trott 以及義大利建國三傑之一的加里波底（Garibaldi）等，他們都不安於現狀。所謂愛國對於國家的豁免性，不代表要效忠特定的政府。他們都對於自己認同的國家有一個憧憬，根據這種憧憬規劃理想的方案效忠之，而不是當下的特定政府或領導人。但是，這些愛國者並不是訴諸一個無私或非個人式的道德立場，而是來自他們對於母國的理想規劃。以 Adam von Trott 爲例，他沒有要顛覆納粹德國，他認爲推翻納粹德國，會讓 1871 年建立起的德國毀滅，他沒有訴求普遍原則，也不是訴諸世界公民的福祉，只是認爲希特勒會帶來國家毀滅。國族作爲一個共享的生活、文化、歷史，透過政治體延續的理想，是愛國者無法豁免的。在 Adam von Trott 看來，當希特勒殘殺猶太人時，就已經背棄了德國文化。因爲猶太裔德國人也曾經奉獻於德國，應該受到其他德國人的尊敬。MacIntyre 不否認自由主義的擔憂，他仍強調這種批評不必然一定發生。

(二) 愛國主義可以與自由主義相容。這樣說也許空泛，愛國主義與基督教、愛國主義與多瑪斯自然律（Thomistic Natural Law），或愛國主義與人的權利（the Rights of Man）信仰者之間，都可能相容。儘管如此，爲何自由主義一定視愛國爲危險呢？傳統愛國主義有時也能與道德普遍主義——制裁或修正愛國者的特定道德觀——相容。這其實是角度的問題。換個方式，普遍性的道德觀難道沒有危險嗎？如果愛國主義沒了，無私、自由主義式道德，撐得起來嗎？我們在生活、文化的敘事中，相互理解彼此故事，共享悲喜。人們若無法從歷史中，理解自己生活所處的位置，也就失去道德生活的核心，因爲無法體會人們相互之間的關係，也無法正視彌補歷史的錯誤。

(三) MacIntyre 指出，愛國主義當然也受制國家社群。有些國家曲解歷史，這當然是非理性的。但正如家庭一樣，若親人之間都是以利益來相處，家還是家嗎？親人也會相互傷害，能因此否定親情嗎？個人與國家的關係亦然，若國民對於國家之態度，也像是家人之間的逐利相處，就家不成家，國不成國了。自由主義國家若是堅持現代的科層體制，讓這種愛國之道德無棲身之處，自由主義的愛國將淪爲幻影。何以致之？是因爲當代社會，人們以互惠的自利方式交往，當面臨紛爭時，要嘛是用武力解決，或是貫徹自由主義中性、無私、非個人式的道德，縱使後者能弭平紛爭，其實已經破壞了社會秩序整合的契機。幾乎每個政治社群，都備有武力，以防萬一。弔詭的是，國家都需要軍人爲共同體安全效忠或犧牲生命。這說明了即使是契約論式的自由國家，也必須要有好軍人展現愛國的道德，政府實在是需要足夠的年輕人放棄自由的道德，否則很難存活，因爲自由的道德會消解社會的臍帶關係。

MacIntyre 當然也知道自由主義訴求，有其堅實理由，他有自知之明且無奈地說：

> 愛國的道德能夠成功地抗衡自由的道德，正是由於自由道德成功地抗衡愛國的道德的反射形象。自由的道德之所以能歸結愛國主義是道德危險的恆常來源，是因爲其阻礙我們理性地批判國家的一切。愛國主義的道德辯護者也同樣可以歸結自由的道德是道德危險的恆常來源，是因爲其理性批判阻礙我們社會和道德的有機聯繫。各自陣營反對他方都站得住腳。（MacIntyre, 1984, p.18）

MacIntyre 最後再以黑格爾區分「倫理」（Sittlichkeit）與道德（Moralität）來說明，倫理代表的是特定社會習俗的規範，道德則代表自由主義普遍、理性、非個人式的道德觀。美國以後者來取代前者，反而使移民入美者陷入不一致的窘境。MacIntyre 正是希望強調特定文化的倫理觀，他相信也能與普遍、理性、非個人式的道德觀相容，共同形成當代美國人的愛國情懷。

從他引德國 Adam von Trott 反希特勒的例子來看，MacIntyre 對於自由主義對其可能造成民族坐大的指控，了然於心，他毋寧是爲西方提供另一個訴諸傳統爲愛國辯護的理由。從他的辯護中，他當然也不會支持類似納粹或義和團式的愛國。雖則如此，MacIntyre 仍是社群主義陣營中最支持愛國的學者，他的訴求當然也無法杜其他採普遍性道德或自由主義，乃至世界主義者的悠悠之口。

第二節　Nussbaum 的質疑：愛國主義與世界主義

Nussbaum 的專文〈愛國主義與世界主義〉，除收於其當年與衆學者的小冊子外，更完整的說明，也見於日後探討大學通識教育的專書（Nussbaum, 2013）。以下的探討的文本則採自 Cohen（1996）所編輯的《國之愛：愛國主義限制之爭議》（*For love of country: Debating the Limits of Patriotism*）原小冊子。該文首先發揚印度二十世紀諾貝爾文學獎得主泰戈爾（R. Tagore）當年的世界主義理想，再重溫她心儀古希臘當時不流俗，甚至離經叛道的斯多葛傳統，最後回歸當下，企圖以世界主義之理想，讓多元主義不淪爲狹隘的種族主義、民族主義之缺失。

一、泰戈爾的理想

Nussbaum 首先引述泰戈爾在其小說《家庭與世界》（*The Home and the World*）的情節。Nikhil 是一個世界主義者，他的妻子 Bimala 受了先生好友愛國主義者 Sandip 的影響，參與印度獨立運動（Swadeshi movement），如一連串抵制英國進口貨物等。夫妻間起了嚴重爭執，Nikhil對妻子說：「我願意奉獻國家，但我的終極信奉是服侍所有義舉，這超越國家之上。如果把國家當成神一般信奉，那是加諸其上的詛咒。」（Nussbaum, 1996, p.3）Nussbaum 開宗明義，認爲美國的公民教育也是如出一轍，不僅會有道德的風險，也會顛覆愛國本身所要追求的目標，如正義、平等。她認爲古老的世界主義——人們效忠的對象應該是涵蓋所有人類的世界社群——才是當今所需。

Nussbaum 擔心美國日益強調的愛國主義，如新實用主義健將 R. Rorty 在《紐約時報》1994 年 2 月 13 日專欄的呼籲，應該強調國家榮耀的情感、分享國家認同，Rorty 甚至於認爲，如果我們無法「同歡」（rejoice）於美國認同，並從此認同中定位自身，我們甚至於將無法批判自身。Rorty 也認爲建立在美國多元倫理、種族、宗教等次級團體的「差異政治」，也得建立在愛國及國家認同的基礎。他完全沒有設想建立普世政治情感、關注的可能性。這並不是特例，近年來，似乎強調理性、人類互賴的說法，不再爲人重視。Nussbaum 認爲泰戈爾已經看到了民族主義與我族中心主義是孿生兄弟，雖然民族主義強調利用民族情感來團結國家，但終究是用特定的領袖崇拜訴求（colorful idol）來取代實質普遍的正義價值。在 Bimala 眼中，她的先生平淡、了無生趣，不似 Sandip 的激情，正是因爲 Nikhil 持守的立場，超越了特殊地域，讓他能夠效忠眞正屬於全人類的道德善。當然，民族主義的支持者在教育上，也會接受有限度的世界主義，如自由主義學者 A. Gutmann 指出，國家雖然在政治或教育上訴諸國家意識，但諸如基本人權等理念也會體現在國家教育制度中，這也會促成國家之間的合作與相互尊重。Nussbaum 認爲這還不夠，因爲這並不能夠跳出美國人的視野，不會讓美國人虛心了解其他國家的文化、需求，也無助於反思飢餓、貧窮、氣候等問題的全球共同責任。

二、斯多葛學派

古希臘哲人第歐根尼（Diogenes）喊出，我是世界公民時，並不把他自己定位在出生屬地的一員。斯多葛學派承襲此一立場，我們可同時隸屬兩個社群，其一是我們出生地，其二是眞正偉大、共通之地，不是你我目所能見之一隅，我們都隸屬太陽籠罩之下的共同國度。普天之下的共同體，成爲我們道德義務的來源，全人類都是我們的同胞與鄰居。我們應該在具體的情境思考人類的問題，而不是從國家認同的角度思考與其他人的不同。第歐根尼邀請我們，從一個流放者的角度，而非愛國者的情感立場，我們才能用正義、善的眼光來反省自身生活。人們出生，純屬偶然，任何人都可能出生在其他國度，明乎此，就不應該允許國家、階級、族裔、性別的差異，在我們和其他人類同胞之間樹立藩籬。最先要效忠的是所有人類都具備的根本內涵——理性和道德能力。Nussbaum（1996, pp.7-8）說得好：

> 我們首先要效忠的，不是某個政府的形式，不是某個時期的權力，而是要效忠全人類，由人性組成的道德社群。世界公民的想法也就成爲康德筆下「目的王國」理念的先驅和根源，也同樣在政治和道德行爲發揮激勵與規範的作用。我們應該始終如一，對於每個人的理性尊嚴與道德抉擇，給予相同的尊重。正是這個概念鼓舞泰戈爾的小說創作，一位世界主義者藉普世道德規範與民族主義、黨派主義相折衝。

Nussbaum（1996, p.8）進一步歸納斯多葛學派之所以支持世界主義的三項理由。(1) 從世界觀的立場來理解人性，有助於自我知識的提升。從別人的觀點，可以更清楚看待自身。(2) 更能夠解決自身問題。若每個部落都以黨派色彩看待自身與他人，其危害莫此爲甚。(3) 世界公民是一種內在價值，因爲世界公民認可人性中最根本、最值得尊崇之處，即對善與正義的渴望，還有他們對此的推理能力。或許這沒有像地方傳統、國家認同那麼多彩多姿，但卻深刻又恆久。Nussbaum 指出，要成爲世界公民，人們不必放棄讓他們生活豐富的地域認同，而是一種同心圓的方式，由內而外，自己、家庭、鄰里、社區、城鎮、國家，並將族裔、語言、歷史、行業、性別、性取向認同等納入，最外的一圈則是整體人性。世界公民們應該向中心畫圈圈，讓所有的人都像是相同的城鎮人。我們無須放棄族裔、性別、宗教等的特定情感和認同，我們的部分認同來自他們，教育上付出特別的關注，當無可厚非，但要致力將全體人類納入我們對話和關注的共同體內。斯多葛學者堅持，鮮活的差異想像是教育的本質任務，要熟悉各種面向，羅馬皇帝 M. Aurelius 自我勉勵，也是世界主義教育的基礎：「要習慣不要忽視別人說的話，盡最大可能進入別人心靈中。」「要能理解某人的行爲並加以評判時，必須先要學會很多事。」我們的教育能讓我們充分體會美國外的差異，成就人類共善與價值嗎？希臘字 *melos*，相當於肢體（limb），與 *meros*，相當於部分（part），僅一個字母的差異。若改爲後者，其實並沒有眞正用心去愛別人，不是滿懷歡喜爲善，只不過是義務罷了。Aurelius 勉勵自己，發自內心，盡力理解遙遠、陌生的波斯等文化。

三、支持世界主義四項理由

(一)經由世界主義，可以更加理解自身

政治上理性思考最大的障礙就是對自己的一切自我感覺良好，教育若只侷限於自己國家內之道德特徵，強化歷史事件不當（false）的道德或榮耀比重，常會助長自我感覺良好的非理性態度。Nussbaum 指出：

未經反思的自我感覺良好，並將此視爲中性與自然，是理性思慮後導致政治最大藩籬的原因之一。教育若視國家領土爲民族亮點，常常會強化非理性態度。這會導致對歷史事件賦予過當道德的意義，陷入錯誤的光榮氛圍中。如果能夠從他人眼光來看待自身，會驀然發現自身的作爲有地域性，決不是重點所在，有賴更寬廣、更深切的分享。我們國家忽略了大部分地球其他地區，實令人憂心忡忡。我認爲這也意味著，在很多至關重要處，我們也忽略了自身。（Nussbaum, 1996, p.11）

反之，若能從別人的角度，將有助於體會自身地域性（local）的侷限，也不會堅持自身的絕對性（nonessential）。Nussbaum 認爲若不知彼，在許多重要處，也無法知己。譬如，就家庭教養孩子來說，若能從各國家庭教養史中參考世界各地照顧孩子的一切經驗，一定能提供莫大助益。尤有進者，也可同步理解父母親的角色，也能從中發掘問題，如隔代教養或大家庭中潛藏的虐待問題，或是母職工作涉及性別分工的合理性等等。如果沒有透過國際比較，很容易自認爲是「正常」、「自然」，就失去了改進、反思的空間。

㈡人類當今面臨問題，需要國際合作

我們必須承認，當今國與國之間休戚與共，第三世界國家爲了提升生活，所造成的汙染，已開發國家也無法倖免。糧食供應、生態平衡、環境汙染等，在在需要國與國之間，通力合作。全球計畫、全球知識與承認未來是一個分享的世界，刻不容緩。我們的課程不僅需要介紹他國地理、生態，更需介紹其人民，才能讓我們的學生尊重其傳統與社群，國際教育要能提供必要的基礎。

㈢我們對於世界其他地方負有同等的道德義務

美國人若能理解全世界發展中國家都達到美國人生活水平，將造成

生態危機，美國人能不反思自己造成生態的責任嗎？Kant 的普遍化法則不對嗎？難不成只有美國人能享受，其他國家則不應該，這難道不會造成道德僞善嗎？普遍化是我們的道德責任的預設，不只是口頭說說而已。斯多葛或美國立國精神都強調人生而平等，每個人都有相同的尊嚴與機會追求幸福，這是不可剝奪的權利，那就應該正視對世界其他國家的責任。Nussbaum 指出，普遍化或世界主義不是要一視同仁，不能對自己的國度給予特別的關心。我們特別照顧自己的小孩，也是照顧到全人類之子的最有效方式，但不是我們的孩子比別人尊貴。教育當然要關心自己國家的歷史和政治，重點是在處理政治、經濟事務時，不能只在乎自己的國家，必須一併考量其他人的生命、自由與幸福追求。我們要儘量汲取能思考全人類權利的知識，才能在普世政治、經濟中發揮重大影響。

㈣ 以平等打破國家藩籬

當 Rorty 等強調人們要排除種族、階級、性別藩籬時，爲什麼碰到國家就轉彎？美國視華裔美國人爲同胞，他們與在中國的中國人，有什麼不同？爲什麼我們可以用國家作爲界線，可以冷漠地不在乎相互尊重的責任。Rorty 的愛國主義也許可以讓美國人團結，但他對於可能造成的沙文排他主義的危險，好像漠不關心。其實，Rorty 所支持的國家價值的分享，也需要建立在超越國家藩籬的共通人性之上。如果我們沒有教育學生超越國家藩籬，等於是說凡人皆平等，要尊重所有人只是說說而已，潛規則是美國最偉大，最值得尊重。

Nussbaum 的這篇論文，嚴格說來，與 MacIntyre 的前文一樣，都未完全展現他（她）們各自學術立場最深妙高遠之處，像 Nussbaum 另一本對於各族群或政治歧異，乃至個人相處之間，涉及的寬容、原諒、憤怒、慷慨等正義課題，從古希臘文學、哲學、心理分析等的精彩論述（Nussbaum, 2016），實令人掩卷深思、愛不釋手。但二文都以明確的立場，廣受學界矚目。Nussbaum 也邀集了眾學者一起討論，並做了一個綜合回應，筆者將在下節加以討論。

第三節　重探愛國：自由主義、社群主義的融合

雖然社群主義對自由主義的批判來勢洶洶，特別是 MacIntyre 幾乎完全正面地推崇愛國的價值，但自由主義對國家公權力的節制與不信任，畢竟是啟蒙以降的主流傳統。就筆者研閱所知，其他社群主義者重點都不在愛國主義或民族主義。如 M. Sandel 是以美德作爲共善來獲致正義的理想。C. Taylor 與 M. Walzer 重點都在於對境內少數族群或多元文化的尊重，在這個點上，自由主義的多元文化論者 W. Kymlicka 接受，也致力於發展少數文化的集體權利。但他們都能體會，強調集體意識，稍一不愼，就會造成國家集體意識的獨大，這是自由主義念茲在茲的重點。同時，文化或集體權利的論述，對少數族群而言，也可能被操作成分離意識。雖然 Taylor 對於加拿大魁北克法屬文化的獨立建國是持同情態度。整體而言，很少學者會爲分離主義背書。自由主義與愛國主義對西方世界而言，確實在學者心中，呈現愛恨情仇的心境。受社群主義或多元文化影響，如何又不違反自由主義理想，就是 1990 年代西方學者的重點。篇幅所限，以下以 Y. Tamir 的「自由民族主義」（liberal nationalism）與 M. Viroli「沒有民族主義的愛國主義」（patriotism without nationalism）爲例，看看他們能否成功地調和二者。而 Nussbaum 發表愛國主義與世界主義，當時也有許多學者加以回應，筆者本節一併加以討論。

一、自由民族主義

以色列知名的學者 Tamir（1993）在她的經典作《自由民族主義》（*Liberal Nationalism*）中先開宗明義指出，一般西方學者認爲自由主義重視個人自主、反思與抉擇，而民族主義則強調歸屬感、忠誠與團結，二者是互斥的。其實，自由主義與民族主義是可以互補的。自由主義當然可以承認，也離不開個人歸屬、身分與文化淵源的重要。民族主義也應該在民族之內或民族之間奉行社會正義，就此而言，民族主義也當會欣賞個人自主、權利與自由的價值（Tamir, 1993, p.6）。愛國、民族主義相容的理想

雖好，Tamir 能夠充分證成嗎？Tamir 首先也反對所謂「厚實」（thick）民族主義認爲單靠個人無法從事文化選擇的立場，不過，反對厚實民族主義的人，也不能否認個人是立基於脈絡的事實（contextual individual）。Tamir 接著說：

> 這並不意味著個人的觀點可以沒有落腳處（a view of nowhere），他可以在缺乏任何背景、依附、承諾下，自行做出選擇。反省也是在既定的社會立場，脈絡化並沒有排除選擇。……若說在選擇的過程中，認同特性沒有內建於（constitute）其中，是不合理的。內建於我們認同的構成中，生活計畫、宗教信仰以及社會角色都是我們反思與選擇後接納的對象。文化和民族性的依附亦然，選擇和內建構成二者是同步發生的。（Tamir, 1993, pp.32-33）

討論至此，Tamir 的脈絡自我觀，仍不脫典型社群主義的立場，即自由主義所珍視的對生活目標加以選擇、反思、評估的能力，是坐落在特定的社會文化脈絡中。個人自主性無法脫離所屬的社會文化，這些都內建（構成）了人本身的特性。不過，Tamir 並不像其他學者進一步致力於族群文化權利的論證（她當然也贊成族群的文化權利），她反而是藉著強調**個人行使文化權利**（The individual practice of the right to culture）說明民族文化作爲一種集體創造之餘，也是個人自我表現的方式。個人稟受民族文化，當他自在地表現出這些文化的特性時，也是一種個人的自我實現。一般說來，傳統自由主義者是將投票、言論、集會視爲個人權利，Tamir 指出，文化表現也同樣是一種個人權利（Tamir, 1993, pp.53-56）。Tamir 心儀的民族或文化，重點在於國家能使民族文化生機蓬勃，得以滋養個人生活，但是鑒於民族數量大於國家的現實，民族自決（self-determination）的精神不應該是傳統民族主義者追求的自治（self-rule）或獨立，而在於文化自主。所以，自由民族主義的重點在於指出大部分的國家是民族國家的事實，也說明國家以自由主義精神落實民族文化的重要，或是國家宜尊重境內少數族群之文化，而不在於爲分離主義背書，這些當然都是自由主義可以接受的訴求。

此外，Tamir 也運用**結合性義務**（associative obligations）的理念，來說明民族或文化對於公民身分的內建合理性。即使是自由主義的國家，也常用血緣或出生地來作爲公民身分的標準，自由主義的國民，雖然不會限制移民，但其福利施展的範圍也必須侷限於其國籍。雖然自由主義學者的解釋是，這是權利義務的相互關係。但是，在一個自由國度出生的小孩，自然成爲其公民，這難道沒有將想像中的文化、民族自然賦予在其新生兒上嗎？民族價値其實是隱藏（hidden）在自由的綱領中。結合性的義務不只是公民國家間互惠、權利義務的相互合作關係，更是一種公民們基於共同文化對於國家義務展現的表現性角色（expressive role）。Tamir 認爲自由主義者若不認可這種結合性義務，會陷入兩難的窘境。他們可以繼續堅持公民對國家的權利義務關係，而無法說明多數子民，即使國家沒有這麼完美，仍對國家不離不棄，盡力回報政治義務的事實，或者是大方承認結合式義務具有道德的重要性，認可民族主義對道德的看法。Tamir 以此作結：

> 我們業已說明，現代自由主義已經整合了相當的民族理念，使得民族國家在當今世界仍居主導地位，藉著吸納民族的概念，自由主義將能把國家作爲承繼特定人口之存在視之爲當然，據此討論分配正義、共識、義務參與、社會責任等等。自由主義論者也當可從容處理成員、移民等棘手問題，以及不同團體如何安置的一般性問題。民族的流動使當代自由主義需仰賴民族觀念與民族的世界秩序，除了一些世界主義者和極端無政府論者外，自由主義者沒有太多選擇，他們絕大部分在今日必須是一個自由民族主義者。（Tamir, 1993, p.139）

Tamir 在該書中聯繫自由主義與民族主義，其志可嘉，對於自由主義需要民族主義的奧援，也算有新意。但她也不能證成民族主義的獨立建國優先於自由主義的程序原則，這正是傳統民族主義的終極訴求。Tamir 身處以色列，以色列內部正是以堅定的愛國主義、猶太人復國，在周遭阿拉伯世界求得生存空間自詡。不過，同樣是巴勒斯坦，也可以用同樣的民族主義來訴求。我們當可明白 Tamir 的學術苦心。江宜樺（1998，頁 60-61）即指出，自由民族主義雖然在 1990 年代的政治哲學氛圍，被歸在接近以民族主義吸納自由主義的一端，但它其實肯定了個人批判反省的信條，遠大於民族必須尋求政治獨立的理想，雖然其承認民族文化是道德根源，反而較爲接近多元文化主義的訴求，而不是傳統民族主義。當然，在最大方向上，自由民族主義會支持本文探討的核心概念——愛國主義。

二、沒有民族主義的愛國主義

Viroli（1995）以其豐富的歐洲史素養爲我們娓娓道來近代歐洲愛國主義與民族主義的發展。在自由主義、民族主義學者間的相互詰問中，也賦予了愛國主義正面的意義。他並不完全像 MacIntyre 一樣，完全回到歷史文化的傳統，也當然對愛國主義所可能造成的民族獨大、排他現象，戒慎恐懼。他如何走中道路線，證成愛國主義呢？

Viroli 所引述的歐陸諸多例子，仍然是糾結於前述愛國主義正負面的辯證，與英美世界 1990 年代的論辯，並沒有太大的差異。值得我們注意的是，Viroli 分析 J. Habermas 的憲政愛國主義，值得在此一說。Habermas 認爲民族與國家的結合是一種歷史的偶然，法國大革命時，法國人泛起的愛國心，使得民族國家成形，一方面血緣、文化代表的手足之情發揮其作用，但更重要的是，公民共同實踐政治權利的集體意志，也儼然成形。Habermas 認爲這兩種力量，永遠存在衝突，二十世紀下半葉，他以歐洲共同體的發展經驗，認爲民族國家堅持國家主權，將愈來愈無法回應所需。對個別國家而言，應降低民族主義的訴求，把注意力放在憲政體制所必須具備的公民德行，國與國之間也應該思考過去國家主權或邊界造成的藩籬。他甚至於提出**審議民主**（deliberative democracy），此一公共領域，透過交談、溝通、審議，可以打破國界。此外，降低民族或國家之單一認同後，各種社會運動，可以跨國家邊界的蓬勃發展，Habermas 以歐洲共同體的經驗，樂觀地認為可以解決國際間的難民、移民等問題，他以歐洲**憲政愛國主義**（European constitutional patriotism）標榜之（Habermas, 1992, pp.1-19）。

Viroli 引 Habermas 另外德文的著作指出，Habermas 認為前述法國大革命的經驗並沒有同步於德國，從 1871 到 1945 年，德國卻是用民族一詞，將社會民主黨人、基督徒、少數族群、猶太人、左派等通通列為民族敵人，Habermas 的憲政愛國主義，因此對民族主義戒慎恐懼，Viroli 可以諒解，但他另外指出，1848 年也是德國民族意識與共和精神糾結的年代，Habermas 將共和主義理解為亞里斯多德的傳統，認為共和精神在當今多元社會中是不可行的；也正因如此，Habermas 的憲政愛國主義的愛國觀，仍然是取法自由主義的普世價值來界定公民身分的套路，無法正視民族歷史文化的泉源。社群主義的反思也在於此。但共和精神不一定只來自亞里斯多德的傳統，Viroli 企圖結合古希臘、近代以及美國社群主義等，重振共和主義的愛國精神。

簡單說來，Viroli 審視社群主義諸學者，也重新參考法國托克維爾（Tocqueville）所詮釋的美國式民主的觀點。美國的愛國主義，也許沒有太大的對於出生地的依附與眷戀，美國人也許不像歐洲各國家，有明確、共通的歷史記憶，但是類似共和主義的參與政治生活方式，卻是每人的共同經驗，這種參與，不必然運用自由主義來解釋，如 Taylor 指出，美國人對於當年尼克森總統水門事件的憤怒，正是來自於一種共和的愛國精神（自由主義則解釋成對政府不當公權力的限制）；Taylor 進一步指出，共和式愛國主義不只是對於個人消極權利的捍衛，更強化了公民友誼的聯繫與歷史的共感，正是這種在參與政治活動中的歸屬感，構成了愛國主義的本質。這不必然訴諸傳統民族主義，Viroli 指出：

> 所有論述愛國主義的理論，若建立在愛國就是熱愛共和政體的理念，也就是在她自己的文化和生活方式下所展現的共通自由原則的

> 基礎上，沒有民族主義的愛國主義當然可能。這種愛國主義所強調的公民之愛，必須經由政治途徑，也就是經由國家貫徹正義、透過好的施政。國家貫徹正義是指保障公民權利及政治權利。國家要能爲公民所愛，共和國必須杜絕歧視與特權，也要允許公民參與政治生活。公民愛其國，必須有相連感，覺得國家是屬於大家的，這是指能相互親愛精誠、同胞值得尊重與同情。……（Viroli, 1995, p.183）

Viroli 接著指出將愛國理解爲共和式的政治美德，也體現了追求自由的精神，只要更多公民在他人面臨歧視不義，或憲政原則遭受侵犯時，願意挺身而出，愛國主義就不會是危險，不會獨斷或是陷入軍國主義。Viroli 提醒我們，今日許多國家已不需要拋頭顱、灑熱血，就能獲致自由與福祉，種族、性別、階級的不公，也得到抒解。這使得大多數人將自由原則視之爲當然，而無法正視到人們彼此的一體感，反而喪失了同情別人的能力。共和式的愛國主義，正是時代所需。

Viroli 從歐洲的經驗反思，再次呈現了學者對於民族主義式的愛國訴求，也同樣是愛恨交織。Habermas 以法蘭克福學派左翼的立場提出的憲政愛國主義，與西方自由主義的立場，並無二致。隨著近年英國的硬脫歐，與歐洲面臨新的難民都讓德國前總理 A. D. Merkel 左支右絀。烏克蘭、俄羅斯各自用民族主義（即使都是廣義的斯拉夫民族）相互叫囂，甚至牽涉到納粹主義。Viroli 的沒有民族主義的愛國主義，固然修正了 Habermas 的樂觀，但也不敢丟棄自由主義的核心要旨，也是用心良苦了。從 2022 年的俄烏戰爭（還有我們早已麻木的以阿衝突），似乎西方學者最不樂見的極端民族主義一直未嘗稍歇，甚至隨時有愈演愈烈的可能。

三、Nussbaum 與衆學者的論辯

㈠ Putnam、Gutmann、Taylor 等的質疑

如果將 Nussbaum 侷限在世界主義，衆學者們欣賞這種理想之餘，在理論和實踐上不一定會同意 Nussbaum 的看法，筆者分別援引代表分析實用主義的 Putnam（Cohen, 1996, pp.91-97）、自由主義的 Gutmann（Cohen, 1996, pp.66-71），以及社群主義的 Taylor（Cohen, 1996, pp.119-121）等對 Nussbaum 的質疑。

Putnam 歸納 Nussbaum 的兩項核心論點，其一是愛國主義會墮入沙文主義或種族主義的偏鋒，應該先以世界公民而非美國人、法國人、猶太人或芝加哥人自居，其二，我們不需要（也不應該）以自家的傳統倫理作爲道德引導，世界公民應該以「普遍理性」爲依歸。Nussbaum 以希臘斯多葛學派第歐根尼不符希臘常規的舉動來證明不應該用地域價值來否定普遍理性，這個例子正混淆了所謂普遍倫理（對於權利的普遍原則）與普遍生活方式的差異。若要以理性或世界公民的身分來作爲道德生活的唯一合法基礎，Putnam 用了很有趣的妙喻，這項錯誤就好像是某人認可好的音樂無須建立在過去的音樂傳統之上，只要普遍理性即可。

Putnam 以 Dewey 實用主義的立場，說明他與 Nussbaum 都不是道德相對論者，也同意道德議題應該理性加以探討，不過，一定是在歷史傳統的脈絡進行，而傳統的來源多樣，是一個無止境的協商討論歷程，不可能訴諸一個所謂世界公民的客觀中立立場，而貶抑自己文化的價值。我們置身特定的文化遺產，保持開放的心胸，隨時以局外的觀點加以反思，才是正道。最好的愛國主義，是發揚我們傳統中最有價值的部分。亦即，愛國主義與普遍理性不必是二元對立，運用批判的理智（critical intelligence）從我們民族的傳統中擇取優質部分效忠之，批判的理智與愛國的效忠可共同協奏。

自由主義強調普遍理性，Nussbaum 在文中也運用普遍理性，應該符合傳統自由主義的訴求。證之實際，自由主義也較民族本位，更爲重視國

際救援。美國知名自由主義公民教育學者 Gutmann 固然認為 Nussbaum 的民主人文主義（democratic humanism）所標榜的世界主義精神與自由主義的公民教育（democratic citizenship）強調普世人權無二致，但這不意味著是要建立一個世界的共同體。民主的公民教育基於個人權利、平等、所有人的公平正義等，固然不必堅持效忠特定的社群，但若是要建立一個全球性的共同體，也可能是另一種專斷，其實是另一種民族主義的形式，只是假世界主義之名。聯合國的各項國際合作組織，也得在個別國家內的有效行動，才能發揮合作的效果。且 Gutmann 指出 Nussbaum 心儀的國際主義教育，似乎只重視不同文化地域差異的理解，如歷史、問題、成就等，這些固然重要，道德教育的重點仍在於普遍性的正義。細看 Gutmann 之評論，自由主義與世界主義共享了道德的普遍主義，國家作為一個工具性手段，反而更能達到世界主義的理想。

社群主義的健將之一 Taylor 感動 Nussbaum 之餘，也提出一項預警，如果 Nussbaum 是要以世界主義的認同來取代愛國主義，是一項錯誤。自由主義 Gutmann 認為國家是世界理想的制度性工具，Taylor 更為強烈，即在當代社會中不能沒有愛國主義。Taylor 從兩個角度，首先，仍是典型的社群主義立場，即當代自由社會，重視人們消極自由與個人權利，這種極端重視「自我管理」（self-rule），更有賴成員之間的團結，這種共通感會有助於民主政治中公民積極參與各項事務。而民主社會正義原則最在乎的不公平問題的解決，如少數族群的權益等，成員們之間的相濡以沫的同胞情感，將更有助於達成。再者，當代社會已不是傳統的階級壁壘分明，有時社會的階級流動不會動搖相同的認同，但有時人們會同時有不同的認同。Taylor 鼓勵我們用開放的愛國主義來取代封閉的愛國主義，或許更能達到 Nussbaum 世界主義的理想。

(二) Nussbaum 的回應

Nussbaum 首先勾繪猶太屠殺紀念館的場景，那些當年不懼納粹威脅，積極救援猶太人的平凡人士，重燃人們跨越國境隸屬於人類心靈的共通價值：

> 作爲一旅客，步行進入耶路撒冷 Yad Vashem 大屠殺紀念館途中時，她在長長的林蔭大道旁，看到許多樹，樹上有號碼、人名和地名。1995 年 12 月間，我想是有 1,172 棵這樣的樹。每棵樹上都向那些曾冒死拯救猶太人的人、夫婦或家庭致敬。他們都不是猶太人，是法國人、比利時人、波蘭人、斯堪地那維亞人、日本人或德國人。有些是無神論者、基督徒或其他宗教信仰者。他們各有自己的屬地認同、國籍及宗教。他們有朋友、有家庭，有時這種關係支持他們救人，宗教常是最大支持力量。有時，他們效忠的團體，如政府，反對他們這麼做。然而，這些「非猶太人的義舉」，讓他們冒著可能失去親人的危險，去拯救陌生人。所有的考量都指出，他們毋需如此做。但就是他們的想像獲得力量，讓他們排除萬難，超越國族、宗教，甚至家庭的呼喚，肯定並回應身爲人的價值責任。（Nussbaum, 1996, pp.131-132）

世界主義並沒有要我們對待每個人都付出同樣的關心，我們當然可以對所處社區或親人給予特別的對待，不過其理由不是因爲所處社區比其他社區更好，而是容易上手（the only sensible way）。設想父母對世界每一個兒童都付出同樣的照顧，而不是投諸精神照顧自己子女，會有什麼效果？就像是 Dickens（狄更斯）小說中的那位 Jellyby 夫人，追逐慈善家美名，疏於照顧自己子女。但優先照顧親人，並不是因爲自己國家或親人比其他國家的人更有價值。凡人都平等，都有相同的價值。Nussbaum 也用語言學習爲例，我們自然熟悉母國語言，若要平等看待所有語言，等量學習，成效可想而知，這決不是我們母國的語言在內在上優於其他語言。我能夠送自家子女入貴族學校，坐視其他地方小孩挨餓受凍？美國人享受高水平生活，漠視世界其他地區的低水平？雖然用上述提問來要求先進國家的公民，不切實際。Nussbaum 也深知，無法用世界主義的平等訴求來要求個人行為。但至少在道理上，我們必須嚴肅思考這些問題。

世界主義珍視差異，包括人類的語言、文化、生活方式等。這種訴求與多元主義無異。世界主義的自由論者如何體現多元主義之理想？「對（權利）優先於善」的原則若能貫徹，確保體制對所有文化公平以待，並尊重人民根據其喜好抉擇的權利，當能成就不同文化族群的生活方式。世界公民會強調這種普遍的公平種子於各地區，也得時時警覺理想與實際之差距。我們面臨的挑戰是多元差異如何不會陷入優劣的排序，這必須克服歷史上對種族、性別等的成見。若只拘泥社會文化的認同，強化國族間的愛國意識，將會助長這種歷史成見。

Nussbaum 也很驚奇，許多傑出的哲學家反對世界主義普遍性道德，相對於地域歸屬的理由是其平淡無奇（boring），無法表現人類之愛、詩性情感。的確是有些表現共通性的作品了無生趣，像速食一樣，沒有特色。但是許多偉大作品也正是描寫人類共同的悲喜。古雅典悲劇，絕對不會只侷限於希臘民族，莎士比亞作品遍及丹麥、羅馬，這些文學作品都允許陌生的他者進入我們心靈世界，鼓舞人類之愛，何無趣之有？Nussbaum 認為作品中若空無人性，則是庸俗的，偉大的作品是陌生者中有普遍性，普遍中有陌生者，搞偶像崇拜是不折不扣的庸俗。如果一個悲劇，拒絕呈現人類共通性、共同的需求、失敗與恐懼，只頌揚自己人，會有何深度可言？泰戈爾《家庭與世界》中的 Sandip 集情慾與浮誇於一身，很有趣，卻是澈底的庸俗。Nussbaum 強調，要表現通性，當然得進入地區、人物的時代脈絡中，也無須否認不同社會其內在世界情感、欲求、思想的差異性，眞實的人類生活當然是人類潛能在特定環境的具體表現。但在這些分殊中，人們得以相互探究、跨越鴻溝。但丁（Dante）是中世紀義大利詩人，他不會只屬於他的時代，我們可以尙友古人，否則 Pinsky 何能加以翻譯但丁作品？我們常在眞實生活中關起了大門，卻在跨時代中與陌生者相逢，在道德想像中制定了義務。我們當然不會只滿足將人類視為抽象的存在，我們是在具體中見到共通性，也在共通性中體現具體性（Nussbaum, 1996, pp.139-141）。

許多學者認爲道德發展是由近而遠，先從愛我們的親人、周遭人開始。Nussbaum（1996, pp.142-143）提醒我們注意，打從嬰兒開始，食物、舒適、光線等都是普遍性的需求。來自擁抱、微笑等人際互動，也是先天認可的能力。沒錯，人爲逐漸形成其特定的文化認同，但共同的需求也是爾後普世價值的基礎。兒童對陌生人、動物的同情心，不遜於成人，他們還沒發展國家觀念時，已經能夠對遠方、陌生的貧窮、飢餓有感，在還沒發展愛國心時，已經觸及死亡，還沒有堅持任何意識形態時，他們已知人性爲何物。我們在此看到了兩種進路，愛國論者的學者們認爲同心圓式道德發展是由內而外，Nussbaum 則認爲是一以貫之。筆者認爲，無須定於一尊，至少衆學者不會（也不敢）否認對遠方人生命價值尊重的道德性，即使他們不一定認爲我們負有全然的道德義務。

Nussbaum 最後回到猶太大屠殺紀念館行道樹上的英雄們，他們保持了赤子之心的人類容顏，他們人性中對貧窮飢餓的同情，他們認爲善念終必戰勝邪惡，使他們不受制於地域的政治意識形態，回歸人性的堅定抉擇。

結語

1990 年代日裔學者福山（F. Fukuyama）曾樂觀地認爲隨著蘇聯的解體，自由主義將一枝獨秀。他的業師 S. Huntington 則擔心仍然會有文化衝突，伊斯蘭裔學者 E. W. Said 苦心孤詣要西方世界擺脫獨大的文化偏見。也是在這樣的文化氛圍下，女性主義、多元文化、社群主義等反而對主流自由主義展開抨擊。社群主義對西方自由主義的諸多預設，特別是自主性（autonomy）與普遍性的道德原則的批評，尤爲顯例。弔詭的是，這波強調差異、分殊的多元主體訴求，解構啟蒙以降普遍性的主體霸權後，卻也形成了新的問題。原先社群的團結，反而造成了國家共同體的分崩離析，愛國又重新在西方國家獲得重視。但是，這樣一來，民族主義的抬頭，不僅造成國際之間新的對立，國家內部的共識又會破壞了原先多元文化相互尊重的強調，著實兩難。愛國主義也是在這個輻軸上，吸引西方學者的重視。無論是 MacIntyre 的愛國主義與 Nussbaum 的世界主義，旁及學者們的相互吸納，如 Tamir 的自由民族主義與 Viroli 沒有民族主義的愛國主義，雖然都言之成理，但是否在學理上能完全說服另一方，仍是個問題。不過，經過學者們的討論，愛國主義的愛恨情仇，顯然也有相當的共識。以下是筆者暫時的結論。

(一) 愛國的本質來自文化社群的構成。自由主義的契約論只能證成國家對於個人互惠、依賴的關係具工具性的價值，無法充分證成國家共同體具內在價值。至於家庭、鄰里等社群很難完全用工具性價值來界定。筆者認為個人受民族主義或愛國心等感召，是接近內在價值的情懷，就此立場，MacIntyre 的愛國心可以說明其具有構成價值或內在價值。否則，我們無從說明公叔禺人與少年汪踦不受祖國政治不修，依然為祖國犧牲的可貴情操。由於愛國心在其政治共同體或文化社群中有其構成性價值，所以，政治人物或文化菁英很容易基於國家現實需求——無論是救亡圖存或個人政治野心——來鼓動民族意識。前者當然有助於國家或民族的團結，對抗外侮，自不待言。國家承平之時，多國情懷也有助於公民間的相處以及對國家公共事務的參與，甚至於此同胞之情有助於自由民主社會內部不公不義的弭平。至於其強烈的負面作用，如我族中心、對外侵略，使得西方學者戒慎恐懼。

(二) 自由學者認為，前述愛國主義的優點，都可以透過普遍性原則來獲得制度性的解決。也由於自由主義傾向於將國家個人關係視為一種工具性關係，適足以降低愛國主義或民族主義的負面作用。如果公叔禺能夠在國家內政不修時，多給予督促，公民們都能加以監督國政，國家將更能獲得長治久安的穩定發展。由於自由主義認可普遍性的道德程序原則，如公平正義等，而不是來自於地方地域的特殊道德，較能與世界主義接軌，當較民族主義更有利於國際之間的和平。當今地球村的時代，科技、金融、商務在在需要更多的國際合作，各國實不宜各自強化其民族或國家的認同。

(三) 曾經代表進步的啟蒙傳統，無論是自由主義所標榜普遍性的程序原則，或是強調認知主體的個人自主，都受到質疑。在實踐上，並無法完全解決內部不同文化群體間的不公，也使得公民們喪失對公共事務參與的熱誠。社群主義或多元文化主義等的主張，正是希望能修正自由主義在現代社會的缺失。弔詭的是，原先從一元下分殊出族群、宗教、性別的多元主體，也加深了新的衝突型態。雖然解決了少數團體受歧視的現象，但是多元、差異式的主體間的相互尊重，並不如原先學者的樂觀，這些看似多元的主體反而繼續以二元碰撞的零合遊戲，撕裂了社會的整合，也使得濃厚的愛國主義在西方社會重新復甦。但是，這樣一來，又回到原先學者對民族主義可能的疑慮。雖則如此，學者們都致力於讓愛國主義，不會淪為狹隘的國族或種族偏見，也當是教育的重點。

(四) 二十年前 Nussbaum 對 Rorty 等愛國訴求的擔心，從西方各國對新冠疫情的治理來看，並不是杞人憂天。愛國主義先不論是否會增加國家的治理績效，至少無助於國際間的和平。當時眾學者認為世界主義陳義過高，世界和平，仍得透過國家的機制。值中美貿易大戰、COVID-19 肆虐與防治、俄烏戰爭，都牽涉到國與國之間的對抗、結盟與民族主義的角力，但這實不利於國際間的共同合作。Nussbaum 的呼籲，彌足珍貴。旁觀者清，民族主義或愛國主義的構成性價值，如何強化國內同胞的合作，如何避免阻礙國際間的團結，西方學者相互間的學理論辯，對當世而言，仍然構成了實踐上的困難挑戰。

第十二章

公民教育應該強調愛國或民族性嗎？——環繞 White 的相關論辯

導言

愛國主義或民族主義在西方自由世界一直有正負面的爭議。有些學者認為愛國是一項美德，民族主義可促進團結。另有些學者則擔心會造成民族的狹隘與對外擴張。前章的 MacIntyre 與 Nussbaum 兩位當代哲學大儒，各自代表不同立場。西方哲學及政治哲學界的討論，也同步引起了西方教育哲學學者在公民教育上的討論。英國自由主義教育哲學學者 J. White 認為建立英國民族性的教育與自由主義不衝突，其他學者如 P. Enslin、D. Archard、D. Stevens 則站在自由主義立場持慎重立場，加以質疑。而 White 也一一加以回應。本章即檢視前述學者的相互論辯得失。筆者在結論中歸納兩項公民教育的理念型態，其一是接近 White 模式，學校可進行溫和的愛國教育，但是應秉持自由主義的精神，重視批判反思，重新更新民族傳統，正視民族的不義。其二是貫徹自由民主精神、規範各式權利義務，致力於國內不同族群地位平等，但落實普世人權價值、促進國際合作，不必特意進行愛國教育與打造國族意識。兩項模式孰優孰劣，其實也反映了學者各自的考量。無論是何模式，正視愛國主義或民族主義的可能弊端，慎防國家公權力的誤用，假愛國之名，行擴權之實。這對於當下的臺灣，族群撕裂造成的政治紛爭以及與對岸的紛擾，仍值得公民教育有心者深思。

---

*本文改寫自簡成熙（2021d）。我們應該特意進行愛國或打造民族性的公民教育嗎？環繞 John White 的相互論辯。**臺灣教育哲學，5**(2)，20-48。

‖緒論：西方對於愛國或民族主義的愛恨情仇

從人類歷史文明來看，只要有了共同的政治生活，無論中西，愛國（patriotism）都是歌頌之目標。啟蒙以後，西方世界重新律定個人與國家的關係，大部分的**契約論**（contractarianism）都傾向於設定個人爲了自己的福祉、自由，交出傷害別人的自由，賦予國家（團體）公權力，其目的是爲了保障每個人私領域的自由。近代民族主義興起，引起許多的動盪。二十世紀前半葉日本軍國主義與德義法西斯當道，也讓西方自由主義國家對於訴諸集體的主張，戒愼惶恐。而二次大戰後西方民主國家與共產國家對峙，形成冷戰。雖然1950年代美國有很短暫的極右派McCarthy抓共產黨同路人的白色恐怖時期，二十世紀西方自由主義以個人自主抗拒傳統桎梏，對國家機器的權力制衡仍是主流。1980年代以後，西方社會開始有學者反思自由主義本身無法證成團體的價值，社群主義（communitarian-ism）是典型的代表。二者之間對於民族認同、公民美德在民主社會扮演角色的相互論辯，成爲學術盛事。前章已大致作了交代。

Nathanson（1993, pp.34-35）界定的愛國主義，言簡意賅：(1) 對自己國家的特殊情感；(2) 個人對所屬國家的認同意識；(3) 特別關心國家的福祉；(4) 願意爲增進國家利益而犧牲。自由主義當然不會反對人民愛國。但是基於個人與國家的契約關係，愛國是接近工具式的權利義務，並不會特別強調犧牲奉獻。社群主義因而認爲自由主義過於重視個人的自主性，無法賦予集體共善（common good）的內在價值。A. MacIntyre（1984）特別在一個講座中，企圖論證愛國是一項美德，而廣受注目，前章已有詳細引介。Scruton（1990）也認爲J. Rawls的自由主義無法證成公民何以要爲國犧牲、爲何公民必須爲成功的政體承擔責任等說法。MacIntyre等學者認爲愛國是每個人無可豁免，這當然也會引起自由主義者的不安。如Keller（2007）則提出**愛國是一種壞信念**（bad faith），Nussbaum（1996）更重溫世界主義（cosmopolitanism），以遏止美國日益嚴重的愛國訴求。更多學者在有限度贊成愛國主義的基礎上紛紛加以修正，如 Kleinig（2015）以人類蓬勃發展（flourishing）論證之，Primoratz（2015）則提出集體責任，這個集體責任不只侷限同胞，更應及於境外他國人，愛國不能豁免倫理責任。Viroli（1995）則提出不訴諸民族主義的愛國主義。這些學者理據雖然不同，都肯定愛國的內在價值。最近更有學者論證在全球化下愛國教育在公民教育的重點（Curren & Dorn, 2018）。1980 年代以後的學術紛爭，未嘗稍歇。西方世界對於民（國）族主義（nationalism）也同樣是戒慎恐懼。1980 年代後伴隨社群主義強調的集體共善或多元文化主義所重視的族裔文化，民族主義也同樣有復甦之勢。Gellner（1983）指出，民族主義在西方社會中，從農業社會走向工業社會、科層體制，孕育出的一種「高級文化」（high culture），是這種高級文化與統治組織互為聯繫，形成了工業化、資本主義社會下的民族認同。Anderson（1991）更把民族界定為一種**「想像的政治共同體」**（an imagined political community），特別強調語言、文字是透過印刷術的普及，把一群原本不相往來的人，藉著想像而發展出一種休戚與共的共通情感。無論是左派的 E. Hobsbawm，或是猶太裔定居捷克，納粹入侵捷克時，輾轉赴英的 Gellner 等都不願意誇大傳統血緣、語言在民族想像的唯一性，但畢竟語言、血緣或文化等仍然是最易辨識的民族特徵。這一波社群主義挑戰自由主義諸多預設時，學者們仍然企圖站在肯定民族文化的同時，不違自由主義的精神，如 Miller（1995）、Tamir（1993）等。Tamir 的自由民族主義（liberal nationalism）是典型的代表。Hobsbawm（1997，頁 12）在其書首章介紹民族主義定義時，更如此提醒：

> 本書對「民族主義」並沒有先驗定義，也就是說，當任何一群足夠大的人群宣稱他們屬於同一民族，那麼，本書便會接納他們的自我認定，視為是他們對「民族」的暫時假設。然而，我們不能只從政治人物宣稱他們是在為「民族」奮鬥，就假定那個「民族」的人們已認為他們屬於同一民族。民族主義代言人的出現，並非不重要，而是因

為「民族」的概念到今天，已被濫用到足以混淆是非，不具任何嚴肅意義的程度。

一言以蔽之，民族主義的多樣性，也讓西方世界學者既愛之，又憂之，筆者曾以「愛恨情仇」稱之（簡成熙，2021c）。這一波有關愛國、認同等議題不僅成為政治哲學家們的相互攻防，也直接吸引教育哲學或公民教育的學者。英國倫敦學派教育哲學學者 J. White 一直以自由主義自居，捍衛自主性的教育理念，並與多位學者論戰（簡成熙，2020b；White and others, 2003）。但是，當英國規劃國定課程時，他卻對於沒有相應的民族情感（national sentiment）而遺憾。其他學者則繼續捍衛自由傳統的立場，擔心愛國、民族精神或情感，又走回傳統狹隘擴張的老路（Archard, 1999; Enslin, 1999; Stevens, 1999），與 White 展開了論辯。愛國主義、民族主義當然不是一件事。Archard（1999）雖也區分愛國主義與民族主義，愛國主義是熱愛自己的國家或民族，這種愛是一種美德傾向的理想描繪，個人願意為國獻身、犧牲的行動；民族主義則是一種政治理論，是一種有關國家或民族的規範主張，認為民族應該有獨立的國家主權。而國家作為一種政治共同體，應該繫於民族認同。但 Archard 也認為二者不僅分享共同的歷史信念，也都分享共同的道德觀，即民族的存在有道德的意義，值得人們對其特別的依附與行動，民族主義者也會是愛國者。是以表現在公民教育上，打造民（國）族性與愛國主義有著共通的訴求（或優缺失）。本章即擬在前述政治哲學的學術爭議氛圍中集中教育哲學學者的論辯。

第一節　自由主義吸納民（國）族性：White 的立場

英國自由主義的傳統，即便是 1988 年頒訂國定課程，也並沒有打造英國民族主義的設計，以自由主義自居的 White，似乎接納了當時 D. Miller、Y. Tamir 等融合社會主義，或民族主義於自由主義的訴求。也就是 1980 年代西方社群主義對自由主義論戰的氛圍，White 算是部分接納社群主義等的主張。他曾回應 Enslin 擔心國家認同破壞公民教育精神（White, 1997a）。更早之時，他也藉著評論 Tamir 的觀點，遺憾民族性沒有成為英國教育重點（White, 1996a）。更完整的論述見於〈教育與民族性〉（Education and nationality）一文（White, 1996b），後收入其專書中（White, 2005）。本節主要根據專書文章呈現 White 的立場。

一、民族性的積極意義

(一)英國民族是什麼？

英國風（Englishness）[1] 能夠被大家接受嗎？對英格蘭人而言，很難區分英國風與不列顛。許多蘇格蘭人不認為自己是英國風，最多認為自己同屬不列顛，或聯合王國。英格蘭、威爾斯都說英文，是兩個民族嗎？大家都以不列顛自居，而不強調英格蘭或蘇格蘭，是否恰當？復考量到北愛爾蘭，似乎很難使所有國度內子民全心全意以不列顛自居。White 在本文中拋出了問題，沒有給答案，這是英國人必須面對的問題。White 在此沒有用愛國的字眼，但是對於國定課程是否應發揚民（國）族情感（national sentiment）的提問，White 則給出了明確答案——應該。何謂民族？White 用 Miller 的界定，為民族主義畫龍點睛：

> 每個人與其他人分享共通的信念；這種聯繫不是暫時性的，也不

---

1 英國的全名應該是「大不列顛暨北愛爾蘭聯合王國」，簡稱「聯合王國」。華人世界簡稱英國。對「英國人」自己而言，恐怕「英吉利」或「英格蘭」不能代表整個「聯合王國」。在此的英國風，是針對華人讀者而言，我們是以英格蘭的「英」來代表整個聯合王國（英國）。White 當然有此自覺，不能用 Englishness 來代替所有英國人，還有 Scottishness、Welshness 等等。他仍然希望賦予這三個族裔一個 British 整體的意涵，White 文並沒有特別談北愛爾蘭。但他應該是嚮往整個聯合王國的民族想像。就此，Englishness 翻譯成英國風，應該也是 White 對整個英國民族的想像。他的立場就是在尊重其他族裔的基礎下，以自由主義的批判反思，讓英國整個國家的一體感成形。就筆者的體會，應該與近二十年蘇格蘭的獨立分離意識有關。

> 是工具式的，而是共同生活的悠久歷史，他們期待能延續到未來；此一共同體成員的獨特特質與其他共同體不同；共同體成員認可為其共同體效忠，願意為其共同體利益犧牲。吾人可以再加上最後的要素，民族享有（enjoy）某種程度上的政治自主。（Miller, 1988a, p.648）

White將「享有」更為「享有或追求」（enjoy or aspire after）。通常政治右翼比較會強調民族意識，如德國納粹、義大利法西斯。左翼及自由主義對特定民族情感較為戒慎恐懼，強調尊重所有人的普遍性原則，如馬克思的工人無祖國等。White不否認極端民族主義會藉著控制教育、媒體，塑造政治神話，曲解歷史事實，以民族運動遂行政治人物個人的政治利益，但是不宜因此完全否認民族情感的價值。White開宗明義，先為民族主義的汙名化辯護：(1) 愛自己家庭，不必建立在我的家庭比別家優越，愛國也不必建立在我國比他國優越的沙文主義。民族意識固然會陷入瘋狂，如造成南斯拉夫等種族屠戮悲劇。問題在於任何一種情感都不能過度，就好像女兒談戀愛，可能會犧牲課業，甚至跟別人一起犯罪，這非感情本身之過，民族情感亦然。(2) 民族情感，就像友誼，從人與人相處，可以擴展至陌生人，乃至關注全球倫理，這些價值固然涉及國內，也適用在與他國人民的相處。像芬蘭國定課程，目標設定在讓學生成為熱愛人類和平、彼此合作的一員，之所以愛自己民族，是因為所有人都平等，是世界和平的一環。若此，民族情感內涵，不太會教出沙文主義的人。民族情感也不宜與民族主義畫上等號（White, 2005, p.182）。

(二) 民族情感對國家的功能

民族情感的主體性本質其實也涉及倫理重點。民族性（nationality，有些脈絡也可看成是國民性）。與我們自己的認同，息息相關。個人在心智活動上是社會的存在，不是原子屬性，其目標、活動、關係都依附於社會機構與傳統，個人才得以成長。社會的架構多樣——家庭、學校、社區、國家、國際組織等，國家共同體在此一架構中，為何是必要的？社群主義學者最先是支持較小的社群，社群也會跨國家共同體，如羅馬天主教會，這些社群載負著人們生活與蓬勃發展必需的傳統與美德。自由主義學者則認爲共同體價值也是他律，會破壞到自由主義的核心價值——個人自我抉擇。社群再重要，也應盡可能開放，例如：學術社群就應跨國家的藩籬，世界和平、生態改善，也都應該透過國際組織。身爲自由主義的White，在此仍用類似工具性的論證指出：

> 或許，民族的歸屬感不是個人福祉的本質，但確有助於此目的的達成，我們生活中社會、文化、經濟、政治架構的絕大部分是隸屬國家共同體之上。放眼國際，都是由國家政府在處理經濟、教育健康醫療、社會福利等事宜。公私立媒體也都是在國家的範圍內放送，保持與他國的交流。作家、戲劇、演藝事業，在英語系世界，比較不受國家限制，但它們仍最先服務國家內之觀眾。〔……〕我們大多數人的工作，對他人的依附，個人的利益與價值，如果脫離了國家的架構，都將失去其重點。我們必須靠國家賦予生活意義，幫助理解自身的意義。正是這種方式，民族性發揮對於個人認同的重要性。（White, 2005, p.184）

㈢民族情感、公民意識的協奏

即使不採取黑格爾將國家訴諸形上學的說法，個人工作與他人的關係，若把國家架構移除，個人利益與價值也會頓失所依。我們必須靠國家才能讓生活有意義、幫助我們體會自身意義，也就是民族性對個人認同是重要的。Miller（1988b）認爲社會主義者若重新評估他們對民族傳統的態度，會發現有好理由支持民族主義。社會主義重視財富公平分配，支持累進稅率，確保社會福利的推行。自由社會，如能讓他們的公民覺得是相同共同體的一家人，公民們也都會支持社會財富重新分配。民族情感有助於拉近人民休戚與共的一體感。White 同意 Miller 的看法。但是很多自由主義學者仍然擔心會有沙文主義的滑坡效應。他們認為這誇大了民族情感與公民友誼（civic friendship）之關係。自由民主國度的同胞之情（feelings of fraternity），應依附在民主政體本身。White 不否認公民友誼對共同體的重要，但不必因此否定建立在民族情感的共同體。後者還可能是前者的基礎。公民社群需要靠情感聯繫彼此，可能是共享一些民主理念承諾的情感，如憎恨不義之事、以民主政體運作良善為榮、改善生活與工作環境等。自由主義共享的普遍道德、政治原則，都涉及這些情感的聯繫。民族情感是否只侷限於國內，而窄化人民視野？White 認為從效益觀點看，人們在自己國度內，較之國際間，較能使得上力。但如果技術許可，一種我們還想像不到的技術可以有助於遠方之國不義的改善，根據普遍主義，我們也應該去做。民族情感與普遍原則必須相輔相成，光靠普遍原則並不能整合社群，也不一定有益於國際合作。White 認為，家庭的關係就不是靠普遍原則或義務，而是情感的聯繫。社群或國家共同體亦然。同胞之間，雖然並不一定認識，但會滋生類似的立即性同情（immediate sympathy）。當然，這種同情，不必一定是同民族（fellow-nationals），也可以是公民同胞（fellow-citizens）。英格蘭東北部失業嚴重，不是哪一民族的問題，而是自由國度下的公民，他們都有基本生活、蓬勃發展的需求。公民情感、民族情感不是一件事，但是在一個政治共同體下，這兩種情感能相輔相成。若政體時間夠長，會有共同的歷史，也會提供社會整合。英格蘭東北部的貧窮問題不僅是該區公民生活福祉問題，也與英國工業革命當地造船業興衰等歷史事件有關，公民情感理應成為一國人們共同生活、共同承擔苦樂的基礎。

訴諸民族情感，有些人會擔心少數族群的權益。其實，國家若是依循公民政體，國度內的少數族群，仍同享相同的公民身分。而對於新移民，也要公平對待。移民者會逐漸熟悉主流語言與歷史，也保有自己的民族認同。政體不應要求完全同化，國家需要共同分享，但不是單一排他的依附。國家也要允許少數族群過自己不與人接觸的生活，他們若因此未能符合完整的公民身分，是其自己的意願使然。不過，若從公民角度，他們在法律規範下，也享有與主流民族同等的權利。基於上述理由與作法，White 認爲不必否定民族情感的價值，不必過度擔心民族情感會產生副作用，也不宜因擔心外來文化入侵，會腐蝕本土文化，而固守民族傳統。若此，自由民主價值可以與民族情感相容，且民族情感有助於自由民主體制。教育過程當然要扮演重要角色（White, 2005, pp.185-186）。

二、英國國族認同的經驗與自由精神

很多英格蘭人不認爲蘇格蘭、威爾斯等是另一民族，都是英國人，沒有雙重認同問題。但是蘇格蘭、愛爾蘭、威爾斯民族主義者，即便是北愛爾蘭那些不屬於愛爾蘭民族主義者，也不會接受以英格蘭稱呼之，但不管隸屬何民族，大家都是不列顛民族的一部分。到底不列顛分享了什麼共同的信念？

White 引 L. Colley 的研究，認爲 1707 年的「聯合法案」（Act of Union）合併了蘇格蘭與英格蘭／威爾斯王國，十九世紀不列顛民族於焉形成，這三個王國的清教徒色彩與天主教法國戰爭不斷，基督王國產生了自我認同。此時，不列顛相較於歐洲其他地區，享有更大的富裕生活與政治民主，不列顛王朝這兩個世紀的歷史經驗創造出其民族的認同（White, 2005, p.187）。二十世紀，英國國勢凌夷，與法國仇恨不再，當今的不列顛認同自然迥異於以往。福克蘭戰爭後，英國一方面企圖恢復以前光榮，但也加深來自境外天主教移民之不安，也連帶加深與歐洲之隔閡[2]。舊式光

---

2 英國本身有其國教（Anglican church），是十六世紀英王亨利八世爲婚姻問題而脫離羅馬天主教會。雖然也算是新教系統，但當時教義與天主教差異不大。之後也引起了清教徒（Puritan）系統的不斷質疑，如十七世紀的清教徒革命。1688 年的光榮革命又是國會對當時詹姆士二世強推天主教的不滿。J. Locke 正是目睹這些宗教紛爭，而發展其寬容的理念。時至今日，英國國教仍占有近半數全英宗教人口。天主教則接近十分之一。拉丁世界（阿根廷）仍以天主教爲主，福克蘭戰爭自然可能會引起英國天主教移民之不安。White 舉此例，是要說明他雖然在文中是支持英國的國族認同，但也要很小心，才不易起副作用，反而破壞了不同族裔、宗教的英國人彼此的團結。

榮與優越感對英國人而言，是悲喜交集。相較德法對他們國家認同的信心，英國要如何強化其人民的公民意識呢？

White 認為，當今世界多變，此其一。傲慢、自我感覺良好的民族觀違反倫理，這是當今英國必須放棄舊時不列顛民族觀的兩項堅實理由。當排除了沉湎過去的自大後，要如何建立新的國家情感？White 認為，英國自由的傳統如容忍、重視個性化、個人自主，從 J. Locke、J. S. Mill 值得英國自豪的智性歷史傳統，許多外國人對於英國人民彬彬有禮、好客，也讚美英國對於少數族群、女性、同性戀者、窮人的關注，這些集體自我形象，都是重建英國民族認同的重要資產。基督教遺緒，英國展現了慈悲的倫理特質，十九世紀社會改革以及福利國家理念，社會正義，廢止奴隸買賣，也逐步反思過去國家視好戰為美德的傳統，這都是不列顛共享的歷史傳統。當然，這不是說不列顛的歷史無瑕，而是在這轉變的過程中，讓學生看到過去的不義與改變，不會偏離客觀的歷史事實。國家建構的認同，不必然是壞事，只要不是像希特勒那樣建立在獨裁之上。任何人為打造都必須建立在歷史的事實，在自由民主基礎上，從社會的共識著手，正如美國強調自由與追求幸福，都入憲成為其立國精神。最後，White 認為民族間也可以共享特質，但語言、文化也會產生差異，會自然區分彼此，發揚國族精神的同時，也不必過度擔心境內民族間或與其他民族差異的泯除（White, 2005, pp.187-190）。

三、民族性與教育

英國 1988 年的國定課程缺乏民族性作為教育目的之內容。有關公民教材，主要涉及個人與社會的權利責任、自由和機會均等的原則、民主、法律與公共服務等。僅有一處討論多樣化社群時，提到國家共同體。White（2005）在該文最後提出各科教學涉及的民族情感與反思的必要。以歷史教學為例，White 認為：

假如學生開始欲了解不列顛的一切，從歷史上來說，他們必須

> 正視不列顛是如何形成。他們要能體會聯合法案的重要，之前各民族分立的歷史原委，不列顛最初代表的意義，立基於歷史但能加以取代不列顛原貌的新視野。隨著學生年齡提升，他們會利用歷史知識於政治事務上。學生有必要思考民族的紛爭與國家共同體的未來。學生當然也必須研讀他國歷史。（White, 2005, p.192）

歷史不應進行狹隘的愛國教育，納粹的教育固不足取，不列顛昔時強調王國的榮耀也是迷思，但這並不是愛國本身是壞事。White 的理由是愛他人、關懷他人福祉，是一種可貴的情感，我們歌頌家人、伴侶、全人類，沒有道理跳過中介的國家共同體。回顧過去可以前瞻未來。莎翁筆下 Romeo 和 Juliet 的家族憎恨，不需否定家庭組織與家人之愛。歷史教師擔心愛國主義有流於灌輸而有失客觀，可以體會，客觀的作法不是避愛國唯恐不及，而是協助學生從歷史敘述中，釐清各種愛國概念，排除其可議之處才是正道。

就英文教學而言，由於英文是國際語言，英文對英國人的自我認同，相對於其他語言而言，較乏獨特性。English literature 是英國文學，還是英文文學？White 贊成開放，應廣納他國文學，這有兩點好處，其一，不會把他國視爲邪惡；其二，可以藉由對照，更加理解自身。對英國人而言，外語教學既乏動機（英文已是國際通用語言），也無助於對他國文字之技術理解，也達不到多元文化功能，White 不認爲需要必修，他不反對學習其他國家語言，有助於理解自己的語言，但適度運用電影來介紹各國文化，遠比學他國語言更有效。媒體教師也可利用英國電影，增加學生自我認同，讓學生感受英國城鄉風貌之改變。科學、數學、科技、經濟學等都能強化學生理解英國社會過往工業文明基礎，而詩人筆下碧草如茵反工業的訴求，也能同時反思英國作爲製造業大國的優缺點。宗教教育已有一席之地，可以回顧過去不列顛國教與清教徒等的歷史背景，在此基礎上，因應多元差異的到來而超越之。英國教師過去並不習慣在教學中打造國家意識，是需要改變，正視國家意識的時候了（White, 2005, pp.192-194）。

White 並沒有明白標舉愛國，也不擁護極端民族主義，但他肯定英國各民族作爲一個共同體的教育需求。

第二節　對 White 的質疑：Enslin、Archard 與 Stevens 的討論

一、Enslin 對教育打造國家認同的疑慮：南非經驗

在 White 之前，來自南非的蘇格蘭自由主義的女性主義學者 P. Enslin（1994）已經表達了打造國族性作爲教育目的的疑慮。她更早之前還指出即使南非以女性的隱喻來代表建國，也未能眞正正視女性權益的事實，後文收於 P. H. Hirst 與 P. White 合編的教育分析哲學文集的第三冊（Enslin, 1998）。當 White（1996b）倡言民族性不與自由主義衝突時（也就是前節 White〔2005〕文本），Enslin（1999）仍爲文重申打造國族意識的教育必然違逆自由主義之立場。

㈠民族、國家認同淪為想像、神話與操弄

Enslin 對於 1980 年代以降西方重溫民族主義的趨勢，有些許無奈。學者們對民族主義弊端知之甚稔，但他們卻無法否認民族主義的需要。Enslin 要讀者留意這些學者雖然某種程度都擁護民族主義的價値，也同意民族作爲國家制度設計的必要，在國家法律下，人們互相依權利義務之互賴性而行。國境之內其子民，如勞力分工、生產機制可相互流動。但也不忘強調，民族或國族也是一種政治的設計，要愼防民族主義非理性的一面（Enslin, 1999, pp.102-103），諸如 Smith（1991, pp.13-14）指出，國家是有領土，其人口是在自己的國土範圍。這群人分享共同的大衆文化、歷史神話與記憶。Gellner（1983, p.55）也提醒，是民族主義產生了國族，國族主義其實是理性與情感的拉扯。Miller（1988a, p.656）也指出，國族（nations）並不是透過族裔的自我界定（ethnic self-definition），而是來自權力之運

作——是國家之要求以確保其臣民之效忠。國族多少是人爲的操弄，是一種對過去社群子民的創構。Anderson（1983）也認爲民族是一個「想像」的政治共同體，Enslin（1999, p.103）提醒，民族雖是共同體的價值來源，但以民族之依附情感來強化同胞之間的臍帶關係，恐流於虛幻。

國族不是單一的敘事，民族主義是被創造出來的，其表現與消費也不會遵照普遍的藍圖。認同是一種個人意識，在特定時空中與他人關係的體會。以南非而言，南非在 1994 年選舉後，對於政治自主、領土、國境之內共同法律、經濟人口流動等都符合自由國家的標準。不過，國家認同理應促進人們團結，但南非社會的文化、語言歧異，許多公民與境外人的文化特質的相似性更甚於其同胞，人民對於國家政治共同體之效忠，更有不同的歷史經驗。有些是共通的片面生活經驗，有些則是被殖民經驗，衝突、剝削、壓迫等等。彼此之間，有不同的記憶與神話，互相之間視爲寇讎，而非同胞。種族隔離政策已廢止，但彼此的休戚與共的情感仍無法建立。O'Neill（1994）及 Poole（1991）認爲，與其說民族主義是想像，不如說是虛構（illusory）。Enslin 較諸當時的 Miller、Tamir 等學者重視民族文化對民主政治的積極面，她更擔心國族認同作爲教育目的可能的弊端。

(二) 違反自主性與公民教育精神

Enslin（1998, p.364）指出，學校教授特定的國家認同，首先是要讓學生覺得他隸屬一國族；再者，因爲是隸屬某一國族成員，也會課以相當的道德義務。其三，學校課程會明示兒童隸屬一特定國族。但是國家主導教育時，爲了其國族打造，常會訴諸過去歷史的神話建構，這與教育自主性之目的，背道而馳。許多國家認同之擁護者，並不眞正在乎歷史學者的探索，只從意識形態建立神話，以此作爲教育手段或目的，牟取政治利益。南非廢止種族隔離後，也同樣的對過去建立新的神話，眞相讓位於神話。Enslin 當然不是反對教育過程中的想像與創意。教育過程中也應該鼓勵對政治的想像，站在他者的立場來想像，這也是民主的價值。這種對國族的想像與虛構共同體的建立，若不違反教育，應該遵循下列重點。第一，教師可以引導，但必須鼓勵學生自己想像，不能用其他的想像來操弄。其二，誠如 R. S. Peters 的看法，學生要能辨清其想像與其他認知活動之差異，這也是「受教者」（教育人，being educated）之特徵，國族打造若流於神話，自然無法容忍對不利國家神話的論述，教育的重點卻是要遵循理性規準，鼓勵學生不要盲從他人擺布（Enslin, 1999, p.105）。此外，鼓舞想像和創發之餘，民主生活的教育重點，更應該指導學生注意錯誤的信念，特別是來自政治或商業加諸其上的神話。

民主的公民教育，所重視的效忠、認同或歸屬，應該是放棄狹隘的國家價值與信條，認同民主政治的運作。但是，國家要求人民致力於國家的自主，不代表人民的自主。國家更常要人民犧牲個人之獨特性，爲國家整體效忠。Enslin（1999, p.106）在此也援引 M. Walzer 觀點指出，當探討何種機制最能爲人提供追求美好生活的支持環境，民族主義的儀式，常扮演著最正確的意識形態的特徵。當國家被外力入侵（或少數人統治），常會呼籲人民爲國家其他人民的自主來自我犧牲。解放之後，國家主義者更可能以此取代人民參與。以南非之經驗，民族主義對於民主理念、程序及其爭議，毫不在意，解放抗爭之後，也就無疾而終，重視共同體意識，但忽略共同體參與。形塑歷史的過程會選擇性遺忘與建構神話。民族主義並不重視理性、批判的想像、質疑權威等教育最核心的實踐。民族主義更可能藉著不鼓勵其他政治之可能、其他理性行動之理由，壟斷了民主的理性與想像。假如虛幻的民族意識阻礙了學校教育對於學生自主性的發展與侷限了民主公民身分，國家認同就不應該在教育目的占有一席之地。來自轉型正義（transitional justice）聞名的南非自由主義學者 Enslin 以南非爲例的諍言，說明教育打造國家認同的同時，很容易建構一國族的想像神話，常常會淪爲虛幻，而符應了政客的統治利益，反而會破壞自主性教育目的及民主的公民教育理想[3]。

3　2018 年臺灣縣市長選舉，曾爆發「促進轉型正義委員會」成員開會時，討論打擊在野黨候選人，由內部委員揭露之情事，當時輿論將促轉會以「東廠」稱之。Enslin 對於掌權者重述歷史，淪爲另一種不義的憂心，也值得我們躬自內省。

二、Archard 反對愛國主義的理由：沒有特別必要

(一)愛國主義的正負面性及近年之辯護

Archard（1999, pp.157-158）首先以第一次世界大戰期間威爾斯教育局頒發的愛國教學小冊子，該冊子雖指出愛國之重要，強調國家對人民之重要及人民對國家之責任，必須犧牲以挽救國家生命。英國提供人民自由、家庭與安全，也歷數英國各領域重要人物之成就。但是，最後一段提到眞愛國與假愛國，以校際運動爲例，說明學校用欺騙方法獲得榮譽，是違反公平原則，若國家有類似錯誤的行動，以愛國之名，反而是傷害到國家。並以德國入侵比利時及擊沉 Lusitania 郵輪爲例，企圖讓年長的學生體會，物質主義（materialism）與軍國主義（militarism）之不當。物質主義是以國家所擁有的，而非實際上的資源爲傲。軍國主義則是以武力遂行國家利益。戰後很長一段時間，自由主義認爲愛國已經過時。不過，1980 年代，許多政治哲學卻支持民族主義的價值，一反之前許多學者都認爲自由主義與民族主義之間是截然對立的。但 Archard 提問，我們現在對愛國的重溫能夠勝出當年大戰小冊子對假愛國主義的明辨嗎？

Archard（1999, p.159）先以同情理解的態度，認爲當今之所以重溫愛國或民族認同有其消極、積極意義。就消極意義而言，是對那些主張民族不是眞實存在、民族沒有道德意義的反撲。至於積極意義，是主張民族認同原則本身是有價值的。他們認爲即使是古典自由主義學者 J. S. Mill 也不否認同胞情感（fellow-feeling）對自由政體至關重要，公民在憲政國家體現的正義原則下，同胞情懷有助於對各項法律的遵守，也能有助於民主參與的公民文化，民族性可以支持社群意識。Miller 認爲共享的民族意識，有助於促發該人口接納、遵守正義原則。他在《論民族性》（*On Nationality*）一書指出，審議民主（deliberative democracy）的成功有賴公民在審議時的相互信任，以及社會合作找尋共識的意願（Miller, 1995, pp.96-98）。自由主義則認爲正義原則本身即可爲社會提供對原則的支持與執行。Tamir 同意 M. Sandel 對 Rawls 的評論，Rawls 的自由主義只將公民與國家

憲法的接納綁在一起，是太稀薄（thin）了，無法提供社群意識。自由主義對正義的認可，無法爲成員相互關懷、爲後代謀福祉的社群提供永續的存在基礎（Tamir, 1993, p.118），她提出以民族作爲明確的人口區分單位，自由民族的實體，不僅對於核心價值存在著交疊共識（overlapping consensus），更可提供明確的文化基礎（Tamir, 1993, p.163）。

㈡愛國主義在公民教學的爭議及相互辯護

Archard 接著指出一些政治學者反思愛國教育的老問題，Galston（1991）與 Callan（1997）都認可愛國在公民教育的價值，Galston（1991, pp.243-244）很務實地指出，自由社會是無法只靠理性探究，就能培養對社會的承諾，公民教育需要「高貴」（noble）、「道德化」（moralizing）的歷史，英雄人物紀念館必須提供模仿對象。Callan（1997, pp.105-108）稱此爲「情感式」（sentimental）公民教育，可能有三個副作用，其一，這種對歷史的想像會失眞，限制、阻礙了人們的理解過去的能力。其二，爲了純化國家形象，過度用道德美化許多複雜政治議題，造成二次失眞。其三，會造成一種保守的怠惰，不願意改變政治現狀。Callan 不同意吾人的視野是無著根處（a view from nowhere），當然是承繼特定的文化遺產，但我們並不是受制於傳統，而無法認清是非好壞。情感恢弘大度（emotional generosity）與歷史想像（historical imagination），可以構成批判的美德。根著歷史，不能忘卻要對歷史保持批判探究。以起草獨立宣言的 T. Jefferson，自宅畜養黑奴爲例，Callan 認爲我們無須否定此一歷史事實，但是當我們想要美化人物時，正代表心中純化的自由、人權理念，這正是美國優質的歷史傳統。所以，無須因此採無根式、只教授各項抽象的正義原則，雖然 Callan 也指出了過度強調民族情感會造成偏私，他還是認爲民族情感可以透過理性反思來達成，不必因此排斥。不過，從 Callan 認爲透過文學，比歷史更能強化他「中間路線」的公民教育理想來看，仍可看出身爲自由主義學者的 Callan，也擔心民族情感塑造的歷史可能帶來虛幻的弊端。

Archard 雖能體會 Callan 的理想訴求，但是在實際運作上，他仍然質疑 Callan 所吸納的 MacIntyre、Miller 等的訴求，將祖國視爲是構成式價值是否眞能與自由主義相容。政治共同體是否只能藉由對祖國的愛國式認同，從所承繼的傳統、理想方案中來達成與維繫呢？爲什麼我必須繼承？我的出生其實是偶然的，我不能改變出生的事實，不代表我不應改變對其之認同。就好像我不能否認生我的父母，不代表我要認同他們的生活方式與價值。而且，縱使我的出生構成我的認同，爲什麼發揚所謂優質傳統就一定是我的義務？支持愛國的學者指出，自由政體也需要愛國的公民，即便如此，也無法爲個別公民提供愛國的動機。再者，Callan 認爲我們可以透過批判理性、情感寬宏大量與歷史想像等來發揚所謂最好的傳統，又如何認定何謂最優質的傳統？如果某人自然承繼其傳統，他覺得維持封建制度是最好的傳統，能促進國家進步嗎？暫時擱置民族認同中前述複雜議題，Archard 指出：

> 我的論點是，美國人不是因爲有個幸運的母國，是「堅持正義必須貫徹」的共同體，成爲其道德理想的來源。他們出生於美國，被認爲是幸運的這些優質標準，並不侷限於美國。人們若沒有出生在美國，依然可以認可平等、正義、自由是任何母國都應該有的理想。人們的此項認可是來自其批判理性，這獨立於任何特定的傳統，也不是來自於其成長的社群。美國人幸運自身擁有構成美國傳統道德來源的理想，不是因爲他是美國人，而是因爲他是道德的思考者。（Archard, 1999, p.165）

Callan 以及 White 都認爲應從傳統中反思其國家或民族之優質面，避開其缺失。Archard 不反對傳統，他反而認爲，Callan、White 等的論點，其實在是傳統、認同、方案、社群之外預設了一個阿基米德點（Archimedean point），可以反思傳統等所構成的價值理想，他們都無法否認批判反思的價值，這正是自由主義的強項。唯有教育正視傳統與批判兩難的緊張關係，才可避免弊端。Archard 綜合這些學者說法，如是結論：

> Hobsbawm 認爲歷史學者不能是民族主義者，因爲民族主義者需要太多與事實不符的信念。Callan 承認公民教育中歷史課的愛國教育，不會是客觀的歷史。Galston 從另外一個方向談，公民教育需要更高貴、道德化的歷史。用這種方式教學，勢必須要選擇、誇大、遺忘、神話、虛構、說謊。然而，教育的目的是求眞，所形成的理想是批判理性。教育也者，是能意識到教愛國無助於教育的志業，能堅定若沒有立基於批判理性，不能去從事愛國教育。……（Archard, 1999, p.166）

如何克服此一兩難？Tamir 嘗試提出信念的分離（compartmentalization of belief），企圖爲國家神話或刻意的隱諱（forgetfulness）辯護，Tamir（1996, pp.94-98）指出，一個愛國者接納一些沒有理性基礎的事物，也是合理的。人們在某些事物的功能進行上，相信不是眞實的信念，可以帶來效益，不能算是認知的失敗。Walzer（1994）則認爲應致力於讓自己對傳統的信心不要違反基本、普遍性的人類道德。美國最標榜的是平等與自由，這超越美國之上。讓最稀薄（thin）的普遍原則體現在最厚實（thick）的地域民族傳統特色上。不過，Walzer 也指出，這必須建立在各個特殊文化都能拓展到人類普遍的價值之上。Archard 雖然能體會前述說法的苦心，但他認爲在自由政體下，愛國式的認同或是對政體的期許方案，表現在公民教育上，到最後都必須建立在批判反思，前述學者都無法否認這一點。

㈢無須特意進行愛國教育的理由

經過這些冗長的討論，Archard 並沒有否認愛國的重要，也不是完全出自於擔心愛國的副作用，而是認爲無須特意進行愛國教育。理由有二，其一，每個人受教育之前，已經是國家的一分子；其二，任何教育都是在特定的傳統方式下，即使沒有言明，也會獲得愛國教育的結果。細而言之，首先，Miller（1995, p.10）認為民族性是構成個人認同的一部分。Tamir（1993, p.73）也如是說。這些都是經驗上的說法。在心理上，人們會以最恰當方式來理解自我，這是人情之常。人們不可能不帶情感、永遠誠實面對自己與歷史。對個人而言，持續性的自我欺騙、放縱不當行為，當然得批判，但也無須指出自我形象的每一個缺點。在面對艱困世界中，個人犯這種錯不能算是理性的缺失。這些 Archard 都能默許。在教育的過程中，歷史、地理學科極其正常且自然地建構民族認同，這是活生生的教育事實。適切的教育不在於教我們成為愛國者，而應該是呈現我們是什麼樣子，這會很自然使我們易於成為愛國者。除了教育以外，周遭環境也構成認同來源，報紙、廣電、運動賽事、國旗、符號、儀式、慶典等，都有利於民族打造的愛國意識。事實上，有些學者還覺得太氾濫、太陳腐（banal）了（Billig, 1995），所以無須再特意強調。

不特意強調愛國，或是要用批判反思的態度正視歷史，會不會使人對自己的國家冷漠？Archard 認為不用太擔心。只要扣緊道德的理念，人們會正視自己民族過去犯的錯誤而前瞻未來。如果國家執迷不悟，教育的反思也應認可其子民不認同國家發展方向，或不值得效忠。最後，Archard 也提醒，我們有各式各樣的認同，對國家（民族）的認同不是唯一，也不應該統攝其他認同。民族認同本身也應該是多元的，許多學者致力於尊重境內不同民族的認同，強調要統攝在一個民族國家之下，若換個思考方式，民族國家本身就是多元構成的，要能默許不同認同的事實。Walzer（1997, p.90）說得好：「雖然仍有界線，不過所有的界線都不清，我們能區分彼此，但區分的知識不明，因為我們同時橫跨二者間。」Callan（1997, pp.123-126）因此不鼓勵非裔美國人採取全然否定自身或完全非洲中心立場，仍然希望能夠為所有美國孩子構建一體感。Archard 認為 Callan 仍然預設了單一的認同，與其如此，實不如讓單一繼承的傳統在內在上具有多元性。綜合上述，Archard 的結論是，愛國會自然呈現在國家教育上，與其透過課程教學運用愛國情懷來促進團結，實不如以批判理性、實事求是的方式來建構可欲的教育理想。

三、Stevens 的批評：原則的社群取代特定社群的依附

Stevens（1999）首先描述 1980 年代以降，Miller（1988a, 1988b, 1995）、Tamir（1993）企圖翻轉對於傳統民族性的疑慮，並企圖強調民族的動力以獲致社會平等之目的。這些主張似乎可以爲個人認同及社會正義提供理論基礎，White 也藉此探討在教育上強調不列顛民族性的必要。Stevens 則反之，他認爲民族性在道德意義上有助於個人認同的主張，或是民族性有助於自由平等的主張是錯的。他集中在批判那些認爲擁有民族認同，就對其同胞（co-nationals）具有特別道德義務的說法。Stevens 雖然質疑民族性的倫理價值，並沒有完全否認其歷史教學的價值，但他反對培養國家或民族情感作爲教育目的，即歷史教學必須經由倫理的反思。

㈠ 僅憑團體關係無法證成對同胞的義務

針對 Miller 的提問，兩個人受傷，若我只能救一人，是否優先救就讀相同大學的人？假設某個有種族歧視、恐同症的人，要救助同樣是種族歧視或恐同症的人，這不是很奇怪嗎？僅僅是同胞就享有義務，也是如此。團體關係要能成爲義務，必須滿足諸如正義等的外在標準，僅憑團體關係，不能爲合法的道德義務辯護，唯有道德價值才能在特定的關係間產生特定責任。所謂道德價值，Caney、George 與 Jones（1996, p.120）曾區分「價值獨立論證」（value-independent argument），係指在團體內對其他成員有特別義務，無論此團體的價值爲何。至於「價值依賴論證」（value-dependent argument）係指，唯有該團體的價值是可接受的，如符合正義和公平，對其他成員才負有特別的義務。價值**獨立**論證，可以爲一般家庭、友誼辯護，但無法爲種族主義團體辯護（Stevens, 1999, p.359）。Williams（1981）曾以救妻子還是救陌生人之考量是「想太多」，但這種半戲謔性口吻，並不是要大家不去嚴肅思考道德理由。Miller（1988a）、White（2005, p.184）都認爲民族性有助於個人認同、福祉與社會平等。如果我

們暫時接受價值依賴論證，不支持極端國家主義，是否可以像 White 一樣，支持教育中強化民族意識呢？White 認爲民族性提供了適切的資產，可以滿足道德價值，理應成爲教育課程的內涵。Stevens 舉出幾點反駁。首先，將教育、醫療、福利歸功於國家是經驗的錯誤，從全球化的觀點，在技術和溝通頻繁的今天，國家無法獨攬經濟事務，不能無視於境外對於個人認同的影響。再者，強調隸屬於國家能有助於個人福祉，若採最嚴格的邏輯反駁方式，只要舉出國家傷害人民福祉的事例，就可推翻此命題。文學家 O. Wilde（王爾德），與 2022 年被回教激進派刺殺的 A. S. Rushdie（魯西迪）都曾被國家或其民族迫害，鑒於國家有時有害於個人福祉，這些人不一定享受國家利益，很難說他們對同胞有特別義務。比較合理的說法是，如果國家能貢獻成員福祉，國家也就具有道德價值，成員之間也就具有特別義務，但這已是工具性的主張了。A. D. Smith（1991, p.21）認爲對民族國家的忠誠淩駕於其他忠誠之上。Stevens 仍然質疑爲何國家共同體要獨大於其他社群，若根據價值依賴論證，充其量只能說明國家爲謀求人民福祉的貢獻，使其存在是道德上可接受的，無法得出較其他架構，更符合倫理的重要性。一言以蔽之，國家容或對個人有工具性價值，民族情感也有助於社會平等或和諧，但仍無法充分證成個人對國家或同胞有絕對義務。

㈡ 原則的社群

White 將國家共同體與原則共同體並列，認爲一般道德原則能夠聯繫個人，督促他們遵守這些原則，民族性在此具有工具性意義。不過，White 在其字裡行間，又以家庭關係爲例，說明家人之情感超越於此一原則義務之上，也賦予民族情感一獨特的價值。所以，White 強調公民教育的責任、平等、正義、民主、公共服務等，普遍原則是否甚於特定聯繫與關係之上，他略顯游移。Stevens（1999, p.362）引 R. Dworkin（1986, p.211）描述的原則社群，如果個人純粹是以法律來仲裁利益之爭端，這是冷冰冰（bare）的社群，眞（true）社群人們彼此的義務，不只是遵守法律，還要有兄弟般的依附。公民們生活在法律下，其實是依賴更普遍的原則基模（scheme of principles）的預設與背書，若此，每個人才能接受他人的權利，也能承擔其責任，即使這些原則基模未正式言明。提出中立性論旨（neutrality theme）的自由主義學者 Dworkin 在自由主義備受社群主義圍剿時，也的確認可了民主制度有賴公民間彼此珍視法治的情感。他後來雖也強調共同體的整體性（integration）並以音樂演奏者和樂團的整體成就來說明團體與個人的成敗息息相關，認可個體應珍惜共同體生命，感受彼此的團結與整合的重要（Dworkin, 1992, p.209）。不過，他還是把個人所認同的政治社群界定在法治、制度層次（Dworkin, 1992, p.217）。Rawls 所稱的正義的自然責任，人們對於原則社群責任的依附，就像對家庭責任一樣，這種團體關係能滿足正義要求而成爲道德可接受性（Stevens, 1999, p.362）。White 認可的公民友誼、兄弟之情，依附民主政體的情懷，這當然是可欲的教育目的。但都可在原則的社群中得到證成。

White 一方面認爲家人不只是權利義務，家人鄰里之所以具優先性，而非遠方不義之改善，是因爲鄰近之地，最易於使得上力，符合效益原則。如果技術可行，當然也會延伸到遠方國度，特殊性與普遍性沒有衝突（White, 2005, p.185）。Stevens 則認爲把家庭、國族類比，會有誤差。他引 J. Waldron 認爲正義原則之所以可區分局內、局外，限制其執行在局內人，也規範局內人之義務，是在於某人認爲是機構一分子，若且唯若該機構所處理事物中訴求的各種正義主張部分符合其主張。當然，我們的義務不能破壞機構原則，也不侷限機構對其他人。局內、局外的區分不是來自於情感、偶然、機會，而在於個人是否在社會中獲得公平的利益，或是個人在局外中參與干預的能力。若同意此，認定普遍原則本身無法促進道德動機的說法，就不對了。人們的道德義務，如不殺生、不傷害、不偷盜，不必建立在同情、憐憫之上，對機構或國家的義務，亦然。訴諸正義的自然義務較之民族情感，更有助於世界主義。如果我們的社群眞正訴諸正義、公平的道德原則，一定希望普世都雨露均霑，怎麼可能只是因爲對自己國的人有特殊義務而有優先性呢？Waldron 認爲自然義務代表局外人也有權主張比照局內人。飢餓國家人民有權向富裕世界呼籲改變其局內規則，支持全球重分配（Stevens, 1999, pp.363-364）。Stevens 因此認爲原則的社群比訴諸民族情感的價值，更適合作爲當今社會的相處原則，他說：

> 如果原則共同體如上述所言，以及其立基於正義的自然義務（包括支持公平機構的義務），我們就能合法的主張這個共同體較 White 所支持的國家共同體，更具可能行。正義社群更吸引人處，我認爲不僅僅是因爲其能證明正義與相互義務是相容的，更能說明道德動機（沒有訴諸有問題的情感紐帶）較之民族性更能直接的處理全球議題。（Stevens, 1999, p.364）

White 是將民族性的歷史意義與倫理意義畢其功於一役。Stevens 則認爲在歷史教育中，宜用倫理來檢視民族得失，不宜以歷史教育來作爲打造國族意識的公民教育。以聯合法案爲例，不僅是不列顛王國建立的重要歷史事件，也必須呈現當時不正義或壓迫的一面，以及對此不義的不同觀點。同樣地，世界戰爭史也要呈現民族主義、種族主義拒絕容忍、差異的不義。對自己國家而言，不是只強調我們是誰、如何變成現在的樣貌（這在歷史上當然重要），也要反思及學習國家領土的獨斷性，所帶給世界的影響，這能使我們站在世界的位置看待自身。教育對於歷史不義之事，可以有更大的著墨。若沒有這種承認的勇氣，其實也等於剝奪自身呼籲每個人都應無分畛域，秉公平原則爲全人類謀福祉的氣魄。Stevens 這種看法，與 Nussbaum（1996）企圖以普遍主義、世界主義來肯認人的共通情懷，防止狹隘民族偏見的想法無二致。

第三節 White 對於 Archard、Stevens 的回應

White（1997a）一文算是回應 Enslin（1994）的立場。Enslin（1999）重申立場後，White 並沒有再回應。不過，對於 Archard（1999）與 Stevens

（1999）的評論，White（2001）則另行為文回應，本節予以敘明 White 與 Archard、Stevens 三人的相互論辯。

一、針對 Archard 的質疑

White 是用分析「教育」之概念來回應 Archard 的質疑[4]。White 同意，即便愛國教育不特意行之，也會自然發生。不過，Archard 卻窄化了「教育」概念，教育是養成（upbringing）。黑格爾的 Sittlichkeit，超越社群之意，也有著道德、教育的力量。Archard 把教育觀念之目的窄化成追求眞理，以批判理性來體現。若執著於此，不僅 Sittlichkeit 的社會化功能，而且孩提時代習慣養成的倫理傾向，如 Aristotle 德行觀，都在教育領域之外。

如果執著 Archard 的教育即追求眞理的立場，也確有許多教育者持此立場，那也無法排除愛國於教育之外。否則，這不啻是說，兒童早期階段從生活周遭中建立的民族性，學校教師認為攸關其生活及其認同抉擇的民族性議題無須考量，無須在學校用學術探究的方法來加深理解。如果教師如此做，他們就是越俎代庖，逾越學生自行學習或抉擇的界線。White 認為，我們不必堅持教育的目的是學生要自行獲得眞理，個人或相互之間蓬勃發展的倫理善也應是目的，那眞理的獲得對教育而言是必要，而非充分條件。教師當然可以協助學生運用新知識來規劃其良善生活，這似乎比學生自行從課外活動習得更有意義，也不違反學生自主性。White 當然也不會同意，國家採取文化一元論，或強制每個人必須認同國家。Stevens 重視政治教育中的民主價值，Archard 較 Stevens 更為擔心愛國教育逾越了知識美德（intellectual virtues）。但這個擔心也過頭了，教師對於公正、客觀的自我承諾，與傳遞國家認同的倫理目的的承諾是相容的。教師們若能體現自由的精神，他們對於國家的過去會加以選擇，去蕪存菁，沒有理由

4　有趣的是倫敦路線的傳統正是高舉教育的認知規準，White 曾經質疑業師 Peters 過於重視教育認知性的內在標準，他在此放寬了對教育的認知意義的界定。

認爲教師一定會粉飾太平。White 又以語言學習爲例，人類在上學前已經從父母、周遭環境習得，但更有賴學校的精進校正。語言是如此，難道學校要放任民族認同於不顧？愛國主義在自由民主的價值導引下，宛如父母培育子女的勇敢、自制、慷慨等美德。子女可以從更大的社群體會，學習其他族裔也是「我們」的一分子，並不是「他者」。

White 最後重申，愛國的美德不能侷限在 Archard 的幼年自然成形，就像其他美德的養成，都需要理論和批判的理解，才能獲得精進。學生將能從自身及他人的觀點逐漸獲得此一認同美德的全貌，無論教師公民課堂上的討論、反思，或是歷史、地理等科目提供的事實，教師對於愛國的公民美德養成，都應自許爲一個引導者（inductors），民族性當然應該納入課程教學中。

二、針對 Stevens 的質疑

White 指出，Stevens 一直批評他堅持對同胞有特別的義務（obligation），他其實是在說明親人相處，不只是義務（duty）。Stevens 說 White 認爲「我們個人成爲這個樣子，至少部分是由國家認同所構成」（Stevens, 1999, p.354）。他說的是「民族性，對我們許多人而言，是認同來源之一，與我們自己的認同緊密相連」（White, 2005, p.184）。Stevens 自己用「原則的社群」來說明 White「一般道德原則能夠聯繫個人，督促他們遵守這些原則」（Stevens, 1999, p.361），White 則是更審慎地說「社群能夠僅靠想像的原則聯繫彼此嗎？或許吧，但對許多人，包括我在內，這種主張不具吸引力」（White, 2005, p.185）。

White 重申，他反對將義務作爲倫理學核心概念，義務是坐落在環境中，倫理考量將更爲寬廣，包括對他人的依附是建立在友誼和親密的情感，也包括更稀薄地對待那些不熟識者——如對劫機人質的同情、歡慶柏林圍牆倒塌的人與委內瑞拉水患的罹難者等。

Stevens 特別擔心愛國主義滑坡效應下可能帶來的沙文主義，但不必然如此。愛國主義的光譜也會有積極意義，這端視我們如何引導的實踐智慧。愛國意識有時不經意地在日常生活中萌發，有時來自外力入侵的奮起抵抗，這都不涉及我族優越的沙文主義。既然民族情感可爲正義、平等尊重、個人自主等自由民主原則提供助益，爲什麼一定要侷限在所謂原則的社群，而拒絕民族情感的價值呢？

Stevens（1999, p.368）認爲強調民族情感會有道德的危險，歷史教育不只是獲得客觀的歷史事實，而是要發揮世界主義精神，揭開阻礙正義與全人類福祉的假面具。Stevens 對於民族性、愛國主義太小心翼翼了，愛國心也能與自由民主整合，達成其理想，不必然求助世界主義。學生能從社會實踐的不同層次，朋友、家庭、共同參與的公民、世界各處人民獲得依附。遠離沙文主義最好的方法不是站在其對立面否定民族依附的可能利益。父母師長都會正面看待家庭功能，如果他們有自由的心靈，也會爲子女留有空間，不會完全受制於家庭生活，教育中的愛國意識，也是同樣的道理。Stevens 認爲爲了世界主義的理想，教育中不必強調民族性。White 認爲民族性與我們的關係，無處不在，能忽視其存在，而不加以引導嗎？全球化不必然與民族性衝突。兒童視野立基之處，以及排序其個人價值時，民族情感都可提供助益。如果學校忽略，等於是讓學校外未受指導或有害的勢力，如種族沙文主義者介入，更可能產生Stevens不樂見的結果。

結語：對臺灣的啟示

一、兩項公民教育模式

MacIntyre 企圖說明愛國、傳統、文化等具有內在價值，愛國是一項美德。Miller、Tamir 仍企圖將民族主義的要素融入到自由主義中。傳統自由主義由於對於個人與國家關係是採取契約論式的設定，比較從互惠式的工具價值來看待愛國意識。西方學者相互之間都盡可能吸納彼此優點，擺脫愛國、民族主義最可能的缺失。雖然不見得能相互說服，至少可讓雙方陣營更認清自身的限制。

White 身爲英國自由主義教育哲學最資深的學者之一，他部分接受 Miller、Tamir 等學者的訴求，認爲民族情感不一定與自由主義精神衝突，也應融入教育之中。他認爲自由民主教育的重點，如自主性、批判反思等都可以有效防止民族意識的偏頗發展，也可以反思本國歷史中可能的錯誤，重塑一新的開放的民族認同。教育的過程不必因爲擔心民族主義缺失，故意忽略民族性或民族情感的養成。Enslin 以南非的經驗，不似 White 樂觀，民族、國家認同恐淪爲當權者操弄子民的想像與神話，她與 Stevens 都企圖說明，確保自由、民主、族群平等之精神，會自然使國家邁入正軌，也會達到彼此情感的交流，無須冒險運用民族主義。Archard 也並非反對愛國主義的功能，他覺得民族或愛國意識會自然生成，即使國家不特意進行，也會在日常生活體現，所以，不特意進行愛國主義，人民不會因此缺乏愛國意識。這些學者考量到愛國或民族主義坐大的可能缺失，他（她）們傾向於不必特意進行愛國教育。

筆者認爲，以上學者觀點，皆言之成理。衆學者的論辯看似衝突，互相之間無法說服另一方。若暫時撇開其贊成愛國或反對愛國的語詞之爭，其實並不完全衝突。筆者可以歸納兩項公民教育的理念型態，其一是接近 White 模式，進行溫和的愛國教育，但是透過自由主義的精神，重新更新民族傳統，檢視歷史時，正視民族的不義，將批判反思的精神用於自身，在自由民主的理念上，規劃未來國家遠景。其二是貫徹自由民主精神、規範各式權利義務，致力於國內不同族群地位平等，落實普世人權價值、促進國際合作。不必特意進行愛國教育與打造國族意識。以上兩項模式只是理想型的分類，其實是相互滲透的，國家意識形態也不可能不介入。但是經由本文的分析，我們正視西方愛國主義或民族主義的「愛恨情仇」，愼防國家公權力的誤用，對內假愛國之名，行擴權之實，總是正道。筆者認爲，這兩種模式若能相互汲取、借鏡對方，不用拘泥名相之爭，這對於當下的臺灣，族群撕裂造成的政治紛爭，仍值得有心者深思。

二、臺灣的反思之道

本文雖無法處理臺灣的政治統獨之爭，而在臺灣當下的政治氛圍中，或許對於涉及意識形態的認同之爭，提出理性的學術評言，不免失之迂腐。然而，根據本文的論證，筆者仍然期許能對臺灣當下提供唐吉訶德式的建議。

其實，政府遷臺以來，民族精神教育與愛國教育也一直被高唱入雲。國外學者對於臺灣的研究，也可證明集體主義與愛國意識貫穿其間（Wilson, 1970, 1974）。歐陽教（1981，頁 194-197）已經指出愛國教育或民族精神教育，可能對於兒童人格的不利影響。參考解嚴以前，歐陽教及代表自由主義的 R. W. Wilson 等的觀點，以及近三十年來西方學者的論辯。雖然，西方世界愛國主義與民族主義有復甦之勢，但這些學者也很小心翼翼地不墮入傳統愛國主義的可能缺失。如果我們採取溫和式的愛國主義，以臺灣情懷凝聚的同時，仍然應該體現自由主義的精神，愼防政府不當權力的坐大，一如 White 的呼籲。特別是錢永祥（2001，頁 376）指出，以臺灣爲主體的國族認同已經取得了主流的優勢地位，自由主義益形與主流意見脫節。已辭世的政治哲學學者蔡英文（2002，頁 40）更提醒，以國家主權型構民族文化，即使是在自由民主制的國家，在一族群多元混雜的社會中，也很容易造成政治與文化的排他性。是以，參考 Enslin、Archard、Stevens 等西方學者的立場及錢永祥、蔡英文等的呼籲，不必特意以臺灣情懷侷限之，強調自由精神與普世價值，臺灣情懷會自然表現在臺灣教育中，也有相當的道理。無論是從兩岸現勢或是新的國際和平願景，如因應未來較 COVID-19 更甚的疫情或氣候變遷、經濟互助等的挑戰，聯合國永續發展目標（SDGs）揭示的 17 項主目標，169 細項目標，在在需要全球人類發展共存共榮的情懷[5]。無論我們採取前述何種公民教育模式，臺灣實無

5　Primoratz（2015）提出倫理愛國主義以及 Curren 與 Dorn（2018）論證全球化下的愛國教育，都可視爲自由主義與愛國主義的融合之道，筆者已另文述及，即將於《教育科

須因短暫的政治現實，用狹隘的愛國或臺灣主體視野侷限子民未來的想像。

學研究期刊》刊出。作爲一教育哲學工作者，筆者當然無法提出公民教育的具體課程規劃，有賴各領域學者的合作，但筆者在本文至少試圖論證臺灣公民教育打造國族想像可能的缺失，這是即使主張溫和愛國主義的西方人士都是引以爲戒的。而本文結語的立場也出現在簡成熙（2015b）論述中。

第十三章

宗教信仰作爲教育目的——論父母對子女的宗教權利

導言

西方自由主義認為價值多元，政府必須站在價值中立的立場，教育理想不能預設特定的美好生活型態，而是要培養學生的自主性。對有宗教信仰的人而言，則是把幸福依託於神。父母教導子女宗教信仰是否違反其自主性，就成為重要的學術議題。英國倫敦路線學者 T. H. McLaughlin 認為父母教導子女宗教信仰並不違反子女自主性的主張，E. Callan 與 P. Gardner 認為有淪為灌輸之質疑，它們之間展開了非常有趣的辯論。T. H. McLaughlin 以父母兒女共同隸屬的原生文化、家庭成員的有機統一及宗教參與有助於理解宗教等理由，企圖證成父母對子女進行宗教教育，不違反自由主義的教育自主性理想。E. Callan 以及 P. Gardner 則擔心這難逃灌輸之嫌，在子女幼小階段，其思想未定型，過早進行宗教教育，會造成根深蒂固，不利子女爾後的自主發展。筆者檢視他們之間的論辯，同意 McLaughlin 的主張，只要父母持守自由主義的精神來教導子女宗教信仰，是可以回應其他學者質疑。臺灣對於宗教教育的研究不多，現有的研究有從宗教教義著手，也有研究討論美國重要宗教教育判例，都值得讀者繼續探索。分析的教育哲學並不處理宗教教義本身，而是從政治哲學立場，探討宗教教育在國家（或家庭）教育的合理性。本章仍然展現了分析哲學在政治哲學或宗教哲學的論證風格。經由本文論證，筆者同意 McLaughlin 認為家長有為子女提供宗教教育的權利，而學校也無須以價值中立之名，嚴禁宗教涉入。但無論家長還是學校，仍應秉自由主義精神，慎防宗教灌輸。

---

*本文改寫自簡成熙（2021e）。父母教導子女宗教信仰是否違反其自主性？T. H. McLaughlin 以及 E. Callan 與 P. Gardner 論辯之評析。**當代教育研究季刊**，**29**(3)，1-34。

緒論：父母權利與宗教教育的問題呈顯

曾有國小校長向我提及，服務學校的志工媽媽進行晨讀「靜思語」教學，有基督教信仰的家長向其抗議。這涉及學校如何保持宗教中立的問題，公立學校不得獨厚特定宗教，原意是爲了保障憲法賦予每個人宗教自由的權利。「靜思語」是否代表特定宗教，可以再議。不過校長可以先反問該家長，父母是否有教導自己子女宗教信仰的權利？可以想見，家長的回答會很多樣：「我當然可以培養，是我的孩子」；「我自己也沒有影響子女宗教態度，學校也不行」；「我雖有培養，但我沒有強迫他們……」。

西方自由主義國度在二十世紀第二次世界大戰後，政治哲學界也逐漸開始從權利或利益的觀點來討論父母、學生、學校（國家）之間的相互關係，這也成爲分析的教育哲學（analytic philosophy of education）1980 年代後的學術重點。國家固然可以責成父母善盡配合之義務（如強迫入學），家長也同樣可以向國家要求子女權利或不受干涉的權利。學生也同時有向父母、國家要求受教權利或不被控制的權利。隨著多元文化主義的興起，少數族群也常控訴國家對其生活方式的干預，他們最在乎的仍是其宗教的捍衛。林火旺（2002）對 Wisconsin vs. Yoder 訴訟案中 Amish 族裔捍衛其宗教生活方式拒絕接受國家後期義務教育議題，有詳盡的政治哲學討論。

臺灣教育學界對於宗教教育的討論不多，論者多從宗教的教義、價值對人心的貢獻著眼（陳迺臣，1988）。張民杰（1999）已經初步檢討美國最高法院涉及的一些指標性判例。本文擬在前述西方學術脈絡中具體討論父母宗教教育權利的問題，篇幅所限，本文先集中在父母對子女進行宗教教育時，是否違反自由主義強調自主性教育目的之議題。衆所皆知，1960 年代英國 R. S. Peters 領導的倫敦路線強調教育應透過通觀的知識，培養學生的理性自主（簡成熙，2020a，也見本書第四章）。在此理念下，「灌輸」（indoctrination）不被視爲教育合宜的手段（李奉儒，1996）。不少人認爲宗教涉及信仰，宗教信仰的養成是接近灌輸，而非教育。這並不是說倫敦路線學者反對進行宗教教育，而是他們強調宗教也應該以理性的方式來宣導（Hirst,1974, pp.173-189; Hudson, 1987）。壯年辭世的 T. H. McLaughlin（1984）明確指出，父母教導子女宗教信仰與自由主義相容，他的觀點引起了 E. Callan（1985）、P. Gardner（1988），甚至於他業師 J. White 的質疑（簡成熙，2020b；White and others, 2003）。McLaughlin（1985, 1990）也一一加以回應。本文先評述其彼此論證的合理性，最後提出對當前臺灣宗教教育學術及實踐上的啟示。

第一節 父母教養權利的正反論證簡述

Gereluk（2012）曾歸納父母對子女教養權利的各式論述，其中，父權主義（paternalism）是最典型的論述。Bridges（1984）另提出非父權主義的論證，可以作爲 McLaughlin 與其他學者論辯時的一個基礎，本節先予以歸納。

一、支持父母教養權利的理由

(一) 論證一：父母是保障兒童利益的最佳人選

無論是出於直覺或血緣，父母會比任何人關心其子女，父母愛出於天性，自然成爲大家視之爲當然的看法（Gereluk, 2012, pp.126-127）。

(二) 論證二：父母有根據其規範、價值育兒的自然權利

此說法可細分兩點。其一是父母育兒犧牲很大，財務上、情緒上、影響工作、身體上（特別是母親），所以父母有權主張利益，其中之一是傳承其世界觀或生活方式於下一代。比較共通的另一說法是，父母之所以有權以其價值信念育兒，是因爲幼兒與父母相處，身體、情緒都依賴父母，個人自主是逐步發展的，兒童是在與父母相處的周遭環境獲得穩定的道德

基礎。此說可再延伸，父母有可能傳承其所屬社群的文化，國家也必須保障某一族群的文化集體權利，否則，會因該文化社群消失，而影響到該族群個別成員的認同（Gereluk, 2012, pp.127-128）。

㈢論證三：國家不得干涉父母特定育兒之權利

如果一個自由社會是接納多元之價值，並視爲理想，就應該秉寬容、多樣，甚或鼓勵差異的心態，讓父母展現其各自的育兒觀，而成就多元之理想。國家不應干涉家庭私領域（除非父母對兒施暴，公權力才得以介入）的事務。國家的教育無法取代父母家庭的提供，孤兒院無法取代家庭，是最好的例子（Gereluk, 2012, pp.128-129）。

以上三項說法，同時涵蓋父權式及非父權式的說法。所謂父權式的說法，也可稱爲家長作風，是指父母或國家無論是基於權利還是義務，他們爲了子女的利益，擁有某些限制或管教子女的權利。簡單說來，是出於「我是爲你好」而限制子女的作爲。Bridges（1984）認爲，父母基於爲子女好而擁有權利，這並不是邏輯上的第一要務，父母仍有權根據其他理由，如爲父母自己的利益或整個社會的利益，而擁有對子女的權利，這種視角可稱之爲非父權式論證。他具體提出以下四項理由：

(一) 父母自己自由的延伸權。父母也是人，本身就擁有不低於子女選擇生活的權利。父母有權利免於兒童過度自我中心。父母的宗教信仰也涉及家庭成員互動，如對食物的選擇、家庭儀式，有賴成員共享。當然可能有衝突，但若國家把子女悅納父母加諸其上的宗教，看成是灌輸，而質疑父母，這等於是國家站在父母子女關係外的立場，要雙方都滿足國家的價值偏好，這種干預，未盡合理（Bridges, 1984, pp.57-58）。

(二) 兒童成敗與否影響父母本身福祉。「影響全民福祉之士，必須由全民來決定」（*quod omnestangit ab omnibus approbetur*）。同理，若學校教育不當，會影響到父母及家庭。基於父母自身的權益，他們對子女的成敗理應有發言權（Bridges, 1984, pp.58-59）。

(三) 出生契約。父母盤算要不要有孩子，涉及在未有孩子前對生活的想像。不只是爲了孩子的利益（當然，這也可以是理由），而是從父母的角度審視生兒育女是否爲己所欲。愛與權力在家庭的運作中，不可偏廢。生兒育女也是一種理性契約的結果（Bridges, 1984, pp.59-60）。

(四) 居家關係是超義務（supererogatory）要求，不應該只著眼於父權式的義務。父母親人間，同悲同喜，之間的關懷、滿足與相互要求，實超越父權式的關係（Bridges, 1984, p.60）。

二、反對父母壟斷教養權利的理由

(一) 論證一：父母不完全掌握最有利兒童養成的知識

雖然父母有心，但父母不會比學校更能提供多樣化有助於培養學生自主之知識與能力。「在家教育」雖獲通過，但是父母也必須確保能符合國家最起碼之要求與規範，以保障子女免受父母不當影響之權益。這說明父母權利也受制於國家規範（Gereluk, 2012, p.130）。

(二) 論證二：兒童應該接受與家庭成長不同方式的學習經驗

Brighouse（2006a, p.22）認爲學校的角色不是要延伸家庭信念，而是要提供多樣經驗，特別是與家庭不同之經驗，才能增加其批判與判斷力。如果委由父母，若父母居於社經弱勢，勢將無法自行提供多元經驗。此外，國家若堅定自主性作爲教育目的，就應該約束父母特意替小孩選擇價值觀，不應該讓父母影響孩子自主能力之發展（Gereluk, 2012, pp.130-131）。

(三) 論證三：國家有責任為永續民主進行公民教育

國家爲了政治共同體的代代發展，有特定的角色與權利爲孩子發展政治教育，培養其權利與責任。除了培養學生自主外，A. Gutmann 與 E. Callan 都認爲培養公民美德，不單單是理想的偏好，而是永續民主發展所必需。公民教育是現代公民穩固的基石，不能全以父母個人好惡爲之（Gereluk, 2012, p.132）。

以上 (一)、(二) 項說法的理由是著眼於保障未成年的學習利益，不能受限於父母。至於第 (三) 項理由則涉及集體共善，是著眼於自由架構下的永續民主。父權式論證認爲，父母或成人基於兒童利益，可以干預子女的自由，並不違自由理念。但誰能眞正確保兒童權益？是國家還是父母，或是可干預到何程度，仍有爭議。而非父權論證的爭議在於父母爲自己（或社群）的利益能違反兒童自主性到何種程度？McLaughlin 與 Callan 和 Gardner 在前述的爭議背景中，各自建構更細部的論證。以下即進入本文主題。

第二節　McLaughlin 與 Callan 對宗教教養權的論辯

一、McLaughlin 的論證

(一) 自由主義、原生文化與宗教

McLaughlin（1984）最先肯認自由主義與父母宗教信仰教養權不衝突。他爲自由主義及其宗教觀做了三項設定（1984, pp.75-76）：

1. 父母對於子女教育的根本價值在於子女個人自主或道德自主的發展。

2. 開放、多元、民主的社會是最爲合理的型態，對各種多樣性保持最大的寬容，承諾能以自由批判爭議作爲最合理的方式以提升眞理的追求。

3. 沒有任何特定宗教信仰可視爲客觀眞理。

McLaughlin 慨嘆，許多自由主義者，都直覺認爲傳遞宗教信仰，很容易陷入灌輸（White, 1982, pp.166-167）。是否宗教信仰的養成就一定是灌輸？難道父母遵循自由的原則，爲孩子提供一個明確與其原生文化

（primary culture）相容的世界觀，培養子女日後能挑戰其文化，並形成自己的生活理想不存在？在這樣的提問下，McLaughlin 先援引 B. Ackerman 的說法，說明自由主義在承認原生文化的認可範圍內，也可以接受爲子女提供宗教教育。Ackerman（1980, pp.140-141）承認兒童在生理、文化上其自主性是緩慢漸進的，父母爲孩子提供一穩定、相容的「**原生文化**」有助於其後續發展。兒童會習得所處文化的語言，即爲顯例。當然，父母傳遞的過程中，雖會與孩童的欲求產生一些衝突，但兒童也會在此過程中逐漸發展「對話能力」（dialogic competence），Ackerman 認爲父母的教養義務不僅要培養孩子質疑的能力，還必須提供富含文化的「自由教育」（liberal education）[1]，讓孩子批判、確認父母的理念。兒童需要與父母一致的語言、相容的行爲與期待、愛、道德培訓等的氛圍，宗教當然扮演相當角色。

㈡從信仰到自主

一項主流的看法是，宗教涉及**非理性信仰**（non-rational faith）。McLaughlin（1984, p.79）未細究此立場，他希望保有前述自由主義的設定3，嘗試說明推理、評估等探索眞理的方式，也就是理性自主的信仰與宗教相容。他企圖回應主流的質疑，諸如有非灌輸的宗教養成方式嗎？建構其原生文化的宗教信仰能爲自由主義接受嗎？或者說爲子女提供宗教養成教育，仍能保留其自主性嗎？一言以蔽之，信仰與自主是否相容？這些大哉問，McLaughlin 認爲若能區分長期目的與短期目的，二者是相容的。短程上先讓他們接受一宗教的信仰，也等於是提供宗教的接觸經驗，長程上當然是爲了子女能自主地去選擇接受或拒絕宗教。他企圖論證可以「從信

---

1 博雅教育之詞始於羅馬時代，其用語是 *studialiberalia*（liberal studies），指的是適合於自由人，而非奴隸的教育。當年倫敦路線 R. S. Peters 倡議的教育認知規準與 P. H. Hirst 界定的知識型式，重視科學、文學等學術科目來豐富理性心靈，也同時有使人自由及博雅的雙重意義。因本章是以自由主義爲討論重點，故本章統一將 liberal education 譯爲「自由教育」。

仰中獲致自主」（autonomy via faith）（McLaughlin,1984, p.79）。

McLaughlin 當然想到一般人會加以質疑的兩點：其一，有宗教信仰的父母難道不會重視信仰甚於自主嗎？McLaughlin 的答覆是，建立在理性自主的宗教信仰，若不是口惠，那自由主義下的宗教信仰與自主並不衝突。因爲自由主義保障信仰的自由。有宗教信仰的父母固然會希望子女自由選擇後仍然信仰該宗教，但父母這種希望，不是也不能嚴格要求。其二，另一些人會質疑，爲子女提供宗教，就已經違反自由主義的強式自主性觀念。這些人擔心兒童時期提供宗教教育會固著其信仰（fixed beliefs）。針對此點，McLaughlin 區分，固著的信仰在最「強式」意義下，是不可動搖（unshakeable）的信念，但也可是「穩定」（stable）的「弱式」意義。遵循自由主義的父母有責任不讓他們的小孩接受各種絕不動搖的信念，如灌輸某種心智，但在其原生文化下，爲孩子提供各種穩定信念，也是父母的責任（McLaughlin,1984, p.79）。McLaughlin 認爲，如果父母能在爲子女宗教養成的過程中，體現自由主義的精神，不要用灌輸的方法，實不必過度擔心在孩提時代提供穩定的宗教態度會違反子女自主性。

㈢原生文化可以涵蓋父母宗教教養權利的理由

McLaughlin（1984, pp.81-82）當然知曉，上述父母宗教養成觀雖非不切實際，但這種理想也不可能全然實現，他並不堅持一定要由父母培養宗教才能造就自主判斷的孩子。自主本身也是程度的問題，但以下四點理由凸顯了宗教養成的理由：一、宗教不似那些高深抽象的認知命題，有賴學生能力所及，才得以教授。反之，宗教涉及社會實踐、態度、儀式等，與文化緊密相連，遠非以宗教中立方式接觸就能體會。若要求家庭堅持宗教中立，而去除宗教要素，等於是要求其改變（家庭）文化，這其實違反了自由主義的宗教自由原則。宗教養成並沒有要限縮兒童日後的信仰自主，沒有理由強要求家庭不得進行宗教教育。二、父母的宗教觀當然會實質影響他們對生命、道德、價值及家庭生活形態，子女在此氛圍中，當然也會強化其文化規範的一面，此毋庸諱言。但不是因爲有這種影響，就避宗教而遠之。只要父母掌握自主發展的精神，是可以與特定宗教相容。McLaughlin 提醒，如果父母的宗教自由被保障，又如何能阻礙他們影響子女呢？三、要眞正理解宗教的本質，透過實際的參與較易於體會其意義，「入乎其內」（on the inside）成爲局內人，有實際的經驗才更能日後進行自主及有意義的批判與選擇。如果只是用中立的方法，很難精準理解抽象的宗教。所以，循此思路，宗教的養成不僅不會阻礙子女宗教自主的能力，反而是促進子女自主的恰當方式。四、如果採取宗教中立的方式，不太能將宗教論述、價值與道德論述區分出來。宗教提供了更多樣的選項經驗。

McLaughlin（1984, p.82）的結論是：(1) 認爲有好的理由同意父母有權，而不是兒童自己或其他成人，引介其子女進入原生文化中；(2) 從前述一至四的理由，可以說明此原生文化可以涵蓋宗教要素；(3) 如果父母能夠避免灌輸，並採用其他適當的步驟來守衛自主，如接納其他有助於影響子女理想生活的想法，珍視自由主義的核心精神，就毋庸擔心 (1) 和 (2) 會阻礙子女的個人與道德自主。

二、Callan 對 McLaughlin 的質疑

Callan（1985）首先起來挑戰 McLaughlin（1984）的論證。筆者從兩方面加以歸納 Callan 的論證。

(一)約束父母宗教教育權無損父母自己的宗教權

Callan 認爲 McLaughlin 沒有區分父母培養子女信念的兩類差別，致誇大了宗教在家庭扮演角色或是影響父母自己的宗教權利。其一是在一套特定的信念中培養之，如政治、宗教信念等，其二是父母在家庭內讓兒童知曉其擁護的信念，他先以下列 Jane、John 兩個家庭的例子加以說明。

Jane 的雙親都是堅定的社會主義者，Jane 很小的時候就知道父母的立場，也知道雙親熱衷投入政治活動。當 Jane 與雙親討論時，父母毫不掩飾，不過父母也小心翼翼，希望不要影響到小孩的政治抉擇。他們告訴

Jane 政治事務有其複雜性，在 Jane 有能力掌握充分的資訊及成熟方法前，父母不鼓勵 Jane 堅定任何政治立場。父母也堅持，不是父母是社會主義者，兒女就得相同。Jane 當然也能感受，父母希望她成爲社會主義者，但也能體會父母同時希望她在政治態度及其他事物上能成爲一個眞正自主的人（Callan, 1985, pp.111-112）。

John 的雙親決定把 John 培養成社會主義者，在他初具認知能力時，即強植社會主義信條。John 逐漸長大可接受各種資訊時，父母不是要他選擇，而是要他堅定社會主義的優越性。John 雙親爲了增加其對社會主義之承諾，也用了許多方法，諸如，鼓勵甚而強迫小孩閱讀重要社會主義經典，帶領 John 參與每週活動聚會，也由其他資深者來堅定其信念，並引領新會員與舊成員彼此分享入會感受。父母甚至於將 John 送入標榜培養社會主義人才的學校就讀（Callan, 1985, p.112）。

Jane 的父母養成子女政治態度方式可稱爲「弱式」，這是自由主義可接受的，也是 Callan 同意的。John 的父母則爲「強式」，Callan 則反對之。McLaughlin 沒能區分此，致誇大了父母行使宗教養成的權利，美其名傳遞一套宗教價值，其實是強加父母個人的信仰於子女上。若一般人不察上述區分，就容易被 McLaughlin 擁護家長宗教權的兩個重點說服。McLaughlin 一則強調對有宗教信仰的父母，若割捨宗教，等於是改變文化，也就無法爲孩子提供相容、穩定的文化。再者，就實際上，父母在行使其宗教自主權時，也很難將其信仰隔離出來。Callan 卻認爲，反對「強式」父母宗教教育權的人，可以聲稱「弱式」權已經保障了父母自己的宗教自由，一如 Jane 的父母，也避開了灌輸子女自己信仰之指控，並未違反兒女自主。也就是父母捍衛自己的宗教自由，可以接受適度約束其宗教取向的家庭生活，但不必因爲沒有宗教教養權，就認爲自己的信仰文化被破壞了。至於 McLaughlin 認爲爲了長程子女自主目標之達成，可以在短程上提供穩定但非不可更改的宗教信仰，從信仰中可以成就自主的說法，這涉及到灌輸的問題，Callan 接著探討。

㈡不宜輕忽灌輸的風險

McLaughlin 認為一開始可以提供穩定的信仰，不算灌輸，Callan 則認為應慎重看待。Callan 認為 McLaughlin 之所以小看了父母對子女行宗教養成教育其實是違反子女自主的看法，是他對於灌輸的界定太嚴，McLaughlin 是循著 J. White 等的界定，當年倫敦路線深惡痛絕灌輸，企圖以理性來論述灌輸之不當，White（1967）將之界定成有意對無法動搖信念（unshakeable beliefs）的說教歷程。這種界定，灌輸當然很難與理性相容，Callan（1985, p.115）並舉 Russell 戲謔 Aquinas 的例子，Aquinas 的哲學論證技術無懈可擊，但卻缺乏哲學的嚴肅性，Aquinas 對神的信仰可以防禦任何哲學論證的攻擊。宗教信仰的不可動搖性，很難使其不流於灌輸。McLaughlin 卻認為在其宗教養成主張，是穩定而非不可動搖，且允許子女日後改宗，故不能以灌輸視之。Callan 認為 White 及 McLaughlin 對灌輸之界定太嚴，反而可能縱容許多可能有灌輸惡果的情形。Callan 希望料敵（灌輸）從寬，從而達到禦敵（宗教灌輸）從嚴的效果。Callan 認為只要不是經由適當的證據或論證來養成學習者的心靈或信念，就可視之為灌輸。若以此界定灌輸，將可以正視許多有灌輸之實而無其名的教育缺失。Callan 再舉一個中學教師 Arthur 的例子質疑 McLaughlin 的說法。

Arthur 正在開發一政治學新課程。校長要他放手幹，但目標要設定在長程上可達成學生個人自主，並要慎防政治灌輸。Arthur 接受此一指令，他決定短程上先傳遞一套堅定但並非不改變的信仰——對英國共產黨效忠。校方擔心有灌輸之虞，覺得不妥。Arthur 向校方解釋，此舉沒有違反指令，自主性與對共產黨堅定信仰可畢其功於一役。當校方關切時，Arthur 覺得校方眞是大驚小怪，Arthur 是大英《教育哲學期刊》的忠實讀者，校方也有訂閱，竟然沒發現新近正有一篇 McLaughlin 文章探討父母權，提出可以從信仰中培養自主性。Arthur 要校方不用擔心會失控，他並沒有要強植共產主義是不可動搖的政治信念，也會運用方法防止不經意地宣導此信念，例如：透過對共產主義文獻的答客問等……（Callan, 1985, pp.113-114）。

細心的讀者當能體會，Callan 前述例子 Arthur 教師的許多辯護用詞，都反諷 McLaughlin。Arthur 教師的問題出在哪裡？他確有可能培養出一個自主性的共產黨員，短期目標與長程目標非不相容，但相容性不必然合理。Arthur 短期目的選擇共產主義，重點不在共產主義不好，而是穩定的信念可能產生灌輸之惡果。Arthur 既然無法提供加入共產黨的確切理由，他堅持先提供一個對共產黨的穩定信念，這又何助於學生長程的自主呢。在 Callan（1985, p.116）看來，Arthur 教師也難逃灌輸之嫌。同樣的情形也可以用來反思 McLaughlin 先用短程宗教信仰來證成長期自主性養成的合理性。

Callan 重申，人們被軟禁，這種失去自由的現象很明顯，但是人們若是因爲根深蒂固一些想法而無法自主，卻很容易忽略其嚴重性。我們所遇到的大多數灌輸現象，正是如此。Callan（1985, p.117）當然知道教師不是學生的父母，大衆對政治的敏感甚於宗教，二者不一定可類比，但是，嚴格審視「從信仰到理性」的想法，McLaughlin 冒的風險不會比 Arthur 老師少。McLaughlin 可能會說，許多經驗顯示，許多自幼接受宗教信仰的人，長大後依然可以嚴肅質疑曾經加諸其上的信仰，他們並沒有因爲宗教養成而被灌輸，或有什麼妨礙，所以父母是有宗教養成的道德權利。Callan 則認爲父母有責任防止任何可能有灌輸缺失的風險，不能因爲沒有灌輸的惡果而心存僥倖，就好像父母若不制止子女玩危險之物，無論孩子有無受到傷害，他們都是怠忽職守。Callan 甚至更期許宗教或教會學校也要允許有不同聲音，才能降低灌輸風險。當然，如此一來，進入教會學校就不是爲了特定宗教信徒的養成。學校要盡可能降低灌輸風險，家庭又何獨不然？

三、McLaughlin 對 Callan 批評的回應

㈠ Callan 弱式宗教養成論點的限制

McLaughlin（1985）針對 Callan 的質疑，同一年立即提出回應。其實

McLaughlin 在 1984 年文中並沒有用弱式或強式宗教養成的字眼。Callan 自己界定了強、弱二式，所謂弱式宗教養成是指父母只為子女介紹宗教知識，如 Jane 的例子，父母尊重孩子，並未直接帶領孩子進入宗教世界。而所謂強式宗教養成，是指父母強行加諸子女特定宗教、政治的理念，一如 John 的父母。McLaughlin 則提醒，Callan 的二元界定太極端，硬把其觀點視為「強式」。Callan 認可的弱式宗教養成，其實也是他要強調的重點。二者差別在於，Callan 認為父母在子女尚未能獨立判斷以前，「不鼓勵」兒童接受堅定的承諾（firm commitments），McLaughlin 則認為在父母原生文化的信仰下，可以鼓勵，只要提供反思的機會即可。McLaughlin 當然不會替 John 的父母辯護，但 Callan 沒有正視他的但書，一味以「強植」（instill）、說教（inculcating）來指稱。McLaughlin 認為即使父母明確地對子女進行宗教教育，在自由主義的精神下，也能體現「鼓勵」（encouraging）、「培養」（fostering）的精神。執行他主張的父母，與 John 的父母，不可同日而語。

McLaughlin 認為 Callan 的強、弱式區分過於兩極，在宗教信仰養成的方法上也各執一端，當然也就無法正視宗教養成教育也可符合自主的精神。他說：

> 為孩子提供最初的穩定信念，父母當可讓孩子置身理念與實踐中，也許在當下或之後並不討子女之喜，也可能違反其喜好或信念。不過，其目的是要讓子女能真正投入（significant engagement）這些信念，以便子女日後評估或拒絕時，能建立在適當的理解與熟悉上。這完全與認可子女批判加諸其上的信念相容，能充分尊重與允許其表達。此一宗教養成的脈絡可稱之為「穩定參與」（tenacity of engagement）原則：讓兒童正視為他們提供的信仰，以及建立在適當理解的考量，即成就兒童自主的終極目的。這種教誨，Callan 計不及此。（McLaughlin, 1985, p.121）

雖然雙方對灌輸的界定不同，但 McLaughlin 認爲這不是問題，對違反自由主義之精神，如 John 父母所爲，雙方沒有爭議，問題在於對宗教養成需求及方式的認可有別。McLaughlin 認爲宗教與政治之理解有其差異，企圖說明 Callan 的「弱式」宗教方式不足以讓子女充分理解宗教。宗教與政治理念最顯著的差別是宗教必須從局內人的角度才能體會箇中奧祕，若只是從旁觀者角度（這是 Callan 的主張），且視之爲自由主義唯一的宗教養成方式，McLaughlin 懷疑能否眞正體會宗教之精神。或許，對非宗教家庭的兒童而言，宗教算不上是與其原生經驗相容的重要成分，但是對宗教家庭而言，宗教是融入整個居家生活的要素。Callan 可能會質問父母政治態度也同樣會影響居家生活，難不成 McLaughlin 也贊成在家庭進行政治養成？McLaughlin 認爲父母啟蒙孩子政治立場，將之視之爲其原生文化的要素，也沒有什麼不對。問題不在於 John 的父母親不能進行政治啟蒙，或不能期許小孩成爲社會主義者，這並沒有違反自由主義精神，而是他們在培養的過程違反了自主性原則。

㈡家庭成員需要有機統一

除了質疑 Callan 所謂弱式培育能否眞正促成兒童對宗教的理解外，McLaughlin 進一步說明對宗教家庭而言，家庭成員需要有機統一（organic unity）：

> 這不僅只是家庭分享的實際，或是家庭大事，而是涉及家人間共同的世界觀，分享共同的承諾與忠誠：如果子女在家庭生活的核心要素僅僅是旁觀者，會降低家庭凝聚力（sense of solidarity）。正是這種有機統一，使得家庭是家庭，而非個人隸屬的其他團體。自由主義保障及培養學生自主，使其免於其他所謂終極的考量，是不爭事實。家庭作爲一個整體，必須謀求所有成員的需求（如 Bridges 用非父權式論證父母權之立論）與子女自主權之平衡。家庭爲了成就其有機統一，減少成員間心理不一致的作法不能被擱置或輕忽。弱式宗教養成

會有這個威脅。（McLaughlin, 1985, p.123）

同樣地，若把家庭延伸到更大的文化或宗教社群，也會共享相互的信仰與生活實踐。弱式宗教養成也會威脅到社群的有機統一與其存在，特別是民主社會中的少數族群。在此，除了 Callan 外，McLaughlin 的業師 J. White 在千禧年後，仍然認為 McLaughlin 的立場，有「外於」（extra）自由主義的嫌疑，White 認為如果父母是一個自由論者，除了誠實、仁慈、公正等德行外，應該對於其他價值保持開放，宗教也不應超越此「世界觀」之下，自由主義的精神足以使家庭共享彼此的承諾（簡成熙，2020b，頁 7；White and others, 2003, pp.155-156）。McLaughlin 則回之，他的立場可以「增添」（add）自由主義之精神，雖然一般家庭所需親密、分享與團結的需求，自由主義即可構成此一共通世界觀的架構，但是 McLaughlin 仍然籲請沒有宗教信仰的人能夠同理，對有宗教信仰的家庭而言，僅靠一般的忠誠或承諾，無法完全讓子女與父母共享彼此的價值，也就阻礙了其互動的可能。McLaughlin 重申，父母在居家生活中引領子女充分理解宗教承諾的內在觀點，不能視為違反子女自主（簡成熙，2020b，頁 11；White and others, 2003, pp.174-177）。

㈢宗教養成冒灌輸的風險太大？

Callan 認為 McLaughlin 把灌輸視為一種不可動搖之信念，過於侷限，會縱放許多灌輸的事實。只要是沒有經過適當的論證，都難逃灌輸之嫌，都不應鼓勵。Callan 堅持在孩子未能眞正自主時，就明確給予政治或宗教的教條或養成，就是灌輸，不可不慎。McLaughlin 已經針對宗教在宗教家庭中的角色，做了說明。他也不執著於灌輸的確切意義。不過，即使接受 Callan 對灌輸的界定，McLaughlin 認為實際上進行宗教教育，是否一定會產生 Callan 擔心的結果，不無疑問。Callan 的觀點，雖然不能說是杞人憂天，但因為這種擔心就斷然認為不宜進行宗教教育，也是反應過當。中學教師 Arthur 的例子，不能類推到家庭宗教教育，不僅學生年齡不同，班級學生組成與家庭成員也不同。子女是在一自然的情境，雖然父母會爲維繫兒童信仰態度而有一些作法，但只要合理，接受子女最終受其他力量影響的選擇，就可平衡灌輸的疑慮。

在自由社會中，父母要擔心的其實很多，許多力量都會影響到子女生活。那些對宗教冷漠或敵意的觀點又該當如何？人們的慾望、偏好、願望等會無止境地出現，與其獨責宗教養成，全以灌輸視之，無視其他影響因子，McLaughlin 認爲，不如賦予父母合法的宗教養成權利以面對這些風險，才是眞正的開放心靈與平衡判斷。

第三節 Gardner 與 McLaughlin 對宗教教養權的論辯

一、Gardner 對 McLaughlin 的質疑

Gardner（1988）又重新檢視 McLaughlin 與 Callan 間的論辯，他站在 Callan 的立場，批評 McLaughlin 主張父母宗教教養權利可與自由主義相容的主張。他也稱 McLaughlin 的主張是「強式」宗教教育，Gardner 從三方面，質疑 McLaughlin 所倡父母對子女宗教教養能成就孩子自主性的主張。

㈠ 對於不同宗教立場的覺察（awareness of alternative）

McLaughlin 擁護父母對子女進行宗教養成，之所以不算是灌輸，很大的理由是他也同時強調要爲子女提供認識其他宗教的機會。Gardner（1988, pp.91-94）對此提出一些質疑。

首先，針對父母忠於自己的信仰而傳遞給小孩，又心儀自由主義原則而必須盡可能提供不同宗教觀點的說法，Gardner 大膽提問，父母到底希望他們的子女對其他宗教持何種態度？Gardner 以「小人之心」自問自答指出，父母應該會希望子女認爲這些異教是錯的，信仰者是誤信。若是父母眞的心胸開闊，眞心讓其子女相信異教，合乎常理嗎？McLaughlin 強調

父母要秉持理性思考，這些有宗教信仰的父母，難道眞希望孩子有異於自己的不同信仰（Gardner, 1988, p.92）？

再者，McLaughlin 的支持者可能會說，有宗教信仰的父母們是要子女暫時保持開放心靈（open minded），先不要臧否宗教眞假，留待日後再來自主定奪。Gardner 採取邏輯思想三律中的矛盾律，認爲 P 與 ~P 不能同時成立。若開放心靈是指對事物的正反存在同時認可，那宗教信仰不可能與開放心靈相容。無神論者如何與有神論者相容？理性的想法不能以開放心靈爲說詞，硬要去欣賞一個矛盾或不一致的命題或信仰（Gardner,1988, pp.92-93）。

復次，如果還是要以開放心靈爲名，硬要子女堅定自己信仰，兼容並蓄異教觀，學生可能會習得宗教間之衝突，不是眞正的衝突，而是人們或社會的偏好（preference）所造成，這等於是讓學生放棄信仰間的邏輯推論，鼓勵相對主義，這也可稱之爲「容忍的謬誤」（fallacy of tolerance）（Gardner, 1988, p.93）。

Gardner（1988, p.94）接著把戰線從宗教教育拉到無神論與不可知論，各自說明，如果也要循理性原則，可能產生的結果。以不可知論者爲例，某位不可知論者認爲不可能透過理性來定奪有神或無神，他們的立場將會是有神論與無神論的理由永遠都不成立。另有些不可知論者，認爲現在無法定奪，但未來如何不知道，他們一方面會教育子女有神論與無神論都不可恃外，也會教育子女要隨時留意新的說法與證據，並批評有神論與無神論父母的子女養成方式都違反自由精神。若兒時教育經驗，影響重大，Gardner 認爲前述第二類不可知論者比較符合自由主義所強調對不同宗教立場察覺的中立精神，而不是 McLaughlin 主張的先強調宗教信仰，再強調對不同立場的察覺。

㈡ 早期經驗造成宗教根深蒂固信仰的不當

Gardner 將灌輸惡果的條件設定在有合理的理由下，仍不願意改變立場的心態，這將阻礙當事人後續自主的反思與評估。他分別引 Plato 與

Rousseau 的觀點，Plato《理想國》（*The Republic*, 377b）中說：「首先……也常是最重要的，特別當你處理年輕人及柔弱者，那是他們最容易被塑造的時候，我們加諸其上的印象將成爲永恆的印記。」（轉引 Gardner, 1988, p.95）類似的觀點也見諸 Rousseau 的《愛彌爾》（*Emile*），Rousseau 直接批評將神的力量強植入兒童心靈中之不當（轉引 Gardner, 1988, p.95）。Gardner 因此認爲 McLaughlin 的主張，必須再斟酌。

首先，Gardner（1988, pp.94-97）認爲，早期經驗很容易根深蒂固（persistence），這是不爭的事實。若說人們接受追求一個目標的行動，卻又同時認爲這會阻礙其目標，這當然是非理性的。同樣地，若父母接受早期經驗是根深蒂固，又同時相信 McLaughlin 主張的早期宗教教育有助於日後反思批判，不是很不合理嗎？再者，不管有沒有好的理由，人們也不太願意改變他們的「一般信念」（general belief）。如果要人們日後能理性地用不同的觀點反思，那形塑人們的一般信念就必須謹慎爲之。第三，人們生活中也涉及重大影響的信念，這些信念若根深蒂固，也很難改變。若從早期一般信念或重大信念對日後重大影響的綜合效果，來審視宗教信仰的根深蒂固情形，人們還會接受 McLaughlin 所倡經由早期父母宗教養成有助子女日後自主反思該宗教的主張嗎？

最後，Gardner 也知無神論或不可知論存在同樣的問題，也就是如果上述反對 McLaughlin 的論點成立，是否無神論及不可知論也不宜在早期實施，二者不也屬一般、重大信念？Gardner 認爲沒那麼嚴重，他指出：

> 我的理由是無神論、不可知論者的立場，在我們看來，不像宗教影響那麼重大。宗教立場會具體在社會或道德立場上形成可資評估判斷的架構，如墮胎、姦情、婚前性行爲、男女角色、生兒育女、何者禁食、如何安排生活作息等及其他事物的討論和決定，宗教都提供架構，無神論、不可知論者則否。如果我們接受重大信念的影響力及無所不在的標準，宗教信仰當然比無神論及不可知論影響更爲重大。如果我們也同意重大信念的持久性，也就能同意爲何宗教信仰的根深

蒂固比其他信念更大。（Gardner, 1988, p.97）

宗教信仰既然如此重要，父母又扮演子女人生重大信念培養的關鍵角色，而 McLaughlin 無法爲宗教對子女自主之效果，有更高的說服力，實無須承擔可能的灌輸風險，自然對於其宗教推展的主張也得愼重。

㈢宗教理解的訴求無助於培養自主性

Gardner（1988, p.98）提出一個有趣的質問，自由主義父母會喜歡 McLaughlin 的主張嗎？他舉一位課堂學生的有趣發言，有宗教信仰的父母不會對 McLaughlin 的提議感興趣，因他們在乎子女宗教信仰，更甚於自主性，不會希望子女展現自主性來質疑自己的宗教信仰。另有些有宗教信仰的父母，即使接受自主性理想，充其量是把自主性視爲工具性價值，而不是目的性價值，他們仍是希望透過自主性爲更堅實原生宗教信仰來鋪路，這仍然不是自由主義所賦予的自主理想。McLaughlin 聲稱父母希望其子女能自主地看待宗教，其信仰邏輯可同樣是建立在自由的基礎，這不是口惠，而是期待。一方面，McLaughlin 認爲有宗教信仰的自由主義父母，有信心自由原則與宗教信仰相容，他們也認爲抱持自由立場的宗教信仰，能尊重到自主性。但 Gardner（1988, p.98）則認爲這些主張有丐題（beg various questions）的嫌疑。Gardner 進一步歸納 McLaughlin 的 1、2 兩大可能論證，各自可再增添成 1.1、2.1，但這四種論證，都無法充分說明一定要參與宗教活動，才能有助於宗教理解。McLaughlin 想要藉此來說明進行宗教教育沒有違反自主性，並不成立。

1. 特定性（specific）論證：「兒童唯有在成長過程，被教導相信某一特定宗教，參與該宗教的活動，才能充分理解該宗教，也才能日後獲得更多資訊，自主的反思與評估」（Gardner, 1988, p.100）。Gardner 質疑，無神論或不可知論者若要孩童抉擇某一宗教立場，就必須先讓子女相信該宗教，這很奇怪。聖保羅及耶穌門徒們的父母，也沒有讓他們相信基督教啊！堅持上述立場，等於否認了所有宗教改宗者的可能。爲了避免特定性論證的窘境，支持必須信仰參與才能理解宗教立場的人可能不堅持在兒童階段，而將特定性論證修正為：1.1「任何人如果他要能在他生命的任何時刻能夠有充分資訊、自主的抉擇信仰該宗教，接受強式宗教教育是必要的」（Gardner, 1988, p.100）。那麼支持父母行使兒童宗教權的人也能循此邏輯證成。但這樣一來，無神論者就可質問，為什麼一定要在兒童或青少年 17-18 歲前呢？可以等到成年後由他們自己決定啊。即使是 McLaughlin，也不會堅持這麼嚴格的宗教理解，他只是要強調父母可以掌握子女此一宗教理解之程度而已（Gardner, 1988, p.100）。

2. 一般性（general）論證：「兒童在成長過程，在強式宗教養成中，才能充分理解宗教，也才能日後獲得更多資訊，從而自主地反思與評估宗教事務，如其自身信仰所持立場等。」（Gardner, 1988, p.100）Gardner 也質疑，如果此原則是指對所有人而言，兒童宗教養成是宗教理解的必要條件，這也同樣沒法說明那些宗教改宗者，自幼未接受宗教薰陶的無神論者子女後來選擇宗教的事實。許多人理解宗教是透過個人研究，而非其自幼宗教背景。有鑒於此，若將一般性論證修正為：2.1「假如兒童在他們成年前的後期階段（late teens），能對宗教達到起碼的理解層次，對其日後宗教自主是必要的」Gardner, 1988, p.100）。這仍然無法說服無神論或不可知論者，無神論者難道不能教育他們子女在無神論的世界觀下，才是圓滿，而不是那些有神論者得依托上帝的形上學？而且宗教間沒有共通性，兒童接受某一宗教，也不能理解其他不同的宗教，我們得參與所有宗教，才能說我們理解嗎？又如何說兒童或未成年前一定得參與信仰才能理解宗教呢（Gardner, 1988, pp.100-101）？

Gardner 認為 McLaughlin 的理解觀（從相信才能獲得理解），絕對不是宗教理解的充分條件，也非必要條件，想要以此父母的宗教教養權來達成自由主義的自主理想，反而陷父母於不義。他說：

> 自由主義對美好社會的觀點不是在一群同溫層中，而是要在不同群體間的討論、論辯與對話。將信仰視為理解的必要條件在邏輯層

> 次上，會威脅到自由主義的圖像，而在實際的影響上，也會鼓勵人們消解來自圈外「異議者」（disagreers）的論點，也就是不鼓勵相互之間觀念的交換、散播與論辯，這卻是自由主義社會的構成部分。自由主義的另一理想是觀念與眞理的精進是從分歧、討論與論辯中產生。然而，若持守信仰是理解必要條件的說法，就會讓分歧變得不可能，也會鼓勵觀念僵化。基於這些理由，自由主義不應爲這種想法背書。（Gardner, 1988, p.102）

Gardner 認爲 McLaughlin 強式宗教養成方式，所謂提供不同觀點，並不似陳列在商品任君選購簡單，學生接觸了父母傳遞的宗教，極易先入爲主地視其他爲非，這種根深蒂固的宗教信仰，不下於灌輸，無法達到自主評估與反思的自由主義理想。Gardner 也深知自己也沒有提出符合自由主義理想的宗教養成方式，但至少他戳破了一些父母的僞善，他們在進行宗教教育時，根本就無心於兒童自主性，如果他們眞有心培養子女宗教自主，不必求助 McLaughlin 的主張。

二、McLaughlin 對 Gardner 批評的回應

針對 Gardner 從邏輯及經驗上來反駁他的主張，並隱含不可知論者較客觀、比較不違反自主性的說法。McLaughlin（1990）也從邏輯及經驗上爲自己的主張再辯護。他的反駁文內的標題與 Gardner 一致，但順序不同，爲了方便讀者對照 Gardner 論點，筆者以前面 Gardner 論文順序鋪陳，茲分述如後。

(一) 對於不同宗教立場的覺察一定會產生不一致嗎？

McLaughlin（1990, p.113）再次將 Gardner 的反對過程列出其流程：(i) 培養子女自己的宗教信仰；(ii) 適當時候予以評估，讓子女覺察其他不同甚至於衝突的信仰；(iii) 關心子女理性的發展，最終，父母必定（也應該會）；(iv) 希望他們的子女相信異教「……是錯的，以及那些信仰異教的

人是誤信」。McLaughlin 的宗教教育主張，若根據 Gardner 上述解釋，自然就背離了自由主義。

但是，Gardner 上述解釋對嗎？McLaughlin 先從 (iii) 理性的發展論起，Gardner 認爲理性的心靈狀態涉及「信念」的本質，信念既代表人們相信某事的心靈狀態，這涉及歷程，也可以是人們所相信的內容（what is believed）——可以用命題的方式來表達。Gardner 之所以認爲 McLaughlin 主張先讓子女信仰其宗教，再讓他們接觸其他信仰，又希望他們能反思原生宗教信仰會造成「不一致」的現象，正是只考慮到信仰的內容，而未涉及信仰的歷程所致。的確，若把某信仰以 P 稱之，子女相信 P，其衝突的信仰可寫成非 P（或寫成~P），要孩子同時接納 P 與非 P，當然違反邏輯。Gardner 所謂的不一致是這層意思。不過，如果我們將理性的心靈狀態視爲一種歷程，信念的一致與否就無關乎整個理性思考的全局。一致性與否本身不直接涉及特定信念的眞假。衝突的信仰當然不可能都眞，但信仰的目的卻是求眞。理性之士端正自身，當然希望目標能實現，邏輯的一致性原則本身未必能多提供端正行爲所涉的知識，無法爲尋求適切的理由評估提供具體方法，也無法開放地面向未來。Gardner 也錯置了開放心靈的意義。兒童理性成長的過程中，過度強調一致性，未必是好事。Gardner 試圖從一致性原則，認定 (iv) 兒童面對其他異教與本有信仰不一致時，就會認定異教爲錯，但這個推論是錯的。Gardner 這麼堅持一致性原則，是因爲他對人類心靈觀或兒童信念的發展採取一種靜態或終結的態度。我們既不能把兒童既定信念視爲神聖不可侵犯，過度非黑即白也無助於兒童理解信仰的本質，Gardner 的看法將導致無法正視另類、衝突在批判評估歷程中的價值。McLaughlin 重申，宗教信仰涉及的意義、結構極其繁複，宗教判斷不能將之視爲孤立命題的眞假判斷，它更像一種信念之網。以多元文化爲例，學生會把其他文化與己不同之處一定視其爲非嗎？多元文化的目的正是要包容這種不一致啊！（McLaughlin, 1990, pp.113-115）

此外，McLaughlin（1990, pp.116-117）還批評 Gardner 過度堅持一致性也會犯了「全有或無」的毛病，正如 A. Quinton（1987, p.48）指出，信

念是程度上的，判斷某一命題時，不是要人們在相信、不相信或懷疑三者間選邊站。Gardner 適足以成爲 Quinton 批判的對象。信念既然是一種連續程度的問題，吾人對於一個衝突的信念，就應該超越是非判斷之外，不能直斥其非，某一信念可能也包含部分眞理，不是全錯，也因此可以部分與我們的信念共處，我們正是要培養孩子這種開放心靈的胸襟。可是，Gardner 卻認爲 (i)、(ii) 與 (iii) 不可能相容。Gardner 確實認爲人們如果有堅定的信念，就不可能與開放心靈相容。Hare（1979, pp.29-40）指出，開放心靈不必然是當事人對於既定的信念、懷疑的信念，或尙未關切的信念抱持中立態度。Hirst（1985, p.13）也認定，承諾某信念與抱持修正該承諾的態度是可以相容的。Gardner 太堅持一致性原則，認定相信某一信念，就不可能接受與之衝突的信念。McLaughlin 更傾向於接受 Quinton 信念倫理的主張，開放的心靈是準備正視那些不一致或衝突的信念。

McLaughlin（1990, pp.117-118）重申他從信仰獲得自主的主張，(i) 與 (ii) 在當下之間，也許會有尖銳衝突，但是若把時程放長，從整體來看待宗教養成與兒童發展，就能事緩則圓。兒童一開始接受父母的導引，進行所謂「穩定參與」宗教活動，接著，要鼓勵兒童用批判的眼光看待其信仰，此一過程兒童也會有機會接受其他（如學校教師）的影響。McLaughlin 認爲在他的理想設定中，完全導不出父母需要把異教視爲錯誤。造成 (iv) 的缺失，原因是多方面的，不能獨責父母對子女的宗教教養模式。Gardner 之所以反對 (i)，究其因，是沒能體認到 McLaughlin 在論述 (i) 時，已設定在自由主義的脈絡中，也就是那些爲子女提供宗教的父母也同時承諾自由主義的價値。他們能體會此種兩難，會開放以對，他們自會平衡不同立場，一方面是自身信仰與居家生活共享承諾的有機統一，另一方面是對於自由主義自主性理想的承諾。Gardner 認定父母先入爲主地教育自己的宗教信仰，就必然會讓孩子覺得其他信仰爲非，也就順理成章得到不能在孩童階段由父母來教育宗教的結論。究其因，是 Gardner 的 (i) 太狹隘，才會導致他認定 (iv) 的後果。

最後，針對 Gardner 認爲若按照 McLaughlin 把信仰與理性畢其功於一役的作法，不僅自主理想沒達成，反而讓孩子陷入相對主義或是容忍謬誤的危險。

McLaughlin（1990, pp.118-119）的回答是，這種危險，只是一種可能，不是必然。父母如果眞正貫徹理性評估，是可以改善相對主義、是非不明的窘境。針對「容忍的謬誤」，McLaughlin 受 B. Almond 區分成知識容忍（epistemological tolerance）和實際行動上的容忍（practical tolerance）的啟發。Almond（1987, p.143）認爲容忍涉及信念的不一致，當代自由精神反對獨斷（dogmatism），是來自於對容忍的肯定。不過，若某人持守著一「特定」或「受限」的信念，而我們認爲該信念是錯的，我們可以對其容忍（知識容忍），而不必採取讓這些人改變信念的行動（行動容忍），更不是自己要去接受或爲這些信念背書，因爲這會與自己信念相違背。Almond 要說的是拒絕獨斷是對的，但當事人對於道德規範不可能沒有立場。McLaughlin（1990, p.119）大致是要表達，基於行動容忍，不能限制父母宗教權，但在過程中，透過反思、批判，仍能達成知識容忍的反獨斷的理想。若此，我們自幼教育兒童宗教信念，也不必讓兒童認爲其他觀點一定是錯的。兒童日後仍得靠其自我反思，而不會受限原先的教義教條，這當然也不至於造成 Gardner 所謂容忍的謬誤。

因此，McLaughlin 認爲，Gardner 無法證明 McLaughlin 的主張一定會造成子女的排他，也就不能認定自己違反自由主義精神。反之，只要父母體現自由主義精神，就能破除信仰根深蒂固的危險。

(二) 宗教根深蒂固信念的不當？

McLaughlin（1990, pp.108-113）認爲 Gardner 質疑的一大重點是對宗教可能產生根深蒂固的效果，Gardner 界定了三種根深蒂固信念：(a) 早期信念，(b) 一般信念，(c) 重大信念。McLaughlin 認爲 Gardner 論述較爲鬆散，重新將之整理出相互關聯的四組問題：(i) (a)、(b) 和 (c) 等信念是隸屬不同的信念類型，所謂根深蒂固的特性及與各式信念有何種關聯，必須釐清。(ii) 這些信念爲何是根深蒂固的理由必須說清楚。(iii) 縱使這些信念是根深蒂固，一定是壞事嗎？(iv) 如果眞如 Gardner 所言，根深蒂固信念屬實，爲何獨責宗教影響？難道所有影響個人自主的信念，都得禁止嗎？McLaughlin 認爲 Gardner 質疑之處，上述問題都沒有釐清。他一一加以敘明。

首先，關於第一個信念範疇的問題，幼時生根的信念有時是邏輯的不證自明，或是明顯的事實，如太陽從東方升起，個人無須自行求證，Gardner 也不反對某些道德信念養成的必要，如 (a)、(b) 可稱之爲基本信念，是人無可逃避，McLaughlin 從四點來說明無須擔心根深蒂固。(i) 基本信念的根深蒂固，是因爲它是根本（fundamentality），基於實際考量，除非訓練哲學思考，否則不會特意鑽牛角尖，堅定這些信念，本身就是合理的。(ii) 毫無疑問，大多數的人都有這些基本信念。(iii) 雖然廣義而言，根深蒂固有害自主，常被視爲是他律，但不會去否定這些基本信念的必要。(iv) 既然實際上前述這些基本信念對成就自主都有必要，也就無須擔心它們對人們的早期影響，反倒是必須考量其他信念的可能影響（McLaughlin, 1990, pp.108-110）。

Gardner 眞正擔心的應該是何種根深蒂固算是合理的根本或基本信念的問題，他提出兩個標準：首先，不能是有爭議的、沒有定論的；再者，也可根據 Ackerman 的原生文化概念認定的標準，不能超越最低必要標準（necessary minimum）的底線。Gardner 不認爲爲子女提供宗教教育符合基本信念的底線標準。McLaughlin 仍從前面架構的四組問題著手。(i) 宗教是否是根深蒂固的信念，McLaughlin 承認不像前述例子的單純，但這是一個經驗層次問題，Gardner 只是說不宜，並不敢斷說宗教養成一定不能產生反思與評估。(ii) 從實際經驗來看，人們放棄早期宗教信仰，並不是新鮮事。McLaughlin 提醒，我們是置身於多元的社會，兒童不獨不會只在單一的宗教環境，而是隨時處於一開放的論辯情境，這已經是自由社會的傳統。當然，Gardner 擔心的問題也得嚴肅以對，但 Gardner 必須爲宗教影響自主提出更細緻的說明，不能只是籠統地說宗教養成會影響兒童自主。McLaughlin 再次強調，他不是要否認宗教產生根深蒂固信仰的可能，在進行宗教教育時，慎防這種弊端及同時留意其他影響學生自主的因子，才是正道。此外，Gardner 似乎直接認定宗教信仰根深蒂固是其邏輯特性，本身無法與其他信仰進行理性、批判的討論，因爲這種獨斷性使然，宗教信仰本身的主題無法經由論證、理由、理性等的討論。McLaughlin 則認爲宗教是禁得起理性檢驗（amenable），適用於理性自主的判斷。順著第三個問題 (iii) 到底宗教的根深蒂固是不是壞事，有沒有違反自主性？爭議點在於如何根深蒂固，答案很明確，若是未經反思，當然就違反自由主義精神（1990, pp.100-112）。

第四個問題，(iv) 只有宗教問題才會根深蒂固嗎？無神論與不可知論者難道不是一種重要信仰，深深影響人們自主性嗎？Gardner 認爲不會比宗教嚴重，他舉了墮胎等很多例子，認爲不會實質影響人們對倫理爭議等的態度。McLaughlin（1990, p.112）提醒，雖然宗教多樣，但宗教的通性是它有一套根本的設定或預設，形成人們思想和實際行動的基本「架構」，以此界定和定位所面對的問題或爭議。就此而言，無神論或不可知論也有其指引人生的架構。要說宗教信仰是重大信仰，不能自幼形成，又何能排除無神論等對於人生的重大影響呢？

最後，Gardner 認爲，暫時性不可知論者的中立性較接近自由主義。McLaughlin（1990, pp.112-113）認爲 Gardner 的看法接近 A. Kenny 的看法，Kenny 區分必然性不可知論（necessary agnosticism）與暫時性不可知論（contingent agnosticism）。前者認爲人有侷限性，是否有神，永遠不可能知道。這種立場已經算是具有無可避免和無可逃避的特性，也就是已經構成 Gardner 認爲要慎重的重大信念的範疇了。Gardner 支持 Kenny 暫時性不可知論，可演繹如下，我不知有沒有神，或許這個問題人們可以知道，我也無法證明神無法被人們知悉。Gardner 認爲這最符合人們在幼年面對爭議性範疇時所持的信念中立的立場。McLaughlin 則認爲問題依舊，我們又焉知暫時性不可知論本身不是一種獨斷的教條呢？且兒童年幼，能夠區分必然性、暫時性不可知論嗎？

㈢宗教理解的訴求無助於培養自主性？

Gardner（1988, p.98）在其文中是以 McLaughlin 的提議能吸引哪些父母之提問，進而質疑相關宗教理解的問題。Gardner 歸納特定及一般論證來質疑 McLaughlin 參與宗教實踐活動對於理解宗教的必要性。McLaughlin（1990, pp.119-120）指出，Callan 也是如此認定，他在回應 Callan 時，無意堅持一定得如此，只是要說明參與對於宗教理解的重要性，姑且稱之爲弱形式的理解（參與對宗教理解很重要，但不是必要條件），那 Gardner 歸納特定及一般論證的缺失就無傷 McLaughlin 的主張了（McLaughlin, 1990, p.120）。

McLaughlin 再次強調，Callan 的「弱式」父母宗教養成當然也可以是自由主義的方式之一，他無意堅持一定得用他的作法，各自都有優點，都得承擔風險。哲學思考也只是探索的一種方式。不過，對於 Callan（1985）、Gardner（1988）等的質疑。McLaughlin 認爲不是誰對誰錯，而是誰的主張才更有助於宗教的理解。是 Callan 等必須舉證他們的作法才更有助於兒童宗教理解，而不是強要 McLaughlin 舉出強式宗教作法是宗教理解的必然性的理由。他的「強式」立場除了強調參與有助於宗教理解外，維持原生文化及家庭的有機統一，也都是重要的理由。McLaughlin 最後強調，他也能認可 Callan、Gardner 對父母實施宗教教育的擔心，他只是要說明信仰與自主性融通的可能性，但不是必然性。在自由主義理念，父母對子女宗教養成是合法的，如是而已（McLaughlin, 1990, p.120）。

第四節 三人論證的評析與對臺灣的啟示

McLaughlin 與 Callan、Gardner 的相互論辯已如上述，各自的理由也都言之成理，筆者擬在此評析三人論證，並提出對於臺灣宗教教育學術與實踐上的啟示。

一、父母教導子女宗教信仰不違反自由主義的自主性

(一)三位學者對於父母教導子女宗教權利的邏輯與經驗認定得失

首先，筆者要指出，即使是西方世界，雖然都是用權利合法性與否的字眼，但無論贊成或反對，這都與引用法律規定公立學校「必須」宗教中立，「不得」進行特定宗教教育不同。亦即 Callan 與 Gardner 都無法論證父母在家進行宗教教育是違法的，Callan 還建議可以進行弱式宗教教育。Callan 所舉 Jane 的例子，也說明 Callan 同意父母可以為孩子介紹宗教。McLaughlin 主張父母有此權利的前提是在自由主義的精神下，故他們之間的衝突，並不如想像中的嚴重。當年倫敦路線的 R. S. Peters 等認為哲學要處理的是概念問題，P. H. Hirst 在界定教育理論時，也釐清哲學與經驗科學理論的差異（Hirst, 1966），但他後來也認為哲學、心理學、社會學各自也都需發展其實踐性格（Hirst, 1983）。哲學論證也離不開經驗事實的判斷與智慧。

兩陣營對於子女宗教養成的贊成或不贊成的邏輯論證或經驗判斷，其實是程度上的問題，如各自對於灌輸看似有概念界定的不同，但雙方贊成與否的論據，都涉及各自的經驗判斷。如 Gardner 認為有宗教信仰的父母不會「眞正」的希望他們子女對自己的宗教加以反思，而 McLaughlin 則認為他「期許」父母必須如此；又如 Callan 與 Gardner 認為在孩子理性尚未成熟前，先讓孩子接觸宗教信仰有灌輸之嫌，McLaughlin 則認為不必因噎廢食，先接觸宗教，反而可以增加孩子理解宗教，進而反思宗教，雙方得到的結論自然有別。父母的心態及實際育兒經驗後果，如子女日後是否會根深蒂固，都沒有定論。純從邏輯觀點來看，我們無法確認一件事情（宗教）為眞，就認定其為非（Callan 與 Gardner 可能冒的風險）；或無法證明其為僞，就認定其為眞（McLaughlin 可能冒的風險），都犯了了非形式邏輯論證之謬誤。不過，如果 McLaughlin 期許父母能體現自由主義的精神，那 Callan 與 Gardner 反對的理由，諸如有灌輸之嫌、過早讓孩子根深蒂固、造成孩子信仰不一致等，應該可以相當程度避免。而且，就實

際而言，居家生活，父母為子女傳遞自己宗教信仰，Callan 口中「弱式」宗教教育、贊成 Jane 父母的例子，他與 Gardner 口中稱 McLaughlin 的「強式」宗教教育，並沒有太大的不同。而根據 Gardner 立場，父母不宜直接讓子女接受特定宗教信仰，那星期天父母一起帶子女上教堂是不合理的，應該要避免，似乎也不近情理，也不會有實踐上的意義。在以上的設定上，一定要論是非，筆者認為贊成父母有權對子女進行宗教教育的說法，較可以得到證成。

㈡因擔心宗教灌輸而禁止之，反而有違反宗教中立之虞

雖然三人論辯不涉及法律的禁止與否，且 Callan 與 Gardner 擔心宗教淪為灌輸之虞的經驗認定，未必有定論。但更大的問題是，Callan 與 Gardner 的立場已經涉及價值中立與否的適切性問題。Gardner 對宗教信仰根深蒂固現象的質疑，而認定暫時的不可知論較進行宗教教育適切，這在邏輯上已經隱含或預設堅定的宗教信仰是不對的，這其實也已經不是價值中立。晚近政治哲學傾向於不應該設定一個全面性的學說（comprehensive doctrines）（Rawls, 1993, pp.11-15），甚至於自由主義的自主性或批判思維是否適用非自由主義社會，都有疑義（Steutel & Spiecker, 1999）。McLaughlin 在反駁 Gardner 對無神論及不可知論者論述時，強調無神論或不可知論本身也算是重大的信念，不應獨責宗教信仰。無神論者不會受限於某些宗教禁止人們葷食，但「什麼都吃，百無禁忌」，不也是一重大人生態度嗎？何獨不吃豬肉或不殺生才是？事實上，家長反對在學校進行某一宗教教育，正是其用無神論（或其他宗教）的立場教育子女，其影響程度實不下於某種宗教信仰的養成。因此有神論、無神論或不可知論，都要面對價值中立的挑戰，如以價值中立為名，直接預設認定教導宗教信仰違反價值中立，這已經先對宗教信仰不中立。Gardner 認可暫時性的不可知論者比較客觀，難道他不是隱含在未知「眞假」前，預設有宗教信仰比較危險嗎？其邏輯效力不會強過 McLaughlin 用自由主義精神認同父母的宗教養成權利。

Callan 弱式宗教觀與所舉 Jane 的例子，說明他並不反對父母以這樣的方式對子女進行宗教養成。這點完全不與 McLaughlin 的觀點衝突。再者，若採取 Callan 與 Gardner 較審慎的看法，即父母不應特意進行宗教教育，也許表面上，對子女自主性而言，會比 McLaughlin「強式」宗教父母教養權之爭議來得少，但 McLaughlin 的強式意義，並不是主張父母「必須」爲子女進行宗教教育，或是認可用灌輸的方式，考量到 McLaughlin 基於整體原生文化的陶融，以及家庭居家的有機統一，復提供子女宗教信仰機會、充分告知以增加其對宗教的理解，鼓勵日後加以反思等論點，實無法以此認定 McLaughlin「強式」宗教權違反了自由主義重視自主性的教育理想。

本文重點在於探討父母對於子女宗教養成的權利，不涉及學校教育，但筆者願意在此簡述美國對於公立學校保持宗教中立的相關討論。美國經過很長的論辯，貫徹憲法第一修正案的宗教條款「國會不得制訂國教或禁止信教自由的法律」。公立學校不可以實施特定宗教，表面上符合價值中立精神，可是誠如上段筆者的論述，這可能也假中立之名，部分學者因此認爲，學校若禁止任何宗教教育，有違反憲法第一修正案「禁止信教自由」的精神。1984 年國會通過「公平使用法」（Equal Access Act），試圖終結對公立學校宗教自由的「普遍性歧視」（widespread discrimination）。也就是，學校基於宗教平等，固然不得對所有學生宣揚特定宗教，但是應該提供資源或機會，如允許成立社團、講座，或提供禱告場所，讓特定有宗教信仰的學生能有親近該宗教的機會（Knight, 2006, pp.270-273；Knight，2018，頁 291）。筆者認爲也算是對學校不得宣揚單一宗教這種接近世俗價值而潛在貶抑宗教的補救措施（簡成熙，2021f，頁 93）。與本文相關的是，在標榜價值中立的美國公立學校，得以用「公平使用法」保障有宗教信仰的子女在學校的宗教信仰權利，正間接肯定了原生宗教家庭（父母）啟蒙子女宗教的合法性。

綜上所述，筆者認爲，Callan 與 Gardner 反對父母對子女宗教教育權利的立論，並不會強過 McLaughlin 的主張。雖然筆者同意 McLaughlin 的說法，Callan 與 Gardner 反駁 McLaughlin 的論點並不完全成立，但這不代表筆者會完全放心父母對子女進行宗教教育，Callan 與 Gardner 的質疑，正可以用來檢視 McLaughlin 所認可的父母，是否眞正體現自由主義的精神，這是二氏疑慮的積極意義。

二、對臺灣的啟示

雖然華人世界早已擺脫了「天下無不是的父母」的親子關係觀，一般新聞媒體也常有父母挑戰學校教育，各種權利論述對國人而言，已經不陌生，甚至衍生許多「怪獸家長」的指控，但我們不一定能眞正體會西方權利義務架構的精義。西方父母對子女宗教養成權利的爭議，已如文中所述。對華人世界而言，筆者仍願意再提二點。首先，華人父母對自由主義信念的素養，不似西方強，是不是更應以 Callan 與 Gardner 的憂慮爲念？筆者不認爲有需要，理由是東方的民間宗教信仰，如祭祖、父母帶子女到廟拜拜敬神等，相較於西方進教堂做禮拜、團契等活動，筆者主觀的體察是宗教信仰的絕對性與排他性，不若西方強。余英時（1984，頁 23-24）指出，超越世界與現實世界在中國人的文化中是互相交涉的，中國人的價值之源不是寄託在人格化的上帝之上。亦即，在以宗教灌輸或根深蒂固影響日後信仰自主方面，我們不必有高於 Callan 與 Gardner 等人的擔心。當然，論者也可合理推論，既然我們的父母自由主義理念素養可能不若西方，一旦認可父母的宗教教養權利，不是更該擔心父母會較西方父母採取接近灌輸的方法，及造成根深蒂固的信仰後果，而違反自由主義的精神嗎？對此，筆者承認，從宗教信仰的養成來培養子女自主的理想，我們可能眞的不如西方，但對一般不特別灌輸子女的父母（如尋常到廟裡拜拜），縱使沒有特別利於子女自主，也不會有太大的根深蒂固現象。事實上，這也無法禁止。不諱言，對特定宗教信仰相當虔誠的東方父母（如一貫道的儀式或基於宗教信仰的素食者），當然在年幼時直接引領其子女進入特定宗教世界，可算是暫時違反子女自主，但若 McLaughlin 的說法可接受，我們沒理由獨責這些父母。若是迷信而造成子女實質傷害，我國現行的法律還是可以介入。與其表面上採取 Callan 與 Gardner 不認可父母對子女宗教養成權利的觀點，實則採放任的態度，到不如體現 McLaughlin 看法，強化自由主義精神，慎防灌輸或父母的濫權，更能有助於學生宗教自主性理想的達成。基於以上理由，本文緒論所提「靜思語」教學的爭議，本章雖無法證成學校可以將宗教信仰納入課程。但至少可說明，即使其內容有些許宗教意涵，只要未明確傳達特定宗教教義，應該予以認可，無須爲避嫌而反對。臺灣沒有法律上的國教，現行法律規定學校必須宗教中立，如何在宗教中立前提下，適度引進宗教資源、擴大教育面向，本文未及論述，實值得有心者繼續深入發掘。

第十四章

科技作爲教育目的——Heidegger、啟蒙的辯證與賽博格之反思

導言

科技或信息時代已經翻轉了現代人的生活，也早已成為教育方法的利器。大部分的教育學者都致力於利用科技的方法改善教育。科技能力與職業教育也最為密切。現代社會中，科技作為教育目的，當無疑義。不過，傳統人文學者也憂心忡忡於科技發展可能帶來偏頗的科技心智。教育工作者既要善用科技，又不能完全受制於科技，實有必要對科技教育進行哲學反思。本章檢視 Heidegger 對技術的反思，以及法蘭克福學派對啟蒙以降工具理性神話的質疑，他們不一定反科技，但也都擔心科技發展可能扭曲人類本性。女性主義學者 Haraway 提出賽博格宣言，期待用科技理念，重構人與動物、人與機器、物質與非物質間的關係。科學、技術提供了更鮮活的分析技術，賽博格也可重新形塑人的主體，重新安放亟待改善的種族、性別、階級的不公關係，進而引領更有效的政治行動策略。筆者認為傳統哲學學者如 Heidegger 等對技術的擔心，仍值得重溫。賽博格的正面迎接技術的隱喻具有現實的意義，能提供信息時代教育前瞻性的理論視野。新冠疫情之後，視訊或其他數位、遠距等 E 化教學，必然更為常態。數位能力也大致成為現代人的素養，也幾乎成為各國教育課程革新重點，期待本章能厚實教育人員的反思。

*本文最早以「信息時代認識論的哀愁與美麗：海德格爾、啟蒙的辯證與賽伯格」宣讀於 2019 年（12 月 13-15 日）徐州教育哲學論壇「信息時代教育認識論的新發展」，中國大陸教育哲學專業委員會主辦，江蘇師範大學教育學院協辦，感謝高偉院長邀請參與。正式發表於簡成熙（2021g）。信息時代知識論的反思與正解：海德格爾、啟蒙的辯證與賽博格。**教育學報**，2 期，3-17。

‖緒論：科技問題呈顯

工業革命之初，英國的盧德將軍（N. Ludd）曾率衆搗毀約克郡等廠房設備，換得的是被處死刑，雖然新盧德分子（Neo Luddites）前仆後繼，現代人的生活已經回不到前現代或前科技時代了（楊洲松，2013，頁37）。其實，從十九世紀以來，啟蒙後的科學與工業革命，已經使當時學術領域內的人文學者，憂心忡忡，W. Dilthey 一直希望建立精神科學，挽狂瀾於既倒，終必無法阻擋多數人文學科投向實證的社會科學懷抱。近兩百年來，重要的哲學與人文傳統，都無法迴避此一挑戰。1959 年代 C. P. Snow 引發有名的科學、人文兩大文化的論戰，劍橋學者 E. Ashby 即指出，這場類似專門化與博雅教育的爭論，「專門化」幾乎被看成科學與技術的代表，博雅教育則代表的是人文學的傳統。當時的劍橋傳統及大多數人文學者，仍然認爲技術是非人性、會摧毀心靈。Ashby 則提出技術人文主義，他認爲科學在研究過程是要消除人的價值判斷，是爲知識而知識；技術則不然，技術是要把科學應用到人的需求上。所以，技術與人文主義是分不開的，他希望說服衆人體會，文化包含科學與技術，技術正可以接通科學與人文（金耀基，2000，頁 45-47）。套用當今的話語，科技始終來自人性，在執迷技術與反技術之間，Ashby 的反思，確有其合理性。不過，往後的發展，似乎未能符合 Ashby 的期待，技術甚至於凌駕科學之上。J.-F. Lyotard 在 1979 年的後現代知識報告書，更正視到了「模控學」（cybernetics）、信息學（informatics）、遠距控制（telematics）等程式語言的傳遞，任何無法用數字符碼（當時數位一詞似還未普及）儲存與流通的知識，都有淘汰的可能。相較於存在主義的 Heidegger、現象學宗師 E. Husserl 以及法蘭克福學派諸儒，Lyotard 並未完全採取貶抑態度。1980 年代的西方世界，教育哲學已經很難指引教育實踐，在各式教學方法上，教育工學（educational technology）的發展已沛然莫之能禦。如「電腦輔助教學」（CAI）、「電腦本位教育」（CBE）、「電腦輔助學習」

（CAL）、「電腦教學應用」（IAC）、網際網路教學（WBI）等，目不暇給。幾乎大多數的教育學者都在各個階段呼籲，要致力於教學科技與素養之提升，如工業（教育）2.0、3.0、4.0 式的疾呼云云。

教育哲學學者也一如哲學人文傳統，唐吉訶德式的反思科技的教育意義。已有人提醒當代所謂技術心智（technological mindset）已經悄悄浸染日常生活，也左右了各式教育改革與教學實踐（Bowers, 1982）。實證分析派的大師 I. Scheffler（1991, pp.80-96）也對當時美國教室頻頻配備電腦的作爲不以爲然。Mitcham（1994）認爲當今科技哲學有兩股趨勢，其一是科技專家發展的工程科技哲學，傾向於樂觀地看待科技利用厚生的淑世功能，人文取向的科技哲學則抱著警覺質疑的立場。當代德裔科技哲學大師 D. Ihde，從現象學的觀點認爲，人們透過科技參與體現（embodiment）這個世界的過程中，會有一種矛盾現象，一方面希望科技透明，爲人所用；一方面又希望科技能與人融爲一體，成爲人的一部分，強化人的主體。科技也同時具有擴增／縮減（magnification/reduction）的現象（Ihde, 1990, p.74）。一方面，科技會放大、擴大、精確人們認知對象，但也會遮蔽另一些現象。例如：電話可以遠距聯繫，這擴增了人類信息傳遞的距離，但遠距傳情的情，也縮減了面對面交流情意的眞切感。公元 2000 年以後，仍是擺盪於二者之間，有些學者認爲在後現代全球化的趨勢中，教育學應強化此一科技素養，結合在地社會運動，串連國際。藉著科技可以有效批判不合理現象，更能促進社會正義的到來（Kellner, 2000）。另有些學者雖然肯定電腦網路所形成的「電子文本」（electronic text）或「超文本」（hypertext）所形成的資料庫，不是任何傳統教師的學養能夠比擬，不過科技素養，不應只是熟悉上網流程、網頁設計、文書處理，這些只是技巧，並無法取代對知識的理解、批判（Marshall, 2000）。2003 年出版的 Blackwell 教育哲學手冊，已經收入了信息與溝通技術反思之專題，學者們提及對教育技術的六個反思面向：（Blacker & McKie, 2003, pp.242-244）

1. 當知識信息化後，意味著什麼？發生了何事？如過度重視表現的知識（performativity）是否影響了教學？寬頻網路成就的超大圖書館對學習的影響，也改變了終生學習的意義。由之引起的數位落差的政治效應等。

2. 信息也改變了學生的學習專注。一方面，學生注意力無法像過去集中；另一方面，畫面快數切換，也不利於沉思與專注。

3. 網路介面的快速切換，視窗內的圖像等，強化了特定視覺的感受性，卻也忽略了其他類的認知感受方式。有些人變成「宅男」，終日與電腦爲伍，衍生了新的人際互動問題。

4. 一方面電腦體現了適性教學與個別差異，每個人可以有自己的學習進度。但是，電腦也是效率與品管的同義詞。以學生爲中心的管理主義可不可能相互之間有衝突？

5. 網路所帶動的溝通也改變了面對面的溝通，方便之餘，是否引發新的問題？

6. 網路是否形塑了一種新的思考方式？就像尼采在《悲劇的誕生》中區分酒神、阿波羅神。賽博格女性主義（Cyberfeminism）解構男性思考等，都饒富生趣，值得細究。

筆者這二十年生活世界的觀察，我們的確很難帶著浪漫的情懷否定現代科技。李政濤、羅藝（2019）更思考到了當今信息時代改變教育理論論述的可能。筆者在本章中擬重新檢視當代思想家對科技的哲思，筆者將先檢視 Heidegger 對技術的洞察，也重新閱讀法蘭克福學派 M. Horkheimer 與 T. W. Adorno 的經典《啟蒙的辯證》，他們剖析對科學、技術或實證知識所隱含的心態或意識形態，代表的是對科技的不信任。另外，女性主義生物學者 D. J. Haraway 在 1985 年發表的〈賽博格宣言〉（Manifesto for Cyborgs），原來是從女性主義之立場，藉著當今數位科技發展，重塑女性主體，嘗試改變既定社會政治現貌的策略，今日卻日益顯現其科技主體轉化政治經濟現貌的積極意義，這也有別於大多數對科技樂觀的論述。藉著對這些經典文本的重新解讀，筆者希望能對愈演愈烈的信息發展，提供來自哲學的反思，以提供教育工作者當下及未來對科技的宏觀視野。

第一節 Heidegger 論技術

Heidegger 所要探討的技術（Technik, technology），並不是指一般製作的工藝學，而是此一製作的基礎以及其本性（Wesen, nature），特別是當代涉及科學的技術，我們稱之爲科技。陳榮華（1992）藉著探討科學、科技本性，以及 Gestell 與人的關係，重新回歸存有。筆者不諳德文，以下根據陳榮華文對照Heidegger論技術的英文本（Heidegger, 1977）說明之。

一、科學本意

Heidegger 認爲科學所預設的實有界，僅是由人表象、置於前（vorstellen, resprent）出來的一個圖像（Bild, picture），科學研究是探究某一領域的存有者（Seiendes, entity）。科學領域是已有一設計與藍圖，根據此設計（Entwurft, project）投射出一個開放的知識探究領域。當一個可供科學研究之領域開放出來後，科學探究則接著開發出各種方法論，以算計或證實領域中的存有者。

Heidegger 並以笛卡兒及古希臘哲思來說明。「我在」，並不是由「我思」推論而來，在 Heidegger 看來，我在是思考的基礎，因爲我存在，思考才成爲可能。「我」不僅只是存在，也同時是思考。「我」把自己表象給自己並確定之。藉著這種表象或置於前的思考，在計算中而被確定者，則爲眞。一切存有者之所以成爲存有者，是由於被「我」表象且確定之，是置於我前的對象（Gegenstand, object）。Heidegger 認爲，笛卡兒哲學中，存有的意義是對象性，眞理的意義是確定性，因此奠定了現代存有論基礎，也是科學眞理或確定性的基礎。所謂世界（存有者的整體），就是由表象者所確定出來的對象整體，世界是相對著人的表象而置於前的圖像。科學所預設的世界正是這個圖像。笛卡兒哲學的意義在於使人解放到人的自身性，只有人被表象及確定者，才足以稱之爲存在，人成爲眞理的主體（subject），人因此成爲支撐一切的基礎，構成了存有論的核心。不過，Heidegger 提醒我們注意，希臘字「主體」（hypokeimenon），係指立於前者，集合了一事物的其他特性及作爲這些特性的基礎，不一定是人，更不一定是指「我」，可以泛指一切存在。自然，在歷經笛卡兒洗禮後的現代人看來，是人依著在時空關係運動中物理界的藍圖，而規劃出來的存有者領域，是人依其表象出來，依照其方法論在計算中確定的對象領域。物理與心理是兩個截然不同的領域。Heidegger 卻認爲，古希臘的自然（physis），涉及存有者整體，包括物理、心理和有生命者，自然中的一切，皆是生成的，無須經由人的表象與確立。每一個存在者都是主體，是自己成爲自己，無須靠另一主體（Heidegger, 1959, pp.14-16）。Heidegger 更重新詮釋希臘辯者 Protagoras 的名言——人爲萬物之尺度。並不是像笛卡兒所稱強調人的認知主體。陳榮華（1992，頁 219）指出：

> 通過海德格的詮釋，人只是接受或領略東西的顯示其自己。人扮演的角色是：接受東西的自我顯示，且正如他所顯示般地去接受。人不是「主動」的去表象及確定，而只是「被動」的接受事物給他的限定。因此，人不是表象者，不是支持一切的主體——存有論的核心。並且，自然界也不是世界圖像。人只是開放自己。當事物顯示其自己時，人只是如是的去接受它。並且，自然界亦只是在自己及由自己不斷的冒出來的自生領域。

Heidegger 以此來解釋 Protagoras，就不會如後世獨尊人的思辯。即使根據笛卡兒哲學，人的存有論意義，自然是相對於人，是人表象出來的世界圖像——人透過設計藍圖，不斷加以計算，而確定其研究領域的存在者。人與自然的關係仍止於人對自然的研究，科學也並沒有要自然屈從於人的意志，但是當進入到現代科技時，人對自然不只是探究，更是澈底的掌控，似乎更回不去了。

二、科技本性——Gestell

Heidegger 認爲所謂技術，不僅僅只是達成目的之手段或某種活動。

古希臘人認爲 *techne* 也是一種知識（Wissen, knowledge）。在自然界中，所有存有者皆由其自己而生，人也必須周旋（umgehen）於各式存有者中，人當然需要發展某種知識以應付、處理諸多存有者。人在此周旋的過程中，所製造出來的用具或事物的知識，稱之爲技術。這可以看成是人在周旋於周遭環境中，技術讓原先隱而未顯的事物出現，也等於是人解除了該物的隱蔽。Heidegger 特別將古希臘會飲篇中的創造（poiesis），翻譯成德文「帶往前來」（hervorbringen, bringing-forth），也就是創造者將某項隱蔽的事物帶往前來，使之不再隱蔽。一言以蔽之，**技術即解蔽**。

Heidegger 特別提醒人們注意當代科技的本性不同於前科技時期的古代。前科技時代，人們對存有物的處理（bestellen, set in order），所涉及的技術或製造，仍在於保養或維護，不至於影響大自然。Heidegger 在此以農人種植爲例，種子仍是種子，大地仍是大地。當代技術則不然，人們開礦時，大地已成礦區，泥土不再是泥土，已被處理或發掘成礦土了。當代科技的解蔽等於是對其存有者的強求或挑釁（Herausfordern, challenge）。Heidegger（1977, pp.14-17）更以萊茵河畔的沿江各種技術陳設爲例，我們暫以長江三峽建壩來說明更能深刻理解，各種器具被安放在長江，機械器具迫使長江水流而發電，沿線各項電力設備需一一設立。長江三峽已不是遷客騷人慣看秋月春風的場域，青山夕陽不在，取而代之的是江河被迫成爲人們取之不盡、用之不竭的能源。長江三峽作爲一個自然界的存有者，正等著被人的指令處理，不只是一個科學對象，更成爲當代技術下的貯存者（Bestand, standing reserve），等著科技強求及搾取其能源。陳榮華（1992，頁 228）說得好：

> 科技的處理有多種方式，它指令了存有者成爲貯存者，迫使（bestellen）它釋放或儲藏能源。然而，它又可以製造（herstellen）各種儀器和用具。而當它遭遇困難時，它可以更改或轉換（umstellen）事物，又或設立或組成（aufstellen）更多其他事物。當它完成一物時，它將之陳列出來（ausstellen）或展覽於前（darstellen）。在各

> 種處理方式中，它又不斷的肯定（sicherstellen）自己，但這種肯定反而堵住或遮擋（verstellen）其他解蔽的方式。科技甚至於，僞裝（verstellen）了它是唯一的解蔽性，因而危害（nachstellen）了人。

簡而言之，在古希臘時代，自然是自生的，人在自然中領略著自然。在笛卡兒以後的科學概念，人成為表象者，世界成為人們的對象，人的地位一躍成為支撐自然的存有論核心。在前科技時期，人周旋自然中，因著生活的需要人們也會處理自然的其他存有者，但仍能維繫之，與之共存。當代科技則不然，人們被強求去處理自然，自然的對象意義更淪為被強迫、搾取、被攻擊，等待著被處理或破壞的貯存者。Heidegger 對於當今科技的憂心，溢於言表。

三、Gestell與人的命運

Heidegger 不似笛卡兒般賦予人完全的主體性，科技讓人解蔽的路程，是否是人自作自受？Heidegger 認為不能全視為是人的掌控、創造科技。而是科技一方面讓其他存有者成為貯存者，另外強求人去處理其他成為貯存者的存有者。當代科技的本性——Gestell，送往（schicken, send）人們——解蔽之路，Heidegger 稱為「命運」（Geschick, destiny），這不等於無可抗拒、無法改變的宿命（Schicksal, fate）。Gestell 一般以「框架」稱之，陳榮華認為無恰當之中文術語，筆者從陳榮華之意。Heidegger 認為，存有者之所以成為存有者，是因為其隱蔽被解除了，由於其隱蔽被解除，才得以開顯出來成為自己。解蔽性也等於是把命運送來給人。科技時代，存有把科技的本性——Gestell——送給了人，人也就被帶往，或是接受 Gestell 的挑釁，被帶往命運之途。此一科技命運之途，Heidegger 以危險（Gefahr, danger）稱之。陳榮華（1992，頁 238）指出：

> Gestell 作為一種命運，它是極度危險的。它迫使人不斷的、瘋狂的去處理事物，因而遺忘了解蔽性自身——存有，也因此遺忘了他

> 自己的本性。這不是說，科技是危險的，而是科技本性之奧祕是危險的，甚至是危險本身。它的奧祕就是它兼具隱蔽性。當人無法揭開它的奧祕時，人就被 Gestell 完全支配。他只看到自己是處理者，而自然是貯存者。於是，他瘋狂的強求和挑釁自然，並肆意以自己的意志去處理事物，甚至會進而視人爲一貯存者。因此，他自以爲他是大地上的主人。他無止境的去挑釁，但又深深的陷於 Gestell 的僞裝而難以自拔。

人可不可能擺脫此一危險的命運？如果人們只是繼續用算計的方式來思考問題，當然是悲觀的。但 Heidegger 提出另一個本性思考（wesentliches Denken, essential thinking），其與存有遙相呼應（entsprechen）。思考是一種眞誠的行爲，當存有把 Gestell 送給人時，人無須盲目地順從 Gestell 的指令，一味地執行自然貯存者，他可以靜下來聆聽，來自自己源頭（Ursprung, origin）的聲音，聆聽、領略存有的開顯。人當然無法完全掌控命運或改變存有，但他在聆聽存有對他的傾訴與開顯時，也能彰顯自己的本性。科學的思考一直無止境、不間斷地探究爲什麼，Heidegger 引用歌德（Goethe）的詩句，神要人們休止於「由於」（weil, because），不要窮究爲什麼。思考隨著存有，休止於其中，與存有同流。本性思考使我們理解存有，反璞歸眞。思考發現存有將命運送給人，而成爲人的命運。命運同時有解蔽性與隱蔽性，本性思考使我們不完全被 Gestell 牽著鼻子走，津津樂道技術解蔽的同時，也理解科技隱蔽其他途徑危險的可能，聆聽存有之聲，回復人的本性，從而使人不狂妄自大，以技術之尊戡天役物而不自知，庶幾能克服危險宿命，重參存有命運之途。Heidegger 勉勵我們，不要一味地沉迷於科技，聆聽其他存有者的呼喚與開顯，這種本性思考，當可與科技心靈共存共榮。否則，就是步入險境的宿命。

英美教育學者大體探討科技哲學時，都會引述 Heidegger 上述之立場，筆者所閱過最代表性的文本是倫敦路線擅長歐陸思潮的 M. Bonnett，他慨嘆人們因爲未能體悟 Heidegger 對科技本性的說明，正處於一匱乏時代（destitute time），這是一種形上學的匱乏，是人與存有的疏離（M. Bonnett, 1983）。Heidegger 認爲出路應該從藝術尋求，這裡的藝術，不是技藝或美感愉悅，而是一種存有的開顯與揭露。Bonnett 認爲從希臘 Plato 到當代倫敦路線師長 R. S. Peters、P. H. Hirst 的博雅教育傳統，無助於存有揭露。Heidegger 也不滿意人文主義馬克思取向，雖然馬克思致力於強調物質、經濟力量的勞動本質，將人創造置於核心，使人類的勞動擺脫剝削而能回復其主體，但 Heidegger 認爲還是無法擺脫人類可能剝削自然，以自然爲貯存者的事實，Bonnett 認爲 Heidegger 鼓勵我們領略詩的意境，是一種流動的、自發的、參透存有開顯的旅程。匱乏時代的教育不缺理性、知性與科技，而是要透過詩性提升對存有的感受與覺察。

第二節 啟蒙的辯證：奧德修斯返鄉之旅的工具宿命

啟蒙運動後的「啟蒙」一詞，大概是以 Kant 的說法爲正宗，即人們能運用理性，且要有利用理性的勇氣，擺脫受制於積習成見的愚昧狀態。在 Kant 看來，人類走出這一步，才算是成熟。但若根據 E. Cassirer 的觀點，Kant、Goethe、Rousseau 都代表了啟蒙的不同視野。將理性視爲唯一，並不符合啟蒙時代的眞相（Marshall, 1996a, pp.175-176），於此暫不論。其實溯自工業革命以降，歐洲人雖直接受益於啟蒙所帶來的科學、實證知識，但人文學者的反思，一直不斷。如 Dilthey 對人文學不應隸屬科學（相較於今主流認定的社會科學）的堅持，Husserl 企圖用現象學來超越歐洲科學的危機，韋伯（M. Webber）則認爲理性在「除魅」（enchant）的過程，有可能讓世界陷入牢籠。當然，法蘭克福學派諸儒，標榜新馬克思主義或社會批判，對工業革命、資本主義可能異化（alienation）或「物化」（reification）人性的現象，相較於前述學者，對當代人文社會科學學術，更爲接地氣。重讀《啟蒙的辯證》，M. Horkheimer 與 T. W. Adorno 以史詩、神話的詮釋結合西方自 Plato 以降哲學發展，定錨他們所處二十世紀 30 年代邏輯實證論當道的氛圍，石破天驚提出啟蒙的神話其實不遑多讓於古代的神話。尤有進者，神話時代，人們對知識會敬畏，當今科學自身成爲神話，主體的認知高漲，反而吞噬了自身而不自知。

二氏認爲，神話是人們以內在帶有想像力的方式企圖去掌控外在事物，神話或許也是對抗恐懼的集體形式。自康德以後的現代人欣喜於終於不必面對巫術、神話裡的惡魔，理性知識可以對抗之。古代的獻祭，雖屬殘忍愚昧，爲了女兒獻祭的母鹿，爲了頭胎安全而獻祭的羔羊，相互之間無法替代，反而彰顯了祭物的獨特性。晚近的科學則將此獨特性畫下句點。實驗室裡的動物只是樣本。巫術所彰顯的差異性，在科學樣本與對象中，蕩然無存（Horkheimer & Adorno, 1972, p.10）。神話所具有的前泛靈論（pre-animism），主體、客體區分不明確，概念不會只被視爲是涵蓋對象的屬性，概念是辯證的產物，每個事物只有成爲其所非，才能成其所是。但是，當將事物以定義的方式，將之對象化後，概念與事物也就分立，希臘荷馬時代已是如此，晚近科學愈演愈烈。神話裡的神是爲了消除人類的恐懼，現代的人則認爲唯有不再有任何未知事物，才能眞正免除恐懼。神話時而把無生命者等同於有生命者，啟蒙則把有生命者等同於無生命者。二氏意有所指的提醒吾人，啟蒙的理性觀與神話一樣，其實只是另一種神話而已。啟蒙的神話完完全全把自然客體化（對象化），其實也阻礙了人類多元的可能，而且強以實證之知爲本。這樣看來，啟蒙自詡於擺脫愚昧神話，正重新打造一個臣屬於科學、實證、技術的新神話。二氏在此的解釋，與前述Heidegger對科技之反思，也有異曲同工之效。二氏指出：

> 在啟蒙的世界裡，神話已進入俗世（profane）之中。在清除所謂魔鬼後的純潔空白的實在界，其概念遺緒本身也假定了古代會歸之於魔鬼的超自然特性。社會之不義現象以事實之名，被神聖化爲不可更改的現象，正如古代被眾神保護的巫醫，神聖不可侵犯。支配的代價不只是人類與其支配對象的異化：精神的物化，人與人的關係——甚至於是人與自己的關係——都著了道。個人被還原成傳統反應與其被期待發揮的功能模子之交會點上。（Horkheimer & Adorno, 1972, p.28）

表面上，啟蒙讓主體在「我思」下，取得了勝利。啟蒙在此，也宛似古代的神靈去魔的神話，適足以成為揮之不去的現代神話。二氏接續馬克思傳統，進而批判在當代工業革命、資本主義之下，已澈底改變人類生活方式。不幸的是，在工廠自動化及商品交換下，交易已失去了其原有意涵，會形成人們的假需求，從而人喪失主體。二氏在《啟蒙的辯證》的接下篇章，則是有名文化工業（cultural industry）的分析。讓我們回到二氏對於啟蒙、神話的進一步描述——奧德修斯的返鄉（odyssey）之旅。

二氏詮釋中的荷馬史詩，很精彩地連結了神話、支配、勞動以及技術的相互關係。賽倫（Siren）女妖的誘惑是每個（男）人必須面對的成長洗禮。人們總是要去維繫獨立的自我，但總會受不住誘惑而放棄自我。自我努力存活、畏懼死亡，這總是與威脅文明的幸福承諾相伴而生。奧德修斯要他的水手以臘封耳，一如勞工需要專心工作，不能心有旁騖。奧德修斯自己身為主人，他享受此誘惑，但將自身綁在船桅上確保安全。就如同之後的中產階級，總是擺盪於幸福的誘惑與抗拒。水手們必須閉塞其感官，努力搖槳（完備各種勞務或技術），身體和靈魂都受桎梏，才能獲致安全。主人則在勞務上退化，他發號施令即可，但他最後要水手解開他，卻也因為水手被封耳，聽不到此命令，幸與不幸，都在於此。二氏指出，當代人類不只是感官經驗的退化，更是理智的退化。肇因於社會、經濟和科學器具愈精密，身體所能接觸之經驗也愈貧乏。當今，人們不是因為蠟丸封耳，而是已然無法用自己的耳朵去傾聽，無法以自己的手來觸槳，新的神話取代舊的神話。勞動者的無權，不是因為支配者的詭計，而是工業社會的邏輯結果。

奧德修斯等最先是漂流到蓮花國，吃了蓮花者都會失魂落魄，遺忘最重要的任務——返鄉。（電影《波西傑克森》〔*Percy Jackson & Olympians: Lightning Thief,* 2010〕中，則有波西傑克森等一行誤食蓮花，而耽於逸樂之橋段設計）。這象徵著古代無憂無慮的採集生活，是一種對古老幸福的眷念。接著碰到獨眼巨人波呂菲摩斯（Polyphemus），代表狩獵與畜牧生活。奧德修斯憑著狡詐、欺騙等伎倆，刺瞎獨眼巨人後逃出。奧德修斯自稱是「無名小卒」（nobody）戲謔獨眼巨人時，他固然逃出了獨眼巨人日後可能的報復，卻也是一種自我否定。逃亡中的奧德修斯，在巨人可能投石報復的範圍內，仍不忘嘲笑巨人，也隱喻著當代人的狂妄，卻也讓自己遭逢險境。而代表前現代時期愚昧的巨人，有赤子之心，表現在他馴養的對象羊身上。當奧德修斯伏在羊下方企圖逃脫時，巨人卻詢問羊是否是見主人喪目而不捨離開。奧德修斯參加特洛依戰爭後，海上漂流十年，歷經無數後代謳歌的英雄冒險事蹟，Horkheimer 與 Adorno 的詮釋卻是奧德修斯由各種欺騙、交換、算計等策略，才得以返鄉。奧德修斯一方面需要藉著貶抑自我（自稱無名小卒）、屈服於自然來保全自我，另一方面又必須凸顯理性自我來回應不可測的未來，返鄉也就是理性、非理性，自我與非我的辯證歷程。二氏在此隱喻當代的啟蒙在強調理性自我、認知自我的同時，學習支配、宰制外的一切，包括自然本身。啟蒙高漲理性的結果，將人類生活碎片化，以方便有效、客觀地預測與控制，雖然取得「征服自然」的巨大成效，卻可能犧牲了人的內在自我。受當代啟蒙的現代人，所付出的代價，勢必要比奧德修斯多出許多。

二氏以此進一步分析當代資本主義的文化現象。簡單說來，文化與商業結合，文化產業也與政治、經濟及技術進步緊密結合，製造了消費邏輯的假需求。至此，大眾文化消解了藝術的本質，形成單一維度的文化，藝術不復有主體性，人也因之失去主體性。J. Habermas 更進一步將 Horkheimer 和 Adorno 批判傳統理論（意旨實證傳統），轉而更細部的質疑其工具理性的性格。直接促成了 K. Mollenhauer 等在 1960 年代開啟的德國批判教育科學的批判傳統，這是後話。本章重點集中在科技本身，無法細論。二氏在啟蒙概念篇章最後，如是作結：

> 他們最終從事物力量（power）那兒學到如何放棄力量。當最現實的目標達成，顯示自身已成就了遠程目標，就已經實現了啟蒙，到達這個術語的意義。而「那些探子、知識者再也發現不了新事物」的那些國度，也就是被主流科學所鄙棄的自然的國度，才被認定是始

> 作俑者。今天，培根當年烏托邦的願景——吾人應經由行動指揮自然——已經眞正成爲人們實際行動的標準時，培根所描繪不受控制自然的巨大力量，正是支配本身。培根眼中具有「人類優越性」的知識，現在能消解支配。不過，在面對這種可能性與爲現狀服務的同時，啟蒙轉成對大眾全面的欺騙。（Horkheime & Adorno, 1972, p.42）

從荷馬史詩到當今科技掛帥，不變的是人們理性啟蒙的辯證中，探詢從何處來，往何處去的返鄉之旅，似乎已成爲宿命。名導演 S. Kubrick 在人類登陸月球前夕的科幻史詩巨作《2001 太空漫遊》（*2001: A space odyssey*, 1968），也是以奧德修斯的字面意思來探索人們運用科技的返鄉尋根命運。影片音樂則以理查．史特勞斯（R. Strauss）的《查拉圖斯特拉如是說》的序曲，這部彰顯尼采超人哲學的小說或音樂，在此反諷人類理性力量自我毀滅的宿命。Horkheimer 與 Adorno 雖然批判現代工具理性，但他們文化工業的概念，其實也是嚮往著現代藝術的嚴肅內在本質，看來其否定辯證也揮之不去傳統的價值。二氏的後繼者 Habermas 批判資本主義、工具理性之餘，仍然認爲溝通理性可以完成理性未竟的企劃，深恐落入後現代的虛無，不少人認爲 Habermas 不免過於樂觀（Bernstein, 1985）。法蘭克福學派在二十世紀中葉對科技的反思，也留下了雪泥趾爪。

第三節　賽博格：人機一體的新知識論

一、傳統女性主義的視野與限制

女性主義在二十世紀中葉以後也廣泛影響西方世界，不僅在於社會運動的實踐，也在各學術領域上。從承繼 J. S. Mill 的自由派女性主義，到提出關懷倫理學的 C. Gilligan、N. Noddings，知識論及科學哲學上——立場的知識論（standpoint epistemology），都引起了廣泛的討論。前述主題，本章第九章已有相當的討論。雖然，女性主義知識論或科學哲學已經翻轉了傳統哲學對知識及科學認知之看法，但大體上，仍是從文化脈絡來詮釋科學，立場的知識論希望藉著強化女性的主體性，把長時間以來被「中性客觀科學」所漠視的女性思維、認知、經驗等，加以凸顯，以建構符合女性利益的知識體系，並解構既定的科學知識潛存的性別偏見。若不拘泥女性，各種弱勢者，其聲音都具有認識論上的特權，唯有眾聲喧嘩，才有可能促進已有知識的進步。

簡言之，傳統女性主義視野，反女性刻板之本質，但在對抗男權時，具有尊重弱勢聲音的積極意義，卻也不免陷入二元的窘境，如爲了反擊把女性視爲男性慾望的產物，卻消解了女性的主體。確立女性主體，雖有其平等的積極意義，反倒擺脫不了既定的社會性別思維。且大多數的女性主義論述，沒有觸及信息哲學。Haraway 認爲西方傳統人本中心，是建立在源出於完整、天佑的神話，將女性臣服於男性的自然支配。她在 1985 年的賽博格宣言，以其生物學的背景，率先用集成（積體）電路（integrated circuit）的隱喻，提出「生化人」（這是之前對賽博格的中譯，也反映當時的偏見），卻屬石破天驚。當時雖被視爲怪誕，在對科學、科技等的詮釋上，卻是筆者認爲最有創見且至今仍可重新與科技、信息發展與認知主體不斷對話的文本。

二、分裂的認同：賽博格的解構

Haraway 認爲西方人本傳統，有一個訴諸原初、完整的整體論，賽博格則反是，自然文化被重新塑造，從部分去形成整體的關係，這不是要創出新的全體論，而是強調關係的連結，這是賽博格的存有論。我們都是各式各樣的嵌合體（chimeras），是各種組裝的混種，在界線中尋求歡愉，同時又對界線的建構負責。Haraway 從三個最顛撲不破的界線談起。其一是人類與動物之邊界，其二是有機體（人、動物）與機器之邊界，其三是物質與非物質之邊界。Haraway 認爲傳統女性主義者一直致力於建構女性主體，她分別以社會主義、基進主義女性主義爲例，指出其不足之處。

社會主義女性主義特別強調檢視資本主義父權文化下女性勞動被剝

削的事實，透過強調母職或是「再生產」，將女性納入立基於勞動存有論結構的知識論或倫理學系統。基進女性主義者則認爲勞動、階級本身的分析策略，無法反映女性被壓迫的本質，必須直接挑戰性／性別（sex/gender）本身的社會建構。例如女性主義學者 C. MacKinnon 認爲女性的不公，究其因是其淪爲男性慾望的對象，要先打破這種被慾望的主體（non-subject），女性才有眞正的主體。Haraway 指出，主流的兩大女性主義觀點，雖然對於強化女權有不可抹滅的貢獻。但是，各自的解釋力道難逃既定的窠臼，致無力於解構其他類的不公，例如對於西方非白人女性的主體，都有所不足，同性戀亦如是。單數形的女人，不僅應該分化成複數形女人，更應該從西方長時間的人本傳統中走出。種族、國族、階級、性別、性取向（sexuality）已構築了差異、多元的可能，但是還不夠。Haraway 認爲她舉出的三個界線，才眞正的解構西方人本傳統的邏輯、語言與實踐。科技正扮演著核心的角色，她稱之爲支配信息學（informatics of domination）。

三、支配的信息學：科技解構政治

Haraway 擘畫的支配的信息學，結合新世代科技，不孤懸本質主義，以恰當的方式書寫、設計、組裝、編碼，重新編配（女性）個人自我，而此一自我遨遊於各邊界之間。Haraway 以下表以取代舊式的層級支配，綱舉目張（Haraway，2010，頁 263）。

表14-1

再現	模擬
布爾喬亞小說，寫實主義	科幻小說，後現代主義
有機體	生命成分
深度，完整	表面，邊界
熱力	雜音
生物學作為一種臨床的實踐	生物學作為一種銘寫

再現	模擬
生理學	傳播工程
小群體	次系統
完善	最適化
優生學	種群控制
衰敗，《魔山》	過時，《未來衝擊》
衛生學	壓力管理
分子生物學，肺結核	免疫學，AIDS
有機分工	工效學／分工的模控論
功能專門化	模組建構
再生產	複製
有機的性角色專門化	最適的基因策略
生物決定論	演化惰性，限制
社區生態	生態系統
存在的種族鍊	新帝國主義，聯合國人本主義
家庭／工廠中的科學管理	全球工廠／電子住所
家庭／市場／工廠	積體（集成）電路中的女人
家庭薪資	同値同酬
公共／私人	賽博格公民權
自然／文化	差異的場域
合作	傳播加強
佛洛依德	拉岡
性	基因工程
勞動	機器人
心智	人工智慧
第二次世界大戰	星際大戰
白人資本主義父權體制	支配的訊息（信息）學

原先左列習以爲常的層級，在微電子、生化科技中，已轉化爲右列。傳播科技、生物科技重新形塑我們的身體，也設定了全世界女性的新社會

關係。新的世界，必須以編碼的方式加以理解。在分子基因學、社會生物學演化論、免疫學等，有機體已經不是知識的客體，而是一種生命成分的信息處理裝置，編碼與辨識系統已經成爲知識客體的優先。當舊有的人類主體固著既定秩序時，賽博格滲透邊界，社會關係的歷史系統得以轉換。主體被傳播、生物科技重新裝配時，新的經濟、政治關係也儼然成形，這些知識技術，已全然翻轉了我們所知的世界。現代國家、跨國公司、軍事、福利國家、衛星，與我們的勞動、身體的醫療建構、商業、宗教福音傳布等，無不仰賴電子學（或當今的5G），在這種擬像的科技構造下，沒有一個原創的主體，複本也有其主體性。電子學、基因工程等因而成爲知識論的核心。她說：

> 微電子學中介了許多翻譯歷程，包括把勞動翻譯成機器人技術與文書處理，把性翻譯成基因工程與生殖科技，把心智翻譯成人工智慧與決策程序。……傳播科學與生物學都是對自然——技術的知識客體的建構，在此，機器和有機體的差異已經澈底模糊；而心智、身體和工具都有很親密的關係。日常生活的生產與再生產的「跨國」物質組織，以及文化及想像的生產與再生產的符象組織，也同樣是交織難分。下層基礎和上層結構、公共和私人，或物質和理念之間的邊界維持意向，也變得前所未有的軟弱無力。（Haraway，2010，頁268）

正如同Horkheimer與Adorno要我們反思奧德修斯以降的希臘神話，Haraway也要我們反思所謂的陽物邏各斯中心主義（phallogocentrism）。人們無須非得從一個壓迫的層級，和一個道德優越、更接近自然的觀點，才能建構出革命的主體。賽博格用世界的科技書寫，以電子學和生物科技將身體變成文本，透過各種邊界的流串，去學習不當西方邏各斯大寫的人（Man），讓C^3I——指揮、控制、溝通、智慧的編碼過程中，（女）人們可以有系統、多元地把玩傳播和智慧，以顛覆既定的指揮與控制。賽博格是否會陷入科技決定論？Haraway強調，我們正處於一特定的歷史時刻，正仰賴新的理念來重構人與動物、人與機器、物質與非物質間的關係。或者說得現實一點，是人與人、人與物、大自然間的相互關係。科學、技術提供了更鮮活的分析技術，重新形塑人的主體，重新安放亟待改善的種族、性別、階級的不公關係，進而引領更有效的政治行動策略。以此而言，Haraway 理念承繼著當年 Ashby 的理想，不是要人用人文掌握科技，而是人文涵蓋科技。賽博格的各種跨界，不是要重新按既定的秩序生出（rebirth），而是重新創設（regeneration）一個新的可能。宣言的最後結論：

> 賽博格意象有助於表達本文的兩個關鍵論點：首先，普遍與整體化理論的生產乃是一個重大錯誤……其次，爲科學和科技的關係負起責任也就表示拒絕一種反科學的形上學，一種科技的民主也就表示擁抱重建日常生活邊界的技術任務，在和他者之間的部分連結中，在和我們所有的部分進行溝通之中。科學和技術不僅是可以帶來人性巨大滿足的工具，同時也是複雜支配的基質。賽博格意象可以指出一條走出二元論迷宮的出路……這是一個夢，但不是關於一個共同語言，而是一個強而有力的、不忠誠的眾聲紛雜。這是一個想像，出自一個女性主義者，她發言的聲調不斷把恐懼擊入新右派超級救星通路中。它意味著同時構築與摧毀機器、認同、範疇、關係、空間故事。儘管兩者都被繫於螺旋舞蹈裡，我寧願成爲一個賽博格，也不想當女神。（Haraway，2010，頁 293）

四、從科幻電影解讀賽博格

筆者認爲 Haraway 賽博格並不像傳統人文學者沉湎於舊日的人文榮耀無法自拔；更不似一般科技者不加反思的樂觀，從而淪爲科技奴隸而不自知；她諒解 Heidegger 等的戒慎恐懼，卻又不懼且正視信息社會。她不只是利用科技，而是迎上前去，藉著科技重塑主體。賽博格既是隱喻，也是具體實踐。從隱喻的角度來看，它代表人類重構主體、破除邊界，人機一體與萬物共存共榮的政治策略。從實踐的角度，三 D 列印已能使用所謂的生物墨水，做出模仿自然生成的組織功能結構（D'Aveni，2019，頁 49）。複製打模人體器官，已不是夢，未來人類醫療的成果，人機一體也勢必是未來的常態。分析學者 G. Ryle 當年指陳笛卡兒以降身心二元的神話——機器內（身）的幽靈（心）——也將有新的技術詮釋。或許人機一體對有些人而言，仍然只是科幻題材而嗤之以鼻，更不能接受其現實的可能。且讓筆者以近五十年來西方科幻電影的隱喻來做有趣的鋪陳。《2001 太空漫遊》（1968）對科技的宰制隱喻，新型電腦「霍爾」（HAL 9000）的叛變，仍令人憂心忡忡，是 Heidegger、法蘭克福學派的諍言。《銀翼殺手》（*Blade Runner*, 1982），男主角的任務是清除複製人，在過程中被他欲清除的女複製人瑞秋所救。《魔鬼終結者 2》（*Terminator 2: Judgment Day*, 1991），那位終結者機器人，爲了保護主人，知其不可爲而爲，任務成功，爲確保人類日後不受科技毀滅，毅然自裁，直比周處除三害，雖然他的行爲也是被設定的。《變人》（*Bicentennial Man*, 1999），那位機器管家渴望變爲眞人，歷經改造，如願以償。《人工智能》（*A. I. Artificial Intelligence*, 2001），那位複製人小孩是玩伴物件，情感卻眞摯，他的返鄉之旅是找回眞實世界原不屬於他的母愛。究竟何爲眞實？《魔鬼終結者 2》、《變人》與《人工智能》的機器人，比人更有人性。人之異於機器者幾兮？1980 年代後的電影已經賦予機器人、複製人人性的意義。《鋼鐵人》（*Iron Man*, 2008）系列以及《驚奇隊長》（*Captain Marven*, 2019），人機一身、人造心臟、芯片植入身體等已自然地呈現在故事結構，觀影者也自然接受，不復有 1980 年代以降的人機對立。或許《驚奇隊長》的女角卡羅，翻轉不義，也是 Haraway 心儀的賽博格形象。藝術或娛樂工作者其商業邏輯創作的背後反映的是對社會的敏銳觀察。我輩教育工作者，也可從中汲取慧見與想像。

結語：科技與人性的辯證：正德、利用與厚生

工業革命翻轉了人類的生活，開啟了現代社會的樣貌。1980年代又進入第三波革命，也就是後工業資訊時代，至此，科技的變化一日千里。科技對於生活，已經不是主觀上的「要與不要」的抉擇，而是如何與之共存的問題。對我們教育學者而言，又應如何看待這些科技哲學，進而擘畫教育呢？經由本章的討論，筆者願援引《尚書 · 大禹謨》記載舜禹論治國之要，將「利用」與「正德」、「厚生」並列爲三事。筆者認爲這是祖宗爲當下吾人對於科技教育最積極、最恰當的開釋。茲分述言之。

一、利用厚生——傳統人文學者無須反科技

當代大部分的人都把生活中的科技需求，視爲不證自明。傳統人文學者不免憂心忡忡，認爲科技會破壞人的主體自由。Heidegger對技術的分析，仍然值得人們重溫，法蘭克福學派則展現了歷史的縱深，從古希臘奧德修斯到當今科學實證主義，人類擺脫不了返鄉尋本的理性宿命，啟蒙的神話尤甚於前科技時期。Heidegger、Horkheimer等學者都反映了二十世紀最深沉的科技思考。但是，若一味抗拒，也終淪爲浪漫式的鏡花水月，成爲哲學工作者的孤芳自賞，這當然無法在教育現實上有任何影響。先不說在十九世紀以降，大清帝國面臨列強外力入侵「人爲刀俎，我爲魚肉」的窘境。本次新冠疫情，「停課不停學」的口號，視訊、線上教學發揮極大功能。可以想見，後疫情時代，科技必然在教育上扮演更爲吃重角色。職是之故，傳統人文學者當不必因爲文中所舉Heidegger等的憂心忡忡而否定科技。科技的利用、厚生功能，在現代社會中全然無須否定。

二、拓展科技的「正德」面向

卻除了對於科技違反人性的心防後，才能善用科技的善果。這裡擬對於科技能夠體現教育之善，多贅一言。相信大多數的學者，肯定的是科技對於教育學習成效的提升。但是，傳統人文或教育學者也會擔心人役於物

的現象，如文引 2003 年 Blackwell 教育哲學手冊，學者們提及對教育技術的六個反思面，其中的前五點，如知識資訊化後的數位化落差、不利沉思與專注、衍生新的人際互動疏離、造成新的科技管理主義等等。Haraway 以賽博格宣言的積極面已經啟發吾人想像的空間，我們其實可以更大膽地拓展科技教育的「正德」功能。科技眞的會使人役於物嗎？傳統師生程門立雪的人文情懷，眞的會淪喪於數位時代嗎？數位化學習有沒有可能更能夠達到傳統面對面的班級教學也力有未逮的適性教學理想？例如：傳統課堂無法確保班級教學中與學生的公平互動、傳統課堂也無法同時針對學生提供即時回饋、傳統課堂更無法掌握每一班級學生的學習專注，這些透過精進的科技或視訊，都能夠達成。試想一個有趣的班級場景。教師在班級的終端機前講授，整個系統設計好程式，可以透過眼臉辨識，評估個別學生的學習理解或專注。當有學生困惑或分神時，系統能辨識且自動發出協助、警告或關懷訊息。即使是被警告，也是很個人化的溫馨（不會有其他同學看到）。老師在傳統班級督促、處罰學生時，無法顧及學生隱私與尊嚴。一葉知秋，科技當也能提升人們情意、德性的互動。筆者要說的是，透過未來高科技的視訊想像，不僅能促成引發學習動機、適性教學的學習成效，更能有助於師生互動的情意，同時具有知識上及倫理上的積極教育意義。這難道不會進一步達成教育機會均等、階級公平流動等的傳統教育理想嗎？

三、科技始終來自人性的反思

筆者雖然能正視科技教育的積極面。不過，筆者也要指出，許多從事科技教育的學者，過度躊躇滿志，只從工具理性的觀點看待事物，甚至於看輕人文學者，這正是 Heidegger、法蘭克福學派學者的擔心。即便筆者前段較為正面看待科技可能具有的倫理使命，我們也不能全然忽略科技可能形成 G. Orwell 在經典科幻《1984》談及的那種老大哥的監控，這當然也會是 M. Foucault 筆下的另一種不當規訓。紐西蘭教育學者 Marshall（1996b）也曾指出西方新自由主義與科技的提升，會墮入「專技治權」

（busno-power）或「專技理性」（busnocratic rationality）而不自知。他擔心這是另一種科技社會所建構出人們自主性的模式，透過強調技能，輕忽知識與理解，教育的理想已被訊息提取所取代，新自由主義將席捲國家安全與全球資本主義。Marshall 是從 Foucault 知識／權力的規訓角度，其實也是本文 Heidegger、法蘭克福學派諸儒念茲在茲之處。科技教育也當慎防其弊端，這種立場，在後疫情時代，更爲迫切，但如何不淪爲口惠式的誇誇其言，也考驗著教育工作者。我們不僅需要有更多元、深邃的視野，更要有含攝科技的嶄新論述。

一言以蔽之，教育學者當然不能浪漫式地完全站在 Heidegger 或是法蘭克福學派諸儒的反科技立場，但也正因科技的如影隨形，我們既需要開拓其善果，如賽博格隱喻與科技的正德利用厚生，更需要不斷的反思。在後疫情時代，已經有很多科技教育的論述，筆者嘗試從哲學立場提出正反的論述。後疫情資訊時代的來臨，我們準備好迎上前去享受、變身、重構主體，締造新的人事物關係、重審新的自然人文秩序了嗎？僅以此嚴肅的提問與所有眞正關心未來的教育工作者共勉。

第十五章

民主及職業教育作爲教育目的——重拾Dewey與Peters二經典之旨趣

導言

2016 年適逢 J. Dewey 之《民主與教育》出版一百週年，中國教育學會編定杜威專書紀念。筆者也正在全力翻譯 R. S. Peters 之《倫理學與教育》，2016 年也剛好是該書出版五十週年。中華民國在大陸時期，Dewey 曾經訪華，他的思想影響華人士界教育深遠。Peters 在 1960 年代引領風騷，使盎格魯撒克遜教育哲學睥睨於世界。Peters 草創倫敦路線時，也正是以美國實用主義為理論基礎的進步主義教育傳統大舉影響英國的時刻。Peters 有限度地吸納進步主義的立場（如教育的自願性規準），卻又堅持傳統的理性知識立場，而對 Dewey 教育思想有所保留。同樣歸屬英語系世界，英美兩國的教育哲學發展，相互之間，和而不同，故筆者當時決定以二人的思想加以對照。筆者集中在對照這二本教育哲學經典，重新檢視二氏對民主、教育及職業教育之詮釋。第一章筆者已經針對 Dewey、Peters 二位學者對於教育目的探究的方法，作為本書的終章，也良有深意。Dewey 視民主為一生活方式，摒棄二元論的知識論，重視經驗重組改造的教育觀，無論是從哲學及教育實務的發展上，都較能順應當今巨變的社會。Dewey 對職業教育之看法，不僅不會流於狹隘的職業訓練，也並不全然違反通識教育之訴求。Peters 分析的傳統，雖一度在 1960 年代異軍突起，締造教育哲學發展之革命，其教育主張大致是古典教育之現代翻版，諸如教育人的理想、內在價值及理智知識的追求、理性的自主觀等，背後其實是理性論所主導，在當今社會如何體現其理想，在學理及實踐上，仍是一困難之挑戰。臺灣現今大學教育擴張下，高教職業化下仍存在著通識及專業教育二元對立的窘境，重溫 Dewey、Peters 之職業教育觀化解通識專業二元對立，當有時代意義。

---

*本文改寫自簡成熙（2016）。杜威與皮德思對民主及職業教育觀的再評價：重拾《民主與教育》、《倫理學與教育》二經典。中國教育學會主編，**民主與教育：從理論到實踐**（67-95）。臺北市：學富。

緒論：從我初學兩位大師說起

J. Dewey（1859-1952）1916 年之大作《民主與教育》，今年（2016）適逢出版百週年；英國觀念分析的開山大師 R. S. Peters（1919-2011）1966 年之大作《倫理學與教育》，今年也逢半百。Dewey《民主與教育》之副標題爲「教育哲學導論」。《倫理學與教育》雖無副標題，唯 Peters 在序言中第一句話，就躊躇滿志地期待該書能同時成爲倫理學、社會哲學、教育學中所共構的教育哲學學科之導論性教科書。以兩位大師的專著作爲參照，也算應景。

我在 1982 年進入教育系本科，大一的「教育概論」中，林生傳老師以雷國鼎（1974）之《教育概論》作教本，該書第一章有關教育本質之討論，如預備說、開展說、形式訓練說、形成說、復演與回顧說、生長說、工作陶冶說等，確實讓我們甫入大學，即感受到教育系理論學養之深厚。寒假時，林老師開了《民本主義與教育》（鄒恩潤譯，臺灣商務印書館）、《愛彌兒》（魏肇基的商務節本）、《課程與教學的基本原理》（黃炳煌譯）作爲寒假讀物。我才恍然大悟，原來雷書各派教育重點，是來自於 Dewey 之大作。只可惜，當時吃足了苦頭，同學中有三人重考、一人轉系，Dewey 大作應該要負一點責任。至 Peters 之大名，是來自於大三邱兆偉老師「教育哲學」課程的介紹，邱老師以吳俊升的《教育哲學大綱》爲教本，文白交雜的民初文體，也讓我們吃足了苦頭，但相對於心靈實體、心靈狀態等術語，Dewey 的觀念還較容易理解。1988 年唸碩士時，林寶山老師要我們重譯《民本主義與教育》（林老師更爲《民主主義與教育》），我特別挑選了 Dewey 詳述各家教育及自己的生長說的「四、五、六」三章，也算是對大一修習教育概論之補強。也約略在同時，所上請歐陽教作專題演講，歐陽老師攜著他剛完成的手稿，以 Peters 爲核心，娓娓道來觀念分析學派（歐陽教，1988），也開啟了我日後以分析的教育哲學爲職志，當時即自許有朝一日能翻譯《倫理學與教育》。

值此對兩位大師代表性著作出版百年、五十年的紀念時刻，對照兩本經典，倒也不完全是應景。Dewey 在美國邁向二十世紀工商社會的當口，以其科學式的知識論，結合心理學知識，在民主的氛圍中建構整套教育理念；Peters 有感於傳統哲學過於空泛，以分析哲學之勢強化教育哲學，也企圖融合心理、哲學之相關概念於教育中。Peters 等倫敦路線的主張，也算是西方自由主義傳統的代表。但好景不常，新自由主義著重市場效率之理念，在 1970 年代末期的英國，取代倫敦路線 60 年代的主張。而 1980 年代，西方歷經民主政治重視個人自主權利等訴求，也逐漸衍生了新的問題。社群主義（communitarianism）挑戰了自由主義民主觀的許多預設。Dewey 與 Peters 的二本經典都有專章討論民主，值得重溫。實質教育主張中，Dewey 倡言教育即生長（Education as growth），Peters 則力主教育即引領入門（Education as initiation）。而 1960 年代的英國，適逢進步主義式兒童中心之理念高唱入雲，Peters 之主張也算是吸納了部分進步主義式教育生長說之訴求，但 Peters 實更爲珍視傳統之價值。衆所皆知，二十世紀初，進步式的教育以 Dewey 的實用主義爲理論基礎，走過了頭，受到許多批評，連帶也使 Dewey 譽之所至，謗亦隨之。尤有進者，以 R. H. Hetchins 爲主的學者也批評 Dewey 的實用主義過於職業導向。自二十世紀以降，大學教育之發展，強調產學，此勢也沛之莫能禦，無論如何強調大學之通識，似乎也無法迴避大學之職業導向功能。Dewey 之知識論強調動手做，應該可以爲職業教育辯護，那 Dewey 如何回應來自類似 Hetchins 等傳統、菁英或主智傾向教育觀之指控？筆者手頭上隨意舉永恆主義天主教教育學者 J. Maritain（1996）之專著及批判教育學大師 P. Freire（2011）之自傳序，都把「實用主義」視爲庸俗之代名詞。相形之下，Peters 以分析之方法呈現之教育理想——教育人（educated man），反而較 Dewey 更爲接近 Hutchins 等之主張。Peters 其實是在當代社會日趨專業分工，心儀傳統，回應當代過於重視職業導向之教育訴求。弔詭的是，Peters 近年來也因其過於智性的堅持而受到批評。重溫二氏的職業教育之看法，也應具有現實的意義。

本書終章以 Dewey、Peters 二位大儒，分別代表英美教育核心，集中在民主、職業教育的相關議題，也算反映時代需求。

第一節　Dewey、Peters 論民主

一、Dewey 論民主

《民主與教育》曾被戲稱教育談得很多，民主談得很少。其實，西方古典自由主義、民主體制到二十世紀，無論是學理或是具體制度已經成形，對 Dewey 而言，他對民主之看法，也許並不符合政治哲學嚴格意義下的學理標準，但他在散見的著作中，論及民主之處，可謂俯拾即是。Dewey 雖沒有具體對古典自由主義、民主政治遺留之學術議題提出原創性之見解，他卻具體的把民主的生活方式，加以闡述。「**民主是一種生活方式**」之理念，也確是透過 Dewey，才在公民教育中逐漸扮演重要角色。換言之，Dewey 的民主理念，不是指狹隘的政治體制，他知識論的經驗意義、工具主義，甚至於生物學上人的特性，不僅說明了民主與教育中之關係，更強化了民主社會中教育價值之所在。

Dewey 認爲一個理想的社會（民主的社會），有兩個重要標準。其一是群體的利益要能爲所有成員共同分享；再者，社群裡各式團隊能充分交流。一個社會，若能使社會中的利益，能讓全體成員平等參與分享，又能透過與其他不同團隊之生活經驗充分交流，就能讓經驗不斷重組改造，更能靈活地強化其社會適應，Dewey 稱此爲民主的社會。Dewey 以犯罪組織爲例，表面上該組織能帶給成員共同利益，但這種利益只是掠奪財物而已，該犯罪組織並無法與其他團體充分交流，甚至於隔離了與其他團體的互動。Dewey 還指出，專制國家的統治者與人民也不是沒有共同的利益，但統治者常是喚起人民膽小、恐懼、卑恭的感覺，在此一社群中，由於沒有更多的共同利益，成員之間無法有平等交流的機會，團體相互之間就逐漸產生特權與被統治階級。被征服者的不幸自不待言，即使對既得利益

者而言，雖然物質不虞匱乏，但也同樣因此而限制了經驗，如文化缺乏人味、藝術過於矯飾、財富流於放縱、知識過於狹隘等，也未蒙其利。充分共享經驗，是 Dewey 最爲珍視之民主價值。

Dewey 接著從整個歷史的發展中指出，Plato 的教育哲學對於社會組織透過教育培育適切人才有相當的認識，但個體只區分成三類型，每一階級無法互通，沒有考慮到個體之獨特性，也就不會再有進步。十八世紀的個人主義則反其是，Rousseau 等師法自然，認爲當時的社會過於限制個人自由，必須透過宗法自然的力量，力矯人爲的外在束縛。Dewey 卻指出，當追求自由的浪漫激情不在，沒有積極性的作爲，其缺點便顯露出來。接下來，德國的觀念論也嘗試調和個人的人格自由與政治、社會培養之社會效率。十九世紀，由於國際因素，教育更逐漸淪爲追逐國家利益之工具。Dewey 語重心長地提問，教育體制能否在國家的運作下，能同時獲致個人人格實現與社會和諧發展的向上目的？他認爲，只有國家對內要回應經濟發展的公平性，不要一方淪爲另一方的工具，而對外要調和愛國心與關注人類整體的公共性目的，也就是前述的理念——國家之間的共通利益與公平的交流，才有可能達成。Dewey 其實已經規劃國際合作的願景了。

我們可以從前述《民主與教育》第七章中體察 Dewey 最基本的民主理念，他不純然作抽象概念之討論，而是落實到歷史社會的情境中。1927 年出版之《公眾及其問題》（*The Public and Its Problems*），更體現了他極度關切美國從農業社會轉型工商社會所導致的鉅變與不安，他特別提出「大社群」（Great Community）之理念，希望透過他一貫主張的科學方法、實驗及科技工具之掌握，鼓舞各種工會職業團體之間交流、合作，追求共善之下，也達成個人的自我成長（楊貞德，1995）。Dewey 不像其他哲學家只從事觀念的沉思，他本其知識論、工具主義的立場，樂觀地認爲，科技與人可以共謀，在民主的價值中，使人類朝向美好的未來，Dewey 說：

如果科技時代能爲人類提供一個物質安全的堅實而普遍的基

礎，那麼在人道的時代裡這科技成果將被吸納。人道時代將取代科技時代，科技成果將成爲人們公有而溝通經驗的工具。（葉新雲，1990，頁 175）

我們也許不必苛責 Dewey 自詡爲——工具主義者，似乎沒有對「大社群」具體設計出可操作性的藍圖，也確有許多學者如此批評他。而他認爲理想民主社會中，不同成員有其共享的利益，以研究自主性聞名的 E. Callan（1981），早年即以此質疑 Dewey 的民主理念忽略了個人獨特的興趣，類似之討論也無庸在此細表。筆者認爲，我們若能從較客觀之視野，審視 Dewey 之學術事功，當更可體察 Dewey 思想之精神，他終其一生，幾乎都把民主理念落實在周遭的生活經驗中。以蘇聯共產主義爲例，Dewey 也表現出持續的觀察與興趣。1937 年，Dewey 組蘇聯的 Leon Trotsky 調查委員會，當時托洛斯基（Trotsky）與史達林（Stalin）鬥爭失勢，Dewey 企圖爲 Trotsky 平反。他更早在 1928 年受蘇聯之邀而組團考察蘇聯教育，當時 Stalin 貫徹五年計畫後之高壓統治尚未開始。1939 年更以 80 高齡之尊，出版《自由與文化》（*Freedom and Culture*），仍然堅持民主之目的要民主的方法來實現，也表現明顯的反 Stalin 極權之立場。Dewey 云：

假設有一個結論是人類經驗所正確的指向的，這結論便是：民主的目的，需要用民主的方法來實現。重威權的方法，現正在新的花樣下向我們供獻。它們接近我們，聲稱爲一個無產階級的社會中的自由和平等的終極目的而效力。它們或者又建議採取一種極權的體制來與極權主義鬪抗。……一個美國的民主主義，唯有當它在它自己的生活的指導中，證明多元的、局部的和試驗的方法，能獲得並維持人性的能力的繼續解放，爲合作的、志願合作的自由而服務，而確實有效，才能爲世界服務。（Dewey，1981，頁 135）

或許是這個原因，1949 年後的中共官方，也有一股反 Dewey 的風潮（陳鶴琴，1956）。但我們今天重溫前述 Dewey 之評論，民主之目的要用民主的方法來實現，仍令人動容。而筆者也認爲 Dewey 民主教育在個人與群性之間，其實做了很好的調和。1980 年代以後，自由主義與社群主義（communitarianism）之論戰，社群論者認爲自由主義之自我觀是一種原子論式的自我，個人的自主性是在社會的脈絡中成形，探索教育自主性的 Callan（1987）也有向社群主義修正的企圖。我們重溫 Dewey 之民主理念，他那種對民主樂觀的態度，不遜於批判教育學者的淑世、希望情懷。他堅持個性、群性的調和，也與晚近政治哲學相應。他主張善用科學、技術發揮民主效力。確實，今日 iphone 等新科技、大數據等，已使全民參與式的民主成爲可能，也會促發新的民主運作模式，這或許也說明了 Dewey 思想平凡中不失周延、深刻的永恆使命——教育是經驗不斷的重組改造，仍可在科技瞬息萬變的今天，繼續引領風潮。

二、Peters 論民主

相較於 Dewey，Peters 比較從政治學及社會控制之角度來看待民主與教育之關聯。Peters 在《倫理學與教育》最後一章中探討民主之概念，他先從古希臘暖身，從政治學之發展說明**主權在民**、**人民治理**、**人民同意**等概念之精神，但具體程序上，免不得要透過議會或代議。接著，交代政治涵蓋立法、行政、司法三權之旨趣，並指出民主之精神是要共同形塑理性的程序原則。即 (1) 透過協商確保人民利益；(2) 透過能確保言論、表達的自由以及集會之保障，以能進行理性之討論；(3) 確保公共政策、執行的責任制。Peters 也用生活方式一詞，說明人民必須經由教育來培養一些生活習慣。要有相當的經驗能夠運用民生所秉持的抽象原理，也要學習對程序性的各項原則，諸如平等、自由、尊重人、考量益趣（interest）等之尊重，從而認同並養成依理而行的習慣。此外，民主更需要民眾自發性地參與公共生活。

Peters 從三個層面，析論教育中的民主意涵。就 (1) 教育的民主化而言，首先，教育體系必須堅持有益於全體學生、公平分配資源，致力於父母子女間的自由、平等原則。再者，衡量國情、不同教育機構特性、不同國別教師的專業權威形象等都須因地制宜。Peters 在此也殷殷期勉教師專業團體對教師專業之提振功能。就 (2) 學校作爲一民主機構，Peters 不認爲校長要仿照民主政治中之「同意權」產生，但校長要把握廣徵衆議之治校精神。同時也要反思以高年級輔導低年級的「學長制」（prefects）之適用性，愼防弊端。(3) 民主教育涉及如何引領新一代進入民主的生活方式，Peters 在此除了重申理性及引領入門之理念外，特別強調從心理學之觀點，說明「理性的殿堂，也必須穿越習慣的中庭」，兒童在引領入理性之門的過程，仍避不開見習及外在規範。Peters 特別要教師重視青少年時期對權威反抗的心理機制，引導學生尊重各種專業權威。此外，Peters 也同意類似 Dewey 從生活經驗中來學習之看法：

> ……這些都只能從實務經驗中學來，最好是在一些資深者的教導下吸收經驗。而這樣的經驗無法公式化或濃縮成要訣，從做中學比聽演講來得有用。如果學校同事中有人具備智慧與耐心，能從學校各式會議中察納建言，並充分與學生所參與的活動建立密切的責任管道，那學校確實有可能成爲落實民主的起點。（Peters, 1966, p.316）

最後，Peters 強調校風與儀式所形塑的民主文化氛圍，甚至可發展出血濃與水的博雅情懷，藉此同胞情懷輔助理性之士體現尊重他人之程序原則。

Peters 雖用「引領入門」來說明社會傳統、教化對個人的重要，不過，他更受到類似 Kant 之影響，在自由與自由人的發展中，把「自主性」（autonomy）視爲教育最核心的價值所在。奠定了 1960 年代以降，西方世界在自由主義氛圍下，「自主性」成爲最核心之教育概念。所謂自主性，在人生價值上，是指能夠自行根據所學，體察個人興趣能力，而抉擇出對個人最好的生活選擇；在知識追求上，能體察知識本有之價值，發展出爲知識而知識之樂趣，而不是只屈從從外在的功利目的；在道德上，不僅能依理而行，更能自動自發，爲自己行爲負責（在道德教育上，譯爲自律，更爲恰當）。值得我們注意的是，在自主性的三個要素上。Peters 雖也是要人們體察生命價值，但他重點是放在不要人云亦云，盲從習俗、權威，且必須要受制於理性，這與存在主義式本眞性重視個人獨特性，實大異其趣。而「意志力」，在 Peters 看來，他雖也是在 Aristotle 處體察「意志薄弱」之事實，但他並沒有利用自身心理學的知識作更縝密之處理，反而更強調要發揮理性之精神來堅守原則，抗拒意志力之薄弱，這仍是較接近 Kant 式之立場。

1980 年代以後，西方自由主義與社群主義的論辯是學術上的盛事。其中之一是涉及對「自我」性質之討論。在社群主義看來，自由主義義務論式的自主，是把自我與外在割離，其實，文化才是自我的活水源頭，自我是在傳統文明的價值氛圍中，以一種社會載負著的認同機制下逐步成形，人們絕不可能以眞空的方式，將自我與外在隔離，然後援引抽象之理性原則加以抉擇。在教育哲學中，Cuypers（1992）、Callan（1994）都分別做過類似之批評。Wringe（1997）則認爲後現代主義對理性之質疑及社群主義對自我之批評，可以讓我們不必堅持 1960 年代以降過於理性主導的自主觀，但不能據以推翻自主性的教育價值。Peters 因爲對理性、知識的立場採取較爲接近 Kant 之立場，近年來後現代論者質疑啟蒙時代 Kant 以降的主張，Peters 也得概括承受。

整體而言，Peters 對民主之看法，大致反映了西方自啟蒙以降之自由主義傳統，自由以理性爲依歸，理性有賴知識眞理之追逐。教育的理想即在於培養理性自主之人。

第二節 教育即生長 vs. 教育即引領入門

論述雙方職業教育之前，先在此歸納 Dewey、Peters 教育觀之大要。剛好在二本經典中，各自都專章以教育隱喻之方式，描繪了教育的理想，以下予以闡述之。

一、Dewey 的「教育即生長」

Dewey 以「隱喻」（metaphor）的語法來說明教育「即」（as）生長。在《民主與教育》第四章中，直接描述了他心目中教育之理想，也很生動地描述了其知識中「經驗連續性」之概念，將之引申到民主理想及具體教育的作爲。Dewey 首先指出，處於未成熟狀態，不要消極地把它看成是缺失或不足，妄圖用一靜止的理想、標準來限制兒童，未成熟其實有著積極的力量。嬰兒及幼兒的「**依賴性**」（dependence）、「**可塑性**」（plasticity），可說明教育即生長的積極性。就依賴性而言，不啻說明了人類生活中互動、共享群體生活方式之必要。可塑性也不是靜止地待外力來形塑，而是一種經驗學習的積極能力，Dewey 企圖從生物學之視野，將教育本質與民主群體生活之互動結合在一起。

可塑性，在 Dewey 看來，可以使個體從舊經驗中掌握精神，以充實應付爾後經驗之能力，也有助於個體習慣、性格之養成。Dewey 接著從對習慣之討論，引出對教育中理智培養之重要。許多人把教育界定成「培養個體有效適應環境的習慣」，這與「教育即生長」互通，但 Dewey 提醒我們，適應也不是消極地對環境順從，要個體一味順應外在之環境，適應也同時具有改造環境的積極意義。習慣固然是由控制我們生理的器官開始，如走路、說話、彈鋼琴……這絕不只是生理的技能，也同時有理智、情感及意向的作用，也能經濟有效地控制外在環境。Dewey 藉著一般人對習慣消極性之看法，更強調教育不是只培養機械、操練之技術，他說：

各種習慣若沒有心智的成分，它愈易成爲呆板的活動。因循呆板的習慣就是沒有思考的習慣。所謂惡習是不運用理性，缺少愼思熟慮的抉擇而表現的習慣。如果我們受制於因循的習慣，那就是把天賦的可塑性給泯沒掉了。……如果我們僅用短視的方法，只靠機械的方法與重複的動作，而獲得暫時的效率與沒有思考的動作技能，那我們

眞的是自毀生長了。（Dewey，2013，頁64）

Dewey在〈教育即生長〉一章中，並沒有太詳細從其知識論立場立論，但最主要之核心教育概念都已觸及。首先，未成熟狀態非一無所有，古典經驗主義或將知識灌注在一無所有之心靈上的各種主張，忽略了兒童本有之能力，並不足取。習慣也不只是對固定的環境起被動的適應，不能把教育看成是一種固定的活動，採用外鑠之方法，使兒童朝人爲既定之目的邁進，「教育的歷程之外，沒有其他的目的；歷程本身就是自己的目的」、「教育是不斷重新組織、重新構造、重新轉化的歷程」。無論是忽略兒童本有之興趣能力、阻礙兒童新奇創造力的培養，只重視重複機械式的習慣，都是以成人之標準來待兒童，完全忽略了生長之眞諦，Dewey以教育「是」（is）發展（development），來說明之。「生活是發展；發展、生長是生活」。可能是爲了隱喻的鮮明性，Dewey本章仍以「教育即生長」標題之。

在本章中，Dewey對於爾後進步主義式之教育改革的某些極端訴求，並未明顯論及，但他在第十章〈興趣與努力〉以及1938年出版之《經驗與教育》（*Experience and Education*），也都明確表示，全以兒童興趣、放任自由並不足取。

二、Peters的「教育即引領入門」

Peters以分析哲學的立場重構傳統教育哲學，甚至於也以此批判了Dewey之教育觀（Peters, 1977b），在方法論上獨樹一幟。不過，他在知識論及心靈論上之立論並不新穎。就知識論而言，人們面對外在世界所想、所感的體驗，構成了知識的原則，透過一套共通的語言符號系統呈現出來，人們也藉此逐步發展縝密之檢證經驗眞僞之客觀標準。就心靈而言，Peters雖沒有明確接受Kant心靈論中先驗的範疇或概念結構，但他援引Piaget之基模概念，提出類似的概念基模（categorical apparatus），認爲兒童意識分化的認知模式、心智結構是與公共世界的對象和關係型態緊密相連，兒童從欲求中經驗到外在世界，逐漸學到運用方法確定外在經驗的可靠性，也透過公共生活、掌握個人、他人意向及相互約定之價值，進而指引其行爲。Peters 更援引 Hegel、Marx 之觀點，肯定他們正視心靈發展受社會層面之影響。但昭偉（2013）即認爲 Peters 之心靈算是一種社會建構論之觀點。筆者認爲，Peters 上述對知識、心靈之看法與 Dewey 容或重點或用詞不同，但並沒有太大之差異。

若我們從教育主張上來看，Peters 與 Dewey 仍有不同的重點。Peters 雖是從經驗論的立場，他特別重視已然成形、經過客觀符號系統化後的命題知識對心靈構成的重要性，這使得前述 Peters 強調心靈受社會層面影響的美意，並未能夠充分反映在其教育主張。Peters 反而是重視科學、美學等抽象的認知、內涵，這其實較接近理性主義之立場。我們知道，1960 年代英國教育氛圍之一是兒童中心式的教育被高唱入雲，有名的《卜勞頓報告書》（*Plowden Report*）是其中的代表，Peters 在吸納深受 Dewey 影響之兒童中心主張後，特別強調他接受的是所謂尊重兒童興趣、發現式教學等之「方法」，但仍堅持學習「內容」——各種嚴謹的知識型式——不能打折。因此，教育即引領入門，重點在於教師要能正確掌握、熟悉經公共認可的知識架構，妥善利用各種方法，鼓勵學生去學習本來可能無趣，卻是有價值的知識體系。學生入門之後，能自發性地去掌握這些知識，豐富心靈，以達成「教育人」（educated man）之理想。或許是受到大家批評 Dewey「教育即生長」之價值方向性之不定（如壞的生長也是生長嗎？），Peters 特別重視教育之價值性解析。而他所講的心靈深受社會公共傳統之形塑，也並不像 Dewey 般強調經驗與社會之互動與從經驗實作中的知識體驗。Peters 自己似乎也有自覺，曾在 1969 年的一個學術會議中，詢問來自臺灣的弟子歐陽教，以一個外國人的觀點來審視其主張是偏理性或經驗，歐陽教（1988，頁 36）當時以「理性的經驗主義」回之，前述的說明，不難看出歐陽教的體會。1990 年代以後，英儒們大致認爲 Peters 教育理念仍是 Kant 理性論的傳統（Blake, Smeyers, Smith, & Standish, 2003）。

第三節 Dewey、Peters 的職業教育觀

職業教育與普通（博雅或通識）教育常陷於二元對立。Dewey 與 Peters 的理念也形成了可茲討論之文本，本節重點在職業教育，也間或以博雅教育之理念做參照。

一、Dewey 的職業教育觀

《民主與教育》第二十三章專門討論職業教育，Dewey 在本章之文風，幾乎完全是運用分析哲學的方法，討論「職業」教育的用詞及其在歷史脈絡之意義，並佐以其一貫反對二元色彩之知識論立場。首先，Dewey 替「職業」（occupation）下一個定義：「職業是指人生活動的一個方向，因爲它使個人獲得某些成就，而且對他的夥伴有助益，因此這種職業活動，使人覺得有意義。」（Dewey，2013，頁 348）Dewey 認爲一般人都把職業視爲是一種排他的特定工作，這是誤解。以藝術家而言，沒有人是純藝術家，也必須是某種政治組織或團體的一員，我們稱其爲藝術家，是指他所扮演的各種職務中最能顯現出他與別人不同特色的那項職務，成爲其職業，但在論及教育的職業層面時，卻不可受制於職業名稱之限制。

吳俊升（1972，頁 325）在詮釋 Dewey 職業教育時，特別引出一般對職業教育的二種看法，其一是以職業爲目的、以教育爲工具，也就是晚近歐美以降，把教育視爲是發展實業的工具，這種狹隘的方式，可稱之爲「實業教育」或「行業教育」（trade education），Dewey 認爲職業教育不能淪爲行業教育。他心目中的職業，一方面是使人得其所；另一方面是以職業供給教育機會，使教育更爲豐富，職業教育要同時兼顧到這兩類價值。用 Dewey 的話來說：

> 教育若只在工業及專業提供技術上的預備，將不可能達成教育改造的目的。如果僅把現有的工業情境，移到學校內依樣複製、仿效，則更不可能達成教育改造的目的。教育改革的問題，不是要使學

校成爲聯繫工廠與商業的附屬機構，而是要利用工業的因素，使學校生活更有生氣，更豐富有切當的意義，更能與學校以外的經驗相聯結。（Dewey，2013，頁 357）

Dewey 所處的時代，正是晚近美國工商發展邁向現代的階段，他體察當時的社會發展，特別重視教育的職業功能，也有其時代需求。其一，在民主社會中，人們已能體會手工勞動對於社會的貢獻與價值，不能存在勞心勞力之偏見；其二，工業革命後，各種工、商職業扮演重要角色，而工商業所帶來的各種社會調適問題，如勞資關係等，均爲前所未有，也衝擊到傳統教育；其三，現代工業已不是以前只靠經驗、閱歷就能勝任，而是要靠系統的數學、物理、化學等知識，因此，教育也必須更爲重視這些理智學科，要教育人們更加理解工作本身所需的知識，不能只靠傳統師徒制；其四，晚近各種工作，較少依賴文學、冥思，更爲重視科學的實驗性質。實驗室與商店，各自可提供學生思索求知的方法，豐富學生的學習，最後，根據兒童心理學、學習心理學之研究，學習並不是心靈的靜態運作，而是經由不斷的嘗試、試驗、操作、重組之動態歷程，教育也必須正視此一情形。

相較於傳統重視區分勞心、勞力之教育，以及類似 R. Hutchins 等永恆主義強調博雅、智性、人文學科，Dewey 顯然更爲新穎，也遭致庸俗之批評。Dewey 並不同意勞心勞力區分之合理性，他指出，那些主張人文、博雅教育而貶抑手工教育之人，沒能認清自己所受或心儀的教育，有很大部分也是自己特殊的職業訓練，反而養成一種優越的偏見，只認爲自己的文雅教育是高尚的，而忽略了其他的職業教育也有探索、理智、實驗、推理之博雅特性，逕以職業而鄙視之。

Dewey 反覆強調，職業教育有其整個生活的全面價值，有其具有之理智與社會的完整意義，他從未主張職業教育只是狹隘的某一行業之技術訓練。他認爲 Hutchins 等的立場，反而會陷入了知識二元之對立，從而造成社會之不平等。事實上，完整的職業教育，會重視對現況之反思、科學的訓練，使人具有智慧與創造力去處理職業歷程中涉及之知識與歷程。即使是工人，也能使其接觸當代種種問題，強化各種改進方式，培養其適應環境之能力。但昭偉（2007，2010）、王清思（2009）都曾指出，Dewey重視經驗的傳統，不一定會忽略傳統博雅教育之理想。吳俊升（1972，頁396）親訪 Dewey 中，也指出 Dewey 不會反對讀經的價值。尤有進者，Dewey 甚至認爲，完善的職業教育，可以抗拒更多的不公，套用晚近批判教育學的術語，具有增權賦能（empowerment）之意義，《民主與教育》第二十三章中，Dewey 云：

> ……使未來的工人，不再盲目地屈從於強壓在他們身上的命運。因此，這種理想的教育觀，不僅要與現在教育傳統的惰性相搏鬥，更要對付工業機械的既得利益者之反抗，這些既得利益者了解，這種教育制度若能普遍推行，將會威脅到他們憑以奴役他們的能力。（Dewey，2013，頁 361）

P. Freire 在其自傳之序言中，第一句話就指出「實用主義式的論述」（pragmatic discourse）要人們適應現實、視夢想與烏托邦爲無用。筆者相信，如果 Freire 細心讀完 Dewey 之論點，當不會以名害義。事實上，不只是新實用主義之 R. Rorty，也愈來愈多的學者益發肯定，Dewey 之思想，確實較爲圓融周全（comprehensive）。Dewey 不採二元對立，重視經驗連續性與環境互動的知識觀，反而較一些堅持理性、客觀、永恆價值之傳統思想，展現更大的包容性。以今天的觀點來看，Hutchins 等之觀點，不僅曲高和寡，不具有現實的可行性，流於傳統理想的迴光返照。Dewey 之職業教育觀，如果我們眞正把握到位的話，反而能擴大職業與生活的結合，從而體現博雅的時代意義。當然，即便是今天，很多主張職業教育之人，其主張之理據，仍然是悖離了 Dewey 而不自知。吳俊升在民國 14 年所發表之〈杜威的職業教育論〉一文，即曾指出，提倡職業教育之人，是由於畢業生出路困難，將職業教育視爲救濟學生出路對策之藥，不免忽略職業教育之根本精神和理想（吳俊升，1972，頁322），近一百年過去了，今天臺灣許多大學重視課程分流，學用合一等之論述，似仍不脫吳俊升當年之感慨，我們重溫 Dewey 職業教育思想，實在應該汗顏。

二、Peters 的職業教育觀

Peters 似乎並未直接討論職業教育，眾所皆知，Peters 從日常用語對「教育」之分析，提出三項規準，合認知、合價值、合自願性，這些被稱爲教育的「內建」（built in）意涵——內在目的——不能視爲外在產出。教育之理想或目的，是教育人之培養，此一「教育人」之範型，並不像射箭、打靶時的標的物（target）。可是一般人，如政治人物，甚至於是企業人士、經濟學家，卻常從社會需求之觀點，設立各種「外在」的教育目的，如「國家富強」、「產業發展」、「專業謀職競爭能力」等，Peters 所重視教育內在價值的說法，與 Dewey 所說的教育在歷程之外無目的實異曲同工。不過，Peters 對知識的想法中，不像 Dewey 連續性之概念。他認爲所謂「受過教育」的日常用語，是指認知與理解、通觀，而不只是技術的精熟。甚至於，培養科學家、軍人、歷史學家若只是單方面該知識領域的深化，也算不上是「教育人」。教育人也者，是要對各類型的知識具深度與廣度的掌握。理性的各種知識型式，而不是片面的訊息，才能豐富受教者的心靈。Peters 不排除這種全人式的教育，可以透過「訓練」的方式，他也曾以教育的三項規準來說明職業教育之「博雅」化。就合價值性而言，烹飪、木工、家政必須賦予活動本有之價值，不能只看它的成果產出或消費價值；就認知性而言，是要鼓勵學生自發性地體會這些活動之價值，而產生探索之興趣，並逐步發展這些活動與其他領域之關聯，而深化技術涉及的各種認知層面。譬如，飲食烹飪不只是果腹，還能展現對食材之知識以及禮儀教養等文明形式，技能式之烹飪培訓，仍可以符合 Peters 期許以嚴肅的認知方式加以通觀的規準。至於，自願性規準，也同樣說明，技職教育的培訓，不能用獨斷之方法，也要留給學生批判的空間。

Peters 以上對技職教育之看法雖通情達理，他殷殷期盼技職教育不要畫地自限，也應體現通識之價值，我們也可理解其苦心。Peters 是不希望在日益專業分化的工商社會，失去了往日求眞的教育理想——從人格走向人力。事實上，這樣的觀點，也幾乎是大多數心儀通識教育的立場。J. Martin（1981）對分析典範下的博雅教育如 P. Hirst、R. S. Peters、R. Dearden 等曾批評，其適足以培養「象牙塔的人」（ivory tower people），是建立在錯誤的知識論基礎，並以 Dewey 之理念批評 Hirst 等博雅教育觀也陷入二元論之色彩。的確，過於強調本有之內在價值，終是曲高和寡，其弟子 White（1973）也放棄此一論述，並重新正視工作的意義，探討其在教育上的價值（1997b）。另一弟子 Pring（1993）、Carr（1996）也進一步從技職教育涉及的知識、技能特性著手，使技職的培訓本身不限於一技一藝之限制，也使技職教育之博雅化同時兼顧技職與博雅之使命。簡成熙（2004，頁 249-260）也嘗試從專業活動所涉及的知識性及倫理性出發，消解技職教育與通識教育的二元對立。Peters 當然不會反對技職或專業教育，事實上，他在晚年重拾民主價值的教育理念，發表〈民主價值與教育目的〉，諸如人倫道德、個人福祉、事實眞理等均爲民主價值之必須。至若宗教美藝，雖非民主社會必要條件，然民主社會之自由與相互寬容、尊重等價值，仍有助於宗教美藝之發展。Peters 據此規劃民主社會之教育目的，如 (1) 發展人倫道德，培養學生道德意識，從他律到自律，理性、情性兼顧，各種相互尊重之程序原則；(2) 了解人類境遇，認識自然身世，體察公民責任；(3) 促進自我實現，兼顧個性與群性；(4) 提升職業知能，但不流於職業訓練，陶融工作情趣與工作內在價值等（Peters, 1981，也參見本書第二章）。算是正面地賦予了職業教育之意義。不過，他早年對內在本有價值的堅持、教育人之通觀理想，仍然很難避開普通（通識）教育與技職教育之二元對立。我們也不一定接受類似 Arozowitz 和 Giroux（1991）認爲傳統通識或博雅教育只是反映貴族階級的霸權意義。但這亦說明，堅持古典的知識論立場，所提供的批判或反思，並不完全符合馬克思或後現代論者對既定權力之批判，Peters 所心儀的教育人，仍難脫傳統勞心、勞力之刻板印象，不一定適合當今社會之需求。雖則如此，若不孤懸 Peters 所揭示的教育理想——教育人，在現代社會中，透過多元的方式，部分或盡力體現 Peters 的教育理想，應該仍會長存於爾後世代有志之士的心靈之中。

第四節　站在巨人的肩膀上：臺灣當下的反思

一、重拾 Dewey 與 Peters

Dewey 在二十世紀初，確立了美國教育哲學的學科造型，也具體促成教育改革，影響深遠。Peters 在 1960 年代，也開創了教育分析哲學的先河，各自引領風騷。Dewey 在辭世後，謗也隨之。有些批評固因屬學術之爭，仁智互見，但有些批評，卻也過於張冠李戴，平白使 Dewey 承受不白之冤。Dewey 與 Hutchins 之辯，廣為人知；他對於重建主義（reconstructionism）G. S. Counts 等草創之初的機關刊物《社會邊界》（*The Social Frontier*），也有催生之功，後來《社會邊界》流於左傾，有一期明白主張階級鬥爭。Dewey 思想之多元性或面面俱到，在不同時空的不同時代氛圍中，確實不一定符合政治正確。吳俊升也曾指出，Dewey 辭世前後，美國教育界掀起了反 Dewey 之運動，也影響到其他國家。1949 年之後的中國大陸在全面反美帝之下，更抨擊 Dewey 不遺餘力。其實，早在 1919 年，胡適曾寫過攻擊馬克思主義之文「多研究些問題，少談些主義」，就曾引起當時李大釗等馬克思主義學者的反擊（胡適，1994/1986）。馬克思等認為所有問題都有「絕對眞理」和「根本解決辦法」（唐德剛，2014，頁 172-173）。1949 年之後，中國大陸批判 Dewey 變本加厲。與胡適齊名，同為 Dewey 弟子，有「中國現代兒童心理學之父」美譽的陳鶴琴（1956），尤令人印象深刻。同一時刻，Dewey 思想面臨「四面楚歌」之窘境，曹孚、傅統先、陳元暉等都把 Dewey 實用主義教育思想，視為反動之學。侯懷銀（2011，頁 144-145）指出，這一波極左之思潮，當然對 Dewey 有失公允。

近年來，中國大陸已重新正視西方對 Dewey 之研究（王成兵，2015）。反倒是臺灣，Dewey 來華一百週年的 2019 年，教育學界幾乎沒有舉辦重大的學術活動。令人不勝唏嘘。中歐及拉丁美洲，也有多位學者重視省思 Dewey 思想在其國理論與教育實踐之意義（Hickman & Spadafora, 2009）。近代西方後現代思潮對知識確定性及啟蒙以降理性之批判，Dewey 思想中，排斥西方二元論，不孤懸知識之絕對性，較之傳統哲學或分析哲學把哲學視為一自然之鏡，希冀如實反映眞理（R. Rorty 語），Dewey 思想反而更能與後現代互通。此外，Dewey 式之工具主義，也較傳統哲學更能為數位科技翻轉教學提供理論基礎。本文已指出，Dewey 的職業教育理念與當今需求，不謀而合，Hutchins 等建立在傳統哲學之上的博雅教育，雖不斷為部分人士推崇，但也終必曲高和寡，而他對 Dewey 之批判，以今日觀點視之，也未必公允。最後，Dewey 不以狹隘的政治觀點看待民主，將民主視為一種生活方式，強調知識、經驗的分享與參與、個人與社會的依賴、扶持與轉化，看似平凡，實為穩健周延。Dewey 也許不贊成基進（radical）的社會改革，但他不斷強調經驗的重構、轉化，也很難全然視為保守。《民主與教育》一百週年，Dewey 作為當代教育哲學的領袖，實至名歸。

Peters 的教育事功與 Dewey 有許多類似的地方，他也同時橫跨教育、心理、哲學三領域間。1960 年代以分析哲學之鋒，開創了教育哲學革命之新境界。在二次戰後英國特有的氛圍，也曾企圖建構一套完整的教育理論。後來受到 M. Thatcher 首相新自由主義重視市場時效影響，致影響學院內理論性學科的發展。1980 年代以後，人去政息，英國的教育哲學影響力下降不待言，來自批判教育學、Aristotle 哲學復甦、後現代、後結構等歐洲思潮的興起，一則挑戰分析獨大之方法，二則也對 1960 年代倫敦路線背後理性勢力的不耐。Peters 的思想似沉寂了二十年。其實，在 1980 年代紀念 Peters 榮退的專書，R. K. Elliott（1986）就已指出，Peters 是一位「古雅風格的哲學家」（an old style philosopher）。辭世前，弟子 M. A. B. Degenhardt（2010）也再度以「博雅的傳統大師」（liberal traditionalist）稱之。Peters 辭世前後，Cuypers 和 Martin 主編及合著之書（2011，2013），重溫 Peters 主要之概念。整體而言，人們欣賞 Peters 當年樹立分析傳統之氣魄與孜孜不倦、苦心孤詣於內在價值、智性知識與民主價值上理性自主之堅持。只是，欣賞之下，不免唏嘘。雖然 Barrow（2010）及 Cuyper 和 Martin（2013）在多元教育哲學典範下，仍認爲分析典範可以是共通的基礎，但來自後現代、後結構、女性主義等之多元典範不完全認同。內在價值、智性知識固令人悠然神往，也宛如迴光返照之餘暉。理性的自主，也愈來愈受到質疑，無法體察多元的風貌。Peters 當年希望透過教育規準、教育即引領入門等說法，調和傳統教育與進步教育的企圖，似未完全達成。《倫理學與教育》出版五十年後，由 Routledge 接續原出版社，將之列入「經典復興論叢」（Routledge revivals）之林，加以重印。一言以蔽之，Peters 教育思想其實是古希臘以降博雅教育之現代版，當然有其永恆性的一面，但似乎不如 Dewey 有更多可發皇的空間。不過，對我們華人世界而言，Peters 分析之方法，雖有文化隔閡性，仍是我們可以取法之處，而其古典的教育主張，也應該與固有文化契合。筆者認爲，在方法或教育內涵，華人世界探索教育哲學，不宜繞過 Peters 等分析的傳統。

二、臺灣當下大學技職化之反思

筆者集中在對近年高等教育職業化之反思。由於 1990 年代臺灣整個教育氛圍——教育改革強調鬆綁，教育機會均等之人道口號高唱入雲，高中、高職在 1970 年代，學生比例在當時計畫經濟時代定爲 3：7 之政策，受到嚴厲挑戰。許多學者認爲，限制衆多高職生接受高等教育之機會，不公不義。廣設大學，口號沛然莫之能禦。但是，由於升格了很多技專院校，破壞了原先技職教育的實作，業已引起了很多的質疑，近年頻頻有強化傳統技職教育的呼聲。而原本強調追求眞理、獨立思考，重視理論的大學培育，也面臨職場需求之現實壓力。更由於臺灣經濟的遲滯，大學畢業生的失業及低薪，成爲政府及社會大衆關切的重點。近年來，大學的評鑑績效、補助方案也一味以強化學用合一、產學、實習等方向爲重點，論者也以「大學技職化」譏之。筆者認爲，極端功利主義的市場化，並不完全符合教育的初衷，完全沉浸於古雅的傳統，也昧於現實。Dewey 與 Peters 或許可以適合來作爲對比之典型。Dewey 重視經驗不斷的重組改造，體察民主、工商社會的現勢，結合理論與實踐，不孤懸知識的眞空價值，可以爲職業教育提供很好的理論基礎。值得我們注意的是，他同時也明確反對以未來的職場需求，完全作爲引領學生當下興趣或技術的訓練。筆者認爲這特別值得當今臺灣高等教育界正視。一言以蔽之，Dewey 不贊成把職業當成外在目的，不迷信抽象的理論，希望在經驗、社會的互動中，強化理智的運用。當年 Hutchins 對 Dewey 之批評，確實言重了。從今天臺灣高教、技職的發展需求，重拾 Dewey 的觀點，仍應有其積極意義。

Peters 與當年年紀輕於 Dewey 的 Hutchins 一樣，對古典之堅持，都強過 Dewey。Peters 沒有像 Hutchins 一樣堅持讀經，他的文章中，並沒有直接反對職業教育，但他認爲職業教育或專業教育，並未能完全符合「教育」的內建理想。Peters 雖也重視將學生引入公共傳統之中，但他的重點卻是強調追逐本有之知識型式。晚近許多主張大學通識教育的人，也會強調「知識的承載度」，或是通識教育應是一種核心課程，理應成爲專業教育的基礎云云。此一理想，美則美矣，靠讀經或呼籲，恐仍是唐吉訶德式之努力，筆者曾以專業的知識性、倫理性出發，也嘗試論證，與其疾呼通識教育之口號，不如凸顯各類教育中知識的多元性與倫理性；易言之，應鼓勵各領域專業學者探索其專業內之通識課題，而通識教育的老師，也要深入專業之中，尋覓該專業的歷史、文化、人性因素，二者實應相互合作，反而更能達到現代社會通識教育的理想（簡成熙，2004，9、10 章）。當然，在大學專業的多元性下，Peters 所強調的理想，自然也有其存在的價值，當也能在 Dewey 的理念下，盡力達成 Peters 之理想。

哲人日已遠、典型在夙昔。不管我們對教育目的是何立場，英美諸儒探索的足跡，留給我們的不應只是歷史櫥窗的記憶。我們應該循著他們思考軌跡，繼續向前，隨時回應時代的需求。

跋

未竟的結語

筆者在自序裡已經說明了本書不採取傳統綱舉目張架構體例的理由，在於凸顯論證精神。如果我們採取一個看似完整架構，如人與天、人與人、人與己的關係，或者是人與超驗界、世俗間、內在自我等，仍然可以嘗試建立起較「整全」之教育目的分析架構。關於人與超驗界（人與天），涉及人們如何看待所處世界，形上學、宗教都可以有發揮空間。世俗間（人與人），涉及人們與所處社會的關係，傳承文化、個人社會化歷程、社會效率、社會適應、國家發展等等。至於人與己（內在自我），如自我實現、自主性、批判思考等等。而這三個層面之間，也非涇渭分明。所幸，本研究雖集中在英美分析傳統，但大致上述架構的重點，本書各章的核心概念都已觸及。不過，本書作為英美教育目的，仍有許多應處理而未處理的議題，值得在此提出。

以分析傳統而言，1960 年代，英美學者對於「（生活）適應」、「心理健康」、「創造」、「幸福」（happiness）等作為教育目的涉及的概念，都曾加以縝密分析。受制於時間，未能納入本專書。特別是「幸福」，J. White 曾經加以延伸「福祉」（wellbeing），近年來，許多學者更以「蓬勃發展」（flourishing）作為教育目的（Brightouse, 2005a; Kristjánsson, 2020），都值得進一步處理。細心的讀者當可看出，本書集中的概念，如自主性、批判思考、愛國主義等，筆者也用類似「組合拳」的方式，開展系列研究，這是因為上述概念延伸的學術議題太多，嚴格說來，都有必要發展專書。雖然「自主性」作為教育概念，筆者已經盡可能探究不同觀點，包括分析陣營內部的不同立場，也檢視後結構 Foucault 立場，更從中西「恥感」取向加以調合，但是仍然漏失許多層面，如存在主義的「本真」（authenticity）與自主性的討論。又如，批判思考作為教育目的，筆者已經討論分析學者陣營內部爭議、是否適用自由主義以外的其他文化、女性主義與批判教育學對建立在分析哲學的批判思考的批評，但也同樣有其他議題未能及時處理，如批判思考與創造思考的衝突或協奏、批判思考與歐陸現象學或 Heidegger 等探究思考歷程的對照等等（Siegel, 2017, pp.172-194）。其他諸如愛國、科技、職業教育等涉及的哲學爭議，都還有太多學術空白等著處理。筆者雖已盡力在兩年期程內，盡力梳理，然仍受制於時間精力，未能盡如人意。倉促成書，豈能無愧？

筆者在執行此專書之後，接著執行「Biesta 的教育美麗冒險：啟蒙傳統與後分析的教育邂逅」（計畫編號：MOST 109-2410-H-153-005-MY2）、「自主、本真與陶冶的融合：英美分析傳統與歐陸教育理想的邂逅」（計畫編號：MOST 111-2410-H-153-009-MY2）。荷裔學者 G. J. J. Biesta 更曾經從資格化（qualification）、社會化（socialization）及主體化（subjectification）等三個層面來思考教育目的。Biesta 認為當代科技社會，過於重視表現產出（performance），而所謂的民主，未能真正包容異己，也只是淪為社會化而不自知，只有強化主體性，才能真正展現人的自由。但這會不會高漲人的主體性，而恣意妄為？Biesta 藉著歐陸思潮，娓娓道來主體性如何與世界相容（簡成熙，2022）。本書未能處理的德國教育核心理念 Bildung（陶冶、陶養、修養、教化），更是近年來橫跨英美世界與歐陸思潮交會的重要概念，公元兩千年後，吸引很多學者參與，至今仍方興未艾（Løvlie, Mortensen, & Nordenbo, 2003；Zovko & Dillon, 2021），都值得作為本書後續之探索重點。

筆者希望能夠在本專書的基礎下，進一步延伸拓展前述未竟的學術議題。個人才識資質有限，不敢誇言志業。在南臺灣獨行踽踽教育理論倏忽三十年，說來慚愧，個人幾乎無力吸引服務學校學子探索教育哲思的熱情，或許這是當初抉擇教育理論的宿命。個人自得其樂之餘，仍是殷殷期盼能有可畏後生接續我們的努力。期待本專著，能代表個人卑微的學術心力，更期待本書跋——未竟的結語——能為臺灣教育哲學未來探索的里程，略進綿薄之力，是為所盼。

參考文獻

方永泉（2012）。**批判與希望——以行動為中心的教育哲學**。學富。

王成兵主編（2015）。**當代美國學者看杜威**。中國社會科學出版社。

王清思（2009）。淺談杜威的民主觀及對博雅教育的看法。**通識在線**，20 期，29-32。

王嘉陵（2011）。從 Henry A. Giroux 對 Michel Foucault 權力／知識觀的誤用省思 Giroux 課程理論的權力／知識。**市北教育學刊，41**，53-74。

朱岑樓（1972）。從社會個人與文化的關係論中國人性格的恥感取向。李亦園、楊國樞編，**中國人的性格：科際綜合性的討論**（頁 85-125）。中央研究院民族學研究所。

江宜樺（1998）。**自由主義、民族主義與國家認同**。揚智。

但昭偉（2007）。杜威的博雅教育主張與 Hutchins 的批評。**通識在線**，11 期，21-23。

但昭偉（2010）。Dewey 與 Hutchins 在 1936-1937 年的論辯。**通識在線**，30 期，33-36。

但昭偉（2013）。教育即引領入門。見林逢祺、洪仁進（主編），**教育哲學：隱喻篇**（頁 85-91）。學富。

但昭偉（2017）。**社會倫理關懷**。國立空中大學。

余英時（1982）。**史學與傳統**。時報出版公司。

余英時（1984）。**從價值系統看中國文化的現代意義**。時報出版社。

吳俊升（1972）。**教育文化論文集**。臺灣商務印書館。

李奉儒（1996）。灌輸、情緒主義與道德教育。**師大教育研究所集刊，37**，171-185。

李奉儒（1997）。自由與理性的正反論辯：道德自律與道德教育的探究。見簡成熙主編，**哲學和教育——20 世紀末的教育哲學**（頁 153-173）。復文圖書出版社。

李奉儒（2004）。**教育哲學：分析的取向**。揚智。

李明輝（1990）。**儒家與康德**。聯經出版公司。

李政濤、羅藝（2019）。面對信息技術、教育學理論何爲？**華東師範大學學報（教育科學版）**，**4**，1-12。

岳曉東（2000）。批判思維的形成與培養。**教育研究**，**8**，65-69。

林火旺（1998）。公民身份：差異與認同。見蕭高彥、蘇文流（主編），**多元文化**（頁 379-409）。中央研究院中山人文社會科學研究所。

林火旺（2002）。少數宗教團體可否拒絕政府的教育？**臺大哲學論評**，25，3-37。

林建福（2006）。**德行、情緒與道德教育**。學富。

林建福（2019）。Ernest Sosa 德行可靠論（virtue reliabilism）與教育知識論的哲學探究。**教育研究集刊**，**65**(2)，1-38。

林逢祺（1992）。教育哲學的創造思想家——皮德思。見劉焜輝主編，**人類航路的燈塔：當代教育思想家**（頁 110-150）。正中書局。

林逢祺、洪仁進（2005）。**教育與人類發展：教育哲學述評（二）**。師大書苑。

林逢祺、洪仁進主編（2011）。**教育哲學：新興議題研究**。學富。

武宏志（2004）。論批判性思維。**廣州大學學報（社會科學版）**，**3**(11)，10-16。

金耀基（2000）。**大學之理念**。牛津大學出版社。

侯懷銀（2011）。**教育學在 20 世紀中國的傳播和影響**。東北師範大學出版社。

洪仁進（1999）教育目的。見歐陽教主編，**教育哲學**（頁 219-234）。麗文文化事業公司。

胡適（1994）。**問題與主義（胡適作品集 4）**。遠流出版社。

倪梁康（2007）。關於羞惡之心的倫理現象學思考。**南京大學學報（哲學、人文科學、社會科學版）**，**3**，113-119。

唐德剛（2014）。**中國革命簡史**。遠流出版社。

高德勝（2018）。羞恥與教育：可爲與不可。**教育研究**，**39**(3)，35-45。

張民杰（1999）。由最高法院判例看美國公立中學的宗教活動。**教育研究集刊，43**，163-183。

扈中平（2004）。**教育目的論**。湖北教育出版社。

扈中平、劉朝暉（1995）。**挑戰與應答：20 世紀的教育目的觀**。山東教育出版社。

教育哲學編寫組（2019）。**教育哲學**。高等教育出版社。

郭實渝（2001）。教育的不可證成性：兩篇相關論文的考察。**東吳哲學學報，6**，283-309。

陳振華（2014）。批判性思維培養的模式之爭及其啟示。**高等教育研究，35**(9)，56-63。

陳迺臣（1988）。**宗教的教育價值**。文景出版社。

陳迺臣（1990）。**教育哲學**。心理出版社。

陳瑞麟（2010）。**科學哲學：理論與歷史**。群學出版公司。

陳榮華（1992）。海德格論技術。**臺大哲學論評，15**，209-250。

陳鶴琴（1956）。**批判杜威反動教育學的哲學基礎**。新知識出版社。

彭正梅、鄧莉（2017）。邁向教育改革的核心：培養作為 21 世紀技能核心的批判性思維技能。**教育發展研究，24**，57-63。

程亮（2012）。什麼是受過教育的人？彼得斯的觀點及其批評，**教育學報，8**(6)，44-51。

馮建軍主編（2012）。**教育基本理論研究 20 年**（1990-2010）。福建教育出版社。

黃光雄（2015）。**古希臘教育家（上卷）：Homer 至 Xenophon**。師大書苑。

黃俊斌（2006）。批判性思考能力的可轉化性及其教學原則。**教育資料與研究雙月刊，73**，163-178。

楊洲松（2013）。**Epimetheus 的過失與 Prometheus 的救贖：科技的哲學思考與教育**。學富。

楊貞德（1995）。「大社群」：杜威論工業社會中民主的必要即可行性。陳秀蓉、江宜樺（主編），**政治社群**（頁 153-176）。中央研究院中山人文社會科學研究所。

溫明麗（1997）。**批判性思考教學——哲學之旅**。師大書苑。

葉新雲（1990）。民主、溝通與桑梓：杜威的社會理想。見韋政通等著，**自由民主的思想與文化**（頁 162-178）。自立報社文化出版社。

董毓（2012）。批判性思維三大誤解辨析。**高等教育研究，33**(11)，64-70。

雷國鼎（1974）。**教育概論（上冊）**。教育文物出版社。

歐陽教（1973）。**教育哲學導論**。文景出版社。

歐陽教（1981）。以民族精神教育促成國家統一與世界大同。載於國立臺灣師範大學教育研究所（主編），**中國教育的出路**（頁 187-210）。國立編譯館。

歐陽教（1988）。觀念分析學派的教育思潮。見中國教育學會主編，**現代教育思潮**（頁 1-50）。師大書苑。

蔡政宏（2013）。德性知識論與教育哲學。周愚文等（主編），**教育哲學 2012**（頁 371-386）。學富。

蔡英文（2002）。民族主義、人民主權與西方現代性。**政治與社會哲學評論，3**，1-48。

盧盈華（2017）。羞恥現象學：基於馬克斯 · 舍勒與儒家的闡明。**思想與文化，2**，52-69。

錢永祥（2001）。**縱欲與虛無之上：現代情境裡的政治倫理**。聯經。

錢穎一（2018）。批判性思維與創造性思維教育：理念與實踐。**清華大學教育研究，2**(1)，63-97。

戴維 · 希契柯克（D. Hitchcock），張亦凡、周文慧譯（2012）。批判思維教育理念。**高等教育研究，33**(11)，54-63。

瞿葆奎主編（1998）。**教育基本理論之研究**（1978-1995）。福建教育出版社。

簡成熙（1996）。**理性、分析、教育人**。師大書苑。

簡成熙（2004）。**教育哲學：理念、專題與實務**。高等教育。

簡成熙（2005a）。**教育哲學專論：當分析哲學遇上女性主義**。高等教育。

簡成熙（2005b）。教育哲學方法論的建構：啟示、論證與敘事。見**教育哲學專論：當分析哲學遇上女性主義**（頁 3-25）。高等教育。

簡成熙（2005c）。重構批判思考：教育分析學者與女性主義學者的論辯。

見**教育哲學專論：當分析哲學遇上女性主義**（頁 325-367）。高等教育。
簡成熙（2005d）。女性主義的知識論與科學哲學初探。見**教育哲學專論：當分析哲學遇上女性主義**（頁 303-321）。高等教育。
簡成熙（2015a）。Siegel 與 Burbules 對理性教育目的之論辯及其對臺灣教育之啟示。見**新世紀教育哲學的回顧與前瞻**（頁 235-264）。高等教育。
簡成熙（2015b）。個人權利、集體權利與愛國意識的衝突與和解。載於**新世紀教育哲學的回顧與前瞻**（頁 385-406）。高等教育。
簡成熙（2016）。杜威與皮德思對民主及職業教育觀的再評價：重拾《民主與教育、《倫理學與教育》二經典。中國教育學會主編，**民主與教育：從理論到實踐**（頁 67-95）。學富文化事業公司。
簡成熙（2018）。分析的教育哲學解決了什麼教育議題？**華東師範大學學報（教育科學版）**，**2**，87-100。
簡成熙（2019a）。彼得斯對教育內在性目的之論證及其相關評析。**教育學術月刊**，**1**，3-17。
簡成熙（2019b）。J. White 對 R. S. Peters 內在教育目的之修正及其證成。**教育學刊**，**52**，1-33。
簡成熙（2020a）。自主性作爲教育目的之哲學省察：倫敦路線的相關論辯。**教育研究集刊**，**66**(1)，1-33。
簡成熙（2020b）。英國自由教育哲學的美麗、哀愁與淡定：約翰・懷特與五位學者的論辯。**教育學報**，**16**(1)，3-15。
簡成熙（2020c）。Foucault 權力／知識論述對於自主性作爲教育目的之省思：J. D. Marshall 專著的檢視。**教育學刊**，**55**，1-40。
簡成熙（2020d）。重構自主性作爲教育目的：中西恥感取向的積極意義。**湖南師範大學教育科學學報**，**19**(2)，64-77。
簡成熙（2020e）。批判式思維的挑戰與建構式思維的可能：來自女性主義的反思。**教育學術月刊**，**5**，3-15。
簡成熙（2020f）。兩種批判取向的通識教育進路：批判思考與批判教育學。**通識學刊：理念與實務**，**8**(2)，1-34。
簡成熙（2021a）。證成批判思維：兼回應批判思維只適用自由社會嗎？華東師範大學學報（教育科學版），**1**，78-92。

簡成熙（2021b）。批判性思維是否是普遍性思維能力：環繞 McPeck 的相關論辯。**山西大學學報（哲學社會科學版），44**(1)，85-97。

簡成熙（2021c）。西方對於愛國主義的愛恨情仇：從麥金太爾與努斯鮑姆論起。**現代教育論叢，2**，20-34。

簡成熙（2021d）。我們應該特意進行愛國或打造民族性的公民教育嗎？環繞 John White 的相關論辯。**臺灣教育哲學，5**(2)，20-48。

簡成熙（2021e）。父母教導子女宗教信仰是否違反其自主性？T. H. McLaughlin 以及 E. Callan 與 P. Gardner 論辯之評析。**當代教育研究季刊，29**(3)，1-34。

簡成熙（2021f）。理性、知識型式與宗教教育：P. H. Hirst 的宗教教育理念述評。**臺灣教育哲學**，6 月號 Paul Hirst 紀念專刊，61-99。

簡成熙（2021g）。信息時代知識論的反思與正解：海德格爾、啟蒙的辯證與賽博格。**教育學報，2**，3-17。

簡成熙（2022）。論 G. J. J. Biesta 對學習化的批評與教學的期許：兼論對師資培育的啟示。**教育研究集刊，68**(2)，81-116。

簡成熙主編（1997）。**哲學和教育——20 世紀末的教育哲學**（頁 153-173）。復文圖書出版社。

蘇永明（2021）。皮德思（R. S. Peters）的「理性與習慣：道德教育的弔詭」：回顧與批判。**臺灣教育哲學，5**(2)，1-91。

蘇永明、簡成熙（2018）。知識型式、課程領域與社會實踐在通識教育之論辯。以 P. Hirst 教授通識教育觀的轉向為例。通識在線教育雜誌社主編，**哲學大師的通識教育思想**（頁 17-41）。開學文化事業。

蘇慧麗、于偉（2019）。否定性——兒童批判思維培養的前提問題。**教育學報，15**(4)，26-34。

鍾啟泉（2020）。批判性思維：概念界定與教學方略。**全球教育展望，49**(1)，3-16。

Ackerman, B. A. (1980). *Social justice in the liberal state.* Yale University.

Allen, R. T. (1982). Rational autonomy: The destruction of freedom. *Journal of*

Philosophy of Education, *16*(2), 199-207.

Allen, R. T. (1992). *The destruction of autonomous man*. Avebury.

Almond, B. A. (1987). *Moral concerns*. Humanities Press.

Anderson, B. (1983). *Imagined Communities: Reflections on the Origin and Spread of Nationalism*. Verso.

Apple, M. (2013). *Can education change society?* Routledge.

Archard, D. (1999). Should we teach patriotism? *Studies in Philosophy and Education*, *18*(3), 157-173.

Arcilla, R. V. (1993). Against polemics, for disarming communication. In H. A. Alexander (Ed.), *Philosophy of education 1992* (pp.45-48). Philosophy of Education Society.

Aronowitz, S., & Giroux, H. (1991). *Postmodern education*. University of Minnesota Press.

Baier. K. (1973). Moral autonomy as an aim of moral education. In G. Langford & D. J. O'Connor (Eds.), *New Essays in the philosophy of education* (pp.96-114). Routledge.

Bailin, S. (1995). Is critical thinking biased? Clarifications and implications. *Educational Theory*, *45*(2), 191-197.

Bailin, S. (2001). Critical and creative thinking. In W. Hare & J. P. Portelli (Eds.), *Philosophy of education: Introductory Readings* (3rd ed.) (pp.167-176). Detselig Enterprises Ltd.

Barrow, R. (1975a). *Plato, utilitarianism and education*. Routledge & Kegan Paul.

Barrow, R. (1975b). *Moral philosophy of education*. George Allen & Unwin.

Barrow, R. (1976). *Common sense and education*. Routledge.

Barrow, R. (1980). *Happiness and schooling*. St. Martin's Press.

Barrow, R. (1999). Or What's a heaven for? The importance of aims in education. In R. Marples (Ed.), *The aims of education* (pp.14-22). Routledge & Kegan Paul.

Barrow, R. (2010). School of thought in philosophy of education. In R. Bailey, R.

Barrow, D. Carr, & C. McCarthy (Eds.), *The SAGE handbook of philosophy of education* (pp.21-36). SAGE Publications Ltd.

Belenky, M. F. et al. (1997). *Women's ways of knowing: the development of self, voice, and mind.* Basic Books.

Benedict, R. (1946/2005) *Chrysanthemum and the sword: Patterns of Japanese culture*. Houghton Mifflin Company.

Bereiter, C. (1973). *Must we educate?* Prentice-Hall.

Bergmann, S. (1994). An anyalysis of a feminist critique of the claim that the prime aim of education is to develop critical thinking. *Journal of Edcational Thought, 28*(2), 165-178.

Berman, L. M., Lee, D., Rivkin, M. S., Roderick, J. A. in conversation with Auki, T. (1991). *Toward curriculum for being: Voices of educators*. State University of New York.

Bernstein, R. (Ed.) (1985). *Habermas and modernity.* Polity Press.

Biesta, G. J. J. (2006). *Beyond learning: Democratic education for human future.* Paradigm Publishers.

Biesta, G. J. J. (2010). *Good education in an age of measurement: Ethics, politics, democracy.* Paradigm Publishers.

Biesta, G. J. J. (2016). *The beautiful risk of education*. Routledge.

Biesta, G. J. J. (2017). *The discovery of teaching.* Routledge.

Billig, M. (1995). *Banal Nationalism*. Sage.

Blacker, D., & McKie, J. (2003). Information and communication technology. In N. Blake, P. Smeyers, R. Smith, & P. Standish (Eds.), *The Blackwell guide to the philosophy of education* (pp.234-252). Blackwell Publishers Ltd.

Blake, N., Smeyers, P., Smith, R., & Standish, P. (1998). *Thinking again: Education after postmodern.* Bergin & Garvey.

Blake, N., Smeyers, P., Smith, R., & Standish, P. (2000). *Education in an age of nihilism*. Routledge.

Blake, N., & Masschelein, J. (2003). Critical theory and critical pedagogy. In N.

Blake, P. Smeyers, R. Smith, & P. Standish (Eds.), *The Blackwell guide to the philosophy of education* (pp.38-56). Blackwell Publishers Ltd.

Blake, N., & Standish (Eds.) (2000). *Enquires at the interface : Philosophical problems of online education.* Blackwell.

Bonnett, M., & Cuypers, S. (2003). Autonomy and authenticity in education. In N. Blake, P. Smeyers, R. Smith, & P. Standish (Eds.), *The Blackwell guide to the philosophy of education* (pp.326-340). Blackwell Publishers Ltd.

Bonnett, M. (1983). Education in a destitute time: A Heideggerian approach to the problem of education in the age of modern technology. *Journal of philosophy of education, 17*(1), 21-33.

Bonnett, M. (1986). Personal authenticity and public standards: Towards the transcendence of a dualism. In D. E. Cooper (Ed.), *Education, values and mind* (pp.111-133). RKP.

Bowers, C. A. (1982). The reproduction of technological consciousness: Locating the ideological foundations of a radical pedagogy. *Teachers College Record, 83*(4), 529-557.

Brameld, T. (1950a). *Patterns of educational philosophy.* World Book Company.

Brameld, T. (1950b). *Ends and means in education.* Harper & Row.

Brameld, T. (1965). *Education for the emerging age: Newer ends and stronger means.* Harper & Row.

Brandon, E. P. (1995). The unjustifiability of education. In P. Smeyers, & J. D. Marshall (Eds.), *Philosophy and education: Accepting Wittgenstein's challenge* (pp.93-103). Kluwer Academic Publishers.

Bridges, D. (1984). Non-paternalistic arguments in support of parent's rights. *Journal of Philosophy of Education, 18*(1), 55-60.

Bridges, D. (Ed.) (1997). *Education, autonomy and democratic citizenship*. Routledge.

Brighouse, H. (2006a). *On education.* Routledge.

Brighouse, H. (2006b). Justifying patriotism. *Social Theory and Practice*, *32*(4),

547-558.

Brighouse, H. (2009). Moral and political aims of education. In H. Siegel (Ed.), *The Oxford handbook of philosophy of education* (pp.35-51). Oxford University Press.

Broudy, H. S. (1961). *Building a philosophy of education.* Prentice-Hall.

Brown, S. C. (Ed.) (1975). *Philosophers discuss education*. Macmillan.

Burbules, N. C. (1986).A theory of power in education. *Educational Theory*, *36*(2), 95-114.

Burbules, N. C. (1991). Rationality and reasonableness: A discuss of Harvey Siegel's relativism refuted and educating reason. *Educational Theory*, *47*, 2, 235-252.

Burbules, N. C. (1994). Rethinking rationality: On learning to be reasonable. In A. Thompson (Ed.), *Philosophy of Education 1993* (pp.340-349). Philosophy of Education Society.

Burbules, N. C. (1995). Reasonable doubt: Toward a postmodern defense of reason as an educational aim. In W. Kohli (Ed.), *Critical conversations in philosophy of education* (pp.82-102). Routledge.

Burbules, N. C., & Berk, R. (1999). Critical thinking and critical pedagogy: Relations, differences, and limits. In T. S. Popkewitz & L. Fendler (Eds.), *Changing terrains of knowledge and politics* (pp.45-65). Routledge.

Burbules, N. C., & Rice, S. (1991). Dialogue across differences: Continuing the conversation. *Harvard Educational Review*, *61*, 4, 393-416.

Callan, E. (1981). Education for democracy: Dewey's illiberal philosophy of education. *Educational Theory*, *31*(2), 167-175.

Callan, E. (1985). McLaughlin on parental rights. *Journal of Philosophy of Education*, *19*(1), 111-118.

Callan, E. (1988). *Autonomy and schooling*. McGill-Queen's University Press.

Callan, E. (1994). Autonomy and alienation. *Journal of Philosophy of Education*, *28*(1), 35-53.

Callan, E. (1997). *Creating citizens: Political education and liberal democracy*. University of Oxford Press.

Caney, S., George, D., & Jones, P. (1996). *National Rights, International Obligations*. West view Press.

Carr, D. (1996). The dichotomy of liberal versus vocational education: Some basic conceptual geography. In Alven Neiman (Ed.), *Philosophy of Education 1995* (pp.53-63). Philosophy of Education Society.

Carr, W. (1995). *For education: Towards critical educational inquiry*. Open University Press.

Clement, C. (1996). *Care, autonomy and justice: Feminism and ethic of care*. Westview Press.

Cohen, J. (Ed.) (1996). *For Love of Country: Debating the Limits of Patriotism*. Beacon.

Colaiaco, J. A. (2001). *Socrates against Athens*. Routledge.

Cooper, D. E. (1983). *Authenticity and learning*. RKP.

Crittenden, B. (1978). Autonomy as an aim of education. In K. A. Strike & K. Egan (Eds.), *Ethics and educational policy* (pp.105-126). Routledge.

Curren, R., & Dorn, C. (2018). *Patriotic Education in a Global Age*. Chicago University Press.

Cuypers, S. E. (1992). Is personal autonomy first principle of education? *Journal of Philosophy of Education*, *26*(1), 5-17.

Cuypers, S. E. (2004). Critical thinking, autonomy and practical reason. *Journal of Philosophy of Education*, *38*(1), 75-90.

Cuypers, S. E. (2017). *Self-identity and personal autonomy: An analytic anthropology*. Routledge.

Cuypers, S. E., & Martin, C. (Eds.) (2011). *Reading R.S. Peters today: Analysis, ethics and the aims of education*. Wiley-Blackwell.

Cuypers, S. E., & Martin, C. (2013). *R. S. Peters*. Bloomsbury Publishing.

D'Angelo, E. (1971). *The teaching of critical thinking*. Amsterdam: B. R. Gruner.

D'Aveni, R. 原著（2019）。**泛工業革命：製造業的超級英雄如何改變世界**（王如欣、葉妍伶譯）。先覺出版社。（原書出版 2018 年）

Dearden, R. F. (1968). *The philosophy of primary education.* Routledge & Kegan Paul.

Dearden, R. F. (1972). Autonomy and education. In R. F. Dearden, P. H. Hirst, & R. S. Peters (Eds.), *Education and the development of reason* (pp.448-465). Routledge and Kegan Paul.

Dearden, R. F. (1975). Autonomy as an educational ideal I. In S. C. Brown (Ed.), *Philosophers discuss education* (pp.3-18). The Macmillan Press.

Dearden, R. F. (1990). *Review of autonomy and schooling. Journal of Philosophy of Education*, *24*(1), 127-131.

Dearden, R. F., Hirst, P. H., & Peters, R. S. (Eds.) (1972). *Education and the development of reason.* RKP.

Degenhardt, M. A. B. (2010). R. S. Peters：Liberal Traditionalist. In R. Bailey, R. Barrow, D. Carr, & C. McCarthy (Eds.), *The SAGE handbook of philosophy of education* (pp.125-138). SAGE Publications Ltd.

Dewey, J. (1966). *Democracy and education.* The Free Press.

Dewey, J. 原著（1981）。**自由與文化**（吳俊升譯）。正中書局。（原書出版 1939 年）

Dewey, J. 原著（2013）。**民主主義與教育**（林寶山主譯）。五南圖書出版公司。（原書出版 1916 年）

Downie, R. S., Loudfoot, E. M., & Telfer, E. (1974). *Education and personal relationships: A philosophical study.* Methuen & Co Ltd.

Dworkin, G. (1988). *The theory and practice of autonomy*. Cambridge University Press.

Dworkin, R. (1978). Liberalism. In S. Hampshire (Ed.), *Public and private morality* (pp.113-143). Cambridge University Press.

Dworkin, R. (1986). *Law's Empire*. Harvard University Press.

Dworkin, R. (1992). Liberal community. In S. Avineri & A. de-Shalit (Eds.), *Com-*

munitarianism and Individualism (pp.205-223). Oxford University Press.

Eberhard, W. (1967). *Guilt and sin in traditional China*. University of California.

Elliott, R. K. (1986). Richard Peters: A philosopher in the older style. In D. Cooper (Ed.), *Education, values and mind: Essays for R. S. Peters* (pp.41-68). RKP.

Ennis, R. (1962). A concept of critical thinking. *Harvard Educational Review, 32*(1), 81-111.

Ennis, R. (1987). A taxonomy of critical thinking disposiions and ability. In B. Baron & R. J. Sternberg (Eds.), *Teaching thinking skills: Theory and practice* (pp.9-26). W. H. Freeman.

Enslin, P. (1994). Should nation-building be an aim of education? *Journal of Though, 19*(1), 23-36.

Enslin, P. (1998). Education for nation-building: A feminist critique. In P. H. Hirst & P. White (Eds.), *Philosophy of Education: Major Themes in the Analytic Tradition* (*Vol.3: Society and education*) (pp.363-375). Routledge.

Enslin, P. (1999). The place of national identity in the aims of education. In R. Marples (Ed.), *The Aims of Education* (pp.100-111). Routledge.

Ford, M. (1996). Willed to choose: Educational reform and Busno-power. In A. Neiman (Ed.), *Philosophy of education 1995* (pp.330-333). Philosophy of Educational Society.

Frankena, W. (1965). *Three historical philosophies of education.* Scott, Foresman and Company.

Frankfurt, H. (1988). *The importance of what we care about: Philosophical essays*. Cambridge University Press.

Freire, P. 原著（2011）。**希望教育學：重現《受壓迫者教育學》**（國立編譯館主譯）。巨流圖書出版公司。（原英文版 1994 年出版）

Freire, P., & Macedo, D. (1987). *Literacy: Reading the world and the word*. Bergin & Garvey.

Galston, W. A. (1991). *Liberal purposes: Goods, virtues, and diversity in the liberal state.* Cambridge University Press.

Galston, W. A. (1995). Two concepts of liberalism. *Ethics, 105*, 516-534.

Gardner, P. (1988). Religious upbringing and the liberal ideas of religious autonomy. *Journal of Philosophy of Education*, *22*(1), 89-105.

Gellner, E. (1983). *Nations and Nationalism*. Cornell University Press.

Gereluk, D. (2012). Should parents have a say in their children's schooling? In R. Bailey (Ed.), *The Philosophy of education* (pp.125-135). Bloomsbury.

Gibbs. B. (1979). Autonomy and authority in education. *Journal of Philosophy of Education*, *13*, 119-132.

Gingell, J. (Ed.) (2014). Education and the common good—Essays in honor of Robin Barrow. Routledge.

Giroux, H. A. (1983). *Theory and resistance in education*. Bergin & Garvey.

Giroux, H. A. (1988). *Teachers as intellectuals: Toward a critical pedagogy of learning*. Bergin & Garvey.

Giroux, H. A. (1994). Toward a pedagogy of critical thinking. In K. S. Walters (Ed.), *Re-Thinking reason new perspectives in critical thinking* (pp.199-204). State University of New York.

Greene, M. (1995). *Releasing the imagination: Essays on education, the arts, and social change*. John Wiley & Son.

Gribble, J. (1969). *Introduction to philosophy of education*. Allyn and Bacon.

Grimshaw, J. (1986). *Philosophy and feminist thinking*. University of Minnesota Press.

Gutmann, A. (1987). *Democratic education*. Princeton University Press.

Habermas, J. (1992). Citizenship and national identity: Some reflections on the future of Europe. *Praxis International*, *12*, 1-19.

Hand, M. (2011). Should we promote patriotism in school? *Political Studies*, *59*, 328-347.

Haraway, D. 原著（2010）。**猿猴、賽伯格和女人：重新發明自然**（張君玫譯）。群學出版有限公司。（原書出版 1991 年）

Harding, J. (1990). Feminism, science, and the anti-enlightment ciitiques. In L. J.

Nicholson (Ed.), *Feminist/postmodernism* (pp.83-106). Routledge, Chapman & Hall.

Harding, S. (1989). Feminist justificatory strategies. In A. Garry & M. Pearsall (Eds.), *Woman, Knowledge, and reality* (pp.189-201). Unwin Hyman.

Harding, S. (1999). Rethinking standpoint epistemology: What' s strong objectivity? In E. F. Keller & H. E. Longino (Eds.), *Feminism and science* (pp.235-248). Oxford University Press.

Hare, R. M. (1991). *Essays on religion and education*. Oxford University Press.

Hare, W. (1979). *Open-mindedness and education.* McGill-Queen's University Press.

Hare, W. (1999). Critical thinking as an aim of education. In R. Marples (Ed.), *The aims of education* (pp.85-99). Routledge.

Haydon, G. (1983). Autonomy as an aim of education and the autonomy of teachers. *Journal of Philosophy of Education, 17*(2), 219-228.

Heidegger, M. (1959). *An introduction to metaphysics* (Tr. R. Manheim). Yale University Press.

Heidegger, M. (1977). *The question concerning technology and other essays* (Tr. W. Lovitt). Harper & Row.

Hempel, C. G. (1966). *Philosophy of natural science*. Prentice Hall, Inc.

Hickman, L. A., & Spadafora, G. (Eds.) (2009). *John Dewey's educational philosophy in international perspective: A new democracy for the twenty-first century.* Southern Illinois University Press.

Hill, T. E. Jr (1991). *Autonomy and self-respect.* Cambridge University Press.

Hirst, P. H. (1965). Liberal education and the nature of knowledge. In R. D. Archambault (Ed.), *Philosophical analysis and education* (pp.113-138). Routledge and Kegan Paul.

Hirst, P. H. (1966). Philosophy and educational theory. In I. Scheffler (Ed.), *Philosophy and education: Modern reading* (pp.78-95). Allyn and Bacon, Inc.

Hirst, P. H. (1974). *Knowledge and curriculum.* RKP.

Hirst, P. H. (1983). Educational theory. In P. H. Hirst (Ed.), *Educational theory and its foundation discipline* (pp.3-29). RKP.

Hirst, P. H. (1985). Education and diversity of belief. In M. C. Felderhof (Ed.), *Religious education in a pluralistic society* (pp.5-17). Hodder & Stoughton.

Hobsbawm, E. 原著（1997）。**民族與民族主義**（李金梅譯）。麥田。（原書出版於 1990 年）

Hollins, T. H. B. (Ed.) (1964). *Aims in education: The philosophic approach.* Manchester University Press.

Hollis, M. (1987). Education as a positional good. In R. Straughan & J. Wilson (Eds.), *Philosophers on education* (pp.43-58). Macmillan Press.

Holt, J. (1977). *Instead of education.* Penguin.

Horkheimer, M., & Adorno, T. (1972). *Dialectic of enlightenment*. Tr. J. Cumming. Continuum.

Hu, Hsine-chin (1944). The Chinese concept of face. *American Anthropologist*, *46*(1), 45-64.

Hudson, W. D. (1987). Two questions about religious education. In R. Straughan, & J. Wilson (Eds.), *Philosophers on education* (pp.109-126). Macmillan Press.

Ihde, D. (1990). *Technology and the lifeworld.* Indiana University Press.

Illich, I. (1971). *Deschooling society.* Calder Boyars.

Jaggar, A. M. (1989). Love and knowledge: Emotion in feminist epistemology. In A. Garry & M. Pearsall (Eds.). *Woman, knowledge and reality: Exploration in feminist philosophy* (pp.129-155). Routledge.

Kaplan, L. D. (1994). Teaching intellectual autonomy: The failure of the critical thinking movement. In K. S. Walters (Ed.), *Re-Thinking reason new perspectives in critical thinking* (pp.205-219). State University of New York.

Keller, E. F. (1985). *Reflections on gender and science.* Yale University Press.

Keller, S. (2007). *The Limits of Loyalty*. Cambridge University Press.

Kellner, D. (1978). Ideology, Marxism, and advanced capitalism. *Socialist Review*,

42, 37-65.

Kellner, D. (2000). Globalization and new social movements: Lesson for critical theory and pedagogy. In N. C. Burbules & C. A. Torres (Eds.), *Global and education: Critical perspectives* (pp.299-322). Routledge.

Kilby, R. J. (2004). Critical thinking, epistmic virtue, and the significance of inclusion: Reflections of Harvey Siegel's theory of rationality. *Educational Theory*, *54*(3), 299-313.

Kleinig, J. (1982). Philosophical *issues in education.* Routledge & Kegan Paul.

Kleinig, J. (2015). The virtue in patriotism. In J. Kleinig., S. Keller., & I. Primoratz, *The Ethics of Patriotism* (pp.19-47). Wiley-Blackwell.

Knight, G. F. 原著（2018）。**哲學與教育——基督教的立場**（簡成熙譯）。臺北市：五南。（原書出版 1980/2006 年）

Knight, G. R. (2006). *Philosophy and education: An introduction in Christian perspective*. Andrews University Press.

Knight, G. R. (2008). *Issues and alternatives in educational philosophy*. Andrews University Press.

Kohli, W. (Ed.) (1995). *Critical conversations in philosophy of education*. Routledge.

Konstan, D. (2003). Shame in ancient Greece. *Social research*. *70*(4), 1031-1060.

Kristjánsson, K. (2020). *Flourishing as the aim of education: A neo-Aristotle view.* Routledge.

Kymlicka, W. (1989). *Liberalism, community, and culture.* Clarendon.

Kymlicka, W. (1996). *Multicultural citizenship: A liberal theory of minority rights.* Clarendon.

Kymlicka, W., & Norman, W. (1995). Return of the citizen: A survey of recent work on citizenship theory. In R. Beiner (Ed.), *Theorizing citizenship* (pp.283-322). State University of New York Press.

Lee, Jee-Hun, & Wringe, C. (1993). Rational autonomy, morality and education? *Journal of Philosophy of Education*, *27*(1), 69-78.

Lin, Yutang (1968). My *country and my people*. Mei-Ya Publication, Inc. (Original in John Day Co, Inc., 1939)

Lin, Yutang 原著（1977）。**吾國與吾民**（宋碧雲譯）。遠景出版公司。（原英文版 1939 年出版）

Longino, H. E. (1990). *Science as social knowledge.* Princeton University Press.

Løvlie, L., Mortensen, K. P., & Nordenbo, S. E. (Eds.) (2003). *Educating humanity: Bildung in postmodernity.* Blackwell.

MacIntyre, A. (1984). *Is Patriotism a Virtue? The Lindley Lecture*. University of Kansas.

Maritain, J. 原著（1996）。**十字路口的教育：通識教育的理論基礎**（簡成熙譯）。五南圖書出版公司。（原書出版 1943 年）

Marples, R. (Ed.) (1999). *The aims of education*. Routledge & Kegan Paul.

Marshall, J. (2000). Electronic writing and the rapping of language. *Journal of Philosophy of Education*, *31*(4), 135-150.

Marshall, J. D. (1995). Needs, interests, growth, and personal autonomy: Foucault on power. In W. Kohli (Ed.), *Critical conversation in philosophy of education* (pp.364-378). Routledge.

Marshall, J. D. (1996a). *Michel Foucault: Personal autonomy and education.* Kluwer Academic Publishers.

Marshall. J. D. (1996b). Foucault and new-liberalism: Biopower and Busno-power. In A. Neiman (Ed.), *Philosophy of education 1995* (pp.320-329). Philosophy of Educational Society.

Martin, J. R. (1981). Needed: A new paradigm for liberal education. In J. F. Soltis (Ed.), *Philosophy and Education: Eightieth Yearbook of the National Society for the study of Education* (pp.37-59). University of Chicago Press.

Martin, J. R. (1982). The ideal of the educated person. In D. R. DeNicola (Ed.), *Philosophy of Education 1981* (pp.3-20). Philosophy of Education Society.

Martin, J. R. (1992). Critical thinking for a humane world. In S. P. Norris (Ed.), *The generalizability of critical thinking: multiple perspectives on an educa-*

tional ideal. Teachers College Press.

Martin, J. R. (1994). *Changing the educational landscape*. Routledge.

Martin, J. R. (1995). Education for domestic tranquility. In W. Kohli (Ed.), *Critical conversation in philosophy of education* (pp.45-55). Routledge.

Martin, J. R. (2002). *Cultural miseducation: In search of a democratic solution.* Teachers College Press.

Martin, J. R. (2011). *Educational reconfigured: Culture, encounter, and change.* Routledge.

McLaughlin, T. H. (1984). Parent rights and the religious upbringing for children. *Journal of Philosophy of Education, 18*(1), 75-83.

McLaughlin, T. H. (1985). Religion, upbringing and liberal values: A rejoinder to E. Callan. *Journal of Philosophy of Education, 19*(1), 119-127.

McLaughlin, T. H. (1990). Peter Gardner on religious upbringing and the liberal ideas of religious autonomy. *Journal of Philosophy of Education, 24*(1), 107-125.

McLaughlin, T. H. (1992). Citizenship, diversity and education: A philosophical perspective, *Journal of Moral Education, 21*(3), 235-250.

McPeck, J. E. (1981). *Critical thinking and education.* Martin Robertson.

McPeck, J. E. (1990). *Teaching critical thinking: Dialogue and dialectic*. Routledge.

Miller, D. (1988a). The ethical significance of nationality. *Ethics, 98*(4), 647-662.

Miller, D. (1988b). In what sense must socialism be communitarian? *Social Philosophy and Policy, 6*, 51-73.

Miller, D. (1995). *On nationality*. Clarendon Press.

Mitcham, C. (1994). *Thinking through technology: The path between engineering and philosophy*. The University of Chicago Press.

Morgan, J. (1996). A defense of autonomy as an educational ideal. *Journal of Philosophy of Education, 30*(2), 239-252.

Moulton, J. (1983). A paradigm of philosophy: The adversary method. In S. Harding & M. B. Hintikka (Eds.), *Discovering reality: feminist perspectives on epistemology, metaphysics,methodology, and philosophy of science* (pp.149-164). D. Reidel Publishing Company.

Nathanson, S. (1993). *Patriotism, Morality and Peace.* Rowman and Littlefield.

Noddings, N. (1996). On community. *Educational Theory*, *46*(3), 245-267.

Noddings, N. (2003). *Happiness and education.* Cambridge University Press.

Noddings, N. (2006). *Critical lesson: What our school should teach?* Cambridge University Press.

Norman, R. (1994). 'I did it my way': Some thoughts of autonomy. *Journal of Philosophy of Education*, *28*(1), 25-34.

Norris, S. (1990). Thinking about critical thinking: Philosophers can't go it alone. In J. McPeck, *Teaching critical thinking: Dialogue and dialectic* (pp.67-74). Routledge.

Norris, S. (Ed.) (1992). *The generalizability of critical thinking: multiple perspectives on an educational ideal.* Teachers College Press.

Nozick, R. (1993). *The nature of rationality.* Princeton University Press.

Nunn, T. P. (1920). *Education, its data and first principles.* Arnold.

Nussbaum, M. C. (1996). Patriotism and cosmopolitanism. In J. Cohen (Ed.), *For Love of Country: Debating the Limits of Patriotism* (pp.2-20). Beacon.

Nussbaum, M. C. (2016). *Anger and forgiveness: Resentment, generosity, justice.* Oxford University Press.

Nussbaum, M. 原著（2013）。培養人性：從古典學角度爲通識教育改革辯護（李豔譯）。三聯書店。（原書出版 1997 年）

O'Hear, A. (1981). *Education, society and human nature*. Routledge.

O'Hear, A. (1986). Education and rationality. In D. Cooper (Ed.), *Education, value and mind—Essays for R. S. Peters* (pp.89-110). RKP.

O'Neill, J. (1994). Should communitarians be nationalist? *Journal of Applied Philosophy*, *11*(2), 135-143.

Oakeshott, M. (1991). The voice of poetry in the conversation of mankind, In *Ra-*

tionalism in Politics and other essays. LibertyPress.

Olssen, M. (1998). Education policy, the cold war and the 'liberal-communitarian' debate. *Journal of Education Policy*, *13*(1), 63-89.

Oppenheim, F. (1961). *Dimensions of freedom*. St Martin's Press.

Passmore, J. (1967). On teaching to be critical. In R. S. Peters (Ed.), *The concept of education* (pp.101-111). Routledge.

Paul, R. (1990). McPeck's mistake. In J. McPeck, *Teaching critical thinking: Dialogue and dialectic* (pp.102-111). New York and London: Routledge.

Paul, R. (1993a). *Critical thinking: What every person needs in a rapidly changing world.* Foundation for critical thinking.

Paul, R. (1993b). *Critical thinking: How to prepare students for a rapidly changing world*. Foundation for Critical Thinking.

Paul, R. (1994). Teaching critical thinking in the strong sense: A focus on self-deception, world views, and a dialectical mode of analysis. In K. S. Walters (Ed.), *Re-Thinking reason new perspectives in critical thinking* (pp.181-198). State University of New York.

Peters, R. S. (1959). *Authority, responsibility and education*. Allen and Unwin.

Peters, R. S. (1961). Emotion and the category of passivity. *Proceedings of the Aristotelian Society*, *64*, 117-134.

Peters, R. S. (1966). *Ethics and education.* George Allen & Unwin.

Peters, R. S. (1973a). Aims of education: A conceptual inquiry (With J. Woods, and W. H. Dray). In R. S. Peters (Ed.), *Philosophy of education* (pp.11-57). Oxford University Press.

Peters, R. S. (1973b). The justification of education. In R. S. Peters (Ed.), *Philosophy of education* (pp.239-267). Oxford University Press.

Peters, R. S. (1973c). Freedom and the development of the free man. In J. F. Doyle (Ed.), *Educational judgements: Papers in the philosophy of education* (pp.119-142). Routledge & Kegan Paul.

Peters, R. S. (1974). *Psychology and ethical development.* George Unwin & Unwin.

Peters, R. S. (1977a). *Education and the education of teachers* (pp.3-21). Routledge & Kegan Paul.

Peters, R. S. (Ed.) (1977b). *John Dewey reconsidered*. RKP.

Peters, R. S. (1981). *Essays on education*. George Allen and Unwin.

Peters, R. S. 原著（2017）。**倫理學與教育**（簡成熙譯）。聯經（原書出版於1966年）。

Phenix, P. H. (1958). *Philosophy of education*. Holt, Rinehart & Winston.

Phillips, D. C. (1995). The good, the bad, and the ugly: The many faces of constructivism. *Educational Researcher*, *24*(7), 5-12.

Poole, R. (1991). *Morality and Modernity*. Routledge.

Pratte, R. (1971). *Contemporary theories of education*. Intext Educational Publisher.

Pratte, R. (1992). *Philosophy of education: Two tradition*. Charles C. Thomas Publisher.

Price, K. (1962). *Education and philosophical thought*. Allyn and Bacon, Inc.

Primoratz, I. (2015). Patriotism: A two-tier account. In J. Kleinig., S. Keller., & I. Primoratz, *The Ethics of Patriotism* (pp.73-103). Wiley-Blackwell.

Pring, R. (1993). Liberal education and vocational preparation. In R. Barrow & P. White (Eds.), *Beyond liberal education: Essays in honor of P. H. Hirst* (pp.49-78). Routledge.

Pring, R. A. (1995). *Closing the gap: Liberal education and vocational preparation*. Hodder & Stoughton.

Quinton, A. (1987). On the ethics of belief. In G. Haydon (Ed.), *Education and value* (pp.37-55). Institute of Education, University of London.

Rawls, J. (1993). *Political liberalism*. Columbia University Press.

Raz, J. (1986). *The morality of freedom*. Clarendon Press.

Redfield, R. (1956). *Peasant society and culture: An Anthropological approach to civilization*. University of Chicago Press.

Rice, S., & Burbules, N. C. (1993). Communicative virtue and educational relations. In H. A. Alexander (Ed.), *Philosophy of education 1992* (pp.34-44). Philosophy of Education Society.

Robertson, E. (2009). The epistemic aims of education. In H. Siegel (Ed.), *The Oxford handbook of philosophy of education* (pp.11-34). Oxford University Press.

Sandel, M. (2009). *Justice: What is the right thing to do?* Penguin Books.

Scheffler, I. (1960). *The language of education*. Charles C. Thomas.

Scheffler, I. (1965). *Conditions of knowledge: An introduction to epistemology and knowledge*. Scott, Foresman and company.

Scheffler, I. (1973). *Reason and teaching.* Routledge & Kegan Paul.

Scheffler, I. (1991). *In Praise of the cognitive emotion: And other essays in the philosophy of education.* Routledge, Chapman & Hall.

Scheler, M. (1987) *Person and self-value: Three assays*. Martinus Nijhoff Publishers.

Scruton, R. (1990). In defense of the nation. In J. C. D. Clark (Ed.), *Ideas and politics in modern Britain* (pp.53-86). Macmillan.

Seymour, M. (Ed.) (2004). *Educating for humanity: Rethinking the purpose of education.* Paradigm Publishers.

Siegel, E. (2005). Neither Humean Nor (Fully) Kantian be: Reply to Cuypers. *Journal of Philosophy of Education, 39*(3), 535-547.

Siegel, H. (1987). *Relativism refuted: A critique of contemporary epistemological relativism.* D. Reidel.

Siegel, H. (1988). *Educating reason: Rationality, critical thinking, and education.* Routledge.

Siegel, H. (1992). Two perspectives on reason as an educational aim: The rationality of reasonableness. In M. Buchmann & R. E. Floden (Eds.), *Philosophy of Education 1991* (pp.225-233). Philosophy of Education society.

Siegel, H. (1997). Rationality *redeemed? Further dialogues on an educational ideal*. Routledge.

Siegel, H. (2017). *Education's epistemology: Rationality, diversity, and critical thinking.* Oxford University Press.

Siegel, S. (1990). McPeck, informal logic, and the nature of critical thinking. In J. McPeck, *Teaching critical thinkin: Dialogue and dialectic* (pp.75-85). Routledge.

Smeyers, P., & Peters, M. (Eds.) (2006). *Postfoundationalist themes in the philosophy of education: Festschrift for James D. Marshall.* Blackwell Publishing Ltd.

Smeyers, P., Smith, R., & Standish, P. (2007). *The therapy of education : Philosophy, happiness and personal growth.* Palgrave Macmillan.

Smith, A. D. (1991). *National Identity*. Penguin.

Soltis, J. F. 原著（1995）。**教育概念分析導論**（簡成熙譯）。五南。（原書出版 1978/1985 年）

Standish, P. (2003). The nature and purposes of education. In R. Curren (Ed.), *A Companion to the philosophy of education* (pp.221-231). Blackwell Publishing.

Steutel, J., & Spiecker, B. (1999). Liberalism and critical thinking: O the relation between a political ideal and an aim of education. In R. Marples (Ed.), *The aims of education* (pp.61-73). Routledge & Kegan Paul.

Stevens, D. (1999). The case of the Chinford skinhead: John White on education and special obligations between fellow nationals. *Journal of Philosophy of Education*, *33*(3), 353-370.

Stone, C. M. (1990). Autonomy, emotion and desires: Some problems concerning R. F. Dearden's account of autonomy. *Journal of Philosophy of Education*, *24*(2), 271-283.

Straughan, R., & Wilson, J. (Eds.) (1987). *Philosophers on education*. The Macmillan Press Ltd.

Strike, K. (1982). *Educational policy and the just society.* Illinois University Press.

Suissa, J., Winstanley, C., & Marples, R. (Eds.) (2015). *Education, philosophy and well-being: New perspectives on the work of John White*. Routledge.

Tamir, Y. (1993). *Liberal Nationalism*. Princeton University Press.

Tamir, Y. (1996). Reconstructing the landscape of imagination. In S. Caney., D. George, & P. Jones (Eds.), *National Rights, International Obligations* (pp.84-101). West view Press.

Taylor, R. M. (2017). Education for Autonomy and open-mindedness in diverse societies. *Educational Philosophy and Education*, *49*(14), 1338-1350.

Telfer, E. (1975). Autonomy as an educational ideal II. In S. C. Brown (Ed.), *Philosophers discuss education* (pp.19-35). The Macmillan Press.

Thayer-Bacon, B. (1993). Caring and its relationship to critical thinking. *Educational Theory*, *43*(3), 323-340.

Thayer-Bacon, B. (1996). Is modern critical thinking theory sexist? In W. Hare & J. P. Portelli (Eds.), *Philosophy of education: Introductory Readings* (pp.95-107). Detselig Enterprises Ltd.

Thayer-Bacon, B. (2000). *Transforming critical thinking*. Teachers College Press.

Thayer-Bacon, B., & Bacon, C. S. (1998). *Philosophy applied to education: Nurturing a democratic Community in the classroom*. Prentice-Hall, Inc.

Tooley, J. (2000). *Reclaiming education*. Cassell.

Ulich, R. (1950). *History of educational thought*. American Book Company.

Ulich, R. (1961). *Philosophy of education*. American Book Company.

Ulich, R. (1965). *Crisis and hope in American education*. Atherton Press.

Viroli, M. (1995). *For Love of Country: An Essay on Patriotism and Nationalism*. Oxford University Press.

Waldron, J. (1993). *Liberal rights: Collected papers 1981-1991*. Cambridge University Press.

Walker, J. C. (1981). Two competing theories of personal autonomy: A critique of the liberal rationalist attack on progressivism. *Educational Theory*, *31*(3-4), 285-303.

Walker, J. C. (1999). Self-determination as an educational aim. In R. Marples (Ed.),

The aims of education (pp.112-123). Routledge & Kegan Paul.

Walters, K. S. (Ed.) (1994). *Re-Thinking reason new perspectives in critical thinking.* State University of New York.

Walzer, M. (1994). *Thick and Thin: Moral Argument of Home and Abroad.* University of Notre Dame Press.

Walzer, M. (1997). *On Toleration.* Yale University Press.

Wheary J., & Ennis, R. H. (1995). Gender bias in critical thinking: Continuing the dialogue. *Educational Theory, 45*(2), 213-224.

White, J. (1967). Indoctrination, In R. S. Peters (Ed.), *The concept of education* (pp.177-191). RKP.

White, J. (1973). *Towards a compulsory curriculum.* Routledge & Kegan Paul.

White, J. (1982). *The aims of education restated.* Routledge & Kegan Paul.

White, J. (1990). *Education and the good life.* Kogan Page.

White, J. (1991). *Education and the good life: Autonomy, altruism and the National curriculum.* Teachers College Press.

White, J. (1996a). Liberalism, nationality and education. *Studies in Philosophy and Education, 15*(4), 193-199.

White, J. (1996b). Education and nationality. *Journal of Philosophy and Education, 30*(3), 327-343.

White, J. (1997a). National myths, democracy and education. In D. Bridges (Ed.), *Education, autonomy and democratic citizenship* (pp.115-126). Routledge.

White, J. (1997b). *Education and the end of work: A new philosophy of work and learning.* Cassell.

White, J. (2001). Patriotism without obligation. *Journal of Philosophy of Education, 35*(1), 141-151.

White, J. (2005). Education and nationality. In *The curriculum and the child: The selected works of John White* (pp.181-195). Routledge.

White, J. (2011). *Explorining well-being in schools: A guide to making children's lives more fulfilling.* Routledge.

White, J. and others (2003). Five critical stands towards liberal philosophy of education in Britain. *Journal of Philosophy of Education, 37*(1), 147-184.

Whitehead, A. N. (1967). *The aims of education and other essays*. The Free Press.

Williams, B. (1981). *Moral luck*. Cambridge University Press.

Williams, B. (2008). *Shame and necessity*. University of California Press.

Wilson, J. (1979). *Preface to the philosophy of education*. Routledge & Kegan Paul.

Wilson, J. (2001). Shame, guilt and moral education. *Journal of Moral Education, 30*(1), 71-81.

Wilson, R. W. (1970). *Learning to be Chinese: The Political Socialization of Children in Taiwan*. MIT Press.

Wilson, R. W. (1974). *Moral State: Study of the political socialization of Chinese and American children*. Free Press.

Winch, C. (2004). *Education, autonomy and critical thinking*. Routledge.

Wringe, C. (1988). *Understanding educational aims*. Unwin Hyman.

Wringe, C. (1997). In defense of rational autonomy as an educational goal. In D. Bridges (Ed.), *Education, autonomy and democratic citizenship* (pp.115-126). Routledge.

Wringe, C. A. (1981). *Children's rights: A philosophical study*. London: Routledge & Kegan Paul.

Zovko, Marie-Elise, & Dillon, J. (2021). *Bildung and paideia: Philosophical models of education*. Routledge.

國家圖書館出版品預行編目資料

英美教育目的：分析傳統／簡成熙著. 一一初版. 一一臺北市：五南圖書出版股份有限公司, 2023.02
面； 公分
ISBN 978-626-343-551-3 (平裝)

1.CST: 教育哲學

520.14 111019158

1I5W

英美教育目的—分析傳統

作　　者— 簡成熙
發 行 人— 楊榮川
總 經 理— 楊士清
總 編 輯— 楊秀麗
副總編輯— 黃文瓊
責任編輯— 郭雲周、李敏華
封面設計— 王麗娟
出 版 者— 五南圖書出版股份有限公司
地　　址：106臺北市大安區和平東路二段339號4樓
電　　話：(02)2705-5066　　傳　　真：(02)2706-6100
網　　址：https://www.wunan.com.tw
電子郵件：wunan@wunan.com.tw
劃撥帳號：01068953
戶　　名：五南圖書出版股份有限公司

法律顧問　林勝安律師

出版日期　2023年2月初版一刷
定　　價　新臺幣580元

經典永恆・名著常在

五十週年的獻禮——經典名著文庫

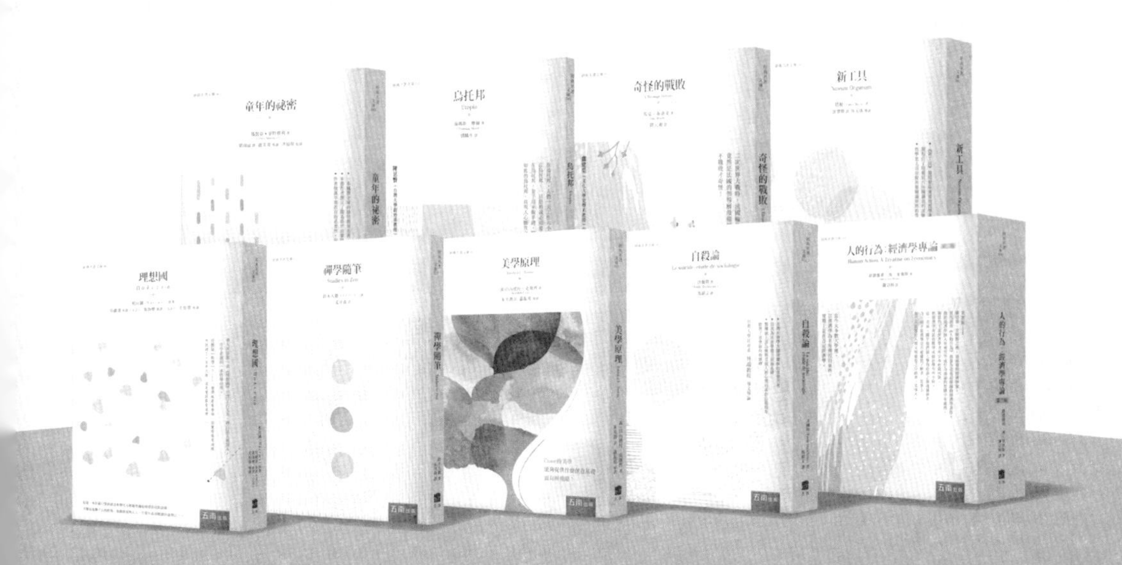

五南，五十年了，半個世紀，人生旅程的一大半，走過來了。
思索著，邁向百年的未來歷程，能為知識界、文化學術界作些什麼？
在速食文化的生態下，有什麼值得讓人雋永品味的？

歷代經典・當今名著，經過時間的洗禮，千錘百鍊，流傳至今，光芒耀人；
不僅使我們能領悟前人的智慧，同時也增深加廣我們思考的深度與視野。
我們決心投入巨資，有計畫的系統梳選，成立「經典名著文庫」，
希望收入古今中外思想性的、充滿睿智與獨見的經典、名著。
這是一項理想性的、永續性的巨大出版工程。
不在意讀者的眾寡，只考慮它的學術價值，力求完整展現先哲思想的軌跡；
為知識界開啟一片智慧之窗，營造一座百花綻放的世界文明公園，
任君遨遊、取菁吸蜜、嘉惠學子！